गीता ज्ञान

संत विनोबा विरचित गिताई और गीता प्रवचन के आलोक में

चंदन सुकुमार सेनगुप्ता

आगे बढ़ने से पहले पहले हम उस दिव्य पुरुष को याद करना चाहेंगे जिसकी प्रेरणा से हम कुछ शब्दों को पिरोकर एक ग्रन्थ को मूर्त रूप दे सके; कालखंड की गति से यह तो स्वाभाविक ही है हम जनता जनार्दन प्रबुद्ध होते हुए देख सकेंगे; संत महात्मा भी यही आशा रखते आये कि ज्यादा से ज्यादा व्यक्ति ज्ञान के आलोक में कर्म करें और प्रबुद्ध होते हुए एक सजग समाज कि रचना करें।

एक समय की बात है ; गाँव के किसी विद्यालय में गुरुजी गणित की कक्षा ले रहे थे और जोड़ना सिखाया जा रहा था | आग्रही बालक काफ़ी मन लगाकर जोड़ना सीख रहा था | एक और एक मिलकर दो, दो और तीन मिलकर पाँच; चार और सात मिलकर ग्यारह , आदि | फिर आत्मा और परमात्मा का जोड़ करें तो देवत्व का अधिष्ठान होना चाहिए ! जीवात्मा और परमात्मा के मिलन से विश्व चराचर की रचना संभव हुआ होगा .. | बालक बहुत खुश था, पढ़ाई में मन भी लगने लगा और घर आकर माँ से इस बारे में बात भी हुई | दूसरे दिन, तीसरे दिन ... इस तरह जोड़ का विज्ञान सीख लेने के बाद फिर घटाव सीखने की बारी आई | बालक थोड़ा सोच में आ गया: फिर तो आत्मा से परमात्मा का भी वियोग हो जाएगा! जीवात्मा से परमात्मा का भी वियोग सहना पड़ेगा ! अब उस बालक को वियोग सीखना कुछ समीचीन नहीं लगा | बालक विद्यालय छोड़कर घर आ गया और माँ से यह शिकायत करने लगा कि जिस विद्यालय में वियोग सिखाया जाता हो उस विद्यालय में नहीं जाना चाहिए | आत्मा से परमात्मा का वियोग सहन करना भी काफ़ी कठिन है |

सृष्टि का आदि विज्ञान भी यही कहता है कि आत्मा और परमात्मा का मिलन सदैव ही एक कांक्षित परिवर्तन है जिसके ज़रिए हम समग्र सृष्टि को प्रत्यक्ष होता हुआ देख सकेंगे | कहा जाता है जीव मात्र में परमात्मा का अधिष्ठान है और उसके अधिष्ठान के बिना तत्वों का

सम्मेलन हो ही नहीं सकता, यहाँ तक कि तत्वों के बीच व्याप्त आपसी तालमेल के बारे में हम कल्पना भी नहीं कर सकते यदि परमात्मा का अधिष्ठान न होता हो; अपितु यह भी मान्य है कि अधिष्ठाता दिव्य पुरुष के अधीन ही जीव का संवर्धन और विचरण सम्भव हो सकेगा | हम यह भी मान लेते हैं कि उस दिव्य पुरुष के अनुकंपा से ही जीव चेतना का भी विकास होता हुआ परिलक्षित किया जा सकेगा | इन सभी मान्यता और विश्वास के आधार पर यह प्रश्न उभरता है कि यदि जीव मात्र को परमात्मा का सान्निध्य मिला होगा तो यह क्या कारण है कि सभी अवस्था में जीव उसे अनुभव नहीं कर पाता और न ही उस दिव्य पुरुष के सान्निध्य के आनंद से खुद को समृद्ध कर पता? क्या कारण हो सकता जिसके आधार पर हम यह मानने लग जाते हैं कि जीव मात्र ही शिव का स्वरूप है, और उसके देवत्व का विकास ज्ञान और चेतना के विकास के अधीन है? क्या सिर्फ़ ज्ञान अर्जन करने और चेतना विकसित हो जाने से जीव को अपने भीतर विकसित होनेवाले देवत्व की अनुभूति हो सकेगी?

ऐसे कई प्रश्न हमें परेशान कर सकता है और हमें हल निकालने के लिए भी प्रेरित करता ही रहेगा | हम उन सभी जिज्ञासा को प्रशमित करने के लिए सिर्फ़ ज्ञान का ही आधार ले सकेंगे और ज्ञान की परिधि बढ़ने के साथ साथ जीव के चेतना का भी विकास होता रहेगा | हमें इस बात की भी समझ रखते हुए चलना है कि जीव में चेतना का अनुक्रमण सिर्फ़ सीमित अवधि के लिए किसी ख़ास मकसद को चरितार्थ करने के निमित से होता रहता है | उस पड़ाव तक आते आते व्यक्ति के जीवन में कई बादलाव आते ही रहेंगे ; उन सभी बदलाव को परखते हुए अग्रज की भूमिका में बने रहना ही व्यक्ति मानस का उद्देश्य हो; इसी राह पर योगी महात्मा चला करते हैं, उसी राह पर विद्व जन को चलना चाहिए और उसी राह पर चलने की तमन्ना लिए व्यक्ति मानस विकसित हो यही कांक्षित हो , और अपेक्षित भी|

क्रम-सूची

प्रस्तावना

भारत भूमि से हमारा रिश्ता कुछ ऐसा ही है जैसा कि एक संतान का अपने माँ के साथ रहना चाहिए | इस बात के लिए भी हमारा मन सदैव उद्विग्न रहता है जब अपनी मातृभूमि को खंड खंड करनेवालों पर हम कोई कार्रवाई नहीं कर पाने की स्थिति में खुद को काफ़ी असहाय पाते हैं |

भारतीय भूमि पर विदेशी मूल की शक्तियों और आतंकी गुटों का आक्रमण का इतिहास काफ़ी पुराना है | आर्य महाभारत काल के बाद से ही यह सिलसिला चलता चला आ रहा है | भारत में विदेशी शक्ति अनुप्रविष्ट कर पाने के लिए बाहरी लोगों की शक्ति, समझदारी और सूझ-बूझ का ज़्यादा बखान करने से अधिक महत्व का और समझदारी का काम होगा यदि भारतीय मूल के जनपदों के बीच व्याप्त आपसी रंजिशों और परस्पर दुश्मनी विषयक मुद्दों पर चर्चा करें | हम यह भी पता लगाने का प्रयास करें जिसके कारण आर्यावर्त के जनपद क्रमशः कमजोर होते चले गये |

<u>तीन गज भूमि</u>

कहा जाता है विश्व विजय के अभियान पर निकलनेवाले सिकंदर के सामने सबसे बड़ी बाधा और सबसे तीव्र प्रतिबंध खड़ा करनेवाले योद्धा भारतीय ही थे | जब सिकंदर की सेना भारत भूमि से वापस जाने का मन बना लिया उस समय की एक घटना सम्राट को काफ़ी विचलित कर रहा था | उन्होंने देखा कुछ गिने चुने साधु महात्मा एक अजीब अंदाज में बगल की ओर उछल उछल कर ज़मीन का परिमाप लेते हुए जा रहे हैं | उनसे उनके ऐसा करने का कारण पूछा गया | उनका कहना था कि वे अपने लिए ज़रूरत की ज़मीन तलाश रहे हैं; मरने के बाद इंसान का सबकुछ खो जाता है, सिर्फ़ शरीर का अंतिम सत्कार करने के लिए एक टुकड़ी ज़मीन ही चाहिए; उतनी ही ज़मीन पर व्यक्ति अपना हक मान सकेगा | परिस्थितियाँ अगर विपरीत हो तो शायद वो ज़मीन भी नसीब न हो !

इस घटना से सिकंदर के अपने विश्व विजयी होने और सभी ज़मीनों पर हक जताने जैसे अभिमान को भारी धक्का लगा | उन्हें भी लगने लगा कि उनके मृत्यु के बाद शायद उनके साथि गण ज़रूरत की ज़मीन जुटा पाएँ या नहीं! इस बात से भी इनकार नहीं किया ज सकता कि जा सकता कि जंग के कुछ भी अंजाम हो सकते हैं : हार या फिर जीत | जंग में हार और जीत दोनों परिस्थितियों का विचार करते हुए व्यक्ति को भविष्य योजनाएँ बना लेने चाहिए | इस घटना के बाद सिकंदर के मन में काफ़ी उथल पुथल चलता रहा |

<u>जड़ों की मजबूती</u>

भारत से वापसा जाने की स्थिति में सिकंदर के मन में इस बात को लेकर धारणाएँ बन चुकी थी कि भारत भूमि को जीत पाना सबके लिए संभव नहीं है | अपने साथियों से विमर्श करते हुए उन्होंने कहा था , "भारत भूमि में तीन प्रकार के लोग रहते हैं; कुछ लोग ऐसे हैं जिन्हें प्रतिष्ठा की भूख है, कुछ और लोग ऐसे हैं जिन्हें रुपया - पैसा, धन संपदा पाने की इच्छा है | कुछ और लोग ऐसे भी हैं जिन्हें न तो प्रतिष्ठा चाहिए और न ही धन संपदा ,उन्हें सिर्फ़ अपने भक्तों का कल्याण करना है और सबको सुखी देखना है | यही तीसरी शक्ति भारत भूमि को समृद्ध और बलशाली बनाए रखा है | अगर हमें भारत भूमि पर राज करना है तो इस तीसरी शक्ति को विश्वास में लेना होगा और योजनाओं को कार्यान्वित करना होगा |"

इस तीसरी शक्ति के समझ बूझ, रचानधर्मिता और क्रिया कौशल से उस समय के राज नेता भली भाँति परिचित भी थे | इस शक्ति की अनदेखी करने के परिणाम स्वरूप ही धन नंद को अपना राज पाठ समेटना पड़ा और पंडितों के प्रकोप का शिकार होना पड़ा | वही संघ शक्ति और विचार शक्ति के बल पर आचार्य चाणक्या एक स्वर्णिम भारत और एक कुशल राजा का निर्माण कर पाए | उनके अथक परिश्रम का ही नतीजा था कि अखंड भारत के मानचित्र को कुछ हद तक आकलित कर पाना संभव हो पाया | जिन उपद्रवी तत्वों ने तक्षशिला विश्वविद्यालय में सुरक्षित पोतियों को जलाया उन्हें लगा कि अब भारत में पनपनेवाली तीसरी शक्ति का अंत हो ही जाएगा | पर ईयसा

समझ लेना उनकी एक ऐतिहासिक भूल थी |

राज घरानों की नाकामी और आपसी रंजिश के लिए भारत को समय समय पर विदेशी आक्रमण का शिकार होना पड़ा ; हमारे आखरी पांडव पृथ्वीराज चौहान के साथ भी कुछ ऐसा ही हुआ | उनके ही पड़ोसी राज्य के लोग उनके खिलाफ साजिस में सम्मिलित हो गये | पर बहुत जल्द ही उन्हें (जयचंद और विजयचंद) अपनी ग़लती का भान हो गया ; पर तबतक काफ़ी देर हो चुकी थी | एकता न रख पाने के कारण भारत को अपनी अखंडता से फिर हाथ धोना पड़ा | अँग्रेज़ी और इस्लामी दोनों संस्कृति के आगमन से भारत के स्वरूप में भी एक समानांतर परिवर्तन आया और एकता के नये मंत्र से भारत के लोग ओतप्रोत होते चले | यहाँ भी उसी तीसरी शक्ति की भूमिका के बारे में हम सिकंदर की बातों को याद कर सकते हैं | इतने कुचले जाने के बाद भी जहाँ के लोग अपनी संस्कृति को नहीं छोड़ते हैं वहाँ के लोगों का आत्मबल कैसा है इसके बारे में हम अपनी समझदारी भी रख ही सकेंगे | उस वलिष्ठ मानस पर हमें गर्व भी होगा | सबसे सटीक तत्व देनेवालों में हम आचार्य विनोबा की बात करें, जिन्होंने सभी संस्कृति के सम्मेलन से पनपनेवाले राष्ट्रीयता और जागतिक मैत्री के संपर्क को संवर्धित होते हुए देखना चाहा | ब्रह्म विद्या के संकर्षन के साथ साथ उन्होंने भारत भूमि को स्नात करनेवाले सभी संस्कृति और धर्म मतों का स्वागत करते हुए मानव मात्र के लिए जागतिक मैत्री के मंत्र को कल्याणकारी और युग परख तत्व माना |

स्वार्थ त्याग की संस्कृति से ही परमार्थ सधेगा; यह कई बार कई रूप में साबित होता आया, आगे भी ऐसा होता आएगा | विश्व के किसी कोने में अगर आतंकवाद और अलगाव की राजनीति पनपते हों तो हमें यह सोचना होगा कि उस परिस्थिति में हमसे क्या भूल हो गई | बंदूक ताने खड़ा रहना व्यक्ति का पहला काम नहीं हो सकता, या तो उसे बाहर से कोई सहयोग और साधन दे, या फिर बाहरी किसी तत्व के बहकावे में आकर किसी समूह का एक छोटा हिस्सा अपने ही लोगों पर गोलियाँ दागे | इस परिस्थिति से समुदाय के लिए कमज़ोरी और नाकामी छोड़कर और कुछ हासिल होने का अनुमान नहीं लगाया जा सकता | विश्व समुदाय क्रमशः एक ऐसी संघीय व्यवस्था के लिए काम कर रही है जहाँ

कर्म प्रधानता को ही सर्वाग्र मान्य किया जाएगा, न कि मज़हबी या जनजातीय पहचान को | जनजाति विषयक पहचान आनेवाले दिनों में शायद ही कोई पूछे !

कर्म प्रधान संस्कृति की ओर हम काफ़ी तेज़ी से जा रहे हैं | ऐसी परिस्थिति में हर व्यक्ति कुछ कर गुजरने की तमन्ना लिए एक स्थान से दूसरे स्थान की ओर जाने के लिए प्रयासरत रहेगा | कोई भी समूह व्यवस्था से वागवत तभी करने लगेगा जब उसे ऐसा भान होगा कि उसका स्वार्थ और परमार्थ साधित नहीं हो रहा है | ऐसी ही परिस्थतियाँ अन्य ठिकानों पर आतंकवाद और अलगाववाद पनपने के रूप में भी देखी जा सकेगी | किसी एक समूह के लिए जो आतंकवाद लगता हो किसी दूसरे समूह के लिए वो मुक्ति संग्राम भी लग सकता है | सरदार भगत सिंह हमारे लिए क्रांतिकारी हैं पर अँग्रेज़ी मूल के लोगों के लिए उन्हें आतंकवादी माना गया | मुक्ति संग्राम के नेता सुभाष बोस को अपने ही देश से छिपकर अन्य लोगों का सहयोग प्राप्त करने के उद्देश्य से जाना पड़ा | मित्र सेना की नज़र में उनका कारनामा गैर क़ानूनी था ; और भारत में अंगेज जो भी कर रहे थे उसके बारे में काफ़ी दिनों तक दुनिया चुप्पी साधे रही |

न्याय का चक्र

किसी राष्ट्र की सीमा में एक न्याय का चक्र चलता है : भले ही ये समाजतंत्र से चले या लोकतंत्र से, या फिर तानाशाही से | वैश्विक धरातल पर न्याय के चक्र के साथ साथ हथियार का चक्र भी चल पड़ा है | सवाल यह पैदा हो रहा है कि जानबूझकर भी लोग आग में कूदने के लिए इतना उतावलापन क्यों जाता रहे हैं ? भियतनाम, इराक़ के बाद अफ़ग़ानिस्तान में मात खाने के बाद भी जंगी सनक को उसके मूल स्वरूप में रखते हुए अमेरिका और अधिक घातक हथियार का प्रदर्शन करने लग गया | हमें यह भी सोचना होगा कि अमेरिका के लोग सचमुच ही करुणा के पात्र हैं; किसी राष्ट्र या समूह को देने के लिए हथियार छोड़कर उनके पास और कुछ है भी नहीं | कभी भारत को सस्ते में खाद्यान उपलब्ध करानेवाले इसी अमेरिका ने पाकिस्तान से युद्ध बंद न करने की सूरत में सहायता बंद कर देने की धमकी दे डाला था | अगर

आतंकवाद को मिटाकर किसी देश को समृद्ध बनाने ही वो निकले थे तो उस देश में भारी मात्रा में हथियार क्यों जमा किया गया ? लोगों को उनके उद्योग धंधों से क्यों न जोड़ा गया ? क्यों उन्हें आपस में छोटे छोटे गुटों में लड़ने दिया गया ?

वृहत स्वार्थ

कहते हैं व्यक्ति जीवन में स्वार्थ को पूरी तरह छोड़ा नहीं जा सकता, पर इसके दायरे को ज़रूर बढ़ाया जा सकेगा | आज गंधार में बसने वाले लोगों को देखकर हमें पीड़ा हो रही है | क्यों न उन सभी समूहों को एक सूत्र में पिरोकार लोकतंत्र के रूप में उभरने के लिए प्रेरित किया जाय! क्यों न उन्हें करीब बिठाकर सभी प्रकार से लोक सत्ता कायम करने लायक व्यवस्था निर्माण करने के लिए तैयार किया जाय ! प्रश्न यह भी निर्माण हो सकता है कि इन सब विचारों को कह देना तो आसान है पर भली भाँति इसका पालन कर पाना काफ़ी कठिन है | यहाँ स्वार्थ त्याग की बात आ सकती है | कुछ लोग यह भी कहेंगे कि कई मुल्कों ने वहाँ बहुत पैसा खर्च किया; नतीजा ज्यों के त्यों! पैसा शायद बहा भी होगा तो पानी की तरह, आया और गया ; रास्ते में अगर खेतिहर ज़मीन आते होंगे तो थोड़ी हरियाली आ गई होगी | योजनाएँ बनें और उसमें स्थानीय लोगों का विचार बुद्धि न समा सके तो उसकी सफलता भी मुश्किल से ही देखी जा सकेगी | अमेरिका के बारे में भी कुछ ऐसा ही कह सकेंगे; खुद ही डब्बा भरकर खाना ले गये और खुद ही खा गये , उसमें से बचनेवाला एक आधा टुकड़ा वहाँ के लोगों को दे दिए होंगे | समाधान सूत्र तलाश करने के रास्ते में कई सरकार का आना और कई सरकार का विदा होना भी किसी विडंबना से कम न था |

भारत भूमि के बारे में यही सर्वमान्य हक़ीकत है कि भारत के पास दुनिया को देने लायक बहुत कुछ है | सबसे बलिष्ठ और दूरगामी परिणाम देनेवाला है "तत्व और विचार", जिसके बल पर दुनिया को समृद्ध किया जा सकेगा | विचारवंत लोगों के ज़रिए ही ज्ञान की गंगा बहेगी, ऐसे ज्ञान के प्रकाश में ही लोग उद्यमी हो सकेंगे और उसी उद्यम के रास्ते धन और राष्ट्रीय पूर्णता को मूर्त होता हुआ देखा जा सकेगा |

संत विनोबा को हम एक आधुनिक विचारधारा का संत मान सकेंगे | उनके प्रयासों में सर्व समावेशक समाधान सूत्र रहता था | इस समाधान सूत्र के आधार पर ही उन्होंने संस्थाओं का स्वरूप उद्घाटन किया और व्यक्तिगत सत्याग्रह के अधिकारी बने | आज़ादी के समय जैसी परिस्थितियाँ बनी उसके मुताबिक ही उनके कारनामों को मूर्त होता हुआ देखा गया | उनका स्वरूप ही कुछ अंतर्मुखी विज्ञान के आधार पर चलता था |

एक और तपस्वी कुछ इस प्रकार ही थे जिन्होंने एक वृहत्तर अखंड भारत को और उसके स्वरूप को मूर्त होता हुआ देखना चाहते थे | हमें यह भी नहीं भूलना चाहिए कि ऋषि अरविंद के मन में अखंड भारत का सपना अचानक से नहीं आया था; बल्कि उन्होंने सांस्कृतिक, राजनैतिक और भौगोलिक जोगसूत्र को आधार मानकर भारतीय उप महाद्वीप को एकीकृत होता हुआ देखना चाहते थे | उसी सर्व समावेशक एकसूत्र का हिस्सा गंधार भी था | उनकी कल्पना में सार्विक अध्यात्मिक और वैचारिक उत्कर्ष पाने का प्रयास करते हुए ही मानव को एक दूसरे से दूरियाँ कम करते हुए विश्वव मानव के रूप में उन्नत होना होगा | हम कभी भी अपनी आकांक्षाओं और मान्यताओं को अन्य समुदाय पर न थोपते हुए समन्वय की दृष्टि रखें और सहजीवन के मंत्र से ओतप्रोत होते हुए सार्विक प्रगती का मार्ग निकालें |

विकसित समुदाय कभी ऐसा सोचने की भूल न करे कि अन्य विकासमुखी समुदायों की अनदेखी करते हुए उनका समाधान सूत्र निकल जाएगा | हथियार बनाने वाले देशों को सदैव एक ही चिंता सताती है: अगर चारों तरफ अमन और चैन का माहौल रहेगा तब उनके हथियारों का क्या होगा | अमेरिका का यही प्रयास रहेगा कि अन्य सभी देशों को डरा धमकाकर अपना वर्चस्व कायम रखा जा सकेगा | सबको साथ लेकर चल पाने की मानसिकता से अगर उनका उत्थान नहीं हो पाया तो उन्हें अदूर भविष्य में और बड़ी कीमत अदा करने के लिए तैयार रहना होगा | यह विषय अन्य विकसित मुल्कों के बारे में भी समान रूप से प्रासंगिक होंगे | सवाल यह पैदा होता है कि क्या भारत इस स्पर्धा में कभी आ पाएगा, या फिर दो मुल्कों के बीच शाब्दिक जंग तक ही सिमटा

रहेगा ? भारत , चीन और पाकिस्तान जैसे देशों को आपस में उलझाए रखनेवालों की एक ही मंशा है : एशिया के इस प्रांत में हथियार ही होड़ शुरू हो जाए और सभी देश उस स्पर्धा में बने रहने के लिए खर्च करें | उस सामरिक खर्च में से अन्य संप्रदाय और अलगाव पैदा करनेवालों को भी अपना गुज़ारा करने का मौका मिलेगा | इसे जड़ से समाप्त करने के लिए सामुदायिक स्तर पर महा सम्मेलन बनाते हुए समग्रता की दृष्टि रखते हुए समुदाय के सभी वर्गों को क्रियाशील रखना होगा ताकि अलगाव का पौधा जड़ें पसारने का प्रयास ही न कर पाए | हर एक विषय के लिए हमें विकसित देशों की ओर देखने की भी ज़रूरत नहीं हैं | तिजोरी भरनेवालों को सदैव ही तिजोरी खाली हो जाने का डर सताता है | उस डर से वे कुछ ऐसा कर बैठते हैं जिसका हमारे पास कोई व्याख्या नहीं है |

जैन मुनि आचार्य तुलसी कहा करते थे : सुधरे आदमी देश और समाज अपने आप ही सुधर जाएगा | जाहिर सी बात है , अगर आदमी अपने आदमीयत के मंत्र से कुशलतापूर्वक कार्य करे तो समाज का सुधारना तय है | हमें इसी लिए प्रयास उस समुदाय स्तर से ही करने की ज़रूरत है, ताकि समुदाय के सभी घटक खुद को इतना वलिष्ठ कर लें जिसके बल पर बाहरी शत्रु का डटकर मुकाबला किया जा सके | हिंसा का सहारा लेकर पनपनेवाले समुदाय भी अब यह समझने लग जाएँगे कि बंदूक के बल पर ज़्यादा दूर नहीं चला जा सकेगा | सूचना तंत्र का जाल और समुदाय स्तर की समझ कहीं ज़्यादा बलशाली है और किसी भी देश या समुदाय की व्यवस्था को प्रभावित करने के लिए काफ़ी है | आर्थिक और वैचारिक गुलामी को ताक़त की गुलामी से कहीं ज़्यादा घातक समझना होगा |

आतंक का बुलबुला अगर किसी भी देश में ज़्यादे दिन तक पैर पसारता रहे तो उसके दुष्परिणाम भुखमरी, ग़रीबी, बेरोज़गारी और विपरीत मुखी प्रतिका रात्मक आतंकवाद के रूप में देखा जा सकेगा | आज हम एक ऐसी पतली लकीर के आधार पर बात कर रहे हैं जहाँ खाड़ी युद्ध और अफ़ग़ान युद्ध के औचित्य पर ही सवाल खड़े हो रहे हैं | कई देश आज भी विश्व मानचित्र पर मिलेंगे जहाँ तानाशाह का बादल मंडराता है | भारी रकम खर्च करके उन तानाशाहों को कुचलने के लिए

अभियान चलाने के निर्णयों पर हमें पुनर्विचार करना होगा | अगर वैसी तानाशाही दुनिया को मंजूर नहीं है तो क्यों न उन्हें विश्व विरादरी से अलग कर दिया जाय | आज की स्थिति में कोई भी समूह ऐसा अलग थलग नहीं रहना चाहेगा, या नहीं रह सकेगा | जाहिर सी बात है कि उन तानाशाहों को अपने निर्णयों और आचारणों को दोबारा परखते हुए राष्ट्र को विश्व समुदाय का हिस्सा बनने लायक तैयार करना होगा |

मौके का फ़ायदा उठाना, किसी भी समुदाय की कमजोरी का लाभ उठाते हुए उनके अधिकारों का दोहन करना और परिस्थितियों को न समझते हुए किसी एकतरफ़ा निर्णय को अमल में लाना आदि विश्व शांति के मार्ग में सबसे बड़ी और प्रबल बाधाएँ हैं | इनको बढ़ावा देनेवाले तत्वों को निरस्त करना होगा, अपितु इन बाधाओं को दूर करते हुए विश्व नागरिकता के मंत्र से जनमानस को ओतप्रोत करना होगा | इस दीर्घसूत्री कार्य के लिए हमें वही तीसरी शक्ति पर भरोसा रखते हुए रणनीति बनाना होगा | तीसरी शक्ति, जिस ओर सम्राट सिकंदर इशारा कर चुके थे, भारत की तहज़ीब है; इसी तहज़ीब से विश्व बिरादरी को परिचित कराना होगा और हमें भी उस विधि को समझते हुए अपनी भूमिका तय करते हुए अग्रज के रूप में अवतरित होना होगा |

आतंक का बादल

अफ़ग़ानिस्तान का नाम आते ही हमें काबुलीवाला शीर्षक एक कहानी याद आ जाती है जिसमें रहमत को एक नेक, ईमानदार और सत्यवादी पठान के रूप में दिखाया गया था | रहमत कलकत्ता की गलियों में पेस्ता, बादाम, अखरोट आदि बेचता था और एक सराइखाने में नेकी पर आधारित जीवन जी रहा था | झूठ और प्रपंच बर्दाश्त न कर पाने की अवस्था में एक स्थानीय व्यापारी से उलझ गया था | कभी ऐसा भी काल आया था जब अहमद शाह अब्दाली दिल्ली को खून से लाल कर दिए थे | मराठा जनजाति को तीसरी पानीपत से अब्दाली के हाथों बर्बादी के कराल ग्रास में आना पड़ा | दोनों के शक्ति परीक्षण का वह दौड़ मराठा जनजाति को काफ़ी ठेस पहुँचाया था | आज भी वहाँ के लोग उस जंग को शायद ही भूल पाते होंगे | वही अब्दाली अफ़ग़ानिस्तान में राष्ट्र निर्माता के रूप में पूजे जाते हैं ! कभी ऐसा भी काल आया जब अफ़ग़ान के साथ

बड़े बड़े देशों की अशांति के कारण माहौल तनावपूर्ण रहता था |

अगस्त २६, २०२१ का वो समय जब काबूल हवाई अड्डे पर अपनी जान से हाथ धोने वालों को पहचाने जाने के लिए इधर उधर भागते हुए समूहों को देखा जा रहा था | इसका अनुमान हम बड़ी आसानी से लगा ही सकते हैं कि उन निरपराध लोगों पर क्या बीत रही होगी; कइयों को तो पहचाना ही नहीं जा रहा था |इस्लाम कट्टरपंथ का पनपना और अलग अलग नाम से जाने जाने का विषय एक ऐसी नियती है जिसके अंतर्गत आम नागरिक भी संकट में आ जाते हैं | विषय ऐसा भी सुनने में आता है कि कट्टरपंथ समुदाय किसी भी नाम से जाने जाते हों , हक़ीकत में उनका मूल एक ही है |

सन २००१ से अमेरिका और उसके साथी देश अफ़ग़ानिस्तान के अंदर इस बात के लिए उलझे रहे जिसके अंतर्गत अफ़ग़ान मूल के लोगों को आधुनिक संस्कृति का पाठ पढ़ाना था और उन्हें सुसंस्कृत बनाना था | अमेरिका के पहले वहाँ कई साल तक राशिया उलझे रहा | समाधान न मिल पाने के कारण राशिया ने वहाँ से खुद को अलग रखना उचित समझा | अमेरिका का रुख भी सकारात्मक रहा होगा, यह एक तर्क का विषय है | समस्या इस बात को लेकर भी हो रही है कि अमेरिका का दिया हुआ आधुनिक हथियारों पर तालिबान का नियंत्रण कैसे हो गया | जाहिर सी बात है कि उनके पास अधिक शक्ति का केन्द्रीभूत हो जाना एक नियति है | निरंतर जंग में उलझे रहने का ही नतीजा है किवहाँ के आम जनों का जीवन ग़रीबी से ग्रस्त होता रहा; परिस्थितियाँ सुधरने के बजाय और बदतर होती चली गई |

समस्या और गंभीर तब हो गई जब अमेरिका ने यह तय कर लिया कि अगस्त (२०२१)महीने के अंत तक उन्हें अफ़ग़ानिस्तान से निकल जाना है ; वही रिक्त स्थान था जिसे भरने के लिए सभी आतंकी संगठन कमर कसने लग गये थे | कई आतंकी संगठन आपस में भिड़ने भी लगे | तालिबान की पकड़ ज़्यादा होने के कारण उन्हें ज़्यादा ज़मीन मिलने लग गई |

लोगों को सिर्फ़ इस बात का भय है कि तालिबान का जो स्वरूप है , या उनका पिछला जो स्वरूप रहा है उसके कारण भी कई देश

तालिबान को मान लेने के पक्ष में नहीं हैं | इस विषय में अंतर राष्ट्रीय समुदाय दो धूरियों में बँटते हुए देखा जा रहा है | १९९६ से २००१ के बीच अफ़ग़ानिस्तान में तालिबान हुकूमत के कारण जो अलगाव और आतंक का राज चल पड़ा था उसके कारण भी लोग इस संगठन पर भरोसा नहीं कर पा रहे हैं | ऐसी ही वृत्ति के कारण वहाँ से भारी संख्या में लोग निकलना चाह रहे हैं | तालिबान या उस प्रकार के अन्य संगठनों को परास्त करके वहाँ लोकतंत्र कायम करने के लिए अमेरिका उस देश में दाखिल हुआ | उनके सामने चुनौतियाँ कई थी, संकट भी गंभीर था, लोग कई गुटों में बँटे हुए थे | इस परिस्थिति में कई आतंकी संगठनों ने उस देश को अपना घर बना लिया | लोगों को भी लगने लगा कि अब शायद अफ़ग़ानिस्तान को एक आधुनिक राष्ट्र के रूप में देखा जा सकेगा | इस बात को धूमिल करते हुए वहाँ अगस्त २०२१ ख़त्म होते होते समस्याओं का अंबार लग गया |

कर्म कौशल

अपने भारतीय संस्कृति में कर्म कुशलता के बारे में ज़्यादा चर्चा होती है | ज़मीन से जुड़े लोगों को सुदृढ़ बनाने के माध्यम से किसी देश या समुदाय को सुदृढ़ बनाया जा सकता है | युद्ध संस्कृति के आदि संस्था और संगठन के लिए युद्ध संस्कृति का ही पोषण हो पाएगा; इस बात से हम कदापि इनकार नहीं कर सकते | यही कारण है कि आए दिन सभी शक्तिधर देश उस युद्ध संस्कृति में गोते लगा लगाकर थक जाते हैं और उस समुदाय को ज्यों का त्यों उनकी स्थिति पर छोड़ देते हैं | उनके प्रयासों और नियोजनों का एक ही आधार रहता है: आतंक का दमन उससे और भयंकर आतंक का प्रदर्शन करके किया जाय | ऐसा करते समय लोग यह भी भूल जाते हैं कि आतंक की भूमि पर ही हिंसा का बीज़ारोपण हो जाता है | इतना तो दावे के साथ कहा जा सकता है कि रोज़गार और उन्नत जीवनचर्या का मौका मिल जाने के बाद मौत का सौदा शायद ही किसी को पसंद आए |

प्रश्न इस बात के लिए भी निर्माण हो रहा है कि अमेरिका का इतना पैसा, इतना समय, इतना संसाधन और इतना प्रयास अफ़ग़ान की भूमि पर पूरी तरह विफल पाया गया | कई प्रयास तो भारत की ओर से भी

किए जा रहे थे, उन सभी प्रयासों मे कई अरब रुपये खर्च भी हुए | उनके नागरिकों को भारत लाकर यहाँ के महाविद्यालयों और उद्योग संस्थाओं में प्रशिक्षित करने का प्रयास भी आधा अधूरा साबित हुआ |

इतना तो हम भी समझ जाते हैं कि ज़्यादा पैसा खर्च करके किसी अन्य देश में दाखिल होनेवाली संस्था कुछ हासिल किए बिना वहाँ से वापस आना शायद ही मंज़ूर करे | अगर किसी देश की सेना को हम किसी आतंकी संगठन के सामने घुटने टेकते ऊए देख लें तो उस देश की व्यवस्था और तंत्रात्मक प्रणाली पर सवाल उठाए जा सकते हैं | सिर्फ़ इतना ही नहीं हम अमेरिका के कार्य प्रणाली और मंशा के बारे में भी आश्वस्त होना पसंद करेंगे | अमेरिका को लगता था कि और भी अन्य देश उसके साथ कंधे से कंधा मिलाकर अफ़ग़ानिस्तान में उसके सैन्य बहाली का समर्थन करते हुए उसे वहाँ बने रहने के लिए निवेदन करेंगे | ऐसा कोई सकारात्मक रुख़ न देखते हुए आख़िर वहाँ से मित्र सेना का हटाया जाना तय हो गया | शंका इस बात की भी जताई जा रही है कि अमेरिका के शत्रु पक्ष के कई नेता सिर ऊँचा कर रहे हैं और फिर से समूचे विश्व में आतंक का जाल बिछाने के लिए धूरी की तलाश में हैं | अफ़ग़ानिस्तान की ज़मीन इस मामले में काफ़ी असर देनेवाला साबित हो सकता है | इसका कारण हम पहले ही चर्चा कर चुके हैं | आतंक की भूमि पर ही हिंसा का पौधा पनपता है ; पक्ष और प्रतिपक्ष तो बदलते ही रहते हैं |

सवाल यह भी पैदा हो रहा है कि इतने बड़े आतंकी संगठन को पैसा कहाँ से आ रहा है ? क्या सिर्फ़ बाहरी सहायता सामग्री से उनकी माँगें पूरी हो जाती होगी या फिर उन्होंने आंचलिक स्तर पर भी जड़ें जमा लिए होंगे! इसका सीधा समाधान बताते हुए कई शोध कर्ताओं ने यह तत्थ्य निकाला है कि जिहादियों के आमदनी का एक बड़ा हिस्सा कर वसूली के रूप में आता है | उन्हें स्थानीय तौर पर अफ़ीम उत्पादक किसानों से और अन्य व्यापारियों से पैसे मिलते हैं | हेरोइन बनाने वाली प्रयोगशालाओं से भी वह संगठन कर वसूलता है | इन सबसे तालिबान को हर साल करीब तीन हज़ार करोड़ रुपए के बीच की आय होने का अंदाज़ा लगाया जाता है ; आँकड़े समय समय पर कम ज़्यादा होते रहते होंगे |

२०१८ में अमेरिकी कमांडर जनरल जॉन निकोलसन ने एक रिपोर्ट में कहा था कि तालिबान को उसकी आय का ६० फ़ीसदी हिस्सा अवैध नशीले पदार्थ के धंधे से आता है | आँकड़े जो भी हों इतना तो तय है कि जिस देश के सिर पर किसी आतंकी संगठन का साया हो उसमें गुजर बसर करने वालों का जीवन तो सर्वशक्तिमान ईश्वर के भरोसे ही चलता होगा |

भूमिका

सृष्टि रचना में योगमाया का ही इस्तेमाल ईश्वर किया करते हैं; उसी योगमाया के कारण हम दृश्य जगत में निहित परम सत्ता को प्रत्यक्ष रूपप से किसी इन्द्रियग्राह्य अवयव के रूप में नहीं देख पाते; और कभी कभी ईश्वर उसी योगमाया के कारण हमारे सम्मुख एक क्रियाशील माया रचना के रूप में रकत होकर हमें भी उस और प्रवृत हो जाने के लिए प्रबुद्ध करते रहते है। अप्रत्यक्ष रूप से यही अविद्या माया है, जिसके आवेश में आकर साधक महात्मा भी कभी कभी भ्रमित हो जाते और ईश्वर के जरिये भगवान के वितरित होते रहने के रहस्य को भली भाँति नहीं जान पाते। पुरुष का कर्म ज्ञान कृत होने के कारण प्रकृति के जरिये अभिव्यक्त होते समय एक स्वच्छंदत और निरलस भाव को बनाये रखते हैं और उसी निर्मलता से ज्ञानेन्द्रिय और कर्मेन्द्रिय संकुल के साथ सामंजस्य स्थापित करते हुए मन, स्मृति और बुद्धि को कर्म में प्रवृत करते रहते हैं; वहीँ से कर्तव्य निर्धारण में भी उनकी ही एकमेव भूमिका बनती है; सृष्टि चक्र में व्याप्प्त इस निम्नवर्ती अभिव्यक्ति के चक्र से उन्नत होने के निमित से साधना में भी लगने के लिए उद्योगी होते हैं; साधना के मार्ग का चयन बुद्धि और कौशल्य के आधार पर कर लिया करते हैं; एक उन्नत पैमाने पर अन्य जीव के लिए प्रेरणा का श्रोत भी बन जाते हैं। जड़ शरीर में प्राण संचार के बाद ही विधायक पुरुष का कर्म में प्रवृत होना ही एक सहजात नियति है, जिसके अधीन जीव को जन्म और मृत्यु के बीच फैले संचार पथ से होकर कर्तव्य कर्म में प्रवृत होते हुए ही अग्रसर होना होगा; उन्नत जीवनशैली के लिए प्रत्नशील होना होगा; दिव्य ज्ञान से खुद को पुष्ट करना होगा; विवर्तन की धारा में चलते हुए देवत्व के आसान को अलंकृत करने के लिए दिव्य कर्म का अनुष्ठान भी करना होगा; उस मार्ग में आनेवाली बाधाओं को झेलना होगा; परम पुरुष के परम सत्ता को समझते हुए वैसी ही पूर्णता पाने के लिए भी अनुरक्त होना होगा।

जगदीश्वर होते ही हैं सर्व कल्याण कारण ; सर्व नीति नियंता और सर्वभूते निहित आत्मा। उन्हें अनुभव करने का और आत्मा के साथ एकरूपता की स्थिति में महसूस कर पाने का ज्ञान, भक्ति और निष्काम कर्म को माना गया। एक बार ब्रह्मा निर्वाण की अवस्था पाने के बाद व्यक्ति कभी भी मोह के वशीभूत नहीं होता । अनावश्यक रूप से कर्म बंधन में जकड़े जाने से माया से व्याप्त दृश्य जगत के रंग बिरंगे व्यवधान आदि में मन को न लगाते हुए उस परमेश्वर के अंशमात्र को खुद के चेतन स्वरूप में टटोलना होगा; वहां से मिलनेवाले दिव्य निर्देश को मान्य करते हुए अनन्य भाव से उसी ईष्ट की आराधना में भी लगाना होगा। भगवद्प्राप्ति के बाद भक्त में कुछ विशेष परिवर्तन आना अवश्यम्भावी है: परा भक्ति के द्वारा ईश्वर को (परम ब्रम्ह स्वरुप को) वह तत्त्वतः जानता है कि मैं वह परमेश्वर कितना व्यापक और कितना फैला हुआ है; तथा ईष्ट क्या है।[1]

जगदीश्वर

ईश्वर का अधिष्ठान कुछ गिने चुने अवयवों तक रहे और अन्य सब विश्व चराचर जगत सिर्फ मायालोक तक ही सीमित रहे ऐसा भी नहीं;[2] रचनाधर्मिता के आवेश में ईश्वर, या फिर सूक्ष्म स्टार पर क्रियाशील एक ईश्वर स्वरुप सत्ता, के जरिये किये जानेवाले पहल के बिना समग्र सृष्टि को अभिव्यक्त और प्रस्फुट होता हुआ भी हम शायद ही देख पाते। समग्र सृष्टि को उसके विविध स्वरुप में देख पाने के लिए और उसी सृष्टि में अंश रूप से जुड़े रहने के लिए, अभियक्त होने के लिए हमें भी उसी दिव्य स्वरुप पर निर्भर रहने की जरुरत है; हम इसी कारण से उस परम सत्ता की अनदेखी भी नहीं कर सकते और न ही उसकी अवहेलना करते हुए अग्रज की भूमिका में खुद को ढलते हुए अनुभव ही कर सकते। हर जीव में, सृष्टि के कणमात्र में उनके अधिष्ठान विषयक सत्य को कई प्रकार से शास्त्र और भाष्य कथन के जरिये इसे उजागर भी किया गया।

ब्रह्मनिर्वाण के कथन में भी उसी शुद्ध सरुप परमात्मा (परम पुरुष, ईश्वर) के अधिष्ठान विषयक अनुभव कहे जाते आये; इसी क्रम में विदेह मुक्ति की बात भी आई। अगर माया के संसार से किसी को

जीवन रहते रहते मुक्ति मिले तो फिर उस परिस्थिति के बारे में हमें कैसे अनुभव मिले; या उसकी (मुक्तात्मा की) पहचान कैसे की जा सकेगी? क्या कोई ख़ास अनुक्रिया के जरिये उस विकास को समझना संभावर हो पायेगा भी? या फिर इस प्रकार के विकासोन्मुख जीवन को महज एक कल्पना मात्र ही समझें? [3] ; इसे अंतिम श्वास में पाने के अधिकारी भी ब्रह्मधाम ही पाएंगे। [4]

- का विषय भी कुछ ऐसा ही माना गया। संदेह नष्ट हो जाने की स्थिति में, जीवों के कल्याण में तल्लीन होने की स्थिति में, ब्रह्म स्वरूप में आरूढ़ होने की स्थिति में भी योगी (ऋषि) पापों से मुक्त होने का अधिकारी बनेंगे। [5]

[1] भक्त्या मामभिजानाति यावान्यश्चास्मि तत्त्वतः।

ततो मां तत्त्वतो ज्ञात्वा विशते तदनन्तरम्।।गीता १८ .५५ ।।

सा इयं ज्ञाननिष्ठा आर्तादिभक्तित्रयापेक्षया परा चतुर्थी भक्तिरिति उक्ता। तया परया भक्त्या भगवन्तं तत्त्वतः अभिजानाति? यदनन्तरमेव ईश्वरक्षेत्रज्ञभेदबुद्धिः अशेषतः निवर्तते। अतः ज्ञाननिष्ठालक्षणतया भक्त्या माम् अभिजानातीति वचनं न विरुध्यते। अत्र च सर्वं निवृत्तिविधायि शास्त्रं वेदान्तेतिहासपुराणस्मृतिलक्षणं न्यायप्रसिद्धम् अर्थवत् भवति -- विदित्वा।।।। व्युत्थायाथ भिक्षाचर्यं चरन्ति (बृह0 30 3|5|1) तस्मान्न्यासमेषां तपसामतिरिक्तमाहुः (ना0 30 2|79) न्यास एवात्यरेचयत् (ना0 30 2|78) इति। संन्यासः कर्मणां न्यासः वेदानिमं च लोकममुं च परित्यज्य (आप0 ध0 1|23|13) त्यज धर्ममधर्मं च (महा0 शा0 329|40) इत्यादि। इह च प्रदर्शितानि वाक्यानि। न च तेषां वाक्यानाम् आनर्थक्यं युक्तम् न च अर्थवादत्वम् स्वप्रकरणस्थत्वात्? प्रत्यगात्माविक्रियस्वरूपनिष्ठत्वाच्च मोक्षस्य। न हि पूर्वसमुद्रं जिगमिषोः प्रातिलोम्येन प्रत्यक्समुद्रजिगमिषुणा समानमार्गत्वं संभवति।

[2] ईश्वरः सर्वभूतानां हृद्देशेऽर्जुन तिष्ठति।

भ्रामयन्सर्वभूतानि यन्त्रारूढानि मायया।।१८.६१।।

मानो किसी यन्त्र पर आरूढ़ समस्त भूतों को ईश्वर अपनी माया से घुमाता हुआ भूतमात्र के हृदय में स्थित रहता है; उसे प्रकाशमान रखता है;

शंकर भाष्य: ईश्वरः ईशनशीलः नारायणः सर्वभूतानां सर्वप्राणिनां हृद्देशे हृदयदेशे अर्जुन शुक्लान्तरात्मस्वभावः विशुद्धान्तःकरणः -- अहश्च कृष्णमहरर्जुनं च (ऋ. सं. 6।9।1) इति दर्शनात् -- तिष्ठति स्थितिं लभते। तेषु सः कथं तिष्ठतीति? आह -- भ्रामयन् भ्रमणं कारयन् सर्वभूतानि यन्त्रारूढानि यन्त्राणि आरूढानि अधिष्ठितानि इव -- इति इवशब्दः अत्र द्रष्टव्यः -- यथा दारुकृतपुरुषादीनि यन्त्रारूढानि। मायया च्छद्मना भ्रामयन् तिष्ठति इति संबन्धः।।

[3] 'योऽन्तःसुखोऽन्तरारामस्तथन्तज्र्योतिरेव यः। स योगी ब्रह्मनिर्वाणं ब्रह्मभूतोऽधिगत्वचति॥' – 'जो अपने भीतर रहने वाले परमात्मा के आनंद को अनुभव कर लेगा; उसी में स्थिरता पा लेगा (विश्राम) और उसी में परमात्मा की प्राप्ति से प्रबुद्ध होता होगा , ऐसा ब्रह्मरूप योगी ब्रह्मधाम को पाने का अधिकारी बनेंगे (गीता ५.२४)।

[4] एषा ब्राह्मी स्थितिः पार्थ नैनं प्राप्य विमुह्यति; स्थित्वास्यामन्तकालेऽपि ब्राह्मणनिर्वाणमृच्छति।' - (गीता २.७२)।

भाष्य (श्री माधवाचार्य): निश्चितफलं च ज्ञानं तस्य तावदेव चिरम् छां.उ.6।14।2। यदु॥. च नार्चिषमेवाभिसम्भवन्ति छां.उ.4।15।5 इत्यादिश्रुतिभ्यः न च कायव्यूहापेक्षा तद्यथेषीकातूलम् छां.उ.5।24।3। तद्यथा पुष्करपलाशे छां.उ.4।14।3ज्ञानाग्निः सर्वकर्माणि 4।37 इत्यादिवचनेभ्यः। प्रारब्धे त्वविरोधः प्रमाणाभावाच्च। न च तच्छास्त्रं प्रमाणम्।अक्षपादकणादानां साङ्ख्ययोगजटाभृताम्। मतमालम्ब्य ये वेदं दूषयन्त्यल्पचेतसः इति निन्दावचनात्।

यत्र तु स्तुतिस्तत्र शिवभक्तानां स्तुतिपरत्वमेव न सत्यत्वम्। न हि तेषामपीतरग्रन्थविरुद्धार्थे प्रामाण्यम्। तथाह्युक्तम्एष मोहं सृजाम्याशु यो जनान्मोहयिप्यति। त्वं च रुद्र महाबाहो मोहशास्त्राणि कारय। अतथ्यानि वितथ्यानि दर्शयस्व महाभुज। प्रकाशं कुरु चात्मानमप्रकाशं च मां कुरु इति वाराहे।कुत्सितानि च मिश्राणि रुद्रो

विष्णुप्रचोदितः। चकार शास्त्राणि विभुः ऋषयस्तत्प्रचोदिताः। दधीचाद्याः पुराणानि तच्छास्त्रसमयेन तु। चक्रुर्वेदैश्च ब्राह्मणानि वैष्णवा विष्णुचोदिताः। पञ्चरात्रं भारतं च मूलरामायणं तथा। तथा पुराणं भागवतं विष्णुर्वेद इतीरितः। अतः शैवपुराणानि योज्यान्यन्याविरोधतः इति नारदीये।

[5] लभन्ते ब्रह्मनिर्वाणमृषयः क्षणिकल्मशाः।

छिन्नद्वैघा यतात्मानः सर्वभूतहिते रताः। – (गीता ५ .२५)।

भाष्य (श्री माधवाचार्य): पापक्षयाच्चैतद्भवतीत्याह लभन्त इति। क्षीणकल्मषा भूत्वा छिन्नद्वैधा यतात्मानः। द्वेधा भावो द्वैधम् संशयो विपर्ययो वा। तच्चोक्तम् विपर्ययः संशयो वा यद्वैधं त्वकृतात्मनाम्। ज्ञानासिना तु तच्छित्त्वा मुक्तसङ्गः परिव्रजेत् इति च। छिन्नद्वैधास्त एवायतात्मानः दीर्घमनसः सर्वज्ञा इत्यर्थः। तत एव छिन्नद्वैधाः। तच्चोक्तम् क्षीणपापा महाज्ञाना जायन्ते गतसंशयाः इति।छिन्नद्वैधा यतात्मानः इति वा।

पावती (स्वीकृति)

शिक्षण एक निरंतर चलने वाली सतत प्रक्रिया है | इसे सिर्फ़ विद्यालय तक सीमित नहीं माना जा सकता | हमारे निसर्ग के प्रत्येक कण में शिक्षण पाने लायक तत्व भरा पड़ा है | चाहिए सेर्फ एक सकारात्मक दृष्टि ताकि उन बिखरे विचारून को हम सफलता पूर्वक ले सकें | मां, बाप, गुरु, संत, बच्चे इनमें यदि हम परमात्मा न देख सकें, तो फिर किस रूप में देखेंगे? इससे उत्कृष्ट रूप परमेश्वर का दूसरा नहीं है। ईसप के राज्य में सियार कुत्ते, कौए, हिरन, खरगोश, कछुए, सांप, केंचुए- सभी बातचीत करते हैं, हंसते हैं। एक प्रचंड सम्मेलन ही समझिए न! ईसप से सारी चराचर सृष्टि बातचीत करती है। उसे दिव्य दर्शन प्राप्त हो गया है।

संगीत का शास्त्र समझ तो लिया, किन्तु यदि कंठ से संगीत प्रकट करने की कला न सधी, तो नाद-ब्रह्म की सजावट नहीं होगी। खेत का कचरा निकालते-निकालते कर्मयोगी को खुद अपने हृदय का वासना-विकाररूपी कचरा निकाल डालने को बुद्धि उपजती है। संतों ने तो घोड़ों को खरहरा करने वाला, गायें चराने वाला, रथ हांकने वाला, पत्तल उठाने वाला, लीपने वाला, कर्मयोगी परमेश्वर खड़ा किया है। तलवार हाथ में लेने से हिंसावृत्ति अवश्य प्रकट होती है, परन्तु तलवार छोड़ देने से मनुष्य अहिंसामय होता ही है, सो बात नहीं। ठीक यही बात स्वधर्माचरण की है। अकेली तेल-बत्ती से दीया नहीं जल जाता। उसके लिए ज्योति की जरूरत होती है। ज्योति होगी, तो अंधेरा दूर होगा। यह ज्योति कैसे जलायें?

बाहर से विषय भोगों को छोड़कर यदि मन में भगवान का चिंतन न किया जाये, तो फिर इस बाहरी उपवास की क्या कीमत रही?

यदि कोई कहे कि 'नमक मिर्च की तरह', तो हम उसे पागल कहेंगे। पर यदि कोई यह कहे कि 'तारे फूलों की तरह हैं, तो उनमें साम्य दिखायी देने से आनंद होगा। हिंदू-मुस्लिम ऐक्य के लिए भूतकाल का विस्मरण ही एकमात्र उपाय है। मनुष्य यदि बुराई को छोड़कर सिर्फ अच्छाई को ही याद रखे, तो कैसी बहार हो! परंतु ऐसा नहीं होता। इसलिए विस्मृति की

बड़ी आवश्यकता है। इसके लिए भगवान ने मृत्यु का निर्माण किया है।

अहिंसा की प्रक्रिया हृदय परिवर्तन पर आधार रखती है | हृदय परिवर्तन की अपनी एक पद्धति है | मनुष्य कभी कभी जनता भी नहीं कि उसका हृदय परिवर्तन हो रहा है | हमें यह ध्यान रखना चाहिए कि हमारे विचार, सोचने की पद्धति आदि उसके बाधक न हों | हम जब हृदय परिवर्तन और विचार परिवर्तन की बात करते हैं, तो हमारे सामने दूसरों के विचार परिवर्तन की ही बात होती है, ऐसा नहीं है | हमारे अपने और दूसरों के भी विचार परिवर्तन और हृदय परिवर्तन की बात होती है, या होनी चाहिए | जहाँ विचार और भ्रम दोनों होते हैं, वहीं उपासना भी होती है | यही दृष्टांत हृदय परिवर्तन की प्रक्रिया के लिए लागू होता है | भ्रम और सत्य, दोनों का होना हृदय परिवर्तन की एक अवस्था की प्रक्रिया में ज़रूरी होता है | मनुष्य पहले केवल भ्रम में होता है | वहाँ से उसे केवल सत्य में जाना है | अब केवल भ्रम से केवल सत्य की स्थिति में जाने के लिए रास्ते में ऐसी भूमिका आएगी , जब कि उसके मन में कुछ भ्रम और कुछ सत्य का आधार होगा | तब हम अगर फ़ौरन उसका खंडन करेंगे, तो उसका चित्त विचलित होगा और एक विरोध स्थापित हो जाएगा | उस भ्रम का खंडन करना अहिंसा के लिए बाधक होगा, यदि सत्य के ख़याल से उसका खंडन किया जाता हो तो | सत्य कभी चुभता नहीं | अगर वास्तव में सत्य है, तो हमेशा प्राण दायि होगा | जो तत्व प्राण दायि है,वह अहिंसक तो होगा ही, चुभेगा भी नहीं | चुभनेवाले सत्य में अहिंसा की कमी तो स्पष्ट ही है , लेकिन उसमें सत्य का अंश भी कुछ कम होता है |

समाधि अध्ययन का मुख्य तत्व है | समाधियुक्त गंभीर अध्ययन के बिना ज्ञान नहीं | अध्ययन से प्रज्ञा और बुद्धि स्वतंत्र और प्रतिभावान होनी चाहिए | नई कल्पना,नया उत्साह, नया खोज, नई स्फूर्ति , ये सब प्रतिभा के लक्षण हैं | लंबी चौड़ी पढ़ाई के नीचे यह प्रतिभा दबकर मार जाती है | वर्तमान जीवन में आवश्यक कर्म योग का स्थान रखकर ही सार अध्ययन अध्ययन करना चाहिए | शरीर की स्थिति पर कितना विश्वास किया जाता है, यह प्रत्येक के अनुभव में आनेवाली बात है | भगवानकी हम सबपर पर अपार क्रिया ही समझनी चाहिए कि हममें

वह कुछ न कुछ कमी रख ही देता है | वह चाहता है कि यह कमी जानकर हम जागृत रहें | जीवन का मार्ग दो बिंदुओं से ही निश्चित होता है: हम हैं कहाँ और हमें जाना कहाँ |[1]

मैं सत्य की ओर अपने कदम बढ़ते रहूं तो भी ईश्वर की कृपा के बिना मंज़िल पर नहीं पहुँच सकता | मैं रास्ता काटने का तो प्रयत्न करता हूँ, पर अंत में मैं रास्ता काटता रहूँगा कि बीच में मेरे ही पैर कट जानेवाले हैं, यह कौन कह सकता हैं ? प्रार्थना के सहयोग से हमें बल मिलता है | प्रार्थना में दैववाद और प्रयत्नवाद का समन्वय है | दैववाद में पुरुषार्थ को अवकाश नहीं है, इससे वह वावला है | प्रयत्नवाद में निरहंकार वृति नहीं है, इससे वह घमंडी है | दैववाद में जो नम्रता है वह ज़रूरी है और प्रयत्नवाद में जो पराक्रम है वह भी ज़रूरी है | प्रार्थना इनका मेल साधती है |

आधुनिक शिक्षा

हम जिसे जीवन की तैयारी का ज्ञान कहते हैं उसे जीवन से बिल्कुल अलिप्त रखना चाहते हैं, इसलिए उक्त ज्ञान से मौत की ही तैयारी होती है | आजकी मौत कलपर ढकेलते ढकेलते एकदिन ऐसा आ जाता है कि उस दिन मारना ही पड़ता है | जिंदगी की ज़िम्मेदारी कोई निरि मौत नहीं है , और मौत ही कौन सी ऐसी बड़ी "मौत" है? जीवन और मरण दोनों आनंद की वस्तु होनी चाहिए | ईश्वर ने जीवन दुःखमय नहीं रचा पर हमें जीवन जीना आना चाहिए | पानी से हवा ज़्यादा ज़रूरी है तो ईश्वर ने हवा को पानी से ज़्यादा सुलभ किया है | "आत्मा" अधिक महत्व की वास्तु होने के कारण वह हमेशा के लिए हरेक को दे डाली गई है | जिंदगी की ज़िम्मेदारी कोई डरावनी चीज़ नहीं है | वह आनंद से ओतप्रोत है , बशर्ते कि ईश्वर की रची हुई जीवन की सरल योजना को ध्यान में रखते हुए आयुक्त वासना को दबाकर रखा जाय | यह पक्की बात समझनी चाहिए कि जो जिंदगी की ज़िम्मेदारी से वंचित हुआ वो सारे शिक्षण का फल गँवा बैठा | जिंदगी की ज़िम्मेदारी का भान होनेसे अगर जीवन कुम्हालता हो तो वह जीवन वस्तु ही रहने लायक नहीं है | ईसप नीति के आरासिक माने हुए, परंतु वास्तविक मर्म को समझनेवाले मुर्गेसे सीख लेकर ज्वार के दानों की अपेक्षा मोतियों को मान देना छोड़ दिया तो

जीवन के अंदर का कलह जाता रहेगा और जीवन में सहकार दाखिल हो जाएगा | भगवद्गीता जैसे कुरीक्षेत्र में कही गई वैसे शिक्षा जीवन - क्षेत्र में देनी चाहिए, दी जा सकती है | व्यवहार में काम करनेवाले आदमी को भी शिक्षण मिलता ही रहता है | वैसे ही बच्चों को मिले |

इस अभ्यास पुस्तिका को बनाने में कई मित्रों का प्रत्यक्ष और अपतरत्यक्ष रूप से सहयोग मिला; उन सभी के प्रति कृतज्ञता व्यक्त करते हैं। यह भी उम्मीद रखते हैं आनेवाले दिनों में भी उनका ऐसा ही सहयोग मिलता रहेगा।

[1] ग्रामसेवा वृत्त से

आमुख

कभी कभी हम इस बात को लेकर ज्यादा व्यस्त हो जाते हैं जब किसी व्रत विशेष को लेकर चर्चा चल पड़े। स्वाध्याय के बारे में भी वही परिस्थिति का निर्माण होता हुआ दिखेगा। सामान्य सृष्टि से यह समझा जाता है कि किसी वरिष्ठ के मदद के बिना किसी साहित्य का अध्ययन ही स्वाध्याय समझा जाये। इसका मतलब है स्व- का अध्ययन। अपनी स्थिति को सही तरीके से जान लेना ही स्वाध्याय समझा जाएगा। से और भी कई अर्थ निकाले जाते होंगे।

सोच विचार तब और बढ़ जाता है जब हम किसी कृति का नाम ही स्वाध्याय रख दें ! यह कुछ ऐसा समझा जाना चाहिए जब हम श्री गंगा जी की पूजा करने के लिए उसी जल से अंजलि दे दें। कुछ ख़ास माने शायद ही निकालता होगा। जिस व्यक्ति को सनातनी परंपरा का रीति रिवाज विषयक सम्यक ज्ञान नहीं रहा होगा उसे तो यह काम बड़ा अजीब ही लगेगा, और मूर्खता भी समझी जायेगी। किसी संत को भी असा अजीब ही लगा था जब उन्होंने देखा कि तरपान के समय पूर्वजों को जल देने के लिए अंजलि नदी और जलाशय में डाली जा रही थी; वो भी बड़े ही श्रद्धा के साथ और काफी नियमों का पालन करते हुए।

इस शीर्षक के जरिये कुछ ऐसे ही विषयों पर चर्चा सत्र चलाई जा रही है जिसके आस पास विचार और परंपरा विषयक चर्चा और अध्ययन को गति मिल सकेगी। अभ्यासियों के सम्मुख एक नया आयाम भी खुल सकेगा। सिर्फ इतना ही नहीं हम उन सभी क्रियाओं के जरिये स्व- के अध्ययन विषयक कृति को भी संदर्भित कर सकेंगे। योग दर्शन में स्वाध्याय को नियम के अंतर्गत एक व्रत माना गया। वहां चित के विक्षेप विषयक अनुक्रिया पर अंकुश पाने के लिए इस व्रत कि अहमियत गिनाई गई है। अगर वेद का आधार मानें तो पाते हैं कि पवित्र ग्रंथों का अध्ययन ही स्वाध्याय है।

तत्त्वज्ञान को पढ़ना, पढ़ाना, स्मरण करना आदि[1] , आलस्य त्यागकर ज्ञान की आराधना[2] और अपने आत्मा का हित करने वाला

अध्ययन[3] स्वाध्याय है।

भारत और अन्य कई विकास मुखी देश में स्वेच्छा से काम करनेवाली संस्थाओं की संख्या काफ़ी है | कुछ संस्थाएँ बंद भी हो रही है और कई नई संस्थाओं को भी कर्मरत देखा जा रहा है | जिस विचार से संस्था चलती है और उसके साथ लोग जुड़ते चले जाते हैं वही संस्था की असली पूंजी है | कई संस्था को एक संकुचित दायरे में सिमटते हुए भी देखा जाता है | यह भी उस संकट की ओर इशारा हुआ मानेंगे जिसके कारण विचारों का खातमा भी हो सकता है और संस्था के नाम पर सिर्फ़ इमारतें और पैसा ही शेष रहेंगे | परिस्थिति विकराल रूप ले इसके पहले ही रचना धर्मी लोगों और समाज को इसका पहल करना होगा ताकि विरासत सुरक्षित रह पाए |

वस्तुस्थिति

अधिकांश वरिष्ठ मित्रों और कार्यकर्ताओं का यही मत है कि संस्थाएँ अपने मूल ध्येय से भटक चुकी है और उनके सामने अपने ही अस्तित्व को टिकाए रखने का प्रश्न निर्माण हो चुका है | कई सस्थाओं को जनता जनार्दन में पैसों का पहाड़ दिखता है और विचारों व सर्वोदय संस्कारों से मीलों दूर किसी चमक दमक वाले गलियारों में वे सबके सब भटक रहे हैं | कभी सर्व भारतीय स्तर की मानी जानेवाली संस्था भी इन दिनों कूप मंडूकता से ग्रस्त होकर उसी हिसाब में लग चुकी है कि पैसों के मार्ग से और अधिक पैसा किस प्रकार से हासिल किया जा सके | कई संस्था प्रमुखों का घमंड इस कोटि का हो गया है कि उन्हें अपने विरोध में एक भी शब्द सुनना पसंद नहीं | अतः यही वास्तविक है कि आनेवाले दिनों में इन संस्थाओं को कार्यकर्ता नहीं मिलेंगे और इन्हें नौकरों की टोली से ही काम निकालना होगा | जाहिर सी बात है की अब संस्था चलाने का खर्च भी बढ़ेगा |

चिकित्सा विज्ञान से जुड़े अपने एक मित्रवत कार्यकर्ता का भी यही मत है कि हम एक ऐसे कठिन समय से गुजर रहे हैं जब संस्थाओं में कार्यकर्ताओं को शरण मिलना और उनके विचारों और संस्कारों का संरक्षण हो पाना ज़्यादा कठिन हो जाएगा | इस परिस्थिति में ज़मीनें, इमारतें और पैसों को छोड़ कर और कुछ भी नहीं बचेगा | संस्था खुद को

बचाए रखने के लिए अपने दायरों को दिन प्रतिदिन छोटा कर रही है | उन्हें भी अपने अस्तित्व खोने का डर सता रहा है और उनके पास दूसरा पर्याय है भी नहीं |

इस परिस्थिति में हम चुप रहें या फिर कुछ पहल करें इस विषय पर मित्र मंडली में चर्चा चल पड़ी है | ईस्वर की इच्छा अगर है और अगर यही समय की माँग हो रही है तो हमें ज़रूर कोई समाधान सूत्र मिलेगा | महात्मा भी ऐसा ही कहा करते थे कि प्रयत्न करते रहना एक कार्यकर्ता का ही काम है |

<u>विचारों और पैसों का द्वंद</u>

विचार के साथ अर्थ (पैसा , सम्पद, ज़मीन आदि) का रिश्ता ही कुछ अजीब सा है | लोग पैसों के बल पर हर एक को झुका देने की तमन्ना रखते हैं | कभी कभी उन्हें इतिहास के पन्नों से सीख लेते हुए अपनी भूमिका तय करना होगा | हम सब यह भली भाँति जानते हैं कि एक लुटेरा जब भारत से लूट का पैसा लेकर जा रहा था तो वह अपने ही साथियों के हाथों मारा गया | वो पैसा आख़िर किसी के भी काम न आ सका | अगर किसी को यह लगता है कि मंगल विचार के धनी सिर्फ़ पैसों के लिए काम करेंगे तो उन्हें अनतिविलंब अपना विचार बदलते हुए यह समझ लेना होगा कि पैसों की ओर भागने वाला व्यक्ति मंगल और क्रांतिकारी विचार का धनी कदापि नहीं हो सकता | जिन संस्थाओं के पास पैसे, ज़मीनें और इमारतें आ चुकी है उन्हें लगता है कि अब वो दुनिया को किसी भी तरफ मोड़ सकेंगे और जनता जनार्दन को उनके पास आना ही होगा | उन संस्था प्रमुखों को इस बात का ध्यान रखना होगा कि क़ानून का शिकंजा कभी भी कसा जा सकता है और किसी लोकतांत्रिक ढाँचों में इसकी संभावना कुछ ज़्यादा ही रहेगी | अतः कुछ ऐसा संतुलन बनाकर संस्थाओं को चलना होगा जिससे जनता जनार्दन के बीच उन वित्तवान संस्थाओं के चलते किसी प्रकार का रोष उत्पन्न न हो | एक ऐसी भी संस्था के बारे में पता चला जिन्होंने अपने ही कार्यकर्ताओं को काफ़ी अपमानित करके उनकी भावनाओं को कुचलकर काम से निकाल बाहर करने का निर्णय लिया | कभी कभी हमें भावनाओं का भी ध्यान रखना होता है; ताकि कोई व्यक्ति आवेश में आकर कोई

ग़लत कदम न उठा ले | जिन कार्यकर्ताओं को निकाला गया उनमें से अधिकांश लोगों का नौकरी पाने का उम्र ही निकल चुका था और वो न तो नई व्यवस्था में ढलने के लिए मानसिक रूप से तैयार थे | इसका यह अर्थ भी नहीं है कि संस्थाओं को कामगार लोगों की संख्या में कटौती करने का कोई हक ही नहीं है | संस्था उन अधिकारों का उपयोग करते समय वयक्ति की भावनाओं का भी यथोचित सम्मान करे | किसी नौकर के अपमानजनक कारनामों का असर संस्था प्रमुख और उनके साथ जुड़े लोगों की प्रतिष्ठा को भी चपेट में ले सकता है | और यह एक प्रकार की मूर्खता ही है जिस बदौलत कोई संस्था बने बनाए कुशल कार्यकर्ताओं को छोड़ दे |

कार्यकर्ता निर्माण

अपने देश में ऐसे और भी संस्थाओं का परिचय हमें मिलता है जिनका मुख्य काम ही है कार्यकर्ता निर्माण | उनके पास कई युवा जीवन की तलाश में आते हैं और उनमें से कई पूर्ण रूप से जुड़ जाते हैं और ध्येय मार्ग पर अडिग भी रहते हैं | उन संस्थाओं की प्रगति इन दिनों तीव्र गति पर है और धीरे धीरे भारत के प्रत्यन्त भागों तक फैल रही है | इसको किसी दबी पाँव चलनेवाले तूफान से भी तुलना कर सकते जिसमें खर पतवारों के साथ साथ बड़े पेड़ पौधों को भी उड़ा ले जाने की असीम शक्ति है; उनका भान भी कुछ इस प्रकार का ही है | इस बात से समझदार लोगों को एक तो मौका मिल ही जाएगा कि वो अपने बिखरे हुए वस्तुओं को समेटकर उस तीव्र तूफान के वापस जाने का इंतजार करते रहें या फिर खुद को किसी सुरक्षित जगह स्थानांतरित कर लें | नासमझ और घमंडी लोगों के लिए आने वाला काल और अधिक विकराल होने जा रहा है |

संस्था का प्रमुख काम ही है विचार का संकर्षन और उस विचार पर चल पड़ने वाले लोगों का संरक्षण |

कभी बंगाल के एक आश्रम से एक युवा सन्न्यासी यह कहकर निकल गये कि उन्हें उपयाचक और परिव्राजक का जीवन बिताना है | उपायाचक का अर्थ हुआ किसी से कुछ न माँगना और परिव्राजक से उनका अभिप्राय था कहीं भी ज़्यादे दिन का प्रवास न करना | उन्होंने गुरु माँ से अनुमति माँगकर निकलने का फ़ैसला भी कर लिया | सबसे

ज़्यादा चिंता उस गुरु माँ को होने लगी; कारण था कि जिस देश में बिना माँगे पानी भी नहीं मिलता उस देश में कहीं इस युवा का हौसला न टूट पाए | उस यूवा का आश्रम से निकल आने का कारण तो कुछ और ही था | कभी कभी हमें कुछ कड़वाहट को गुप्त रखना होता है ताकि लोगों की भावनाओं को अनावश्यक ठेस न पहुँचे | इस बात का भी ध्यान रखना होता है कि हमारे किसी कारनामे से दूसरों की प्रगति बाधित न हो | कभी कभी दूरियाँ बना लेना मंगल कारक भी होता है | उस युवा सन्यासी ने आश्रम से दूरी इसलिए भी बना लिया था ताकि और साथियों को काम करने का अनुभव प्राप्त हो और उन्हें बड़ी ज़िम्मेदारियों से नवाजा जा सके |

समाधान सूत्र

हर समय संकट की बात करें और समाधान का कोई सूत्र न हो ऐसा कभी हो ही नहीं सकता | हम जिस व्यवस्था से निकलकर आते हैं हमारी मानसिकता और दैनिक व्यवहार भी उसी के मुताबिक बनना स्वाभाविक है, और फिर उसमें आधुनिकता का कुछ अंश मिल जाता है | कोई सूचना और प्रौद्योगिकी का विद्यार्थी एक सरलता और सादगी का जीवन जी रहा है इस बात से लोग परेशान हो उठते हैं और कभी कभी ऐसा उन्हें यकीन भी नहीं होता | जाहिर सी बात, लोग किसी भी स्थिति का जायजा अपने नज़रिए से ही लेते हैं और उन्हें उसी नज़रिए से समाधान सूत्र भी दिखने लगता है | आधुनिक प्रबंधन विज्ञान कहता है कि जिसे जिस प्रकार की भूख लगी उसे उसी प्रकार का भोजन दिया जाय नहीं तो विरोध का बादल मंडराने लगेगा | पर सर्वोदय का विज्ञान इससे बिल्कुल ही अलग है : प्रबंधन को तभी कारगर और यशस्वी माना जाएगा जब परिसर में रहने वाले जानवर तक को भोजन और आसरा मिले | महात्मा का भी इसी से मिलता जुलता एक विचार था कि किसी परिसर में अहिंसा की प्रतिष्ठा है कि नहीं इसका पता लगाने के लिए हमें वहाँ रहनेवाले जानवरों और उनके साथ किए जाने वाले व्यवहारों को देखना होगा |

आत्म प्रत्यय का विज्ञान यह कहता है कि प्रयास करते रहना है | निरंतर प्रयास करते रहने से शत्रु का भी दिल जीता जा सकेगा | उसी

आत्म प्रत्यय से अर्जुन को सारथि के रूप में श्री कृष्ण का साथ मिला और उतनी बड़ी सेना को परास्त करने में कामयाब हुए | दूसरी ओर श्री कृष्ण को भी पता था कि वो हर एक परिस्थिति से अर्जुन को नहीं बचा पाएँगे , पर अगर बजरंग बलि का साथ रहा तो हर संकट से उभरा जा सकेगा | अतः कपिध्वज का अवतरित होना और जंग समाप्त हो जाने के बाद जल जाना स्वाभाविक था | मौके मिलते रहें और निरंतर समय जाता रहे यह भी संतोष पाने लायक नहीं हो सकता | लंका नरेश रावण के सामने उसी के उपास्य देवता का रुद्र अवतार जीवन बचाने के उद्देश्य से समझाने आया और घमंड के बादलों से घिरे रावण को नियती के कराल ग्रास से बचा नहीं पाया | उस समय कई ऐसे भी दिन बीत रहे थे जब रावण नर्तकियों और किन्नरों से घिरा रहता था और मर्यादा पुरुषोत्तम घास के मखमली विस्तर पर चंद्रमा को निहारते हुए निद्रा विहीन रातें बिताया करते थे | बजरंगी के पराक्रम और उनके शौर्य - धैर्य के पहिए वाले धर्म रथ ने उन्हें विजय श्री दिलवाया |

कभी कभी हम यह भी समझ नहीं पाते कि अगर संहार वृति का प्रयोग करना भी रहा तो यह कैसे समझ लें कि वो समय अब आ चुका ! जब अपने देश में आश्रम परंपरा का विद्यालय चलता था उन दिनों एक आश्रम के कुछ विद्यार्थियों को नज़दीक के गाँव में एक कुटिया में आग की चिंगारी की ओर नज़रें गई | उन्होंने अपने गुरु को बताया और उन्हें लगा कि गुरुदेव तुरंत ही आग बुझाने के काम में जुट जाने का आदेश देंगे | पर गुरुदेव ग्रामीणों के संकुचित वृति से भली भाँति परिचित थे | उन्होंने इंतजार करने और स्थिति का जायज़ा लेते रहने के लिए कहा और खुद भी जगे रहे , और दूर से ही सही उस घटना को निहारते रहे | आग और बढ़ी, तब भी गुरुदेव चुप रहे और अन्य शिक्षुओं से भी चुप्पी बनाए रखने के लिए कहा | जब ग्रामीणों के बीच से "बचाओ, बचाओ " ऐसी पुकार आने लगी तब गुरुजी खुद कमर कसकर दौड़ पड़े, जाहिर सी बात थी कि उनके सभी विद्यार्थी साथ हो लिए | पूरी प्रक्रिया और आग बुझाने का काम पूरा होने के बाद जब विद्यार्थियों ने गुरुजी के ऐसे काम करने का कारण पूछा तो शिक्षक बोले , "लोगों की सामान्य वृति का ही फल है कि उनके मन में किसी के भी प्रति सहज रूप से संदेह पैदा

हो जाया करता है | अगर उन्हें नींद से उठाकर हम कहें कि हम उनके इमारत में लगे आग को बुझाने आए हैं तो उनके मन में हमारे ऐसा करने को लेकर संदेह भी पैदा होगा | उन्हें ऐसा भी लग सकता है कि हम कुछ चोरी करने आए हैं और आग लगने का बहाना बना रहे हैं | बुलावा आने से हमारा वहाँ जाना यह हमारा एक सहज मानव धर्म है | "

सहज़ीवन की कला से भी हम यही सीखते कि मदद माँगे जाने पर मुँह नहीं मोड़ना चाहिए | हमें हमारी हैसियत के मुताबिक लोगों तक मदद का हाथ बढ़ा देना चाहिए | संस्था को अगर समाज के लिए बनाया गया होगा तो उस संस्था को समाज से हटकर कोई निर्णय नहीं लेना चाहिए | कभी कभी संस्था चालकों में भी वैचारिक मतभेद पनपने लगता है और उन्हें लगता है कि संस्था की हर गतिविधि से आमदनी हो | अगर आम के पेड़ से फल पाते पाते हमें यह लगने लगे कि उसकी जड़ों को भी निकाल लें और किसी न किसी काम में लगा डालें तो यह हमारी वैचारिक दीनता समझी जाएगी न कि सैद्धांतिक परिपक्वता | हम कभी कभी शराफ़त का चोला पहनकर कड़वाहट से दूर भागना चाहते हैं, पर कभी परछाई व्यक्ति का साथ नहीं छोड़ता ; अतः हमें दोनों को साथ लेकर ही एक निर्णायक की भूमिका में खरा उतरना होगा | अगर हम उस नेतृत्व शक्ति के आदि नहीं बन पाते हों तो तुरंत उस व्यवस्था और परिसर से हट जाना होगा | यही वक्त की नज़ाकत होने के साथ साथ सार्विक समाधान का सूत्र भी है |

[1]   स्वाध्यायस्तत्त्वज्ञानस्याध्ययनमध्यापनं   स्मरणं   च। [चारित्रसार/44/3]

[2]   ज्ञानभावनालस्यत्यागः स्वाध्यायः। [सर्वार्थसिद्धि/9/20/439/7]

[3]   स्वस्मै हितोऽध्यायः स्वाध्यायः। [चारित्रसार/152/5]

1

विद्या अविद्या

सृष्टि रचना में योगमाया का ही इस्तेमाल ईश्वर किया करते हैं; उसी योगमाया के कारण हम दृश्य जगत में निहित परम सत्ता को प्रत्यक्ष रूपप से किसी इन्द्रियग्राह्य अवयव के रूप में नहीं देख पाते; और कभी कभी ईश्वर उसी योगमाया के कारण हमारे सम्मुख एक क्रियाशील माया रचना के रूप में रकत होकर हमें भी उस और प्रवृत्त हो जाने के लिए प्रबुद्ध करते रहते है। .

अप्रत्यक्ष रूप से यही अविद्या माया है, जिसके आवेश में आकर साधक महात्मा भी कभी कभी भ्रमित हो जाते और ईश्वर के जरिये भगवान के वितरित होते रहने के रहस्य को भली भाँति नहीं जान पाते। पुरुष का कर्म ज्ञान कृत होने के कारण प्रकृति के जरिये अभिव्यक्त होते समय एक स्वच्छंदत और निरलस भाव को बनाये रखते हैं और उसी निर्मलता से ज्ञानेन्द्रिय और कर्मेन्द्रिय संकुल के साथ सामंजस्य स्थापित करते हुए मन, स्मृति और बुद्धि को कर्म में प्रवृत्त करते रहते हैं; वहीं से कर्तव्य निर्धारण में भी उनकी ही एकमेव भूमिका बनती है; सृष्टि चक्र में व्याप्प्त इस निम्नवर्ती अभिव्यक्ति के चक्र से उन्नत होने के निमित से साधना में भी लगने के लिए उद्योगी होते हैं; साधना के मार्ग का चयन बुद्धि और कौशल्य के आधार पर कर लिया करते हैं; एक उन्नत पैमाने पर अन्य जीव के लिए प्रेरणा का श्रोत भी बन जाते हैं। जड़ शरीर में प्राण संचार के बाद ही विधायक पुरुष का कर्म में प्रवृत्त होना

ही एक सहजात नियति है, जिसके अधीन जीव को जन्म और मृत्यु के बीच फैले संचार पथ से होकर कर्तव्य कर्म में प्रवृत होते हुए ही अग्रसर होना होगा; उन्नत जीवनशैली के लिए प्रत्नशील होना होगा; दिव्य ज्ञान से खुद को पुष्ट करना होगा; विवर्तन की धारा में चलते हुए देवत्व के आसान को अलंकृत करने के लिए दिव्य कर्म का अनुष्ठान भी करना होगा; उस मार्ग में आनेवाली बाधाओं को झेलना होगा; परम पुरुष के परम सत्ता को समझते हुए वैसी ही पूर्णता पाने के लिए भी अनुरक्त होना होगा।

जगदीश्वर होते ही हैं सर्व कल्याण कारण ; सर्व नीति नियंता और सर्वभूते निहित आत्मा। उन्हें अनुभव करने का और आत्मा के साथ एकरूपता की स्थिति में महसूस कर पाने का ज्ञान, भक्ति और निष्काम कर्म को माना गया। एक बार ब्रह्मा निर्वाण की अवस्था पाने के बाद व्यक्ति कभी भी मोह के वशीभूत नहीं होता । अनावश्यक रूप से कर्म बंधन में जकड़े जाने से माया से व्याप्त दृश्य जगत के रंग बिरंगे व्यवधान आदि में मन को न लगाते हुए उस परमेश्वर के अंशमात्र को खुद के चेतन स्वरूप में टटोलना होगा; वहां से मिलनेवाले दिव्य निर्देश को मान्य करते हुए अनन्य भाव से उसी ईष्ट की आराधना में भी लगाना होगा। भगवद्प्राप्ति के बाद भक्त में कुछ विशेष परिवर्तन आना अवश्यम्भावी है: परा भक्ति के द्वारा ईश्वर को (परम ब्रम्ह स्वरुप को) वह तत्त्वतः जानता है कि मैं वह परमेश्वर कितना व्यापक और कितना फैला हुआ है; तथा ईष्ट क्या है।[1] इस प्रकार तत्त्वतः जानने के बाद वैसा तत्त्ववेता भक्त भगवत स्वरुप ही बन जाता है। ईश्वर का अधिष्ठान कुछ गिने चुने अवयवों तक रहे और अन्य सब विश्व चराचर जगत सिर्फ मायालोक तक ही सीमित रहे ऐसा भी नहीं;[2] रचनाधर्मिता के आवेश में ईश्वर, या फिर सूक्ष्म स्टार पर क्रियाशील एक ईश्वर स्वरुप सत्ता, के जरिये किये जानेवाले पहल के बिना समग्र सृष्टि को अभिव्यक्त और प्रस्फुट होता हुआ भी हम शायद ही देख पाते। समग्र सृष्टि को उसके विविध स्वरुप में देख पाने के लिए और उसी सृष्टि में अंश रूप से जुड़े रहने के लिए, अभियक्त होने के लिए हमें भी उसी दिव्य स्वरुप पर निर्भर रहने की जरुरत है; हम इसी कारण से उस परम सत्ता

की अनदेखी भी नहीं कर सकते और न ही उसकी अवहेलना करते हुए अग्रज की भूमिका में खुद को ढलते हुए अनुभव ही कर सकते। हर जीव में, सृष्टि के कणमात्र में उनके अधिष्ठान विषयक सत्य को कई प्रकार से शास्त्र और भाष्य कथन के जरिये इसे उजागर भी किया गया।

ब्रह्मनिर्वाण के कथन में भी उसी शुद्ध सरूप परमात्मा (परम पुरुष, ईश्वर) के अधिष्ठान विषयक अनुभव कहे जाते आये; इसी क्रम में विदेह मुक्ति की बात भी आई। अगर माया के संसार से किसी को जीवन रहते रहते मुक्ति मिले तो फिर उस परिस्थिति के बारे में हमें कैसे अनुभव मिले; या उसकी (मुक्तात्मा की) पहचान कैसे की जा सकेगी? क्या कोई ख़ास अनुक्रिया के जरिये उस विकास को समझना संभावर हो पायेगा भी? या फिर इस प्रकार के विकासोन्मुख जीवन को महज एक कल्पना मात्र ही समझें? [3] ; इसे अंतिम श्वास में पाने के अधिकारी भी ब्रह्मधाम ही पाएंगे। [4] पापमुक्ति का विषय भी कुछ ऐसा ही माना गया। संदेह नष्ट हो जाने की स्थिति में, जीवों के कल्याण में तल्लीन होने की स्थिति में, ब्रह्म स्वरूप में आरूढ़ होने की स्थिति में भी योगी (ऋषि) पापों से मुक्त होने का अधिकारी बनेंगे। [5]

जिस योग में कर्म, ज्ञान और भक्ति की एकरूपता की बात कही जाती हो; जिसके अधीन आत्मा और परमात्मा को एकरूप हटे हुए, द्रष्टा और दृश्य जगत को परस्पर में विलीन होते हुए देखा जाना संभव माना गया; जिसके अधीन हर जीव में विराजने वाले आत्म स्वरूप परमात्मा ही कृत कर्मों के और साधना के साक्षी बनाते रहे ; उस योग को अनादि, अनंत काल से चला आता हुआ एक सनातन नियमन बताते हुए योगेश्वर बार बार उसी एकेश्वर और ब्रह्म स्वरुप परम निर्णायक और विधायक तत्व को प्रतिष्ठित करते रहे।

अतः गीता में वर्णित योग को अलग से कर्म योग, ज्ञान योग, भक्ति योग, पुरुषोत्तम योग आदि से विशेषित न करते हुए इसे एक सर्वसमावेशक तत्व के रूप में (ख़ास टूर से आत्म तत्व और ब्रह्म तत्व के रूप में) समझना होगा जिसके अधिकारी जीवन ईष्ट में स्वरूपस्थ होने के निमित्त से पवित्र जीवन के लिए, विधायक कर्म का सम्प्पादन करने के लिए, दृश्य जगत के माया स्वरुप से छूटकर परम सता को जीव

मात्र में पिण्डस्थ होता हुआ प्रत्यक्ष करने के लिए प्रवृत होते रहेंगे; पहले भी होते रहे और कई बार उस परम तत्व के अधिष्ठान विषयक परम ज्ञान का अधिकारी बनाते हुए पुरुषोत्तम स्वरूप से अवतरित भी हुए; अन्य साधकों के लिए प्रेरणा का श्रोत भी बने। गीता में विभूति का वर्णन करते करते भगवान खुद को भी एक योगी, परम सत्ता में स्वरूपस्थ बताते गए; एक योद्धा से भी कर्म समादन के जरिये, कर्मफल को ईष्ट को अर्पित करने के जरिये; सभी दुःख- आनंद, प्रमाद, लोभ, लालसा आदि का परित्याग कर देने के जरिये उस परम स्वरुप में सवरूपस्थ होने की भी रेरना देते गए; सिर्फ ऐसा करने के लिए कर्तव्य कर्म हो जाने के लिए भी मन कर गए। किसी भी प्रकार के विधायक कर्म, यज्ञार्थ कर्म और कर्तव्य कर्म से विमुख होकर योगी , सन्यासी आदि बन जाने की भी प्रेरणा गीता नहीं देती।

ज्ञान-रहित कर्म के लिए व्यक्ति सहज ही रवितत भी हो जाता होगा और ऐसे कर्म से कुछ प्राप्तियां भी सहज ही हो जाती होगी; पर परम गति पाने के लिए और दिव्य पथ पर चल पड़ने का अधिकार इन्होने केलिए तो जनांगनी दग्ध कर्म ही चाहिए; वह भी कर्मफल त्याग कर पाने लायक (कर्मफल को ईश्वर के प्रति उत्सर्ग कर पाने की अभिलाषा के साथ) अनुरक्त भाव से कर्म में प्रवृत होना होगा। ऐसे सभी कर्म खुद के लिए न होकर विश्व चराचर जगत में सबकेलिए ही हुआ करेगा। जो ऐसा कर पाएंगे वो पुरुषोत्तम स्वरुप ही होंगे; न कि प्रमाद ग्रस्त कोई मानव, मोहान्ध कोई साधक, विलासिता के दलदल में जकड़ा कोई भोक्ता पुरुष, राज धर्म से पतित कोई राजा, कर्तव्य पथ से स्खलित कोई गृही, सम्यकत्व से छूटा कोई साधक या फिर विलास व्यसन में अंध कोई तपस्वी।

आत्मा में परमात्मा अधिष्ठान; या फिर अगर अन्य भाव से कहें तो योगात्मा या फिर ब्रह्मात्मा (जैसे कि महर्षि विश्वामित्र राप्त करने के निमित्त से साधना करते रहे और पा लिए); योगियों में उत्तम बन जाने के निमित्त से योगेश्वर एक योद्धा को प्रबुद्ध करते रहे; उनके खुद के स्वरुप में स्वरूपस्थ होने के लिए भी प्रबुद्ध करते रहे; संसार वृक्ष के स्वरुप को (गीता के अध्याय १५ के सन्दर्भ में) उन दिव्य गुणों का

आश्रय लेते हुए जीवात्मा से परमात्मा के स्वरुप तक उन्नत होने के लिए भी प्रेरणा देते रहे। नाशवान तत्व में जकड़े अविनाशी परम तत्व को मुक्त होने का मार्ग समझाते रहे ।

अगर परम सत्ता के अंश को हर जीव में (यहां तक कि विश्व चराचर जगत के हर अंश में) रहने की बात को सत्य माँ लें तो क्या कारण है कि उस परम तत्व के अधिष्ठान से विश्व चराचर के हर अवयव को सक्रीय होता हुआ हम देख नहीं पाते? हम उस परम पुरुष को देखते हुए भी उसकी अवज्ञा करने लग जाते और कभी कभी दम्भ और प्रमाद से आविष्ट हो जाते! ज्ञान के साथ भक्ति का सहावस्थान न हो पाने की स्थिति में शायद ऐसी परिस्थितीत और भ्रम का निर्माण हो जाता होगा; शायद साधक किसी मोह, माया या प्रमाद में आकर ऐसा कर पाते होंगे। [6]

विज्ञान की अवधारणा के साथ अवतार तत्व और परम पुरुष का दृश्य चराचर जगत में अदिष्ठान विषयक गहन सत्य को समझना कठिन भी होगा; तर्क से परे रख पाना भी दुःसाध्य ही होगा। आधुनिक मन की मन की अवधारणा सिर्फ दृश्य जगत की पगडण्डी में ही कैद रहा करेगी और विषय वासना से ग्रसित हो जाने के कारण उनके लिए परमात्म स्वरूप की उपस्थिति को अनुभव कर पाना काफी दुष्कर भी होगा। उन्हें शायद ही तर्क और वाक् वितंडा से बाहर निकालकर परम स्वरुप तक ले जाने में किसी साधक महात्मा को सफलता मिलेगी। साधक की ध्यान, धारणा और समाधिस्थ स्वरूप को उस परम तत्व के प्रति अनुरक्त कर पाने में तभी सफलता मिल सकेगी जब हमें उस साधक में दिव्य गुणों के अधिष्ठान विषयक प्रमाण या फिर कोई स्वच्छंद स्वीकारोक्ति मिल सके। [7] समय समय पर सिर्फ दिव्य गुणों और दिव्य कर्मों के लिए प्रवृत आत्मा का ही जन्म होता रहेगा ऐसा भी नहीं। कभी कभी आसुरी वृत्ति का भी विकास हो ही जाता है; ऐसे कई मुहूर्त आये जब बुद्धि और हुनर का व्यवहार करके आसुरी वृत्ति का विकास फलप्रद होता चला गया और उस विकास पर अंकुश पाने के लिए जगदीश्वर को, रूद्र को और ब्रह्म स्वरुप को अवतरित होते हुए देखा गया। उस अवतरण में कारण स्वरुप किसी भी सत्ता को मानें पर अंततः उस आत्मा स्वरुप से पुष्ट

प्राण को ही विपरीत गति से ग्रसित पाते हैं। हम यह भी महसूस कर सकेंगे कि जिस भेद बुद्धि से और प्रमाद आदि से ग्रसित होकर कोई प्राण गात मार्ग का परिपन्थी होता होगा उसे भी परमात्मा में स्वरूपस्थ होने के लिए मौके मिल ही जाएंगे ; और परमात्मा अंततः उन्हें किसी विनाशलीला के माध्यम से स्वाकार करेंगे ,न कि संवर्धित करके; कुछ यही दशा लंका नरेश रावण की भी हुई जहां अवतार स्वरुप मर्यादा पुरुषोत्तम श्री राम को हेतु माना जाएगा।[8]

तो क्या यह मान लें कि सिर्फ राक्षसराज रावण के संहार के लिए ही जगदीश्वर को और रूद्र अवतार श्री बजरंग बलि को अवतरित होना पड़ा? क्या उन्हें सिर्फ इसी कार्य को सफल करने के लिए गुरुगृह में शिक्षा मिली? क्या सीता का हरण, मर्यादा पुरुषोत्तम का वनवास सब पूर्वकल्पित था ?

गोस्वामी तुलसीदास इस भ्रम को दूर करते हुए लिखते हैं, "राम जनम जग मंगल हेतु "; [9] इस आशय की पुष्टि के लिए कई व्याख्यान, विविध उद्धरण और उपाख्यान रचे गए; भाष्य लिखे गए; संतों के बीच चर्चा चली और भक्ति की शाश्वत धारा भी बही। अतः उस अवतरण के विषय को किसी भी हालत में किसी संकुचित दायरे में रहकर नहीं देखा , या फिर महसूस किया, जा सकता।

अतः अवतार के किसी ख़ास हेतु की पुष्टि के लिए मर्यादा पुरुषोत्तम राम, योगेश्वर श्री कृष्ण, परम रतापी परशुराम आदि दिव्य पुरुषों को अवतरित होना पड़ा, इस कथन को भी एक संकुचित वर्ग विभाजन या फिर सम्प्रदाय विभाजन के दायरे में रहकर सत्यापित नहीं किया जा सकता। उनके अवतरित होने के कई हेतु हैं और प्रत्येक हेतु को सामान रूप से दिव्य पथ पर चलने की प्रेरणा देने लायक शिक्षणीय माना गया।

[1] भक्त्या मामभिजानाति यावान्यश्चास्मि तत्त्वतः।

ततो मां तत्त्वतो ज्ञात्वा विशते तदनन्तरम्।।गीता १८.५५ ।।

सा इयं ज्ञाननिष्ठा आर्तादिभक्तित्रयापेक्षया परा चतुर्थी भक्तिरिति उक्ता। तया परया भक्त्या भगवन्तं तत्त्वतः अभिजानाति? यदनन्तरमेव ईश्वरक्षेत्रज्ञभेदबुद्धिः अशेषतः निवर्तते। अतः ज्ञाननिष्ठालक्षणतया भक्त्या माम् अभिजानातीति वचनं न विरुध्यते।

अत्र च सर्व निवृत्तिविधायि शास्त्रं वेदान्तेतिहासपुराणस्मृतिलक्षणं न्यायप्रसिद्धम् अर्थवत् भवति -- विदित्वा।।।। व्युत्थायाथ भिक्षाचर्यं चरन्ति (बृह0 उ0 3।5।1) तस्मान्न्यासमेषां तपसामतिरिक्तमाहुः (ना0 उ0 2।79) न्यास एवात्यरेचयत् (ना0 उ0 2।78) इति। संन्यासः कर्मणां न्यासः वेदानिमं च लोकममुं च परित्यज्य (आप0 ध0 1।23।13) त्यज धर्ममधर्मं च (महा0 शा0 329।40) इत्यादि। इह च प्रदर्शितानि वाक्यानि। न च तेषां वाक्यानाम् आनर्थक्यं युक्तम् न च अर्थवादत्वम् स्वप्रकरणस्थत्वात्? प्रत्यगात्माविक्रियस्वरूपनिष्ठत्वाच्च मोक्षस्य। न हि पूर्वसमुद्रं जिगमिषोः प्रतिलोम्येन प्रत्यक्समुद्रजिगमिषुणा समानमार्गत्वं संभवति।

[2] ईश्वरः सर्वभूतानां हृद्देशेऽर्जुन तिष्ठति।
भ्रामयन्सर्वभूतानि यन्त्रारूढानि मायया।।१८.६१ ।।

मानो किसी यन्त्र पर आरूढ़ समस्त भूतों को ईश्वर अपनी माया से घुमाता हुआ भूतमात्र के हृदय में स्थित रहता है; उसे प्रकाशमान रखता है;

शंकर भाष्य: ईश्वरः ईशनशीलः नारायणः सर्वभूतानां सर्वप्राणिनां हृद्देशे हृदयदेशे अर्जुन शुक्लान्तरात्मस्वभावः विशुद्धान्तःकरणः -- अहश्च कृष्णमहरर्जुनं च (ऋ. सं. 6।9।1) इति दर्शनात् -- तिष्ठति स्थितिं लभते। तेषु सः कथं तिष्ठतीति? आह -- भ्रामयन् भ्रमणं कारयन् सर्वभूतानि यन्त्रारूढानि यन्त्राणि आरूढानि अधिष्ठितानि इव -- इति इवशब्दः अत्र द्रष्टव्यः -- यथा दारुकृतपुरुषादीनि यन्त्रारूढानि। मायया च्छद्मना भ्रामयन् तिष्ठति इति संबन्धः।।

[3] 'योऽन्तःसुखोऽन्तरारामस्तथन्तर्ज्योतिरेव यः। स योगी ब्रह्मनिर्वाणं ब्रह्मभूतोऽधिगत्वचति॥' – 'जो अपने भीतर रहने वाले परमात्मा के आनंद को अनुभव कर लेगा; उसी में स्थिरता पा लेगा (विश्राम) और उसी में परमात्मा की प्राप्ति से प्रबुद्ध होता होगा , ऐसा ब्रह्मरूप योगी ब्रह्मधाम को पाने का अधिकारी बनेंगे (गीता ५.२४)।

[4] एषा ब्राह्मी स्थितिः पार्थ नैनं प्राप्य विमुह्यति; स्थित्वास्यामन्तकालेऽपि ब्राह्मणनिर्वाणमृच्छति।' - (गीता २.७२)।

भाष्य (श्री माधवाचार्य): निश्चितफलं च ज्ञानं तस्य तावदेव चिरम्‌ छां.उ.6।14।2। यदु।। च नार्चिषमेवाभिसम्भवन्ति छां.उ.4।15।5 इत्यादिश्रुतिभ्यः न च कायव्यूहापेक्षा तद्यथेषीकातूलम्‌ छां.उ.5।24।3। तद्यथा पुष्करपलाशे छां.उ.4।14।3 ज्ञानाग्निः सर्वकर्माणि 4।37 इत्यादिवचनेभ्यः। प्रारब्धे त्वविरोधः प्रमाणाभावाच्च। न च तच्छास्त्रं प्रमाणम्‌।अक्षपादकणादानां साङ्ख्ययोगजटाभृताम्‌। मतमालम्ब्य ये वेदं दूषयन्त्यल्पचेतसः इति निन्दावचनात्‌।

यत्र तु स्तुतिस्तत्र शिवभक्तानां स्तुतिपरत्वमेव न सत्यत्वम्‌। न हि तेषामपीतरग्रन्थविरुद्धार्थे प्रामाण्यम्‌। तथाह्युक्तम्‌एष मोहं सृजाम्याशु यो जनान्मोहयिप्यति। त्वं च रुद्र महाबाहो मोहशास्त्राणि कारय। अतथ्यानि वितथ्यानि दर्शयस्व महाभुज। प्रकाशं कुरु चात्मानमप्रकाशं च मां कुरु इति वाराहे।कुत्सितानि च मिश्राणि रुद्रो विष्णुप्रचोदितः। चकार शास्त्राणि विभुः ऋषयस्तत्प्रचोदिताः। दधीचाद्याः पुराणानि तच्छास्त्रसमयेन तु। चक्रुर्वेदैश्च ब्राह्मणानि वैष्णवा विष्णुचोदिताः। पञ्चरात्रं भारतं च मूलरामायणं तथा। तथा पुराणं भागवतं विष्णुर्वेद इतीरितः। अतः शैवपुराणानि योज्यान्यन्याविरोधतः इति नारदीये।

[5] लभन्ते ब्रह्मनिर्वाणमृषयः क्षणिकल्मशाः।
छिन्नद्वैधा यतात्मानः सर्वभूतहिते रताः। – (गीता ५.२५)।

भाष्य (श्री माधवाचार्य): पापक्षयाच्चैतद्भवतीत्याह लभन्त इति। क्षीणकल्मषा भूत्वा छिन्नद्वैधा यतात्मानः। द्वेधा भावो द्वैधम् संशयो विपर्ययो वा। तच्चोक्तम् विपर्ययः संशयो वा यद्वैधं त्वकृतात्मनाम्‌। ज्ञानासिना तु तच्छित्वा मुक्तसङ्गः परिव्रजेत् इति च। छिन्नद्वैधास्त एवायतात्मानः दीर्घमनसः सर्वज्ञा इत्यर्थः। तत एव छिन्नद्वैधाः। तच्चोक्तम् क्षीणपापा महाज्ञाना जायन्ते गतसंशयाः इति।छिन्नद्वैधा यतात्मानः इति वा।

[6]समस्त भूतों के महान्‌ ईश्वर रूप मेरे परम भाव को नहीं जानते हुए मूढ़ लोग मनुष्य शरीरधारी मुझ परमात्मा का अनादर करते हैं।।

अवजानन्ति मां मूढा मानुषीं तनुमाश्रितम्‌। परं भावमजानन्तो मम भूतमहेश्वरम्‌।।गीता ९.११ ।।

शंकर भाष्य : अवजानन्ति अवज्ञां परिभवं कुर्वन्ति मां मूढाः अविवेकिनः मानुषीं मनुष्यसंबन्धिनीं तनुं देहम् आश्रितम् मनुष्यदेहेन व्यवहरन्तमित्येतत् परं प्रकृष्टं भावं परमात्मतत्त्वम् आकाशकल्पम् आकाशादपि अन्तरतमम् अजानन्तो मम भूतमहेश्वरं सर्वभूतानां महान्तम् ईश्वरं स्वात्मानम्। ततश्च तस्य मम अवज्ञाभावनेन आहताः ते वराकाः।।कथम्;

[7] दिव्य गुणों के बारे में और उन गुणों के अधिष्ठान होपाने के बारे में श्रीमद्भागवद्गीता अध्याय १६ में विस्तार से चर्चा की गई।

[8] आसुरी वृति विकसित होने के बारे में शंकर भाष्य : [गीता अध्याय ९, श्लोक १२]

मोघाशाः वृथा आशाः आशिषः येषां ते मोघाशाः तथा मोघकर्माणः यानि च अग्निहोत्रादीनि तैः अनुष्ठीयमानानि कर्माणि तानि च तेषां भगवत्परिभवात् स्वात्मभूतस्य अवज्ञानात् मोघान्येव निष्फलानि कर्माणि भवन्तीति मोघकर्माणः। तथा मोघज्ञानाः मोघं निष्फलं ज्ञानं येषां ते मोघज्ञानाः ज्ञानमपि तेषां निष्फलमेव स्यात्। विचेतसः विगतविवेकाश्च ते भवन्ति इत्यभिप्रायः। किञ्च -- ते भवन्ति राक्षसीं रक्षसां प्रकृतिं स्वभावम् आसुरीम् असुराणां च प्रकृतिं मोहिनीं मोहकरीं देहात्मवादिनीं श्रिताः आश्रिताः छिन्दिध भिन्दिध पिब खाद परस्वमपहर इत्येवं वदनशीलाः क्रूरकर्माणो भवन्ति इत्यर्थः असुर्या नाम ते लोकाः (ई० उ० 3) इति श्रुतेः।।ये पुनः श्रद्दधानाः भगवद्भक्तिलक्षणे मोक्षमार्गे प्रवृत्ताः --,

[9] धरम धुरीन भानुकुल भानू। राजा रामु स्वबस भगवानू।।
सत्यसंध पालक श्रुति सेतू। राम जनमु जग मंगल हेतू।।
गुर पितु मातु बचन अनुसारी। खल दलु दलन देव हितकारी।।
नीति प्रीति परमारथ स्वारथु। कोउ न राम सम जान जथारथु।।
बिधि हरि हरु ससि रबि दिसिपाला। माया जीव करम कुलि काला।।
अहिप महिप जहँ लगि प्रभुताई। जोग सिद्दिध निगमागम गाई।।
करि बिचार जियँ देखहु नीकें। राम रजाइ सीस सबही कें।।
.... श्रीरामचरितमानस १ - २ २५४

2

अहिंसा

अहिंसा के बारे में हमारी समझ दो प्रकार से बन सकेगी: एक तरफ से हम उसे हिंसा न करने के रूप में, खुद को विविध प्रकार से संयमित करने के रूप में कर सकेंगे। दूसरे रूप में हम खुद को एक ऐसे परिमंडल में ले जाना चाहेंगे जहां रहनेवाले जीव परायापन, दुश्मनी और द्वन्द छोड़ देते हैं। यह जो दूसरा परिमंडल है उसे ही हम अहिंसा का व्यापक और विस्तृत पक्ष के रूप में भी महसूस कर पाने की पात्रता पाना चाहेंगे।

अभेदश्रुति[1] के आधार पर हम यह मानते रहे कि आत्मा, परमात्मा , जीवात्मा और जड़ प्रकृति सबमें ब्रह्म ही का अधिष्ठान होता हुआ परिलक्षित हो सकेगा; सर्वत्र ब्रह्म ही ब्रह्म परिलक्षित होगा; वही सम्यक ज्ञान है, और विशुद्ध ज्ञान भी। भेदश्रुति [2] का सन्दर्भ जीव और ब्रह्म के बीच सूक्ष्म भेद को प्रतिस्थापित करती है; पर आखिर सभी स्वरूपों में ब्रह्म के अधिष्ठान को स्वीकार कर लिया गया। यह मानव शरीर को अगर हम एक पीपल मान लें ; उस वृक्ष पर ईश्वर और जीव - ये दोनों सदा साथ रहने वाले दो मित्र मानो दो पक्षी हैं। ये दोनों इस शरीररूप पीपल वृक्ष में एक साथ एक ही हृदयरूप घोसले में रहते हैं। शरीर में रहते हुए प्रारब्ध सूर्य से पुष्ट होते हुए सुखद सुखरूप कर्मफल (फल) पाते हैं। जीवात्मारूप एक पक्षी हर्ष - शोक अनुभव करते हुए कर्मफल भोगता है। दूसरा ईश्वररूप पक्षी इन फलों का स्वाद नहीं लेता, बल्कि दूसरे पक्षी को स्वाद लेते हुए देखता रहता है और उसे ऐसा करते हुए आनंद मिलता है।

वह (ईश्वर रुपी) पक्षी सिर्फ साक्षी बना रहता है ऐसा ही हम मान सकेंगे। साक्षी ईश्वर सत्ता के बारे में गीता कि भी यही मान्यता रही: "मैं वेद से परे और अक्षर से भी श्रेष्ठ हूँ , इसी कारण से लोक और सर्वश्रेष्ठ नाम से भी प्रसिद्ध भी हूँ। "[3]

दोनों विचारों और मान्यताओं का मेलबंधन भी कई भांति से किया गया। जो आत्मा में स्थित है, आत्मा का स्वरूप भी तांत्रिक है, आत्मा को जाना नहीं जाता, आत्मा का अर्थ शरीर भी है, जो आत्मा अपने नियमों में स्थापित है, वह अन्तर्यामी (आत्मा) अमृत तेरस है। [4] जो सभी भूतों में स्थित हैं, सभी भूतों की विशेषता आन्त्रिक है, जिनमें से सभी भूतों का पता नहीं है, सभी भूतों के शरीर हैंऔर उनके नियम हैं, वह सर्वान्तर्यामी अमृत (आत्मा) है ।। यह आत्मा के परम सत्ता का ही द्योतक तत्व है। [5] जो परमात्मा (अद्वितीय और सर्वथा स्वतन्त्र) सदा सर्वथा अंतरात्मारूपसे स्थित हैं, वे ही सर्वशक्तिमान सर्वभावनसमर्थ भगवान अपने एक ही रूप को अपनी लीला से अनेक प्रकार का बना लिया करेंगे और विश्व चराचर जगत में अवतरित होते रहेंगे । उन परमात्मा को (ज्ञानी महापुरुष) द्रष्टा अपने अन्दर स्थित देखते हैं; वही सही देखते हैं । [6] ईष्ट का यह भी कथन संदर्भित होता हुआ देखेंगे: सभी भूतों के हृदय में स्थित आत्मा मैं हूं और मैं ही सभी भूतों का आदि, मध्य और अंत हूं। [7] मुझसे पृथक् कोई चल या अचल वस्तु है ही नहीं ।[8] सम्पूर्ण जगत अगर आपका शरीर है और एक ही के अधीन हैं। जैसे देही आत्मा के स्वामित्व में है। और जिस प्रकार आत्मा पूर्ण देह में व्याप्त है ठीक उसी प्रकार परमात्मा भी सम्पूर्ण देह में व्याप्त हुआ ऐसा मानेंगे। [9] आत्मा स्वयं आनंदमय है; आनंद प्रत्यक्ष या परोक्ष रूप से आत्मा का ही विषय है। नींद से जागता है और कहता है, "आनंद आ गया"; यह क्या अभिप्राय है? यह आनंद आत्मा का है। जब हम यह कहते हैं कि गाना गाकर आनंद आ गया है; तो इसका अर्थ यह है कि गाना स्वयं ही आनंदपूर्ण था।[10] आत्मा शाश्वत है। जन्म और मृत्यु का अर्थ शरीर का धारण और परित्याग है। [11] आत्मा साक्षात में है और शरीर के हृदयग्रन्थि में स्थित है। [12]

आत्मा मन, बुद्धि, इंद्रियों के द्वारा ग्राह्य नहीं है; [13] अविकार और अपरिवर्तनशील है(अमृताक्षरं हरः); (सत्व, रजस, तमस) का प्रभाव कर्म में होता है। [14]

आत्मा स्वयं ज्ञानमय है और ज्ञानी/ज्ञाता भी; धार्मिक ज्ञान स्वयं आत्मा का स्वरूप है; स्वयं ज्ञान (चेतना) है; धार्मिक ज्ञान हमें जाग्रत, स्वप्न, सुसुप्त, समाधि आदि स्तरों में स्वरूप का बोध कराता है। यद्दस्त विस्मृत हो जाने पर भी स्वयं को नहीं भूलना चाहिए (धर्मी ज्ञान) [15]। धार्मिक ज्ञान अनुपयोगी है। धर्म-भूत ज्ञान (स्वयं-प्रकाश)[16] की उत्पत्ति मूलतः होती है और मुक्तावस्था में इसका पूर्ण विस्तार होता है। जिसे आप स्वयं नहीं देख सकते हैं; केवल आत्मा ही स्वस्मै-प्रकाश है। पूर्व या सर्वोच्च सत्ता की करुणा की कमी होने लायक कोई संभावना ही नहीं रहती । जो अच्छा काम करता है वह अच्छा हो जाएगा और बुरे काम करनेवाला बुरा ; वह शुद्ध कर्मों से पवित्र और बुरे कर्मों से अपवित्र होगा। [17] आख़िर ये सब भूत (दृश्य जगत में व्याट सृष्टि) उत्पन्न क्यों होते हैं? उत्पन्न होने वाले आश्रय से ये जीवित रहते हैं ; क्रमिक प्रगति की धारा से विनाशोन्मुख का आधार विषयक केन्द्रक में ये लीन होते हैं उनके विशेष रूप से दर्शन की इच्छा से ब्रह्म को प्रत्यक्ष करने की अभिलाषा समझें । वह ब्रह्म ही है जिससे सारा जगत उत्पन्न हुआ, जिसमें यह प्रलय का समय लीन होता है और जिसे धारण किया जाता है। [18]

पूर्ण ऐश्वर्य, पूर्ण धर्म, पूर्ण यश, पूर्ण ज्ञान और पूर्ण वैराग्य - इन छः का नाम 'भग' है। ये सभी पूर्णता जिसमें हो, उनको ही भगवान कहेंगे। [19] उत्पत्ति और प्रलय को, भूतों के आने और जाने को तथा विद्या और अविद्या कि सम्यक जानकारी रखनेवाले दिव्यजन ही भगवान कहे जाएंगे ; मूलतः भगवान का अर्थ सर्वऐश्वर्यसंपन्न, सर्वज्ञ और साक्षात् स्वरुप परमात्व तत्व का आधार विशेष ही होंगे। [20] भगवान के प्रमुख गुण "अनंत कल्याण गुण" की जननी है। [21] आत्मा , परमात्मा और जीवात्मा के बीच सामंजस्य और एकरूपता का सिद्धांत ही एकांत या अद्वैत मत का परिचायक होने के साथ साथ केन्द्रक भी बना। उसी अद्वैत की कुंजी लेकर आचार्य शंकर अपना

विचार और भाष्य की रूपरेखा को सजाते रहे; भाष्य लिखते रहे और ईष्ट की आराधना में तल्लीन रहे; वो भी जीवन पर्यन्त। द्वैत के बारे में यह मत पोषण किया गया कि जबतक अज्ञान रहेगा तबतक द्वैत भी रह ही जाएगा: मैं (अहम्) को अगर पूरी तरह प्रशमित न किया जा सके और अगर इस "मैं" को पक्का न बनाई जा सके तो वैसा मैं रहे पर "मैं दास", "मैं भक्त", "मैं साधक", "मैं शरणागत" इस भांति (एक पक्का मैं - अपनी सही भूमिका के साथ स्वरूपस्थ और पिण्डस्थ)। नारायण के बारे में भी अपनी धारणा बन जानी चाहिए। [22] भगवान का शील (भव्यता), उनकी सहायता के लिए है, जो स्वयं को अविकसित मानते हैं; आर्जवन् (सत्यता), उनकी सहायता के लिए है, जो स्वयं कप्ति तत्व हैं; सहृदयता, जो स्वयं को अच्छा नहीं मानते; मार्धवं (हृदय की कोमलता), जो भगवान से वियोग सहन नहीं कर सकते; सौलभ्यं (सुलभता), जो सदा उनके दर्शन करना चाहते हैं।

भगवान के प्रत्येक दिव्य गुण जीवात्मा के लिए अजनबी हैं।[23] लोकाचार्य स्वामी कहते हैं कि जो जीवात्मा भगवान के पर्त्व और स्वातंत्र्य से प्रकट होते हैं, भगवान के घाट जाने से संकुचाते हैं, उन्हें भगवान के सौलभ्यम् (सुगमता से प्राप्त होने वाले), सौशिल्य (संतोषुता/उदारता), करुण्य और वात्सल्य (मातृ प्रेम) गुणात्मक हैं; शरणागत देवताओं के लिए भगवान का जन्म, ज्ञान, कर्म आदि के आधार पर उनका कोई भी दोष नहीं देखा जाता; पूर्व या सर्वोच्च सत्ता की करुणा की कमी की कोई संभावना नहीं है। जो अच्छा काम करता है वह अच्छा हो जाता है, जो बुरा काम करता है वह बुरा हो जाता है। वह शुद्ध कर्मों से पवित्र और बुरे कर्मों से बुरा बनता है। [24] सर्वोच्च होने की करुणा की कमी का कोई मौका नहीं है। जो अच्छा काम करता है वह अच्छा हो जाता है, जो बुरा काम करता है वह बुरा हो जाता है। वह कर्मों से शुद्ध होता है और कर्मों से बुरा होता है।

जिस प्रेम और चिंता से एक गाय अपने नए जन्मों के लिए बड़े-बड़े शिष्यों को दूर कर देती है उसी प्रकार, भगवान भी नए जीवात्मा के शरणागत होने पर श्रीमहालक्ष्मीजी और नित्यसूर्यों को पीछे कर देते हैं।

आख़िर ये सब भूत उत्पन्न क्यों होते हैं? उत्पन्न होने वाले आश्रय से ये जीवित रहते हैं और अंत में विनाशोन्मुख का आधार होता है जिसमें ये लीन होते हैं उनके विशेष रूप से दर्शन की इच्छा वही ब्रह्म है।[25] जिससे सारा जगत उत्पन्न हुआ, जिसमें यह प्रलय का समय लीन होता है और इसे धारण किया जाता है; सत्यत्व (अनन्तता), ज्ञानत्व (ज्ञान से बना रूप), अनंतत्व (समय, स्थान, वस्तु द्वारा सीमित न होना), आनंदत्व (असीम आनंद), अमलत्व (किसी को भी दोष से मुक्त); निरूपक धर्म माने जाएंगे । (भाग) पूर्ण ऐश्वर्य, पूर्ण धर्म, पूर्ण यश, पूर्ण ज्ञान और पूर्ण वैराग्य - इन छः का नाम 'भग' है। ये सब जिसमें हो, उसे भगवान कहते हैं।[26] उत्पत्ति और प्रलय को, भूतों के आने और जाने को तथा विद्या और अविद्या को जो जानता है, वही भगवान है।[27] मूलतः भगवान का अर्थ सर्वऐश्वर्यसंपन्न, सर्वज्ञ और साक्षात् भगवान है ; 6 प्रमुख गुण अनंत कल्याण गुण (कृपा की तरह) की जननी है। [28]

भगवान श्री विष्णु का यह अनुभव अत्यंत आनंददायक है। इस प्रकार जीव भगवान विष्णु के साथ अपने निज व नित्य संबंध को समझकर भगवान के प्रति समर्पित हो, तब वह जीव सुख व आनंद का अनुभव करता है। ईश्वर अनुकम्पा से किसी भी जीव को अलग नहीं किया जा सकेगा, बल्कि प्रवृत्ति के अनुसार जीव का कर्म तत्पर होना ही एक भवितव्य मान पाएंगे; हम यह भी महसूस कर सकेंगे कि जगदीश्वर [29] का अधिष्ठान विश्व चराचर जगत [30] के साथ साथ अपना अंतर भी है। उसी सृष्टिकर्ता सर्वशक्तिमान को अंशरूप से सृष्टि के हर कण में पा सकेंगे। [31] भगवान दृष्टिगोचर नहीं होते, फिर भी,वो इन आँखों से ही दर्शनीय हो जाते हैं (अवतार लेना)। [32] ईष्ट निर्गुण-निराकार; सगुण-साकार प्रकट होते हैं।

गोस्वामी तुलसीदास कहते हैं: "निर्गुण ब्रह्म सगुण सोइ कैसे, जलु हिम उपल बिलग नहिं जैस॥ अगुण अरूप अलख अज जोई। भगत प्रेम बस सगुन सो होई॥", "जल हम पेय पदार्थ द्रव्य पदार्थ देख रहे हैं। पानी और बर्फ एक ही पदार्थ के दो रूप भले ही हों; तत्वतः एक ही हैं। ब्रह्मसूत्र का यह भी प्रतिपादन है जिसमें जीव के कर्तापन के लिए परमात्मा

को ही कारण माना गया (२/३/४१)। जीवात्मा (विभू) का एकदेशित्व शरीर से है, वास्तव में नहीं (२/३/२९)। ज्ञानीजन लोकसंग्रह के लिए विहित कर्म कर सकेंगे (ब्रह्मसूत्र ४/१/१६-१७)। ब्रह्म विद्या पाने का अधिकार सभी आश्रमों के अनुगामी को है और ऐसा करते हुए उन सबको ब्रह्म ज्ञान मिल ही जाएगा, न कि सिर्फ ब्राह्मणों को (ब्रह्मसूत्र ३/४/ ४९)। शम- दम आदि साधन के साथ साधक को यज्ञादि आश्रम कर्म भी निष्काम भाव से ही करना चाहिए (ब्रह्मसूत्र ३/४- २६-२७)। ब्रह्मविद्या कर्मों का मार्ग नहीं, बल्कि भागवत प्राप्ति का मार्ग समझें। (ब्रह्मसूत्र ३/४/२ से २५); ब्रह्मज्ञान परमात्मा प्राप्ति का हेतु ही है (ब्रह्मसूत्र ३/ ३/४७ एवं ३/४/१)।

ब्रह्मज्ञान विषयक इन सभी तत्वों को भली भांति ध्यान में रखकर ही इस ग्रन्थ का बारी बारी से अध्ययन करना होगा। जो भी तत्व सूत्रवत दिए गए होंगे उन सभी तत्वों को विस्तार के साथ समझना होगा; सिर्फ इतना ही नहीं आत्मा, परमात्मा और विश्व चराचर जगत की व्याति में भी उस परम सत्ता के अधिष्ठान विषयक तत्व को समझना होगा। इसी आलोक में अविनश्वरता का सिद्धांत भी समझने का प्रयास कर सकेंगे; क्षर - अक्षर को भी उजागर किया जाना संभव हो पायेगा; जिस तत्व की पुष्टि करते हुए एक योद्धा को युद्ध करने की, साधक को विधायक कर्म में लगने की, अकर्ता को कर्तापन का त्याग करने की और भक्त को भक्ति में तल्लीन रहने की सीख दी गई; विधाता सर्वदा अपने भक्त और ज्ञाता पुरुष के साथ ही रहेंगे इस तत्व की भी पुष्टि विश्व चराचर के परा और अपरा प्रकृति के परस्पर अनुक्रियात्मक पहल के आलोक में कही गई। सिर्फ द्वैत ही नहीं, और सिर्फ अद्वैत भी नहीं; समझदारी के क्षेत्र का जैसे जैसे निर्माण होता चलेगा वैसे वैसे साधक का द्वैत से अद्वैत तक का सफर होता रहेगा। अंततः तत्वों को हृदयंगम कर लेने के बाद न द्वैत रहेगा और न ही अद्वैत; सिर्फ एक पक्का मैं अपना "अहम्" का त्याग करके सर्वोत्कृष्ट साधक की भांति ईष्ट के अधीन खुद को उसी ईष्ट में पूरी तरह समाविष्ट पायेगा। यही वो पड़ाव समझें जहां हर प्रकार से भेद बुद्धि नष्ट हो जाया करेगी; और फिर ,"सिया-राममय जगत" प्रतिभासित होने लगेगा। जब परमात्मा में दृढ़ विश्वास, मन

और इंद्रियों पर नियंत्रण, विनम्रता पूर्वक कर्म का अनुष्ठान, आत्मा और शरीर को अलग-अलग समझना और ब्रह्म अवस्था सभी का संयोजन होता है, उस परिस्थिति में व्यक्ति जीवित रहते हुए भी परम आनंद का अनुभव कर पायेगा; इतना कहते हुए गीता रुक नहीं जाती ; उसमें सार्विक समाधान पाने के लिए उत्तम मार्ग का बीजक है, भक्त के लिए भक्ति मार्ग की शिक्षा और दीक्षा मन्त्र है (मुख्यतः अध्याय १२)।

जब राजा विश्वामित्र को यह लगने लगा कि भुजबल से ब्रम्ह ज्ञान कहीं श्रेष्ठ है तो खुद को गहन साधना में लगा दिए और अरण्य जीवन को स्वीकार कर लिया; तपस्या से संतुष्ट होकर ब्रह्मा उन्हें ऋषि पद से विभूषित करने के लिए आये। इस उपाधि से विश्वामित्र संतुष्ट नहीं हुए और न ही अपने तपस्या को ही छोड़ा। काम और क्रोध को वशीभूत करके विश्वामित्र को महर्षि का पद मिला; इसमें भी उन्हें संतोष कहाँ मिलनेवाला था! अब तो उनके मस्तक से तपस्या कि दीप्ति निकलने लगी; पूरा परिमंडल भी आभा से भर आया। सभी देवता ब्रह्मदेव से आवेदन निवेदन करने लगे। असल में विश्वामित्र उस ब्रह्मज्ञान का धन पाना चाहते थे जिसके पाने से उनके समक्ष ब्रह्म का अधिष्ठान प्रतिभासित हने लगे, वो जहां भी जाएँ वहीं ब्रह्मज्ञान का भी अवतरण सहज ही हो; इस अभिलाषा को पूर्ण करने के लिए ब्रह्मदेव विश्वामित्र को ब्रह्मर्षि पद से अलंकृत करते हुए उनकी अभिलाषा को पूर्ण कर दिए।

यह अथक और निरंतर साधना का ही फल था जिसके बल पर विश्वामित्र महर्षि से ब्रह्मर्षि तक का सफर तय कर पाए। सभी बाधाओं को पार करते हुए अपने कर्तव्य पथ पर निरंतर आगे रहे और प्राप्त की प्राप्ति कर लेने में सफल हुए। प्राप्त की प्राप्ति इसलिए भी कहा गया ताकि हम ईश्वर के द्वारा सबकुछ निर्लित होने के बावजूद उसके अकर्ता स्वरुप में परिव्यात होते हुए परिलक्षित होता रहेगा। [33] ईष्ट सबके कर्मो का अधिष्ठाता, सबका सर्जक, जीवमात्र का अंतरात्मा, साक्षी चेतन सत्ता होते हुए भी विशुद्ध और निर्गुण है । [34] समग्र विश्व चराचर की उत्पत्ति, विकास और विनाश उस ब्रह्म से ही घटित होता आया ; जीवन समाप्त हो जाने के बाद जीवात्मा का ब्रह्म में ही विलय हो जाता है (तै. उप. ३/१); इस विषय का सम्यक ज्ञान होने के बाद ही

महर्षि तपस्या करते करते ब्रह्मर्षि बनाकर गुणातीत सर्वशक्तिमान को अनुभव करना चाहते रहे ; तपस्या में लगे रहे। ब्रह्म ने स्वयं ही इस जगत रुपी जड़ प्रकृति का सृजन किया और उसी में परिव्याप्त भी होता आया; अतः प्रकृति को प्रत्यक्ष रूप से जगत का कारण स्वरुप तत्व नहीं माना जा सकता; उसके निरपेक्ष रूप से ब्रह्म को ही इसका कारण स्वरू भी माना जाना चाहिए । [35] त्यागनेयोग्य न बताये जाने के कारण "आत्मा" प्रकृति का वाचक नहीं हो सकता। [36]

आत्मा को गैर-संवेदनशील तत्वों के समान वर्ग या श्रेणी से संबंधित नहीं माना जा सकता है। [37] आत्मा एक ही स्थिति में रहती है और परिवर्तन से अलग नहीं है। आत्मा को "अक्षर" (न बदलने वाला) माना जाएगा। [38] आत्मा ज्ञान का आधार (ज्ञान का भंडार या स्थान) है । आत्मा स्वयं ज्ञान है और ज्ञान का स्थान भी (उपनिषद)। सम्पूर्ण कर्म सब प्रकारसे प्रकृति (दुर्गा) से उत्पन्न रजगुण ब्रह्मा, सतगुण विष्णु, तमगुण शिव जी अर्थात् तीनों गुणोंद्वारा संस्कार वश किये जाते हैं; अहंकार से ग्रसित मनुष्य शिक्षित होते हुए तत्वज्ञान हीन अज्ञानी की भांति 'मैं कर्ता हूँ' ऐसा मानता है। [39] आत्मज्ञान की ओर ले जाने वाले दो मार्ग हैं : चिंतन की ओर इच्छुक लोगों के लिए ज्ञान का मार्ग, और कर्म की ओर इच्छुक लोगों के लिए कर्म का मार्ग। [40]

"लोकेस्मिन द्विविधा निष्ठा........."[41]

अर्जुन युद्ध नहीं करना चाहते थे, अतः उन्होंने समतावाचक 'बुद्धि' शब्द का अर्थ 'ज्ञान' समझ लिया और उसी के अनुसार गांडीव डालकर रथ के पिछले हिस्से में आकर बैठ गए । श्री भगवान पहले 'बुद्धि' और फिर 'बुद्धोयोग' शब्द से समता का वर्णन करते हुए एक योद्धा को युद्ध करने के लिए उठ खड़ा होने के लिए प्रेरित करते रहे; अतः यहाँ भी भगवान ज्ञानयोग और कर्मयोग- दोनों के द्वारा समता का ही विवरण देते रहे।

दो निष्ठाएँ बतायी गई हैं- "सांख्यनिष्ठा और योगनिष्ठा;" जैसे लोक में दो तरह की निष्ठाएँ हैं- 'लोकेऽस्मन्द्विविधा निष्ठा', ऐसे ही लोक में दो तरह के पुरुष हैं 'द्वाविमौ पुरुषौ लोके' वे हैं- क्षर और अक्षर। क्षर की सिद्धि-असिद्धि, प्राप्ति-अप्राप्ति में सम रहना 'कर्मयोग' है

और क्षर से विमुख होकर अक्षर में स्थित होना 'ज्ञानयोग' है।

क्षर और अक्षर इन दोनों से उत्तम पुरुष तो अन्य ही है (परमात्मा): 'उत्तमः पुरुषस्त्वन्यः परमात्मेत्युदाहृतः'। वह परमात्मा क्षर से तो अतीत है और अक्षर से उत्तम है; अतः शास्त्र और वेद में वह 'पुरुषोतम' नाम से प्रसिद्ध है। ऐसे परमात्मा के सर्वथा सर्वभाव से शरण हो जाना 'भगवन्निष्ठा' है। इसलिये क्षर की प्रधानता से कर्मयोग, अक्षर की प्रधानता से ज्ञानयोग और परमात्मा की प्रधानता से भक्तियोग चलता है ।

सांख्यनिष्ठा और योगनिष्ठा- ये दोनों साधनों की अपनी निष्ठाएँ हैं; परंतु भगवन्निष्ठा साधकों की अपनी निष्ठा नहीं है। कारण कि सांख्यनिष्ठा और योगनिष्ठा में साधक को 'मैं हूँ' और 'संसार है'- इसका अनुभव होता है; अतः ज्ञानयोगी संसार से संबंध-विच्छेद करके अपने स्वरूप में स्थित होता है और कर्मयोगी संसार की वस्तु को संसार की ही सेवा में लगाकर संसार से संबंध-विच्छेद करता है। परंतु भगवन्निष्ठा में साधक को पहले 'भगवान है'- इसका अनुभव नहीं होता; पर किसी विलक्षण तत्व की स्थिति का ज्ञान हो ही जाता है। वह श्रद्धा-विश्वासपूर्वक भगवान को मानकर अपने-आपको भगवान के समर्पित कर देता है। इसलिये सांख्यनिष्ठा और योगनिष्ठा में तो 'जानना' मुख्य है और भगवन्निष्ठा में 'मानना'। ईष्ट को निवेदन करने के उपरांत भोजन ग्रहण करनेवाले ही वास्तव में सभी प्रकार के पापों से मुक्त हो जाते हैं; स्वयं के लिए पकाया हुआ विविध व्यंजन का आनंदपूर्वक सेवन करनेवाले साधक ऐसा नहीं कर पाते। [42] जीवात्मा को नियम्य और अन्तर्यामी को नियंता बताया गया ; अतः अन्तर्यामी पद 'परब्रह परमात्मा' का ही वाचक है, 'जीवात्मा' का नहीं। [43] स्तितप्रज्ञ साधक का लक्षण बताते हुए ब्रह्म निर्वाण पाने का भी अधिकारी बताया गया। [44] परस्पर निर्भरशीलता का विज्ञान इस बात से ही सत्यापित की जा सकेगी जब हम यह देखेंगे कि जीव मात्र को जीवित रहने के लिए भोजन चाहिए; भोजन के उत्पादन में लगे वनस्पति को प्रकाश और वर्षा चाहिए; यज्ञार्थ कर्म करने से वर्षा होगी; सभी साधक को यह यज्ञार्थ कर्म में लगाना होगा; यही प्रकृति में जीव के परस्पर सहावस्थान का

भी सिद्धांत माना जाएगा। निर्धारित कर्म (कर्तव्य कर्म और विधायक कर्म) करने से ही प्रकृति को पुष्ट और समृद्ध किया जा सकेग। इस तत्व की पुष्टि कई स्थानों पर विविध रूप से की जा चुकी और ऐसा कहते हुए भगवान भक्त को कर्म से जोड़ने का भी प्रयास करते हैं, न कि कर्म का सम्पूर्ण त्याग करने की। [45] विधायक कर्म का विवरण वेदों में भी दर्ज किया गया जो कि भगवान का ही कथन माना जाएगा। [46] ब्रह्म की संगती पानेवाला शाश्वत आनंद की अनुभूति पा लेगा, गुरु की संगती करनेवाला सत्संगी साधक वह योग को धारण करनेवाला आत्मा (योगात्मा) कहा जाएगा। [47] ऐसी भी मान्यता है कि वेद भगवान के सांस से निकले; जिसमें मनुष्य के कर्तव्य कर्म स्वयं ईश्वर द्वारा निर्देशित हुआ। [48] तंत्र सार में यज्ञ को स्वयं सर्वोच्च दिव्य भगवान कहते हैं, यज्ञ में सदैव ईष्ट का ही अधिष्ठान माना जाएगा; इस तत्व की प्रतिष्ठा वेद उपनिषदों में भी कई प्रकार से हो चुकी और कई बार दोहराये भी गए। [49] वेद विदित यज्ञ चक्र का अनुष्ठान न करनेवाले का जीवन ही व्यर्थ समझा जाएगा। [50] आत्मा ईश्वर से अलग होते ही भ्रम से ढक जाता है। [51]

यज्ञार्थ कर्म [52] की बात गीता के सन्दर्भ कोई नयी परिकल्पना नहीं समझी जा सकती; इस कर्म से हम उन सभी कर्मों को समझेंगे जो व्यलक्ति को कर्तव्य और सृष्टि चक्र के नियमन से जोड़ देगा; जो व्यक्ति को कर्तव्य निष्ठा बनाये रखने के लिए प्रेरित करेगा; जिसके करने से व्यक्ति को आत्मा से परमात्मा के मिलन का मार्ग मिल पायेगा। यज्ञ[53] के लिये किये जाने वाले कर्मों से अन्यत्र कर्मों में लगा हुआ यह मनुष्य-समुदाय कर्मों में बँधता है, आसक्ति-रहित होकर उस यज्ञ के लिये ही दूसरों के कल्याण के लिए निःस्वार्थभाव[54] से कर्तव्य-कर्म करने के लिए ईश्वर प्रेरणा दे रहे हैं।

याज्ञार्थ कर्म करने से आसक्ति बहुत जल्दी मिट जाती है तथा कर्मयोगी के संपूर्ण कर्म के प्रति आकर्षण और फल की अभिलाषा विषयक आकर्षण नष्ट हो जाते हैं ; अर्थात वे कर्म स्वयं तो बंधन कारक होते नहीं, अपितु पूर्व संचित कर्म के कारण उत्पपन्न होनेवाले आकर्षण , मोह आदि को भी नष्ट कर देंगे। यज्ञार्थ कर्म करते समय कर्मयोगी की

मनोस्थिति अपने उद्देश्य (परमात्मा) में ही रहती है और कर्म समाप्त करते ही उसकी वृत्ति परमात्मा की तरफ (ईष्ट आराधना के निमित्त से) चली जाती है। वास्तव में मनुष्य की स्थिति उसके उद्देश्य के अनुसार होती है, क्रिया के अनुसार नहीं। जैसे व्यापारी का प्रधान उद्देश्य धन कमाना रहता है; अतः वास्तव में उसकी स्थिति धन में ही रहती है और दुकान बंद करते ही उसकी वृत्ति धन की तरफ चली जाती है। ऐसे ही सभी वर्णों के लिये अलग-अलग कर्म हैं। एक वर्ण के लिये कोई कर्म स्वधर्म है तो वही दूसरे वर्ण के लिये[4] परधर्म अर्थात अन्यत्र कर्म हो जाता है; जैसे- भिक्षा से जीवन-निर्वाह करना ब्राह्मण के लिये तो स्वधर्म है, पर क्षत्रिय के लिये परधर्म है। इसी प्रकार निष्काम भाव से कर्तव्य कर्म करना मनुष्य का स्वधर्म है और सकाम भाव से कर्म करना पर धर्म है। जितने भी सकाम और निषिद्ध कर्म हैं वे सब के सब 'अन्यत्र कर्म' की श्रेणी में ही हैं. अपने सुख, मान, बड़ाई, आराम आदि के लिये जितने कर्म किये जायँ, वे सब के सब भी 'अन्यत्र कर्म' हैं।

अतः छोटा से छोटा तथा बड़ा से बड़ा जो भी कर्म किया जाय, उसमें साधक[55] को सावधान रहना चाहिये कि कहीं किसी स्वार्थ की भावना से तो कर्म नहीं हो रहा है !

'अन्यत्र-कर्म' के विषय में गुप्त भाव- बाहरी रूप से किसी कर्म या आचरण का समर्थन करें और भीतरी सत्ता में उसका समर्थन न हो; जैसे हम कुछ सम्बोधन करके अतिथि का स्वागत करें और भीतर ही भीतर कह दें कि वो क्यों आ गया, न आता तो अच्छा होता, आदि ; अन्यत्र कर्म के परिचायक होंगे। समस्त क्रियाएँ जड़ में और जड़ के लिये ही होती है। चेतन में और चेतन के लिये नहीं ; 'करना' अपने लिये है ही नहीं, कभी हुआ नहीं और हो भी नहीं सकता । शरीर आदि जड़ पदार्थों को चेतन जितने अंश में 'मैं', 'मेरा' और 'मेरे लिये' मान लेता है, उतने अंश में उसका स्वभाव 'अपने लिये' करने का हो जाता होगा।

सत्संग सभा आदि में कोई व्यक्ति मन में इस भाव को रखते हुए प्रश्न करता है कि वक्ता और श्रोतागण मुझे अच्छा जानकर समझेंगे तथा उन पर मेरा अच्छा असर पड़ेगा तो यह 'अन्यत्र कर्म' ही है, यथार्थ कर्म नहीं। निर्वाह बुद्धि से कर्म करने पर भी जीने की कामना बनी रहती

है। अतः निर्वाह बुद्धि भी त्याज्य है। साधक को केवल साधन बुद्धि से ही प्रत्येक कर्म करना चाहिये। सबसे उत्तम साधक तो वह है, जो अपनी मुक्ति के लिये भी कोई कर्म न करके केवल दूसरों के हित के लिये ही करता है।[56] इसलिये लौकिक तथा शास्त्रीय जो कर्म किये जायँ, वे सब-के-सब केवल लोक-हितार्थ होने चाहिये।

अपने सुख के लिये किया गया कर्म तो बंधन कारक है ही, अपने व्यक्तिगत हित के लिये किया गया कर्म भी बंधनकारक है; जप, चिंतन, ध्यान, समाधि भी केवल <u>लोकहितकेलिये</u>[57] ही करे। 'कर्म' संसार के लिये है और संसार से संबंध विच्छेद होने पर परमात्मा के साथ 'योग' अपने लिये है (कर्मयोग)। 'लोकोऽयं कर्मबन्धनः'- कर्तव्य कर्म करने का अधिकार मनुष्य को है। इसका वर्णन सृष्टि चक्र (प्राणिमात्र का हित करना, उनको सुख पहुँचाना) के प्रसंग में भी किया है; उसी के द्वारा कर्तव्य-कर्म हुआ करते हैं। जब मनुष्य दूसरों के हित के लिये कर्म न करके केवल अपने सुख के लिये कर्म करता है, तब वह बंधन (आसक्ति और स्वार्थभाव) है; भाव से होता है, क्रिया से नहीं। दूसरों के लिये कर्म करने से ममता-आसक्ति सुगमता से मिट जाती है। शरीर की अवस्थाएँ बदलने पर भी 'मैं वही हूँ'- इस रूप में अपनी एक निरंतर रहने वाली सत्ता का प्राणिमात्र को अनुभव होता है; स्वाभाविक ही समझें कि इस मैं - पन का प्रशमन हुए बिना और कर्तापन का त्याग किये बिना कर्मयोग के उन्नत परिधि तक व्यक्तित्व का उत्थान हो ही नहीं सकता। कर्म चंचलता, कर्म तत्परता, कर्म के परिमंडल से व्यक्ति का लगाव, भला और बुरा कर्म विषयक भेद बुद्धि, खुद के लिए और अन्य सन्दर्भ के लिए कुछ कर गुजरने कि प्रवृत्ति प्रत्यक्ष रूप से आत्मा का विषय न होते हुए भी आत्मा द्वारा प्रवृत्त होनेवाले विषय जरूर माने जाएंगे। ईष्ट को भी इसकी चिंता रहने के कारण खुद को नियत कर्म से दूर नहीं रख पाते। अतः संक्षेप में भी अगर कहें तो ईश्वर अनुकम्पा के बिना किसी भी प्रकार से कर्म का सम्पाद। प्रशमन, नियमन, समाकल आदि कुछ भी नहीं हो सकता।

'तदर्थं कर्म कौन्तेय <u>मुक्तसंगः</u> [58] समाचर'- ममता, आसक्ति रहने से कर्तव्य-कर्म भी स्वाभाविक एवं भलीभाँति नहीं होते। ममता-

आसक्ति न रहने से परहित के लिये कर्तव्य-कर्म का स्वतः आचरण होता है और यदि कर्तव्य-कर्म न हो तो स्वतः निर्विकल्पता में, स्वरूप में साधक की स्थिति होती है; परिणाम स्वरूप साधन निरंतर होता है; कई स्थितियों में कर्म का त्याग भी होगा ही।[59] इसलिये यहाँ भगवान अर्जुन को कर्मों का त्याग करने के लिये नहीं कहते, प्रत्युत स्वार्थ, ममता, फलासक्ति, कामना, वासना, पक्षपात आदि से रहित होकर शास्त्रविधि के अनुसार सुचारू रूप से उत्साहपूर्वक कर्तव्य-कर्मों को करने की आज्ञा देते हैं, जो 'सात्त्विक त्याग'[60] कहलाता है। कर्तव्य-कर्मों का अच्छी तरह आचरण करने में दो कारणों से शिथिलता आती है- व्यक्ति का स्वभाव , अन्य दृष्टी से अगर कहें तो सहजात प्रवृत्ति ही समझें, जिस कारण से वह पहले फल की कामना करके ही कर्म में प्रवृत होता है। जब मनुष्य देखता है कि कर्मयोग के अनुसार फल की कामना रखनी है, तब वह विचार करता है कि कर्म क्यों करूँ? जब अंत में पता लग जाय कि कर्म का फल विपरीत होगा, तब वह विचार करता है कि मैं कर्म तो अच्छा-से-अच्छा करूँ, पर फल विपरीत मिले तो फिर कर्म करूँ ही क्यों?

कर्मयोगसेप्रवृत्तसाधक [61] न तो कोई कामना करता है और न कोई नाशवान फल ही चाहता है, वह मात्र संसार का हित सामने रखकर ही कर्तव्य कर्म करता रहता है और अपने परिमंडल में व्याप्त अन्य नियामकों से भी इसी प्रकार की अपेक्षा रखता है। अतः उपर्युक्त दोनों कारणों से उसके कर्तव्य कर्म में शिथिलता नहीं आ सकती। इस इसलिये शरीर के संबंध के बिना हम कोई भी क्रिया नहीं कर सकते। कुछ करना, किसी समूह के लिए कुछ भूमिकाएं बांधना, किसी समूह को ध्यान में रखकर कुछ कर गुजरना, कुछ कर पाने को अपना अधिकार या कर्तव्य समझना आदि , ये सभी प्रवृत्तियां व्यक्ति बाहरी परिमंडल से जोड़ता है। 'करना' उसी पर लागू होता है, जो स्वयं कर सकता है।[62] जो स्वयं कुछ कर ही नहीं सकता, उसके लिये 'करने' का विधान है ही नहीं। अपने लिये करने से ही मनुष्य कर्मों से बँधता है- 'यज्ञार्थात् कर्मणोऽन्यत्र लोकोऽयं कर्मबंधनः। [63]'

विनाशी और परिवर्तनशील शरीर, इंद्रियाँ, मन, बुद्धि आदि के साथ अपने अविनाशी और अपरिवर्तनशील स्वरूप का कोई संबंध नहीं है, भोजन करना, सांस लेना, निरोगी रहना, शुद्ध और सात्विक रहना , ये सभी कुछ ऐसे विधायक कर्म हैं जिसे किये बिना साधक महात्मा भी जीवन चर्या को जारी नहीं रख सकते। शरीर के विविध अंग परपत्यंगों का संचालन और उस संचालन से होनेवाली सभी अनुक्रिया का अधिकारी भी शरीर ही है। इस शरीर को भी शायद ही जनानी साधक अपना मान सकेंगे। ज्ञान पाने के लिए, ज्ञान और भागवत प्राप्ति के मार्ग पर किये गए सभी कर्म अनुष्ठान को भागवत कर्म, विधायक कर्म या फिर यज्ञार्थ कर्म मान सकेंगे और उस कर्म में प्रवृत्त होने के लिए साधकों को प्रेरित कर सकेंगे; जैसा कि गिरिधारी श्री भगवद्गीता में अनुराग रुपी अर्जुन को उपलक्ष रूप से सामने रखकर करते आये। इसे कुछ ऐसा ही समझें जैसे जल अन्य सभी घुलनशील पदार्थ को अपने में मिला लेता है और उसी स्वाद को प्रस्तुत भी कर देता है; साधक का सत स्वरूप में आ जाना ही कर्मयोग की एक परिधि मान सकेंगे। [64] योगसूत्र, ब्रहमसूत्र , गीता और अन्य विविध शास्त्र में आनंदमय [65] नाम से जिसका वर्णन हुआ है वह भगवान के स्वरुप का परिचायक ही माना जाएगा। आनंद सिंधु मध्य तव वासा। बिनु जाने कत मरसि पियासा॥ (रामचरितमानस); "आनन्द के महासागर भगवान, जो तुम्हारे भीतर बैठे हैं उन्हें जाने बिना आनन्द प्राप्ति की तुम्हारी प्यास कैसे बुझेगी ।" हम युगों से पूर्ण आनन्द पाने का प्रयास करते रहते हैं और उसी आनंदमय स्थिति में रहकर पूर्णता पाने के लिए भी उद्ग्रीव हो उठाते हैं ।

[1] अभेद श्रुति वेदों के वो मंत्र जो जीव और ब्रहम की एकता प्रतिपादित करते हैं।

अहं ब्रह्मास्मि - "मैं ब्रहम हूं" (बृहदारण्यक उपनिषद 1/4/10)

तत्वमसि – "वह ब्रहम तू है" (छान्दोग्य उपनिषद 6/8/7)

अयम् आत्मा ब्रहम - "यह आत्मा ब्रहम है" (माण्डूक्य उपनिषद 1/2)

प्रज्ञानं ब्रहम - "वह प्रज्ञानं ही ब्रहम है" (ऐतरेय उपनिषद 1/2)

सर्वं खल्विदं ब्रह्मम् - "सर्वत्र ब्रह्म ही है" (छांदोग्य उपनिषद 3/14/1)

[2] नित्योऽनित्यानां चेतनश्चचेतनानाम् एको बहुनां यो विधाति कामान् ।। क.उ. 2.2.30; श्वे.उ. 6.13 ॥

नित्य चेतन सर्वशक्तिमान् सर्वाधार परमात्मा ही से नित्य चेतन जीवात्माओंके कर्मफलभोगोंका विधान करते हैं। कर्मफल पर साधक और कर्मी का कर्तापन प्रतिष्ठित नहीं होता।

भोक्ता भाग्यं प्रेरणां च मत्वासर्व प्रोक्तं त्रिविधं ब्रह्ममेतत् ॥ श्वेताश्वतर उप.1.12 ॥

मनुष्य भोक्ता (जीवात्मा), भोग्य (प्रकृति) और इन दोनों के दार्शनिक (ईश्वर) को जानने के लिए कुछ न कुछ मिलता है जरूर पर कुछ पता नहीं चला। प्रकृति, आत्मा और उन दोनों के आधार और परमपिता परमात्मा - ये त्रिमूर्ति ब्रह्म के ही रूप हैं।

क्षरं प्रधानममृताक्षरं हरः क्षरात्मानाविशते देव एकः ।। (श्वेतश्वतर उ.प्र.1.80)

प्रमुख प्रकृति (अक्षर) की भोक्ता अंजनाली आत्मा का नाम भी अक्षर है। प्रकृति और आत्मा, इन दोनों का शासन एक देवत्व है।

द्वा सुपर्णा सयुजा सखाया समानं वृक्षं परिषस्वजाते।
तयोन्यैः पिप्पलं स्वादत्यानश्नन्न्यो अभिचक्षति।।
(अथर्ववेद काण्ड 9.14.20; ऋग्वेद मण्डल 1.164.20; कठ0 1.3.1; मुण्डक0 3.1.1; श्वेताश्वतर उप. 4.1.6)

[3] यस्मात्क्षरमतीतोऽहमाक्षरादपि चोत्तमः। अतोऽस्मि लोके वेदे च पृथितः पुरूषोत्तमः ।। गीता १५ - १८ ।।

[4] यः पृथिव्यां तिष्ठन्। पृथिव्या अन्तरको यं पृथिवी न वेद यस्य पृथिवी शरीरं यः पृथिवीमन्तरो यमयति स त आत्मान्तर्याम्यमृतः - शतपथब्राह्मणम् 14.6.7.[7]

य आत्मनि तिष्ठन् आत्मनोऽन्तरो यमात्मा न वेद यस्यात्मा शरीरं य आत्मानमन्तरो यमयति स त आत्मान्तर्याम्यमृतः - शतपथब्राह्मणम् चौदह.6.7.[30]

[5] यः सर्वेषु भूतेषु तिष्ठनसर्वेभ्यो भूतेभ्योऽन्तरो यं सर्वाणि भूतानि न विदुः। यस्य सर्वाणि भूतानि शरीरं यः सर्वाणि भूतयन्तरो यमयति। एष त आत्मान्तर्याम्यमृतः (बृहदारण्यक 30 3.7.15)

[6] एको वशी सर्वभूतान्तरात्मा एकं रूपं बहुधा यः करोति। तमात्मस्थं येऽनुपश्यन्ति धीरास्तेषां सुखं शाश्वतं नेत्रेषम्।। कठोपनिषद् 2.2.12 ।।

[7] अहमात्मा गुडाकेश सर्वभूतशयस्थितः। अहमादिश्च मध्यं च भूतानामन्त एव च।। गीता १० - २० ।।

[8] सर्वस्य चाहं हृदि सन्निविष्टो मत्तः स्मृतिर्जनमोहनं च।। गीता 15.15।।

ईश्वरः सर्वभूतानां हृद्देशोऽर्जुन तिष्ठति। ब्रह्मायन् सर्वभूतानि यन्त्ररूधानि मया ।। (गीता 18.61)

न तदस्ति विना यत्स्यन्मय भूतं चराचरम्। (गीता 10.39)

[9] जगत् सर्वं शरीरं ते (वाल्मीकि रामायण-युद्धकाण्ड-117/25)

सन्दर्भ : छांदोग्य यूपी। (4.2.2-3); बृहदारण्यक 30 (5.7.3); मुंडक (3.1.1); तैत्रीय उप (11.6); श्वेताश्वर उप (1.12, 1.17, 1.22, 6.33); ऐतरिय उपनिषद.

[10] वेद इसकी पुष्टि करते हैं- " ज्ञानानन्दमयस्त्वात्मा "; " ज्ञानानन्दलक्षणं "; "निर्वाणमय अवायम् आत्मा"।

[11] न जायते मृयते वा विपश्चित् (गीता 2.20)

[12] उत्कान्तिगत्यागतिनाम् (ब्रह्म-सूत्र)। बालग्रशतभागस्य शतधा कल्पितस्य च। भागो जीवस्य विज्ञानेयः ।। एसोऽनुर्नात्मा ।।

[13] अव्यक्तोऽयम् अचिन्त्योऽयम् (गीता 2.25)।

[14] सांख्य दर्शन का मत है कि आत्मा का गुण नहीं है। यदि ऐसा होता है तो शास्त्र हमें कर्म के नियम क्यों सिखाते हैं? (कर्ता शास्त्रार्थवात् (ब्रह्म-सूत्र))

[15] धर्म-भूत ज्ञान वह है, जो आत्मा को उजागर करता है।

[16] अत्रायं पुरुषः स्वयंज्योतिः भवति । स्वस्मै-प्रकाश का अर्थ है स्वयं को प्रकाशित करना।

[17] वैषम्यनैघृण्ये न सापेक्षत्वात् (ब्रह्म सूत्र 2.1.34)

[18] यतो वा इमानि भूतानि जायन्ते। येन जन्मनि जीवन्ति। यत्प्रयन्त्यभिसंविशन्ति। तद्विजिज्ञस्व. तद्ब्रह्मेति।

तैतारियोपनिषद (3.1.1)

[19] ऐश्वर्यस्य समग्रस्य धर्मस्य यशसः श्रियः। ज्ञानवैराग्योश्चैव शन्नं भग इतिरानाा।। (विष्णु पुराण 6.5.74)

[20] उत्पतिं प्रलयं चैव भूतानमगतिं गतिम्। वेत्ति विद्याम्विद्याम् च स वाच्यो भगवानिति।। (विष्णु पुराण 6.5.78)

[21] प्रवरगुणाष्टकं प्रथमजं गुणानानिसिम्नां गणनाविगुणानां पूर्वभूः । (वरदाररराजस्तव.15)

[22] ब्रह्मशब्देन च स्वभावतः पितानिखिलदोषः अनधिकाशय अगेन्तेय कल्याणगुणगणः उत्तमो अभिधीयते (श्रीभाष्य)।क्रॉप्ड-श्रीरंगम-रंगनाथस्वामी-पेरियापेरुमल.

ब्रह्म को परिभाषित करते हुए रामानुज स्वामीजी कहते हैं: जो सभी दोष से अनुपयुक्त हैं। (पूर्ण हे प्रत्यायनिक) । निर्गुण शब्द का अर्थ सर्व दूषण और रज, तम गुण से अनुपयोगी होता है। जो अनंत कल्याण गुणों से युक्त हैं जैसे सत्यकाम, सत्यसंकल्प, करुणा, ज्ञान, बल, आदि। (कल्याण अनंत गुणाकर्म) ।

सृष्टिस्थितिसंघत्वं: जो सृष्टि की उत्पत्ति, पोषण और संहार को पूर्णतः नियंत्रित करते हैं।

ज्ञानानंदस्वरूपं: संपूर्ण ज्ञान और अनुपम आनंद का भंडार है। वह जो श्रीदेवीजी, भूदेवीजी और नीलादेवीजी के प्राण प्रिय नाथ हैं।

"यस्मात् सर्वेश्वरात् निखिलहेयप्रत्यनिकप्राप्ति", भगवान के समय/काल के सन्दर्भ में (नित्य/अनादि) और स्थान के सन्दर्भ में (सर्वसहयोग) स्वरूप असीमित हैं; प्रत्येक जीवात्मा में अन्तर्यामी परमात्मा (दिव्य-आत्म स्वरूप) हैं; नित्यविभूति और लीला विभूति भगवान की प्रतिज्ञा है; अविनाशी सात्विक हैं; पवित्र हैं और न होने वाले शुभ के स्वामी हैं; भगवान विभु हैं जबकि जीवात्मा अधर्म हैं; कभी कलंकित नहीं हो सकते; विभिन्न अवतार अकलंकित, एवं अकल्पनीय दिव्य हैं; वह पारलौकिक है तो मोक्षदाता भी है ; वह मोक्षदाता और

मोक्षप्रदायक के रूप में प्रकाशमान है। श्रीराम का गुल्ला, हनुमान आदि में हिलना और श्रीकृष्ण का ग्वाल-बालों के संग हिलना, भगवान के सौल्य और सौशील्य के गुण के उदाहरण हैं। भगवान इस संसार में पीड़ित जीवात्माओं के दुःख को देखकर व्यथित/चिंतित रहते हैं और सदा उनके कल्याण के लिए सोचते हैं (परदुःख असहत्वं)।

"लोकवत् लीलाकैवल्यं" , "भगवान लीला के अवतार लिए जाते हैं। लीला विभूति में बद्ध जीवात्माओं का निवास होता है।"

"अशेष - चिद् - अचिद् - वस्तु – शेषिन्" , "संपूर्ण चेतन और अचेतन का स्वामी है।"

[23] (ब्रह्म) नमोखिलकारणाय निष्करणायद्भुत्करणाय| सर्वागम्मनायमहार्णाय नमोऽपवर्गायपरायणाय॥

[24] वैषम्यनैघृण्ये न सापेक्षत्वात् (ब्रह्म सूत्र 2.1.34)

[25] यतो वा इमानि भूतानि जायन्ते। येन जन्मनि जीवन्ति। यत्प्रयन्त्यभिसंविशन्ति। तद्विजिज्ञस्व. तद्ब्रह्मेति। तैतारियोपनिषद (3.1.1)

[26] ऐश्वर्यस्य समग्रस्य धर्मस्य यशसः श्रियः। ज्ञानवैराग्योश्चैव शन्नं भग इतिराना॥ (विष्णु पुराण 6.5.74)

[27] उत्पतिं प्रलयं चैव भूतानमगतिं गतिम्। वेति विद्याम्विद्याम् च स वाच्यो भगवानिति॥ (विष्णु पुराण 6.5.78)

[28] प्रवरगुणाष्टकं प्रथमजं गुणानानिसिम्नां गणनाविगुणानां पूर्वभूः । (वरदारराजस्तव.15)

[29] "नार = नर का बहुवचन, नरों का समूह अर्थात् जगत्"; "नार + अयन = नारायण (संधि)"; "नारायणम् अयनं नारायणम् (तत्पुरुष समास)" , "नारायण ही समस्त जगत, विश्व चराचर और सृष्टि के आधार हैं (बहिर्व्याप्ति) और साथ ही साथ हर नर जगत के आधार स्वरूप अंतर्यामी परमात्मा हैं (अंतर्व्याप्ति)। "

[30] "नारः अयनं यस्य सः नारायणं (बहुब्रीहि समास)", "संपूर्ण जगत (नाराः) अन्योन्याश्रय (अयनं) है और जो जगत की आत्माएं हैं, वो नारायण हैं (शरीर-आत्मा भाव)।"

[31] नारायणः नाराणं नित्यनाम अयनं इति नारायण | (नर = न + र) ", "कभी क्षय न हो, जो शाश्वत (नित्य) है, उसे नर कहते हैं। "

[32] मर्त्यावतारस्तिवः मर्त्यशिक्षणम्, रक्षो बधायै वा सज्जनाय केवलंविभोः।

[33] "सम्पूर्ण जगत का कर्ता होते हुए भी ईश्वर अकर्ता ही रहेगा। (गीता ४-- १३)

[34] एको देवः सर्वभूतेषु गूढः सर्वव्यापी सर्वभूतान्तरात्मा ।
कर्माध्यक्षः सर्वभूताधिवासः साक्षी चेता केवलो निर्गुणश्च ॥ श्वेता ६ - ११॥

[35] तन्निष्ठस्य मोक्षोपदेशात् ॥ (ब्रह्मसूत्र १/१/७)

[36] हेयत्वावचनाच् च । (ब्रसू-१,१.८ ।)

[37] 'अव्यक्तोयम् अचिन्त्योयम्'-गीता II-25.

[38] 'अविकार्यः अयमुच्यते'- (अविकार्योऽयामुच्यते।) गीता II-25।

[39] क्रियमानानि गुणैः कर्माणि सर्वशः। सर्वविमूढात्मा कर्ताऽहमिति मन्यते।। गीता ३ - २७ ।।

[40] लोकेऽस्मिन्दिवविधा निष्ठा पुरा प्रोक्ता मायान्घ |
ज्ञानयोगेन साङ्ख्यानां कर्मयोगेन योगिनाम् || अध्याय ३ श्लोक ३ ||

भगवान ने कहा ; लोके - संसार में ; अस्मिन – यह ; दिव-विधा – दो प्रकार की ; निष्ठा – विश्वास ; पुरा – पहले ; प्रोक्ता - समझाया गया ; माया – मेरे द्वारा (श्रीकृष्ण) ; अनघ – निष्पाप ; ज्ञान-योगेन - ज्ञान के मार्ग से ; सांख्यनाम् – चिंतन की ओर प्रवृत लोगों के लिए ; कर्म-योगेन - कर्म के मार्ग से ; योगिनाम् - योगियों का;

[41] 'अनघ'- अर्जुन के द्वारा अपने श्रेय की बात पूछी जानी ही उनकी निष्पापता और कर्तव्यनिष्ठा का परिचायक समझें ; क्योंकि अपने कल्याण की तीव्र इच्छा होने पर साधक के पाप और अपवित्रता विषयक अपूर्णता नष्ट हो जाते हैं।

'लोकेऽस्मिन्दिवविविधा निष्ठा पुरा प्रोक्ता मया'- यहाँ 'लोके' पद का अर्थ मनुष्य शरीर समझना चाहिये; क्योंकि ज्ञानयोग और कर्मयोग-

दोनों प्रकार की साधना के जरिये मानव शरीर को ही उन्नति का मार्ग मिलेगा।

'निष्ठा' - अर्थात समभाव में स्थिति एक ही है; इसे - ज्ञानयोग से और कर्मयोग से पाया जा सकेगा। इन दोनों योगों का अलग-अलग विभाग करने के लिये इस समबुद्धि को सांख्ययोग के विषय में कह दिया गया (गीता में दूसरे अध्याय के उन्तालीसवें श्लोक में); इसे कर्मयोग के विषय में कहा जाना शेष था - 'एषा तेऽभिहिता सांख्ये बुद्धिर्योगे त्विमां श्रृणु।'

"पुरा" पद का अर्थ 'अनादिकाल' भी होता है और 'अभी से कुछ पहले' भी समझा जाएगा। यहाँ इस पद का अर्थ है- अभी से कुछ पहले अर्थात पिछला अध्याय, जिस पर अर्जुन की शंका है। यद्यपि दोनों निष्ठाएँ पहले बारी बार से कही जा चुकी है, तथापि किसी भी निष्ठा में कर्मत्याग की बात नहीं कही गई।

[42] यज्ञशिष्टशिनः सन्तो मुच्यन्ते सर्वकिल्बषैः। भुञ्जते ते त्वघं पापा ये पचन्त्यात्मकारणात्।।

.... श्रीमद्भागवद्गीता अध्याय ३ श्लोक १३।।

यज्ञ-शिष्ठ – यज्ञ में अर्पित भोजन के अवशेष ; अशिनः – खाने वाले ; सन्तः - साधु व्यक्ति ; मुच्यन्ते – मुक्त हो जाते हैं ; सर्व – सभी प्रकार के ; किल्बिषैः – पापों से ; भुञ्जते – आनंद लो ; ते - वे ; तू - परंतु ; अघम – पाप ; पापः – पापी ; तु - कौन ; पचन्ति – पकाना (भोजन) ; आत्म-कारणात् - अपने स्वयं के लिए;

'यज्ञशिष्टाशिनः संतः:'- कर्तव्यकर्मों का निष्काम भाव से विधिपूर्वक पालन करने पर[3] योग अथवा समता ही शेष रहती है। यज्ञशेष का अनुभव करने पर मनुष्य में किसी भी प्रकार का बंधन नहीं रहता।

[43] न च स्मार्तम् अतद्धर्माभिलापाच् छारीरश् च। (ब्रसू-१,२.२० ।) ब्रह्मसूत्र १/२/२०

"लभन्ते ब्रह्मनिर्वाणमृषयः क्षणिकल्मशाः। छिन्नद्वैधा यतात्मानः सर्वभूतहिते रताः।" , "जिसका संदेह नष्ट हो गया है, जो परमात्मा में दृढ़ है, जो सभी जीवों के कल्याण में तल्लीन है, ऐसा ऋषि पापों से मुक्त हो जाता है और ब्रह्मधाम पाने का अधिकारी बन जाता है।

" (श्रीमद्भागवद्गीता ५.२५)।

[44] "एषा ब्राह्मी स्थितिः पार्थ नैनं प्राप्य विमुह्यति। स्थित्वाऽस्यामन्तकालेऽपि ब्रह्मनिर्वाणमृत्युचति॥", "जो लक्षण स्थितप्रज्ञ साधक के बताये गए हैं, जैसा की उल्लिखित श्लोक के पहले गीता में दर्ज की गई, वह ब्रह्म अवस्था है; जिसे एक बार पा लेने के बाद व्यक्ति कभी भी मोह के वशीभूत नहीं होता। यदि यह अवस्था अन्तिम श्वास में भी प्राप्त की जाय तो उसे ब्रह्मधाम की ही प्राप्ति होगी" (गीता २.७२)। [ब्रह्मनिर्वाण अर्थात विदेहमुक्ति]

[45] अन्नद भवन्ति भूतानि पर्जन्याद अन्न-सम्भवः।

यज्ञाद भवति पर्जन्यो यज्ञः कर्म-समुद्भवः।। श्रीमद्भागवद्गीता अध्याय ३, श्लोक १४॥

अन्नत – भोजन से ; भवन्ति - निर्वाह ; भूतानि – जीवित प्राणी ; पर्जन्यात् – वर्षा से ; अन्न – अन्न का ; संभवः – उत्पादन ; यज्ञात् – यज्ञ करने से ; भवति – संभव हो जाता है ; पर्जन्यः – वर्षा ; यज्ञः - यज्ञ करना ; कर्म - निर्धारित कर्तव्य ; समुद्भवः - से उत्पन्न;

[46] कर्म ब्रह्मोद्भवम् विद्धि ब्रह्मक्षर-समुद्भवम्।

तस्मात् सर्व-गतम् ब्रह्म नित्यम् यज्ञे प्रतिष्ठितम्।। श्री मद्भागवद्गीता अध्याय ३ श्लोक १५।।

कर्म - कर्तव्य ; ब्रह्मा - वेदों में ; उद्भवम् – प्रकट ; विद्धि - तुम्हें पता होना चाहिए ; ब्रह्मा – वेद ; अक्षर - अविनाशी (ईश्वर) से ; समुद्भवम् – प्रत्यक्ष रूप से प्रकट ; तस्मात् - इसलिये ; सर्व- गतम् – सर्वव्यापी ; ब्रह्मा - भगवान ; नित्यम् – सदैव ; यज्ञे – यज्ञ में ; प्रतिष्ठितम् - स्थापित

[47] 'स ब्रह्मयोगयुक्तात्मा सुखमक्ष्यमश्नुते - 'स ब्रह्मयोगयुक्तात्मा सुखमक्षय्यमश्नुते - 'जो ब्रह्म की संगति प्राप्त करता है वह शाश्वत आनंद प्राप्त करता है' (गीता ५.२२)। ब्रह्म की संगति (अक्षरब्रह्मस्वरूप गुरु की संगति); जो मन, वचन और कर्म से अक्षरब्रह्म गुरु की संगति करता है, वह योग को धारण करने वाला आत्मा ही होगा।

'ज्ञानेन तु तदज्ञानं येषां नाशितमात्मनः। तेषामादित्यवज्ज्ञानं प्रकाशयति तत्परम्॥', 'जिसने ज्ञान के द्वारा आत्मा के अज्ञान को नष्ट कर दिया, उसके लिए वह ज्ञान, सूर्य की तरह परमात्मा को प्रकट करनेवाला ही होगा (गीता ५.१६)।

[48] "अस्य महतो भूतस्य नि श्वासितमेतद् यद्‌ग्वेदो यजुर्वेदः सामवेदो 'थवंगिरसः" (बृहदारण्यक उपनिषद ४.५.११) [श्लोक ९]

"चार वेद-ऋग्वेद, यजुर्वेद, सामवेद और अथर्ववेद-सभी सर्वोच्च दिव्य स्वरुप व्यक्तित्व की सांस से निकले हैं।" वह दिव्य स्वरुप नियंता ईश्वर ही होंगे। इन सनातन वेदों में मनुष्य के कर्तव्य स्वयं ईश्वर ने बताये हैं।

[49] यज्ञो यज्ञ पुमांश्च चैव यज्ञशो यज्ञ यज्ञभवनः यज्ञभुक् चेति पंचात्मा यज्ञेष्विज्यो हरिः स्वयम् [श्लोक १०]

भागवतम (११.१९.३९) में, श्री कृष्ण उद्धव से कहते हैं : यज्ञो 'हं भगवत्तमः [श्लोक ११] "मैं, वासुदेव का पुत्र, यज्ञ हूं।" वेद कहते हैं: यज्ञो वै विष्णुः [श्लोक १२] "यज्ञ वास्तव में स्वयं भगवान विष्णु ही हैं।"

[50] एवं प्रवर्तितं चक्रं नानुवर्तयति यः।

अघायुर इंद्रियारामो मोघं पार्थ स जीवति।। श्रीमद्भागवद्‌गीता अध्याय ३, श्लोक १६।। एवम् – इस प्रकार ; प्रवर्तितम् – गतिमान ; चक्रम् – चक्र ; न – नहीं ; अनुवर्तयति - अनुसरण करें ; इह – इस जीवन में ; यः – कौन ; अघा-आयुः - पापपूर्ण जीवन ; इन्द्रिय-आरामः – अपनी इन्द्रियों की प्रसन्नता के लिए ; मोघम् – व्यर्थ ; पार्थ - पृथा के पुत्र अर्जुन ; सः – वे ; जीवति – जीवित रहो;

[51] "जिबा जिबा ते हरि ते बिलगानो तबा ते देहा गेहा निजा मन्यो, माया बस स्वरूप बिसारयो तेहि ब्रह्मा ते दारुण दुःख पायो। [श्रीरामचरितमानस]", "जब आत्मा ने स्वयं को ईश्वर से अलग कर लिया, तो भौतिक ऊर्जा ने उसे एक भ्रम में ढक दिया। उस भ्रम के कारण, यह स्वयं को शरीर के रूप में समझने लगा और तब से, स्वयं की विस्मृति में, यह अत्यधिक दुख का अनुभव कर रहा है।"

[52] यज्ञार्थात्कर्मणोऽन्यत्र लोकोऽयं कर्मबंधनः ।

तदर्थं कर्म कौन्तेय मुक्तसंगः समाचर ।। श्री मद्भागवद्गीता अध्याय तीन श्लोक ९ ।।

''यज्ञार्थात् कर्मणोऽन्यत्र'- गीता के अनुसार कर्तव्यमात्र का नाम 'यज्ञ' है। 'यज्ञ' शब्द के अंतर्गत यज्ञ, दान, तप, होम, तीर्थ-सेवन, व्रत, वेदाध्ययन आदि समस्त शारीरिक, व्यावहारिक और पारमार्थिक क्रियाएँ आ जाती हैं।

[53] कर्तव्य मानकर किये जाने वाले व्यापार, नौकरी, अध्ययन, अध्यापन आदि सब शास्त्रविहित कर्मों का नाम भी यज्ञ है। दूसरों को सुख पहुँचाने तथा उनका हित करने के लिये जो भी कर्म किये जाते हैं, वे सभी याज्ञार्थ कर्म कहलाने वाले ।

[54] अपने शरीर के सिवाय दूसरे प्राणी-पदार्थ तो दूसरे हैं ही, पर ये अपने कहलाने वाले स्थूल-शरीर, सूक्ष्म शरीर और कारण-शरीर भी स्वयं से दूसरे ही माने जाएंगे। स्वयं चेतन परमात्मा का अंश है और ये शरीर आदि पदार्थ जड़ प्रकृति के अंश है।

[55] साधक उसी को कहते हैं, जो निरंतर सावधान रहता है; साधना के प्रति सतर्क, जागरूक रहना ही चाहिये।

[56] अपना हित दूसरों के लिये कर्म करने से होता है, अपने लिये कर्म करने से नहीं; दूसरों के हित में ही अपना हित है; हित अलग मानना ही गलती है।

[57] स्थूल, सूक्ष्म और कारण- तीनों शरीरों से होने वाली मात्र क्रिया संसार के लिये ही हो, अपने लिये नहीं।

[58] 'मुक्तसंगः', "कर्मों में, पदार्थों में तथा जिनसे कर्म किये जाते हैं, उन शरीर, मन, बुद्धि आदि सामग्री में ममता-आसक्ति होने से ही बंधन होता है।"

[59] आलस्य और प्रमाद के कारण नियत कर्म का त्याग करना 'तामस त्याग' कहलाता है; जिसका फल मूढ़ता अर्थात मूढ़योनियों की प्राप्ति है- 'अज्ञानं तमसः फलम्'। कर्मों को दुःखरूप समझकर उनका त्याग करना 'राजस त्याग' कहलाता है; जिसका फल दुःखों की प्राप्ति है- 'रजसस्तु फलं दुःखम्'।

[60] स्वयं भगवान भी कहते हैं कि मेरे लिये कुछ भी करना शेष नहीं है, फिर भी मैं सावधानी पूर्वक कर्म करता हूँ। हमारे द्वारा जो भी क्रिया की जाती है, वह शरीर, इंद्रियों आदि के द्वारा ही की जाती है; क्योंकि क्रियामात्र का संबंध प्रकृति और प्रकृतिजन्य पदार्थों के साथ है, स्वयं*[7]* के साथ नहीं।

[61] अपरिवर्तनशील सत्ता की परमात्मतत्त्व के साथ स्वतः एकता और परिवर्तनशील शरीर, इंद्रियाँ, मन बुद्धि आदि की संसार के साथ स्वतः एकता है।

[62] हमें अपने लिये कुछ भी नहीं करना है; जो कुछ करना है, संसार के लिये ही करना है।

[63] जो कुछ किया जाता है, संसार की सहायता से ही किया जाता है। अतः 'करना' संसार के लिये ही है।

[64] अपने सत्-स्वरूप में कभी कोई कमी नहीं आती और कमी आये बिना कोई इच्छा नहीं होती, इसलिये अपने लिये कुछ भी नहीं चाहिये। इस प्रकार जब क्रिया और पदार्थ से सर्वथा संबंध-विच्छेद हो जाता है तब यदि ज्ञान के संस्कार है तो स्वरूप का साक्षात्कार हो जाता है, और यदि भक्ति के संस्कार हैं तो भगवान में प्रेम हो जाता है।

[65] सुखमात्यन्तिकं यत्तबुद्धिग्राह्यमतीन्द्रियम् ।

वेत्ति यत्र न चैवायं स्थितश्चलति तत्त्वतः ॥ श्रीमद्भागवद्गीता अध्याय ६ - श्लोक २१॥

सुखम्-सुख; आत्यन्तिकम्-असीम; यत्-जो; तत्-वह; बुद्धि-बुद्धि द्वारा; ग्राह्मम्-ग्रहण करना; अतीन्द्रियम्-इन्द्रियातीत; वेत्ति-जानता है; यत्र-जिसमें; न कभी नहीं; च और; एव–निश्चय ही; अयम्-वह; स्थितः-स्थित; चलति–विपथ न होना; तत्त्वतः-परम सत्य से;

रसो वै सः। रसँ ह्येवायं लब्ध्वाऽऽनन्दी भवति। (तैत्तिरीयोपनिषद्-२/७)

"भगवान स्वयं आनन्द है। जीवात्मा उसे पाकर आनन्दमयी हो जाती है।"

"आनन्दमयोऽभ्यासात्" (ब्रह्मसूत्र-१/१/१२) ; "भगवान परमानंद का वास्तविक स्वरूप है"

सत्यज्ञानानन्तानन्दमात्रैकरसमूर्तयः। (श्रीमद्भागवतम्-१० - १३ - ५४) ; "भगवान का दिव्य स्वरूप सत्-चित्-आनन्द से निर्मित है।"

3

कर्म सन्याय

ज्ञान और भक्ति का सही सम्मलेन ही वह पड़ाव है जहाँ से कर्म को एक सही दिशा मिल जाया करेगी और व्यक्ति अपने लिए एक निर्णायक मार्ग कि तलाशी कर सकेगा ; उसे अंतरात्मा के साथ जुड़े हुए परमात्मा का सान्निध्य भी अनुभव होता रहेगा।

कभी कभी हम इस भ्रम में आ जाते हैं जब मन में यह विचार पनपने लगता है कि धर्मात्मा और महात्मा बनने के लिए शायद सबकुछ छोड़कर सभी विधायक कर्मों का त्याग करके तपस्या करते रहना पड़ेगा ; शायद दिन और रात के बारे में भी जानकारी न मिल पाएगी; शायद सभी रिश्ते नातों का त्याग कर देना होगा; ऐसा भी हो सकता कि किसी एकांत में जाकर समाज से हटकर उपायाचक के नाते जीवन जीने के लिए प्रस्तुत होना पड़े। ऐसे संत महात्मा जरूर हुए जिन्होंने भोग्य वस्तु का त्याग करके ज्ञान मार्ग पर चलकर भक्त वत्सल के लिए मिसाल कायम कर गए। पर ऐसा शायद ही हुआ होगा जिसमें किसी तपस्वी साधक ने भोजन, श्वास वायु और शौच संतोष का त्याग किया हो ; जीवन जीने के प्रयत्न के अंतर्गत हर जीव को भोजन, श्वास वायु, शौच , संतोष आदि का सहारा तो लेना ही होगा। यहीं से जीव मात्र के लिए यह अनिवार्य बन जाता है कि उन्हें प्रकृति के अधीन रहना पड़े और प्रकृति के कुछ नियमों का पालन करे। साधना कितनी भी गहन हो बीच में नींद आने लगे तो फिर तपस्या को विराम देना ही होगा।

तपस्या, ध्यान, प्राण वायु का नियंत्रण, कर्म कि शुद्धता आदि विषयों के बारे में हम कुछ भी अतिशयोक्ति करते समय इतना तो ध्यान अवश्य रखें कि हमें उस सर्व शक्तिमान के अनुकम्पा के अधीन ही जीवन जीना होगा; उसी विधायक कर्म को भी अपनाना होगा जिसके बल पर हमारे जीवन का रथ गतिशील हो सके; उन्हीं लोगों के बीच रहना होगा जिनके बीच हमारे मन को संतोष मिले; उन्हीं लोगों के लिए काम करना होगा जिनसे हमें कुछ उम्मीदें रही हो; उसी तत्व का संरक्षण और सम्प्रचार करना होगा जिसके जरिये हम सार्विक समाधान और समन्वय का सपना देखा करते हों; उन्ही तत्वों को प्रतिफलित होते हुए देखना होगा जिनके बीच दिव्य जीवन कि स्वच्छंद गति सुनिश्चित हो सके।

तीन प्रकार के लोग अपने चारों और तपस्या और इष्ट चिंतन करते हुआ पाए जा सकेंगे: कुछ ऐसे लोग रहेंगे जिन्हें धन - सम्पदा और पैसा चाहिए, कुछ ऐसे भी लोग रहेंगे जिन्हें पैसों से ज्यादा चिंता प्रतिष्ठा पाने कि रहेगी; तीसरे कुछ ऐसे प्रकार रहेंगे जिन्हें न तो पैसा चाहिए और न ही प्रतिष्ठा, उन्हें सिर्फ उस दिव्य ज्ञान का अनुसंधान करने कि अभिलाषा रहेगी जिसके आधार पर व्यक्ति के लिए मुक्ति का मार्ग प्रशस्त हो सके। वह एक ऐसे मार्ग का पथिक होना चाहेगा जिसपर चलकर जन्म-मृत्यु के द्वन्द से खुद को मुक्त किया जा सके।

<u>आध्यात्मिक परिपक्वता</u>

पहले पहल तो एक ऐसी परिस्थिति बनती है जब हम खुद को किसी भी कृति का कर्ता मान लेते हैं और उसी भ्रम जीवन बिता देते हैं कि हमने कुछ किया; कुछ ऐसी कृति जिसका श्रेय हम चाहते हैं कि हमें मिले। फिर एक ऐसा पड़ाव आता जब हमारी समझ बनती है कि सृष्टि और विनाश तो प्रकृति के नियमों के अधीन एक सतत चलने वाली प्रक्रिया है और इसमें पदार्थ और ऊर्जा का आपसी मेल बंधन का विज्ञान क्रियाशील निकाय बना; यह भी एक भवितव्य ही है है कि हर जीव के जीवन में मृत्यु का अनुशाशन कभी भी आ सकता। एक पड़ाव ऐसा भी आता है जब व्यक्ति जीवन को काफी मूल्यवान मानते हुए सभी अल्पावधि के सुखों को छोड़कर उस आनंदमय जीवन का पथिक बन जाना पसंद करेगा

जिसपर चलकर आत्मा और अरमात्मा के रिश्तों को उनके सही स्वरुप में उपलब्धि किया जा सके और जीव के लिए सम्यक ज्ञान के आधार पर कर्म बंधन से मुक्ति का मार्ग प्रशांत किया जा सके।

शास्त्र, पुराण, आगम , निगम आदि सभी दिव्य ग्रंथों और संत वाणी का एक ही मकसद रहा कि भक्त को कर्म के बंधन से और माया के संसार से मुक्त किया जा सके; उस मुक्ति के मार्ग पर सबका सम्यक अभिषेक हो सके; यह कुछ ऐसा ही हुआ कि किसी बगीचे में जाकर एक फल खाने के बाद संत सभी भक्तों को बताने लगे और यही आग्रह करते रहे कि बाकी के भक्त वत्सल भी उस बगीचे में दाखिल होकर उस फल का आस्वाद लें और जीवन को धन्य कर लें; यह कुछ ऐसा ही अनुभव मन जाएगा जैसे एक परिंदा ऊंची उड़ान भरते हुए नीले आसमान में गोते लगाता हो; जैसे एक भक्त प्रेम पूर्वक अपने भगवान को भोजन कराता हो और बाकी भक्तों से निवेदन करता हो कि वो भी ऐसा ही करें। इस प्रकार दिव्य जीवन का अनुसंधान करनेवाल साधक कभी भी अकेले मुक्त हो जाने के लिए तपस्या शायद ही करता हो। उसे समग्र समाज को मुक्त करने कि चिंता सताया करेगी; उसे ऐसा भी लगेगा कि किसी भी भक्त के जीवन में संकट ही न रहे; भक्त वत्सल को ईश्वर अनुकम्पा मिले। यह कुछ ऐसी ही परिस्थिति बन जाया करेगी जिसके अंतर्गत भक्त प्रह्लाद अपने प्रपंचक पिता के लिए इष्ट के पास क्षमा याचना करते रहे; नचिकेता विधाता से यह निवेदन करते रहे कि उनके पिता को यश और प्रतिष्ठा मिले ; शत्रु भाव नष्ट हो जाने के और भी कई प्रमाण गिनाये जा सकेंगे जिसके बल पर इतना तो अवश्य कहा जा सकेगा कि दिव्य जीवन कि अनुसन्धित्सा रखनेवालों के मन से शत्रुभाव नष्ट हो जाता होगा। इसके अभ्यासी ही और सटीक तरीके से बता सकेंगे कि उनके मन, चित्त और बुद्धि पर क्या बीत रही होगी जब उन्हें यह तय कर लेना होता है कि ध्रुव सत्य के अनुसंधान में ही जीवन बिताना होगा। भगवद्गीता में भी कर्म संन्यास और कर्मयोग के बीच हर प्रकार के समानता के बारे में बताई जाती है और यह भी माना गया कि सभी प्रकार के द्वन्द से मुक्त होते होते व्यक्ति माया के बंधनों से मुक्त हो जाया करेगा। केवल अल्पज्ञानी जन इस भ्रम में जकड़े रह जाते हैं कि

कर्मयोग और कर्म संन्यास शायद कुछ अलग अलग विधाएँ हैं। (V. १-४)

वास्तव में कर्मयोग और कर्म संन्यास को एक सामान ही देखा जाना चाहिए। भक्ति के साथ कर्म किये बिना उस परिपक्वता को पाना भी संभव ही नहीं। सभी इन्द्रियों को भली भाँती वश में रखते हुए बुद्धि का प्रयोग करते हुए कर्म करनेवालों को सहजता से ही कर्म बंधन से मुक्ति मिल जाय करेगी; दृढ निश्चय रखनेवाले खुद को कर्ता न मानते हुए कर्म करते रहेंगे; कर्मफल इष्ट को अर्पित करदेनेवालों को पाप कभी भी ग्रसित नहीं कर सकता; योगीजन के लिए कर्म का प्रयोजन सिर्फ आत्म शुद्धि पाने से है; आसक्ति रहित होकर कर्म करते रहने के कारण भी योगी जन कर्म बंधन से खुद को मुक्त रखने में समर्थ हो जाया करेंगे; निरासक्त व्यक्ति शरीर में रहते हुए भी सभी रकार के कर्मबन्धन से मुक्त रहेंगे (भगवद्गीता V. ५-१२) । कर्म फलों के बोध का पनपना प्रकृति के अधीन है; सर्वव्यापी परमात्मा भी पाप-पुण्य के कर्मों से निर्लिप्त ही रहेंगे ; मोहान्ध भक्तों की बुद्धि भी अज्ञान से आच्छादित रहेगी ; ज्ञान तो उस सूर्यप्रभा के सामान ही है जिसकी किरणों से संसार प्रकाशमान और व्यक्त हो उठता है; वह ज्ञान का प्रकाश ही है जिसके प्रभाव से सभी प्रकार के पा कर्मों का नाश हो जाया करेगा, इष्ट के प्रति श्रद्धा और विशवास बढ़ेगा, विधायक कर्मों में लिप्त रहते हुए मुक्ति पाने के मार्ग पर बढ़ाते रहेंगे (भगवद्गीता V. १३ -१६) ।

बुद्धि, समझ, श्रद्धा, विशवास और संतोष को किसी भी साधक के जीवन में तभी स्थिर होता हुआ देखा जा सकेगा जब उनके जीवन में हम दिव्य ज्ञान का उत्सर्जन होता हुआ परिलल्क्षित कर सकें। यह एक ऐसी परिस्थित है जहाँ व्यक्ति सभी नाशवान तत्वों से खुद को मुक्त करते हुए दिव्यज्ञान का साधक बने और ध्रुव सत्य का अनुसंधान करता रहे।

कभी कभी यह भी दावे किये जाते रहे हैं कि दिव्य जीवन और ध्रुव सत्य का अनुसंधान करनेवालों कि गतिविधि से कर्म विमुखता ही पनपेगी और व्यक्ति कर्तव्य कर्म से भाग खड़े होने के लिए मार्ग निकालने लगेंगे; ऐसे कई साधक बनेंगे जो यह कहकर कर्म विमुख हो जाया करेंगे कि उन्हें समय नहीं मिलता; कुछ ऐसे साधक रहेंगे जिन्हें

भक्त वत्सल लोगों के पास से सिर्फ दान पाने कि अभिलाषा रहेगी; कई साधक ऐसे भी हो जाया करेंगे जिन्हें धर्म कि एक नयी पगडण्डी बनाने कि अभिलाषा रहेगी। वैसे अनेकांतवादी यह भी विचार रख देते हैं कि "जितने मत हैं उतने ही पथ हैं"। ऐसा होना भी चाहिए; तभी तो जलधारा को पहाड़ी से उतर आने के लिए विविध मार्ग का अनुसंधान करते हुए अग्रसर रहना होगा; यह भी मान्यता बन सकेगी: सभी धाराएं गंगाजी कि पवित्र धरा रहे और उतना ही मंगलकारी हो। यह तो हमारी समझ पर ही टिका रहेगा कि हम उस धरा को क्या समझें और कैसे स्वीकार करें। यह तो कुछ ऐसा ही हुआ कि एक कटोरा लेकर हमने समुद्र से पानी उठाया , फिर उस पानी को समुद्र के विस्तीर्ण जलराशि में मिला दिया और यह तलाश करने लग गए कि समुद्र में मिलनेवाले पानी का कौन सा हिस्सा उस कटोरे में था ! मौजूदा परिस्थिति में विविध प्रकार से विडम्बना का निर्माण होता आया जब हम किसी समुदाय को मतों और पंथों में बँट जाते हुए देखते आये हैं। संत महात्मा का यही प्रयास रहेगा कि सभी समुदाय को किसी ख़ास मापदंड पर एक किया जा सके और उन्हें शाश्वत मार्ग का पथिक बनाया जा सके; अब उस मार्ग का कुछ भी नाम हो और उस विचारधारा को किधर से भी बहने दिया जाता हो ; अंततः एक ही पड़ाव पर सबका महा सम्मलेन होना एक भवितव्य ही है।

इसमें कोई संदेह नहीं कि वेद, उपनिषद्, गीता, महाभारत, रामायण, पुराण, आगम ,निगम आदि पवित्र ग्रंथों के जरिये संत महात्मा समय समय हमारा दिशा निर्देशित करते आए और ऐसा आगे भी करते ही रहेंगे; फिर भी एक ऐसा विचार बनता है कि अब जलबिंदु को जलबिंदु ही समझा जाय और हमारा मार्ग उस दैवत्व के विशुद्ध तत्व को सही प्रकार से समझने के लिए बने जिसपर चलकर संत महात्मा समग्र मानव समाज को विशुद्ध दैवत्व के उपस्थिति का अनुभव दे सकें। जीव मात्र के अभिव्यक्त होने की क्रिया में उस देवत्व को सन्निविष्ट रहते हुए भी देखा जा सकेगा; सिर्फ इतना ही नहीं उस पूर्ण देवत्व का अंशमात्र को जीव चेतना में भी परिलक्षित किया जा सकेगा।

एक आश्रम संस्था के प्रमुख थे ; उनको लोग स्वामी बुद्धानन्द कहा करते थे। उनकी गाड़ी झाइखंड और ओडिशा की सीमा पर बसे एक जंगल

के बीच से गुजर रहा था। उसी जगह कुछ ऐसे जनजाति बसे थे जिनका कोई स्थायी ठिकाना ही नहीं था; न ही हम उन्हें किसी इ क जगह पर स्थायी रूप से बसते हुए देख ही पा रहे थे। ऐसे ही एक स्थानांतरण के मुहूर्त में उसी रास्ते से स्वामीजी और उनके कुछ साथी गुजर रहे थे, जबकि एक जनजाति महिला दर्द से कराह रही थी। जैसे ही सन्यासी महाराज का काफिला रुका वैसे ही अन्य सभी जनजाति के लोग वो जगह चढ़कर और उस पीड़िता को भी छोड़कर चल दिए; आखिर उस पीड़िता का इलाज करने के लिए चिकित्सकों को उतारा गया; भोजन की व्यवस्था की गई; कुछ भोजन वहीं छोड़कर वो लोग चले गए। से पहुंचाने का यह सिलसिला कई महीनों तक चलता रहा ताकि बिरहोड़ समुदाय के उस जनजाति का विश्वास जीता जा सके। स्वामी बुद्धानन्द और उनके साथी सम्प्रदाय को छोड़कर अन्य किसी सम्प्रदाय को उस जनजाति का विश्वास जीतने में सफलता नहीं मिली।

उसी जनजाति के नजदीक एक कालिंदी टोला भी था जहां नागदेवता को पकड़ने और बेचने के व्यवसाय से जुड़ा एक कालिंदी बूढ़ा भी रहता था। एकदिन आश्रम के लोगों के साथ काम में हाथ लगाते हुए खंडहर से निकलनेवाले एक नागदेवता को पकड़ने के लिए उसी कालिंदी बूढ़ा को बुलावा भेजा गया। उसने ख़ुशी ख़ुशी उस नागदेवता को अपने पास रखी टोकर में डाल दिया।

"इस नागदेवता का क्या करोगे?" स्वामीजी का सहज ही पूछना था।

"पहले तो दांत निकालना होगा, स्वामीजी", कालिंदी "दांत" शब्द पर कुछ ज्यादा ही बल देकर अपने मन की बात कह रहा था ; और भी काफी कुछ कहा।

"ऐसा क्या किया जाय, जिसके करने पर इसे तुम गहन वन में जाकर छोड़ दोगे?"

यह तो उस कालिंदी के लिए काफी कठिन एक विषय बन गया। मन ही मन सोचा इस संत महात्मा से भी क्या कुछ लेना उचित होगा! पर उसे पैसा टी चाहिए, और फिर यह जो उसका व्यवसाय ठहरा!

ज्यादे देर तक कालिंदी को चुप्पी साढ़े देख महाराज समझ गए कि इसे कुछ बड़े रकम की उम्मीद रही होगी और उसके माँगने में भी कुंठा हो

रही होगी। वो स्वयं ही उनके पिछले महीने के संग्रह में से आधी जे ज्यादे की रकम निकालकर कालिंदी को देने के लिए कहे और यह बोलकर गए कि नागदेवता को कुछ गंभीर वन में जाकर प्रकृति की गोद में छोड़ दिया जाय; नैसर्गिक रूप से उसे जो जहर की झोली और विषदंत जैसे मिला होगा उसे भी चढ़ दिया जाय।

पैसों में रखा ही क्या है! भक्तों के पास जाने से और अनुभव कथन कहने से फिर दान मिलाने की संभावना जरूर बनेगी। सामने चलनेवाला वीर सन्यासी भला तूफान से और जोखिमों से कभी घबराया है, ता फिर आगे कभी घबराएगा ! नागवता को सिर्फ इसलिए भी कैद में रखना उन्हें मंजूर नहीं था को वो जहरीलेल हैं, अनायास ही अन्य जीवों का नाश भी कर देते हैं; नैसर्गिक रूप से मिले विष से वो शिकार भी करते होंगे, भोज्य को भी मौत के घात उतारते होंगे और वैसे प्राणी की जनसंख्या को भी नियंत्रण में भी रखते होंगे; यह तत्व कालिंदी के समझ से परे रहा होगा, पर स्वामीजी भली भाँती समझ रहे थे; स्वामीजी प्राण संचार और संहार वृति का विषय भी समझ रहे थे जिसमे अनाधिकार हस्ताक्षिओ कर दिन मनुष्य का धर्म नहीं माना जाता; अतः ऐसा अधर्म करने की वृति से स्वामीजी ने उस कालिंदी को रोका। .

भाष्य की भाषा

क्या यह जरूरी है की हर वक्त तत्ववेत्ता ऋषि महात्मा जब भी भाष्य लिखें तो वह संस्कृत में ही हो और उसे ही शास्त्रीय योगदान माना जाएगा? क्या अन्य विविध भाषा में लिखे कथामाला और व्याख्यान को भाष्य नहीं माना जाएगा?

वस्तुतः भाष्य किसी भी भाषा में लिखे गए हों, अगर शास्त्र की गंभीरता और तत्वगत विवेचना विघ्नित न होती हो तो उस हास्य को शास्त्रीय योगदान मान लेने में कोई कठिनाई नहीं होनी चाहिए; उन तत्व विवेचना को किसी भी परिस्थिति में स्वीकार कर लेनेवालों की संख्या भी बढ़ती ही रहेगी; इस मार्ग में तत्व वेता ऋषियों में आपसी सामंजस्य भी रह जाती है; हम उन सभी ऋषियों और विदूषकों से जब भी भाष्य

सुनें तो उन सभी प्रस्तुति में भी सामंजस्य का निदर्शन मिलता ही रहेगा ; वस्तुतः शास्त्र विषयक चिंतन और विमर्श में तर्क की कोई संभावना है ही नहीं।

भाषा के विषय में परस्पर भेद बुद्धि का विषय कुछ ऐसा ही है जैसे विविध नदियों की धारा विविध स्थान से निकलकर बीहडों, पहाड़ियों, खाड़ी और अरण्य भूमि के बीच से होते हुए अंततः सागर में ही जा मिलता और एकरूप हो जाता; इस पूरे सफर में रहते हुए भी जलबिंदु अपने तत्वगत स्वरुप को बनाये रख लेता और फिर से उस जलचक्र में समाविष्ट होने के लिए और आकाश मार्ग से विचरते हुए उच्च स्थानों पर जाकर फिर से नदी की धारा का हिस्सा बन जाता है; यह निरंतर चलनेवाली एक नैसर्गिक चक्र होने के साथ जीवन का समर्थन , संवर्धन और सम्पोषण करने लायक एक तत्व-सांगत चक्र भी बन जाता। विज्ञान के आधार पर अगर विचार करें तो व्याख्यान की भाषा और स्वरुप भी बदल जाएगा; अगर धर्म दर्शन के सन्दर्भ को सामने रखकर विचार करते रहें तो शास्त्र की भाषा कुछ और प्रकार की होगी; विज्ञान की प्रगति के साथ सामंजस्य रखते हुए हमें भी अब उन अनजाने तत्व को अपनी चर्चा का हिस्सा बना लेना होगा जिसके बारे में हमारे पूर्वज कुछ हद तक अनभिज्ञ थे; सृष्टि और विनाश विषयक चक्र में, बतौर उदाहरण भी अगर चर्चा करें तो पायेंहगे, जैसी कल्पना वेदों और पुराणों में दर्ज थी उसी के मुताबिक़ कृष्ण अंचल में पूरे नक्षत्र मंडल और आकाश गंगा को ही समाविष्ट होते हुए और विनाश लीला का सामना करते हुए देखा गया। कितना ही प्रयास और यत्न क्यों न कर लें सावर मंडल के साथ अपने इस आकाश गंगा का भी वही अंजाम होनेवाला है जो अन्य सर्जन को होता हुआ परिलक्षित किये जा रहे हैं। जगत को नाशवान समझते हुए भी हमारे मन में व्याप्त सभी भेद बुद्धि का प्रशमित हो जाना और ब्रह्म ज्ञान का उत्सर्जन एक सहज प्रगति के रूप में ही देखा जाना चाहिए, न कि किसी रूप से थोपा गया अनचाहे उत्सर्जन के रूप में।

अभिन्न परम सत्ता

सृष्टि के आदि काल से ही हम यह प्रत्यक्ष करते आ रहे हैं कि विश्व चराचर के विक्सित होने के हर क्रम में ब्रह्म स्वरूप परम सत्ता की उपस्थिति आवश्यम्भावी माना जाएगा। कण मात्र को भी जो हम अस्तित्व में आते हुए और विक्सित होते हुए देख रहे हैं उसके पीछे उस परम तत्व की ही भूमिका मानी जा सकेगी; उसे ही चिरंतन अविनश्वर सत्ता भी मानेंगे। [1] परमात्मा को प्रकट करनेवाला सत्ता भी स्वप्रभ ज्ञान ही है; [2] इसे अक्षर ब्रह्म को ध्यान में रखकर भी कहा गया। यही अक्षर ब्रह्म हमें अज्ञानता से छुटकारा पाने के लिए और परमात्मा के सान्निध्य को अनुभव करने के लिए सहायक बना रहेगा। [3]

ब्रह्म की संगति भक्त को परम आनंद देनेवाला ही है। [4] बुद्धिमान साधक सदा सर्वदा विद्वान और विनम्र ब्राह्मण, गाय, हाथी, कुत्ते और असंस्कारी को समान मानते हैं । [5] ब्रह्म में दृढ़, ब्रह्म को जाननेवाला, शांत बुद्धि वाला और मोह रहित व्यक्ति कोई प्रिय वस्तु प्राप्त होने पर उत्साहित नहीं होता, और न ही कोई अप्रिय वस्तु प्राप्त होने पर निराश होता है। [6]

पगड़ी

योगी पुरुष, परिब्राजक युवा , रेगिस्तान के पथ कड़ी धूप में पैदल ही जा रहे थे; उस प्रकार की कड़ी धूप से कुछ अनभिज्ञ भी थे। सर पर केशराशि भी काफी कम ही बचे थे। पहले तो गला सूखने लगा ; उन्हें लगा कुछ और दूर जाकर जरूर कोई छत्र छाया मिल ही जायेगी, पर दूर दूर तक इस प्रकार से कोई पगडंडी या फिर आसरे और जलछत्र का नाम मात्र भी नहीं था। पानी मिले या न मिले कम से कम कड़ी धूप से राहत मिले तो भी बात बन जाती; मीलों तक उसकी भी कोई संभावना न थी। कुछ देर चलने के बाद युवा महाराज जी का सर चकराने लगा।

"अरे गिरा, गिरा। " , ऐसा कहते हुए चार पांच अपने गागरोन को दर किनार रखते हुए दौड़ पड़ीं ; करीब आकर उस युवा सन्यासी के सर पर

और मुख मंडल पर पानी का छिड़काव किया गया। एक बाला ने अपना ओढ़ना निकालकर महाराज जी के लिए लपेटा बनाकर सेर पर डालते हुए फटकार भी लगाने लगी, "इस रेगिस्तान में रहते हुए और इस तरह कड़ी धूप में चलते हुए इस पगड़ी को बनाये रखना , समझ गए?"

बिना समझे कोई उपाय भी न था; उनके लिए वह लपेटा एक सीख ही बनकर आया। ज्ञान पाने से किसी भी रूप में घमंड आना संभव ही नहीं हो सकता; अगर घमंड, दम्भ आदि आया तो समझो और बहुत कुछ सीखना शेष है । वैसे भी अगर कहा जाय तो मनुष्य जीवन भर कुछ न कुछ सीखते ही रहता है; उसके यह सीखने का सिलसिला कभी ख़त्म ही नहीं होनेवाला, भले ही जीवन चर्या ही क्यों न ख़त्म हो जाए।

[1] सन्दर्भ गीता अध्याय १५: गीता में जिसे अक्षर ब्रह्म स्वरुप माना गया;

[2] 'ज्ञानेन तु तदज्ञानं येषां नाशितमात्मनः। तेषामादित्यवज्ज्ञानं प्रकाशयति तत्परम्॥' –

'जिसने ज्ञान के द्वारा आत्मा के अज्ञान को नष्ट कर दिया है, उसके लिए वह ज्ञान, सूर्य की तरह, परमात्मा को प्रकट करता है (गीता ५.१६)।

[3] 'सत्यं ज्ञानमनन्तं ब्रह्म' - 'सत्यं ज्ञानम् अनंतम् ब्रह्म - 'अक्षरब्रह्म शाश्वत, ज्ञानस्वरूप और असीम है' (तैतिरीय उपनिषद २ .१)। 'प्रज्ञानं ब्रह्म' - 'प्रज्ञानं ब्रह्म' - 'अक्षरब्रह्म ज्ञान का स्वरूप है' (ऐतरेय उपनिषद 3 .3)।

उपरोक्त श्लोक का सार यह है कि अक्षरब्रह्म गुरु हमें अज्ञानता से छुटकारा पाने और परमात्मा की प्राप्ति का साधन है।

[4] 'स ब्रह्मयोगयुक्तात्मा सुखमक्ष्यमश्नुते - 'स ब्रह्मयोगयुक्तात्मा सुखमक्षय्यमश्नुते' - 'जो ब्रह्म की संगति पाता है; मन, वचन और कर्म से अक्षरब्रह्म गुरु की संगति करता है; वह शाश्वत आनंद पाने का अधिकारी बन जाता है;अपनी आत्मा में परमात्मा के रूप में दृढ़ विश्वास, परम भक्ति, स्वेच्छा सेवा आदि गुणों को प्राप्त कर लेता है और ब्रह्मरूप बन जाता है (गीता ५.२२)।

[5] 'विद्याविन्यस पन्ने ब्राह्मणे गवि हस्तिनि। शुनि चैव स्वप्नकेच पण्डिताः समदिशानः॥' – (गीता ५.१८)।

[6] न प्रहृष्येत्प्रियं प्राप्य नोद्विजेत्प्राप्य चाप्रियम्।
स्थिरबुद्धिरसंमूढ़ो ब्रह्मविद्ब्राह्मणि स्थितः॥ – - अर्थः (गीता ५
.२०)।

4

भक्त और भक्ति

सिर्फ शुद्ध भक्ति के आधार पर ही भक्त और भगवान का मिलान संभव हो पायेगा। ऐसे भक्त भी हुए जिन्हें ईश्वर का दर्शन होता रहा और वे संतृप्त होते रहे। गोस्वामी तुलसीदासजी को उसी प्रकार से मर्यादा पुरुषोत्तम श्री राम जी और उनके पूरे दरबार का दर्शन हो सका। उनके उसी दिव्य दर्शन को सत्यापित करने के लिए आज अपने बीज श्री रामचरितमानस रूपक कृति हमारे बीच संदर्भित हो पाया।.

• चन्दन सुकुमार सेनगुप्ता

1. सर्व-भूतेषु यः पश्येत् भगवद्भावमात्मनः। भूतानि भगवत्यात्मन्येष भागवतोत्तमः।।

2. ईश्वरे तदधीनेषु बालिशेषु द्विषत्सु च। प्रेम मैत्री कृपोपेक्षा यः करोति स मध्यमः।।

3. अर्चायामेव हरये पूजां यः श्रद्धयेहते। न तद्भक्तेषु चान्येषु स भक्तः प्राकृतः स्मृतः।।

4. गृहीत्वाऽपींद्रियैरर्थान् यो न द्वेष्टि न हृष्यति। विष्णोर् मायां इदं

पश्यन् स वै भागवतोत्तमः।।

5. देहेंद्रिय प्राण मनो धियां यो जन्माप्यय-क्षुद्-भय-तर्ष-कृच्छैः।
संसारधर्मैर् अविमुह्यमानः स्मृत्या हरेर् भागवतप्रधानः।।

6. न काम-कर्म-वीजानां यस्य चेतसि संभवः। वासुदेवैकनिलयः स वै
भागवतोत्तमः।।

7. न यस्य जन्म-कर्मभ्यां न वर्णाश्रम-जातिभिः। सज्जतेऽस्मिन्
अहंभावो देहे वै स हरेः प्रियः।।

8. न यस्य स्वः पर इति वित्तेषवात्मनि वा भिदा। सर्वभूतसमः शांतः स
वै भागवतोत्तमः।।

9.   त्रिभुवन-विभव-हेतवेऽप्यकुंठ   स्मृतिरजितात्म-सुरादिभिर्
विमृग्यात्।
न चलति भगवत्पदारविंदात् लवनिमिषार्धमपि यः स वैष्णवाग्र्यः।।

10. भगवत उरु-विक्रमांघ्रिशाखा नख-मणि-चंद्रिकया निरस्त-तापे।
हृदि कथमुपसीदतां पुनः स प्रभवति चंद्र इवोदितेऽर्कतापः।।

11. विसृजति हृदयं न यस्य साक्षात् हरिरवशाभिहितोऽप्यधौध-नाशः।
प्रणय-रशनया घृतांघ्रि-पद्यः स भवति भागवतप्रधान उक्तः।।[1]
    अर्थ :

1. सब भूतों में परमेश्वर स्वरूप अपनी ही आत्मा को और परमेश्वर
    स्वरूप अपनी आत्मा में सब भूतों को जो देखता है, वह 'भागवतोत्तम'
    (उत्तम कोटि का भगवद्भक्त) है।

1. जो भक्त ईश्वर में प्रेम, उनके भक्तों से मित्रता, मूढ़जनों पर कृपा
    और शत्रु की उपेक्षा करता है, वह मध्यम कोटि का भक्त है।

3. जो श्रद्धा से केवल भगवान् के विग्रह को पूजना चाहता है, लेकिन उनके भक्तों और दूसरे लोगों को जो श्रद्धा से पूजना नहीं चाहता, वह प्राकृत यानी कनिष्ठ भक्त है।

4. यह समस्त विश्व सर्वव्यापी ईश्वर की माया है, यह ज्ञान होने के कारण, इंद्रियों से विषयों का ग्रहण करते हुए भी जिसे हर्ष या विषाद नहीं होता, वह उत्तम भक्त है।

5. देह इंद्रिय प्राण मन और बुद्धि के, जन्म मृत्यु क्षुधा भय तृषा के कारण दुःखदायी जो संसार-धर्म उनसे, हरि-स्मरण के कारण जो मोहग्रस्त नहीं होता, वह भागवतों में श्रेष्ठ है।

6. जिसके चित्त में काम, कर्म और इन दोनों का बीज अविद्या उत्पन्न नहीं होती और वासुदेव ही जिसके एकमात्र घर हैं, आश्रय है, वह उत्तम भागवत है।

7. जिसे जन्म-कर्म या वर्णाश्रम और जाति के कारण इस देह में अहंभाव नहीं चिपकता, सचमुच वही हरि का भक्त है।

8. जो धन-संपत्ति या शरीरादि में 'यह अपना है, यह पराया' ऐसा भेद नहीं करता, जो सब प्राणियों के साथ समभाव से व्यवहार करता और सर्वदा शांत रहता है, वह उत्तम भागवत है।

9. त्रिभुवन के वैभव के लिए भी जिसके हरि स्मरण में व्यवधान नहीं पड़ता और भगवन्मय बने देवादिकों को भी शोध्य उन भगवान् के चरण-कमलों से जो आधा पल भी दूर नहीं होता, वह वैष्णवों में अग्रगण्य है।

10. जैसे चंद्रोदय होने पर सूर्य का ताप नष्ट हो जाता है, वैसे ही भगवान् के महापराक्रमी चरणों की उँगलियों के नखरूपी रत्नों की चंद्रिका से भक्तों के हृदय का ताप मिट जाता है। फिर वह पुनः उत्पन्न कैसे

होगा?

11. अवश होकर नाम लेने पर भी पाप-प्रवाह का नाशक करने वाले साक्षात् हरि, प्रेम की डोरी से चरण-कमल बँध जाने के कारण, जिस भक्त के हृदय को नहीं छोड़ते, वह भागवतों में प्रमुख हैं, ऐसा कहते हैं।

भक्त के गुणों का परिचय भागवत में कई स्कंधों में जगह जगह पर विविध रूप में और रूपक कथा के ज़रिए दिया गया है | एक प्रहलाद जैसे भक्त ही हैं जिनके भक्ति सुधा से संतुष्ट होकर भक्त की लाज रखने के लिए स्वयं श्री हरि प्रकट हो जाते हैं | दूसरी ओर पत्थर की शिला से भक्त को प्रकट करने के लिए राम रूपी श्री हरि ही अहिल्या का उद्धार करने के लिए आगे बढ़ते हैं | सन्देहातीत होकर ईश्वर चरण में अनुराग रखते हुए खुद को समर्पित कर देने का आग्रह रखता हो वही श्रेष्ठ भक्त माना गया | श्री मदभागवत और गीता में भी भक्तों के कई लक्षण बताए गये हैं (गीता द्वादश अध्याय)|

कई जगहों पर पुनरावृत्ति भी हुई है और कई जगहों पर एक ही तत्व का क्रमिक विस्तार भी हुआ है | अब उस विधान को समझने के लिए हम तत्व चिंतन को समझने का प्रयास करेंगे |

भक्त तो वही होंगे जो ईश्वर अनुराग से पुष्ट होकर और मानसिक स्थिरता के साथ सगुण, साकार ईष्ट की आराधना में नित्य लगा रहे; जीव मात्र के हिट में लगा रहे [2] ;

अव्यक्त, निराकार स्वरूप के प्रति आसक्त मन वाले मनुष्यों को परमात्मा की प्राप्ति सहजता से नहीं होती[3] , इसका कारण यही है कि शरीर द्वारा कर्ता होने का भाव बना रहता है | सभी कर्मों को ईश्वर के चरणों में समर्पित करनेवाले भक्त का पूरा भार ईश्वर उठा लेते हैं और क्रमशः उसे संसार के जन्म-मृत्यु के बंधन से मुक्त भी कर देते हैं | [4] भक्ति योग के द्वारा ईश्वर को अपने करीब होने की अभिलाषा व्यक्त की जा सकती है [5] और जो ऐसा नहीं करते उनके लिए ईश्वर अनुराग से कर्म करते रहने का भी एक उत्तम विधान है |[6] कर्म न कर पानेवालों के लिए कर्मफाल त्याग करके समर्पण के भाव से जीवन निर्वाह करने की

बात कही गई; बाकी कर्म तो अपने आप होते ही रहेंगे | [7]

विश्व चराचर को नाशवान [8] कहते हुए इससे ख़ुद को शाश्वत और ध्रुव तत्व पर ज़्यादा ध्यान केंद्रित करने की प्रेरणा मिलती है| अध्रुव के पीछे भागते रहने से ध्रुव का भी ध्यान नहीं रहता और अन्य विषयों से ख़ुद को विराट भी नहीं कर पाते जिससे शास्त्र का अभ्यास भी बाधित होते रहता | ईश्वर को वही भक्त प्रिय है जो राग-द्वेष रहित होकर, सभी जीव के प्रति प्रेम रहते हुए समर्पण भाव से सतत ईश्वर के विधायक कर्मों मे लगा रहे और कर्म फल को ईष्ट चरणों में ही सौंप दे ; यत्किंचित् प्राप्ति की अभिलाषा ही न रखे |[9] जो न ख़ुद विचलित होता और न ही किसी को विचलित करता और हर्ष, ताप, संताप आदि आवेग से ख़ुद को मुक्त रख पाता है वही भक्त ईश्वर को प्रिय है |[10]

व्यक्ति का कर्म से बंधन एक प्रकृति के अधीन क्रिया है और इसके आधार पर ही कर्म फल की इच्छा - अनिच्छा आदि का निर्माण भी होता है | कर्म में निरंतरता बनी रहे तो भक्ति की धारा पनपती है और ऐसा भी विचार उत्पन्न होने लगता है कि फल की आश् न लगाते हुए अन्य नित्य कर्म में जुड़ जाएँ और कर्म फल के विषय को पूर्णतः महत सत्ता के अधीन छोड़ दें |

व्यक्ति जीवन में कर्म प्रधानता होने से क्या भक्ति की धारा धूमिल हो जाएगी; या क्या भक्ति मार्ग पर उस प्रकार का कर्म योगी नहीं चल सकेगा? वस्तुतः कर्म, ज्ञान और भक्ति की धारा एक दूसरे से इतने सघन रूप से जुड़े हुए हैं जिसके कारण प्रधानता किसी की भी हो मन को ईष्ट चिंतन में और मुक्ति के मार्ग में लगा ही देगा |

कर्म [11] से भक्ति का मार्ग प्रशस्त होने की महिमा का गायन भी भागवत धर्म का ही अहम अंश है | एक द्विविधा की स्थिति यह भी उत्पन्न होती है कि आख़िर संपत्ति [12] किसे माने? किसे कोई भक्त सर्वाटो रूप से अपना मान सकेगा? व्यक्ति मात्र की एक और अभिलाषा रहती होगी कि सुख की प्राप्ति[13] हो और निरंतर मिलता ही रहे; वह इसलिए की सुख पाने के लिए ही व्यक्ति ज़्यादा प्रयत्न करता रहता है, ज़रूरत से अधिक धन जमा कर लेने का प्रयास मीं लिप्त होते हुए कुछ ऐसे कर्म करता रहता है जिसके लिए समाज में सामान्य रूप से न तो

अनुमति मिल पाते हों और न ही लोग उस कृति को नेक नज़रों से देखें |

श्री मद्भागवद्गीता अध्याय १६ के आलोक में प्रकृति (विश्व चराचर) में व्याप्त दैवी और आसुरी गुणों से पुष्ट व्यक्तित्व की बात कही गई। निर्भयता, मन की पवित्रता, आध्यात्मिक ज्ञान में दृढ़ता, दान, इंद्रियों पर नियंत्रण, त्याग, पवित्र पुस्तकों का अध्ययन, तपस्या, और सीधापन; अहिंसा, सत्यता, क्रोध का अभाव, त्याग, शांति, दोष-खोज से संयम, सभी जीवित प्राणियों के प्रति दया, लोभ का अभाव, नम्रता, शील और चंचलता का अभाव; जोश, क्षमा, धैर्य, स्वच्छता, किसी के प्रति शत्रुता न रखना और घमंड का अभाव; ये दिव्य प्रकृति से संपन्न व्यक्तियों (साधकों) के पवित्र गुण हैं। [14] ये सभी गुण मुक्ति की ओर ले जाते हैं; कोई व्यक्ति पवित्र गुणों के साथ भी पैदा हो सकता है और कोई बाद में शिक्षण - प्रशिक्षण के जरिये उन गुणों का अधिकारी बन जाता है।

पाखंड, अहंकार, दंभ, क्रोध, कठोरता और अज्ञान; ये सभी आसुरी गुणों के ही परिचायक माने जाएंगे; ये सभी बंधन कारक ही माने जाएंगे; और प्रमाद को भी जन्म दे दिया करेंगे ; इन्हें कर्म करते समय उचित - अनुचित का ज्ञान भी नहीं रहता; नास्तिकता से ग्रस्त होने के कारण ईश्वर को भी नहीं मानते; भौतिक जगत सृष्टि के लिए भौतिक कारणों को ही सर्वोपरि माँ लेते हैं; छोटी बुद्धि और क्रूर प्रवृति के कारण विनाश के लिए भी प्रवृत हो जाते हैं; पाखंड, घमंड और अहंकार से भरे हुए, राक्षसी लोग अपने झूठे सिद्धांतों से ग्रसित रहा करेंगे;अंतहीन चिंताओं से ग्रस्त हैं जो केवल मृत्यु के साथ समाप्त होती होगी; धन संचय और भौतिक सुख सुविधा भोगना उनका एकमेव उद्देश्य बन जाता है ; ऐसा करते करते अहंकार, प्रमाद, विलास - व्यसन आदि से ग्रसित ऐसे व्यक्ति स्वर्ग पाने के लिए भी प्रवृत हुआ करेंगे; पर कामुक सुखों की भावना से ग्रसित होकर वे गहन अंधकार में और अज्ञान में जकड़े जाते रहेंगे।

अहंकार से भरे हुए और अपने धन पर अहंकार करते हुए, शास्त्रों के नियमों की परवाह किए बिना, केवल नाम के लिए आडंबरपूर्ण यज्ञ करते हैं; स्वयं के और दूसरों के शरीर में विद्यमान आत्मा के साथ भी

ऐसे लोग दुर्व्यवहार किया करते हैं। काम, क्रोध और लोभ को नरक के तीन द्वार माने गए।[15] काम, क्रोध और लालच इन तीनों द्वार से ही आत्मा का अधः पतन होना संभव है अतः मनुष्य इन तीनों का त्याग कर दे, यही उचित होगा, समीचीन भी। इन तीनों से मुक्त मानवात्मा सर्वोच्च गति पाने के अधिकारी बनेंगे। कामना के आवेग में आनेवालों को अधोगति ही मिलेगी। अतः साधक को चाहिए शास्त्र के नियमों और सिद्धांतों को भली भाँती समझते हुए उसी के अनुरूप आचरण करे और संसार में यज्ञार्थ कर्म, विधायक कर्म के लिए प्रवृत्त हो ।

शुद्ध भक्ति का विषय एक भक्त के लिए निरंतर सीखते रहने का विषय है | भक्त के अधीन भगवान का होना कई प्रकार से सत्यापित किया जा चुका है और ऐसा होता हुआ हम पुराणों आगम आदि ग्रंथों में भी देख सकेंगे | भक्त की तलाश में भगवान भी धरातल पर कई रूप में अवतरित हो जाते हैं; वस्तुतः सृष्टि के हर कण में ही ईष्ट का अधिष्ठान है ऐसा हमें मान लेना चाहिए | सृष्टि के हर अंश में आत्मा और परमात्मा का सम्मेलन होना अनिवार्य ही मानें | ईश्वर की अपार करुणा ही समझें कि हमारी रचना करते समय हममें कुछ न कुछ कमियाँ छिड़ देता है | उस कमी को दूर करते हुए पूर्णता प्राप्त करने की ओर हम धीरे धीरे अग्रसर होते रहते हैं; यह तपस्या का ही बल है जिसके आधार पर हम हमारे सन्निकट श्री हरि की उपस्थिति महसूस कर पाते हैं; ऐसा करते हुआ हम खुद को विश्व चराचर की समग्र व्यवस्था का अंश भी मान लेते हैं और हमारी सभी गतिविधियों का दिशा निर्देशन भी उसी के मुताबिक होता रहता है | अधूरापन के कारण ही व्यक्ति जीवन में एक गुरु की अहमियत महसूस की जा सकेगी और उस दिव्य सत्ता का सान्निध्य पाने के लिए भक्त का मन भी प्रयासरत रहेगा, यह <u>श्री हरि के लिए भी उतना ही सत्य</u>[16] है; वो किसी न किसी विधान से अपने भक्त की लाज रख लेते हैं | भागवत में उदात्त कंठ से इस बात को भी उजागर किया जा चुका है जिसके आधार पर एक शुद्ध <u>भक्त अपने कर्तव्य और दायित्व को समझते हुए</u>[17] जीवन निर्वाह कर सके | खुद को ज्ञानी , वेद विशारद, गीता विशारद, भागवत प्रवीण आदि मानने की प्रवृति जहाँ दिखने लगे वहाँ यह मान लेना चाहिए कि अभी भी तपस्या और

अध्ययन की आवश्यकता है |

साधारण आत्माओं को चार भागों में विभक्त किया गया है-

बद्ध - जो इस जीवन की समस्याओं से बँधा है।

मुमुक्षु - जिसमें मुक्ति की चेतना जागृत हो, किन्तु उसके योग्य अभी नहीं है।

भक्त अथवा केवली – और मुक्त -

[1] विसृजति—त्याग देता है; हृदयम्—हृदय को; न—कभी नहीं; यस्य—जिसका; साक्षात्—स्वयं; हरि:—भगवान् हरि; अवश—सहसा; अभिहित:—कहलाने वाला; अपि—यद्यपि; अघ—पापों के; ओघ—समूह; नाश:—नाश करने वाला; प्रणय—प्रेम की; रसनया—रस्सियों द्वारा; धृत—पकड़े; अङ्घ्रि-पद्म:—उनके चरणकमल; स:—वह; भवति—है; भागवत प्रधान:—सर्वश्रेष्ठ भक्त; उक्त:—कहा गया ।.

[2] श्री मदभागवत गीता अध्याय XII श्लोक २, ३

[3] श्री मदभागवत गीता अध्याय XII श्लोक ५

[4] श्री मदभागवत गीता अध्याय XII. श्लोक ६-७

[5] श्री मदभागवत गीता अध्याय XII. श्लोक ९)

[6] अभ्यासेऽप्यसमर्थोऽसि मत्कर्मपरमो भव । मदर्थमपि कर्माणि कुर्वन्सिद्धिमवाप्स्यसि ॥ (XII. १०)

[7] श्री मदभागवत गीता अध्याय १२.११

[8] धातूपप्लव आसन्ने व्यक्तं द्रव्यगुणात्मकम् । अनादिनिधन: कालो ह्यव्यक्तायापकर्षति ॥ ८ ॥

शब्दार्थ : धातु—भौतिक तत्त्वों के; उपप्लवे—संहार में; आसन्ने—सन्निकट आये हुए; व्यक्तम्—व्यक्त जगत; द्रव्य—स्थूल पदार्थ; गुण—तथा सूक्ष्म गुण; आत्मकम्—से युक्त; अनादि—जिसका आदि न हो; निधन:—अथवा अन्त; काल:—समय; हि— निस्सन्देह; अव्यक्ताय—अव्यक्त में; अपकर्षति—खींचता है ।.

अनुवाद: जब भौतिक तत्त्वों का संहार सन्निकट होता है, तो काल रूप में भगवान् स्थूल तथा सूक्ष्म गुणों वाले व्यक्त जगत को समेट लेते हैं और सारा ब्रह्माण्ड अव्यक्त रूप में लुप्त हो जाता है।

[9] श्री मदभागवत गीता अध्याय XII श्लोक १२, १३, १४

[10] श्री मदभागवत गीता अध्याय XII श्लोक १५

[11] कर्माणि कर्मभिः कुर्वन्सनिमित्तानि देहभृत् । तत्तत्कर्मफलं गृह्णन्भ्रमतीह सुखेतरम् ॥ अध्याय 3, श्लोक ६ ॥

शब्दार्थः कर्माणि—विविध प्रकार के सकाम कर्मों को; कर्मभिः—कर्मेन्द्रियों द्वारा; कुर्वन्—करते हुए; स-निमित्तानि—प्रेरक इच्छाओं से युक्त; देह-भृत्—भौतिक शरीर का स्वामी; तत् तत्—विविध; कर्म-फलम्—कर्म के फलों को; गृह्णन्—स्वीकार करते हुए; भ्रमति—घूमता है; इह—इस संसार में; सुख—सुख; इतरम्—तथा अन्यथा ।

अर्थात, तीव्र भौतिक इच्छाओं से प्रेरित देहधारी जीव अपनी कर्मेन्द्रियों को सकाम कर्म में लगाता है। तब वह इस जगत में घूमते हुए कई प्रकार से तथाकथित सुख-दुख, लाभ-हानि आदि में अपने भौतिक कर्मों के फलों को प्रत्यक्ष फलित होता हुआ अनुभव करता है।

[12] नित्यार्तिदेन वित्तेन दुर्लभेनात्ममृत्युना । गृहापत्याप्तपशुभिः का प्रीतिः साधितैश्चलैः ॥ भागवत अध्याय 3 श्लोक १९ ॥

शब्दार्थ : नित्य—निरन्तर; आर्ति-देन—पीड़ादायक; वित्तेन—सम्पत्ति से; दुर्लभेन—मुश्किल से कमाई गई; आत्म-मृत्युना—आत्मा के लिए मृत्यु; गृह—अपने घर; अपत्य—सन्तानों; आप्त—सम्बन्धीजन; पशुभिः—तथा घर के पशुओं सहित; का—क्या; प्रीतिः—सुख; साधितैः—(उस सम्पत्ति से) प्राप्त किये गये; चलैः—चलायमान, अस्थिर ।

ऐसी मान्यता है कि सम्पत्ति (जिसे भौतिक रूप से लोग ज़मीन, पैसा, धार आदि को मानते हैं) दुख का अविच्छिन्न स्रोत है, इसे अर्जित करना सर्वाधिक कठिन है और एक तरह से यह आत्मा के लिए मृत्यु स्वरूप भी बन जाता है। अपनी सम्पत्ति से किसी को कौन-सा लाभ मिलता है? ठीक वैसे ही कोई अपने तथाकथित घर, सन्तान, सम्बन्धीगण तथा घरेलू पशुओं से स्थायी सुख कैसे प्राप्त कर सकता है, जो उसकी कठिन कमाई से पालित-पोषित होते हैं?

[13] एवं लोकं परं विद्यान्नश्वरं कर्मनिर्मितम् । सतुल्यातिशयध्वंसं यथा मण्डलवर्तिनाम् ॥ भागवत ११.३.२० ॥

[एवम्—इस प्रकार; लोकम्—संसार; परम्—(इस जीवन के बाद) अगला; विद्यात्—समझ लेने से; नश्वरम्—अस्थायी; कर्म निर्मितम्—सकाम कर्म से उत्पन्न; स-तुल्य—बराबर वालों (की स्पर्धा) से विशेषित; अतिशय—तथा वरिष्ठ जन; ध्वंसम्—तथा विनाश से; यथा—जिस तरह; मण्डल-वर्तिनाम्—छोटे-छोटे राजाओं की (स्पर्धाएँ) ।.]

मनुष्य को स्वर्गलोक में भी ऐसा स्थायी सुख नहीं मिल सकता, जिसे वह भगवत क्रिया के अनुष्ठानों तथा यज्ञ आदि शुभ कर्मों से अगले जीवन में प्राप्त कर सकता है। ईर्ष्या और द्वेष से विचलित होकर व्यक्ति कुछ ऐसा कर बैठता है जिसका प्रकोप झेलने के लिए उसे खुद को तैयार कर लेना एक नियती बन जाती है; पुण्यकर्मों की समाप्ति के साथ ही स्वर्ग का निवास समाप्त हो जाता है, और स्वर्ग के देवतागण अपने सुखप्रद जीवन के विनष्ट हो जाने की आशंका से डरने लग जाते हैं। इस तरह उनकी दशा उन राजाओं जैसी ही बनी रहती है, जो जनता जनार्दन द्वारा ईर्ष्यावश प्रशंसित होते हैं, किन्तु शत्रु-भाव रखने वाले राजाओं और उपद्रवियों द्वारा निरन्तर सताये जाते हैं, इस कारण उन्हें कभी भी वास्तविक सुख नहीं मिल पाने की संभावना ही नहीं रहती।

[14] गीता १६...१ से ३;

[15] त्रिविधं नरकस्येदं द्वारं नाशनमात्मनः। कामः क्रोधस्तथा लोभस्तस्मादेतत्त्रयं त्यजेत्।।गीता अध्याय १६ . श्लोक २१ ।।

नरक के तीन द्वार -- शंकर भाष्य: त्रिविधं त्रिप्रकारं नरकस्य प्राप्तौ इदं द्वारं नाशनम् आत्मनः? यत् द्वारं प्रविशन्नेव नश्यति आत्मा कस्मैचित् पुरुषार्थाय योग्यो न भवति इत्येतत्? अतः उच्यते द्वारं नाशनमात्मनः इति। किं तत् कामः क्रोधः तथा लोभः। तस्मात् एतत् त्रयं त्यजेत्। यतः एतत् द्वारं नाशनम् आत्मनः तस्मात् कामादित्रयमेतत् त्यजेत्।। त्यागस्तुतिरियम्।

आत्माका नाश करनेवाले ये तीन प्रकारके दोष नरकप्राप्तिके द्वार माने जाएंगे। इनमें प्रवेश करनेमात्रसे ही आत्मा अधोगति से ग्रसित हो

जाता है; किसी पुरुषार्थके योग्य नहीं रहता; न ही उत्तम कर्मों के लिए प्रवृत होता; इसलिये ये तीनों आत्माका नाश करनेवाले द्वार कहलाते हैं; आत्मा को अधोगति दिलानेवाले वे कौन हैं? काम क्रोध और लोभ। अतः इन तीनोंका त्याग कर देना चाहिये।

[16] तत्र भागवतान् धर्मान् शिक्षेद् गुर्वात्मदैवतः । अमाययानुवृत्त्या यैस्तुष्येदात्मात्मदोहरिः ॥ भागवत स्कंध ११ ३. २२ ॥

तत्र—वहाँ (गुरु की संगति में); भागवतान् धर्मान्—भक्ति के विज्ञान को; शिक्षेत्—सीखना चाहिए; गुरु-आत्म-दैवतः—वह, जिसके लिए गुरु प्राण है और आराध्य देव है; अमायया—बिना धोखे के; अनुवृत्त्या—श्रद्धापूर्ण सेवा द्वारा; यैः—जिसके (भक्ति) द्वारा; तुष्येत्—तुष्ट किया जा सकता है; आत्मा—परमात्मा; आत्म-दः—आत्मा प्रदान करने वाला; हरिः—भगवान् हरि ।.]

प्रामाणिक गुरु को प्राण एवं आत्मा तथा आराध्य देव मानते हुए भक्त शुद्ध भक्ति की विधि सीखे; उस सीखने की प्रक्रिया में सतत लगा रहे | समस्त आत्माओं के आत्मा परमात्म तत्व श्री हरि अपने आपको शुद्ध भक्तों के हाथ में सौंपने के लिए सतत प्रयत्नशील रहते हैं। भक्त को अपने गुरु से एकरूपता बनाते हुए भगवान् की श्रद्धापूर्ण तथा उपयुक्त विधि विधान से सेवा करना सीखना चाहिए | तभी संतोषी ईष्ट देव खुद को भक्त के हवाले कर सकेंगे |

[17] सर्वतो मनसोऽसङ्गमादौ सङ्गं च साधुषु । दयां मैत्रीं प्रश्रयं च भूतेष्वद्धा यथोचितम् ॥ भागवत स्कंध ११ ३. २३ ॥

शब्दार्थ : सर्वतः—सर्वत्र; मनसः—मन की; असङ्गम्—विरक्ति; आदौ—प्रारम्भ में; सङ्गम्—संगति; च—तथा; साधुषु—साधुओं की; दयाम्—दया; मैत्रीम्—मित्रता; प्रश्रयम्—आदर; च—तथा; भूतेषु—समस्त जीवों के प्रति; अद्धा—इस प्रकार; यथा उचितम्—जो उपयुक्त हो ।.

अर्थात, निष्ठावान् शिष्य को चाहिए कि मन को प्रत्येक भौतिक वस्तु से हटाकर रखना सीखे एवं अपने गुरु तथा अन्य सज्जन भक्तों की संगति का सकारात्मक रूप से अभ्यास में निरंतरता लाते हुए प्रयासरत हो; उसे अपने से अल्पज्ञानी और सरल मानसिकता के मित्रोंके प्रति

उदार होना चाहिए, समान रूप से ज्ञानी जनों के साथ मैत्री करनी चाहिए और जो अपने से उच्चतर आध्यात्मिक पद उभर चुके हों, उनकी विनीत भाव से सेवा करने के साथ साथ उनका अनुपालन भी करना चाहिए | ऐसा अभ्यास में निरंतरता लाते हुए भक्त को अन्य समस्त जीवों के साथ समुचित व्यवहार करना सीखना चाहिए।

5

अनुभूति

गुरु अर्जुन की कठिनाइयों का पहला उत्तर संक्षेप में दे चुके, अब वे दूसरे उत्तर की ओर मुड़ते है और उनके पास से एक आध्यात्मिक समाधान करने वाले जो पहले शब्द निकलते हैं उनमें तुरंत वे यह बताते हैं कि सांख्य और योग में एक भेद है, जिसको जान लेना गीता को समझने के लिये अत्यंत आवश्यक है। भगवान् कहते हैं कि "यह बुद्धि (अर्थात् वस्तुओं और संकल्प का बुद्धिगत ज्ञान) तुझे सांख्य में बता दी, अब इसे योग में सुन, इस बुद्धि से यदि तू योग में स्थित रहे, तो तू कर्म बंधन को छुड़ा सकेगा।" जिन शब्दों से गीता इस भेद को सूचित करती है उनका यह शब्दशः अनुवाद है। गीता मूलतः वेदांत-ग्रंथ है; और साथ ही साथ उस समय परिमंडल में व्याप्त अन्य मतों और पंथों का समुचित समाकलन करने का एक सफल और कुशल प्रयास भी। वेदांत के जो तीन सर्वमान्य प्रमाण ग्रंथ हैं उनमें से गीता है। श्रुति में अवश्य ही इसकी गणना नहीं की जाती, क्योंकि इसकी प्रतिपादन शैली बहुत कुछ बौद्धिक,तार्किक और दार्शनिक है, फिर भी इसका आधार परमसत्य[1] ही है, लेकिन यह वह श्रुति, वह मंत्रदर्शन नहीं है जो ज्ञान की उच्च भूमिका में द्रष्टाकोस्वतःप्राप्तहोताहै[2]तथापि इसका इतना अधिक आदर है कि यह ग्रंथ लगभग तेरहवीं उपनिष्द के रूप में ही स्वीकार्य एक पवित्र ग्रंथ के रूप में मान्य है |

परंतु इसके वैदांतिक विचार आरंभ से अंत तक सांख्य और योग के विचार से अच्छी तरह समपृक्त हुए हैं और इस संपन्नता के कारण इसके दर्शन पर एक विलक्षण समन्वय की छाप स्वतः सिद्ध रूप से आ गयी है। वास्तविकता यह भी है कि यह मूलतः योग (याग के साथ होने वाले अन्य सभी मतों पंथों और विचार समाकलनों के साथ) की क्रियात्मक पद्धति का उपदेश है, और जो तात्विक विचार (सांख्य, योग, वेदांत और उपनिषद् के विविध अंश आदि ; कहीं कहीं पर स्वतंत्र रूप से और कहीं कहीं पर सम्मिलित रूप से) इसमें आये हैं; विवेचित हुए हैं और हर प्रकार से वेदांत के आधार पर एकरूपता के सिद्धांत से परिपूर्ण रूप से समपृक्त हुए हैं; वे इसके योगकीव्यावहारिकव्याख्या[3]करने के लिये किए गये होंगे ऐसा मानना चाहिए | यह केवल वेदांत-ज्ञान का ही निरूपण नहीं, बल्कि कर्म को ज्ञान और भक्ति की नींव पर खड़ा करती और फिर कर्म को उसकी परिणति ज्ञान तक उठाकर उसे भक्ति से अनुप्राणित करती है जो कर्म का हृदय और उसके भाव का भी सारतत्व है; अपितु कर्म को भक्ति और ज्ञान का आधार[4] मिलने से उसमें आनेवाली पवित्रता, निष्ठा और कर्तव्यपरायणता का भी बखान करती है | फिर गीता का योग विश्लेषणात्मक सांख्यदर्शन पर स्थापित है, सांख्य को वह अपना आरंभस्थल बनाता है और उसकी पद्धति और उसके मत में सांख्य को बराबर ही एक बड़ा स्थान प्राप्त है, तथापि गीता का यह योग सांख्य के बहुत आगे जाता है, यहाँ तक कि सांख्य की कुछ विशिष्ट बातों को अस्वीकार करके यह एक ऐसा उपाय बताता है जिससे सांख्य विश्लेषणात्मक कनिष्ठ ज्ञान के साथ उच्चतर समन्वयात्मक और वेदांतिक सत्य का सम्मिलन साधित होता है।

यहाँ इतना कह देना इसलिये आवश्यक है कि उन परिचित शब्दों के प्रयोग से कोई भ्रम उत्पन्न न हो जो यहाँ अपने परिचित और रूढ़ अर्थ की अपेक्षा अधिक व्यापक अर्थ में प्रयुक्त हुए हैं। फिर भी सांख्य और योग दर्शनों में जो कुछ सारत्व है अर्थात् जो कुछ व्यापक, उदार और सर्वमान्य सत्य है वह गीता में स्वीकृत है, लेकिन गीता इन परस्पर-विरोधी दर्शनों के समान केवल उन्हीं सत्यों से आबद्ध और सन्निविष्ट

न रहते हुए एक सर्वमान्य परिधि में व्याप्त शाश्वत सत्य की प्रतिष्ठा हेतु कटिबद्ध रहने का प्रयत्न स्वरूप है; इसका सन्नकय भी उदार और वेदांत मान्य सांख्य है | यह वह सांख्य है जिसके प्रथम सिद्धांत और तत्त्व उपनिषदों के वैदांतिक समन्वय में पाये जाते हैं और जिसका वर्णन बाद के विकास में अर्थात् पुराणोंमेंभीआयाहै।[5]गीता का योग वह आत्मनिष्ठ साधना और आंतरिक परिवर्तन है जो आत्मा को ढूढ़ निकालने या भगवान् से एकता लाभ करने के लिये आवश्यक है और राजयोग इसका एक विशिष्ठ प्रयोग मात्र है। गीता का आग्रह है कि सांख्य और योग परस्पर भिन्न, विसंगत और विरोधी शास्त्र नहीं है, बल्कि दोनों का सिद्धांत और उद्देश्य एक है, भेद केवल उनकी प्रक्रिया और मार्गारंभ में है। सांख्य भी योग है पर यह केवल ज्ञानमार्ग से आगे बढ़ता है, अर्थात् इसका आरंभ हमारी सत्ता के तत्त्वों के बौद्धिक विवेक और विश्लेषण द्वारा होता है और अंत में यह सत्य का दर्शन कर उस पर अधिकार प्राप्त करके अपने लक्ष्य तक पहुँचता है।

दूसरे ओर, योग कर्ममार्ग से अग्रसर होता है ; इसका प्रथम सिद्धांत है कर्मयोग; परंतु गीता की संपूर्ण शिक्षा से तथा कर्म शब्द की जो परिभाषा पीछे की गयी है उसे स्पष्ट है कि कर्म शब्द का प्रयोग गीता में बहुत व्यापक आदि में लिखा गया है और योग शब्द से गीता का अभिप्राय है एक ऐसा निस्वार्थ समर्पण जिसमें हमारी समस्त आंतरिक और बाह्म कर्मण्यताओं को यज्ञ-रूप से कर्म के ईश्वर को,उस सनातन परब्रह्म को भेंट कर देना होता है जो जीव को समस्त ऊर्जा और तपस्या के स्वामी है। यह योग उस सत्य की साधना है जिसका दर्शन ज्ञान से होता है, इस साधाना की प्रेरक-शक्ति है एक प्रकाशमान भक्ति का भाव, एक शांत या उग्र आत्मसमर्पण का भाव उस परमात्मा के प्रति जिन्हें ज्ञान पुरुषोत्तम के रूप में देखता है। पर सांख्य के सत्य क्या हैं ? सांख्य-दर्शन का यह नाम उसकी विश्लेषण-पद्धति के कारण पड़ा है; सांख्या में हमारी सत्ता के तत्त्वों का विश्लेषण, संख्याकरण, विभाजन और विवेचन है, जिनके संघात या संघात के फल को ही मनुष्य की साधारण बुद्धि देख पाती है। सांख्य-दर्शन ने समन्वय-साधना की कोई चेष्टा नहीं की। इस दर्शन का मूलभूत सिद्धांत यथार्थ में द्वैत है, वह आपेक्षिक द्वैत

नहीं जो वेदांत का महत्त्व, बल्कि यह वह द्वैत है जो सर्वथा निरपेक्ष और निराला है।

इस सिद्धांत के अनुसार जगत् कारणस्वरूप कोई एक ही सत्ता नहीं है, बल्कि दो मूलतत्त्व हैं जिनका संयोग ही इस जगत् का कारण है-एक है पुरुष जो अकर्ता है और दूसरी है प्रकृति जो कत्री है। पुरुष आत्मा है, साधारण और प्रचलित अर्थ में नहीं, बल्कि उस सचेतन सत्ता के अर्थ में जो अचल, अक्षर और स्वयं-प्रकाश है। प्रकृति है ऊर्जा और उसकी प्रक्रिया। पुरुष स्वयं कुछ नहीं करता, पर वह ऊर्जा और उसकी प्रक्रिया को आभासित करता है; प्रकृति जड़ है पर पुरुष में आभसित होकर वह अपने कम में चैतन्य का रूप धारण कर लेती है और इस प्रकार सृष्टि, स्थिति और संहार अर्थात् जन्म, जीवन और मरण, चेतना और अवचेतना, इंद्रियगम्य और बुद्धिगम्य ध्यान तथा अज्ञान, कर्म और अकर्म, सुख और दुःख, ये सब घटनाएं उत्पन्न होती है और पुरुष प्रकृति के प्रभाव में आकर इन सबको अपने ऊपर आरोपित कर लेता है। वास्तव में ये उसके अंग नहीं है बल्कि प्रकृति की क्रिया और गति के अंग हैं। प्रकृति त्रिगुणात्मिका है; सत्व ज्ञान का बीज है, यह ऊर्जा के कर्मों की स्थिति रखता है; रज शक्ति और कर्म का बीज है, यह शक्ति की क्रियाओं की सृष्टि करता है तमस जड़त्व और अज्ञान का बीज है, यह सत्व और रज का अपलाप है; जो कुछ वे सृष्टि करते तथा जिसकी वे स्थिति रखते हैं उसका यह संहार करता है।

प्रकृति के ये तीन गुण जब साम्यवस्था में रहते हैं तब सब कुछ जहां-का-तहां पड़ा रहता है, कोई गति, कर्म या सृष्टि नहीं होती। इसलिये चिन्मय आत्म की अचर ज्योतिर्मय सत्ता में आभासित या प्रतिबिंबित होने वाली भी कोई वस्तु नहीं होती। पर जब यह साम्यावस्था विक्षुब्ध हो जाती है तब तीनों गुण परस्पर विषम हो उठते हैं और वे एक दूसरे से संघर्ष करते और एक-दूसरे पर अपना प्रभाव जमाने का प्रयत्न करते हैं, और उसी से विश्व को प्रकटाने वाला यह सृष्टि, स्थिति और संहार का विरामरहित व्यापार आरंभ होता है। यह कर्म तब तक होता रहता है जब तक पुरुष अपने अंदर इस वैषम्य को, जो उसके सनातन स्वभाव को ढक देता और उस पर प्रकृति के स्वभाव को आरोपित करता है, प्रतिभासित

होने देता है। पर जब पुरुष अपनी इस अनुमति को हटा लेता है तब तीनों गुण फिर साम्यावस्था को प्राप्त हो जाते हैं और पुरुष अपने सनातन अविकार्य अचल स्वरूप में लौट आता है, वह विश्व–प्रपंच से मुक्त हो जाता है। ऐसा लगता है कि अपने अंदर प्रकृति को आभासित होने देना और यह अनुमति देना या लौटा लेना ही पुरुष की एकमात्र शक्ति, है। प्रकृति को अपने अंदर आभासित देखने के नाते पुरुष गीता की भाषा में साक्षी और अनुमति देने के नाते अनुमंता है, पर सांख्य के अनुसार वह कर्ता रूप से ईश्वर नहीं है। उसका अनुमति देना भी निष्क्रीय है और उस अनुमति को लौटा लेना एक दूसरे प्रकार की निष्क्रियता है।

कर्ममात्र ही, चाहे वह आत्मनिष्ठ हो या वस्तुनिष्ठ, आत्मा का स्वधर्म नहीं, उसमें न कोई सकर्मक संकल्प है न कोई सकर्मक बुद्धि। इसलिये पुरुष अकेला ही इस जगत् का कारण नहीं हो सकता, और काई दूसरा कारण भी है यह स्वीकार करना आवश्यक हो जाता है। केवल पुरुष ही अपने चिन्मय ज्ञान, संकल्प और आनंद के स्वभाव से जगत् का कारण नहीं है, बल्कि पुरुष और प्रकृति दोनों की द्विविध सत्ता ही जगत का कारण है, एक है निष्क्रिय चैतन्य और दूसरी है गतिशील ऊर्जा। जगत् के अस्तित्व के विषय में सांख्य की व्याख्या उक्त प्रकार की है। परंतु तब ये सचेतन बुद्धि और सचेतन संकल्प कहाँ से आते हैं जिन्हें हम अपनी सत्ता का इतना बड़ा अंग अनुभव करते हैं और जिन्हें हम सामान्यतः और सहज ज्ञान से ही प्रकृति की कोई चीज न मानकर पुरुष की ही मानते है? सांख्य के अनुसार बुद्धि और संकल्प सर्वथा प्रकृति की यांत्रिक ऊर्जा के अंग हैं, पुरुष के गुणधर्म नहीं; ये दोनों ही बुद्धि-तत्त्व है जो जगत् के चौबीस तत्त्वों में से एक तत्त्व है।

इस सृष्टि के विकास के मूल में प्रकृति अपने तीनों गुणों सहित सब पदार्थों की मूल वस्तु के रूप में अव्यक्त अचेतन अवस्था में रहती है फिर उसमें से क्रमशः ऊर्जा या जड़त्व, क्योंकि सांख्य-दर्शन में ऊर्जा और महाभूत एक ही चीज हैं-के पांच मूल तत्त्व प्रकट होते हैं। इनको प्राचीन शास्त्रों में पंचमहाभूत कहा है, ये है आकाश, वायु, अग्नि, जल और पृथ्वी पर यह याद रहे कि आधुनिक सायंस की दृष्टि में ये मूलतत्त्व नहीं है, बल्कि ये जड-प्राकृतिक शक्ति की ऐसी अति सूक्ष्म अवस्थाएं

हैं जिसका विशुद्ध स्वरूप इस स्थूल जगत् में कहीं भी प्राप्त नहीं। सब पदार्थ इन्हीं पांच सूक्ष्म तत्त्वों के संघात से उत्पन्न होते हैं। फिर इन पंचमहाभूतों में से, प्रत्येक से एक-एक तन्मात्रा उत्पन्न होती है। ये पंचतन्मात्राएं है शब्द, स्पर्श, रूप, रस और गंध। इन्हीं के द्वारा ज्ञानेन्द्रियों को विषयों का ज्ञान होता है। इस प्रकार मूल प्रकृति से उत्पन्न इन पंचमहाभूतों और उनकी इन पंचतन्मात्राओं से, जिनके द्वारा स्थूल का बोध होता है, उसका विकास होता है जिसे आधुनिक भाषा में विश्व-सत्ता का वस्तुनिष्ठ पक्ष कहते हैं। तेरह तत्व और हैं जिनसे विश्व-ऊर्जा का आत्मनिष्ठ पक्ष निर्मित होता है- बुद्धि या महत्, अहंकार, मन और उसकी दस इन्द्रियां(पांच ज्ञानेन्द्रियां और पांच कर्मेन्द्रियां)।

मन मूल रूप से सभी इंद्रियों और इंद्रिय जन्य क्रियाओं का नियंता है, यह बाह्म पदार्थों का अनुभव करता और उन पर प्रतिक्रिया करता है; क्योंकि इसमें अंतर्मुखी और बहिर्मुखी दोनों क्रियाएं साथ-साथ होती रहती हैं; इन्द्रियानुभव के द्वारा यह उन अर्थों को ग्रहण करता है जिन्हें गीता में "बाह्म स्पर्श" कहा गया है और उनके द्वारा जगत् को जनता और सक्रिय प्राणशक्ति द्वारा उस पर प्रतिक्रिया करता; प्रतिसाद देता और अन्य सभी संवेदनाओं को आत्मसात करता है। परंतु पांच ज्ञानेन्द्रियों की सहायता से, शब्द, स्पर्श, रूप, रस और गंध जिनके विषय हैं, यह अपनी ग्रहण करने की अति सामान्य क्रियाओं को विशेष रूप से चलाता है; इसी प्रकार पांच कर्मेन्द्रियों की सहायता से वाणी, गति, वस्तुओं के ग्रहण, विसर्जन और प्रजनन के द्वारा यह प्रतिक्रिया करने वाली कतिपय प्राणी की आवश्यक क्रियाओं को विशेष रूप से चलाता है। बुद्धि जो विवेक-तत्व है, वह एक ही साथ बोध और संकल्प दोनों है, यह प्रकृति की वह शक्ति है जो विवेक के द्वारा पदार्थों को उनके गुण-धर्मानुसार पृथक करती और उनमें संगति बैठाती है। अहंकार बुद्धि का अहं-पद-वाच्य वह तत्व है जिससे पुरुष प्रकृति और उसी क्रियाओं के साथ तादात्म्य पाने की ओर विकसित होता और क्रमिक पप्रोन्नति की ओर बढ़ते रहता है | परंतु ये आत्मनिष्ठ करण उतने ही यांत्रिक हैं, भौतिकसंवेदनाओंसेग्रसितहैं[6]; सर्वव्यापक परम पुरुष की सत्ता से

बेख़बर हैं और अपने संकीर्ण मानसिकता और भोगवाद के आधार पर क्रियाशील रहते हैं | अचेतन प्रकृति उतने ही अंश हैं जितने कि उसके वस्तुनिष्ठ करण।

यदि हमारी समझ में यह बात न आती हो कि केसे बुद्धि और मन जड़ प्रकृति के अंश हैं या स्वयं जड़ हैं तो हमें इतना ही याद रखना चाहिये कि आधुनिक सायंस को भी यही सिद्धांत ग्रहण करना पड़ा है। परमाणु की अचेतन क्रिया में भी एक शक्ति होती है जिसे अचेतन संकल्प ही कह सकते हैं, प्रकृति के सब कर्मों में यही व्यापक संकल्प अचेतन रूप से बुद्धि का काम करता है। हम लोग जिसे मानसिक बुद्धि कहते हैं वह तत्त्वत: ठीक वही चीज है, जो इस जड़-प्राकृतिक विश्व के सब कार्यों में अवचेतन रूप से विवेक करने और संगति मिलाने का काम किया करती है। और आधुनिक सायंस यह दिखलाने का यत्न करती है कि मनुष्य के अंदर जो सचेतन मन है वह भी अचेतन प्रकृति के जड़ कर्म का ही परिणाम और प्रतिलिपि है। परंतु आधुनिक विज्ञान जिस विषय को अंधेरे में छोड देता है अर्थात् किस प्रकार जड़ और अचेतन सचेतन का रूप धारण करता है, उसे सांख्यशास्त्र समझा देता है। सांख्य के अनुसार इसका कारण है प्रकृति का पुरुष में प्रतिभासित होना; पुरुष के चैतन्य का प्रकाश जड़ प्रकति के कर्मों पर आरोपित होता है और पुरुष साक्षी-रूप से प्रकृति को देखता और अपने-आपको भूलता हुआ प्रकृति द्वारा प्रेरित भाव से विमोहित होकर यह समझता है कि मैं ही सोचता, अनुभव करता और संकल्प करता हूं, मैं ही सब कार्मों का कर्ता हूं, जबकि यथार्थ में ये सब कर्म प्रकृति और उसके तीन गुणों द्वारा जरा भी नहीं। इस मोह को दूर करना प्रकृति और उसके कर्मों से आत्मा के मुक्त होने का प्रथम सोपान है।

अवश्य ही हमारे इस जगत् में बहुत-सी चीजें हैं जिन्हें सांख्य शास्त्र निरूपित नहीं करता है और कराता भी है तो पूर्ण समाधान कारक रीति से नहीं, परंतु यदि हम जो कुछ चाहते है वह इतना ही है कि हम केवल यौक्तिक व्याख्या द्वारा यह समझ लें कि इस विश्व की प्रक्रियाएं तत्त्वतः क्या है जिसमें हम उस लक्ष्य की ओर अग्रसर हो सकें जो सभी प्राचीन दर्शनों का लक्ष है, अर्थात विश्व-प्रकृति के जंजाल से आत्मा की

मुक्ति, तब तो सांख्य का जगत्-निरूपण और मुक्ति का मार्ग उतना ही उत्तम और प्रभावकारी है जितना कि कोई अन्य मार्ग। यहाँ जो बात पहले समझ में नहीं आती वह यह है कि सांख्य प्रकृति को एक, और पुरुष को अनेक मानकर अपने द्वैत सिद्धांत में बहुत्व की स्थापना किसलिये करता है। ऐसा मालूम होता है कि एक ही प्रकृति और एक ही पुरुष को मानने से भी विश्व की सृष्टि और उसके प्रसारण की व्याख्या की जा सकती थी। परंतु पदार्थों के मूल तत्त्वों के निरीक्षण की कठोर विश्लेषण-पद्धति के फलस्वरूप पुरुष-बहुत्व के सिद्धांत का प्रतिपादन करना सांख्य के लिये अनिवार्य था। पहली बात यह है कि हम इस संसार में अनेक सचेतन प्राणियों को देखते हैं और इनमें से प्रत्येक इस जगत् को अपने ही ढंग से देखता है और इसकी आंतरिक और बाह्म वस्तुओं को अपने ही ढंग से देख अनुभव करता है।

यद्यपि अनुभव करने वाली तथा प्रतिक्रिया करने वाली क्रियाएं एक ही हैं फिर भी प्रत्येक प्राणी इसके साथ पृथक-पृथक रूप से व्यवहार करता है। पुरुष यदि एक ही होता तो यह केन्द्रीय स्वातंत्रय और पार्थक्य न होता, सभी प्राणी जगत् को एक-सा अनुभव करते और देखते, एक ही रूप में पदार्थ को ग्रहण करते और सबका व्यवहार उनके साथ एक-सा ही होता। चूंक प्रकृति एक है, इसलिये सब प्राणी उसी एक जगत् को देखते हैं; और चूंकि उसके तत्व हर जगह एक ही है इसलिये जिन सर्वसाधारण तत्त्वों के कारण आंतरिक और बाह्म अनुभूतियां होती हैं वे भी सबके लिये एक-सी हैं; परंतु इन प्राणियों की दृष्टि, विचार और रुख में तथा इनके कर्म, अनुभव और अनुभव से भागने की वृत्ति में जो असंख्य भेद हैं-अवश्य ही ये भेद प्रकृति की स्वाभाविक क्रिया के नहीं, बल्कि साक्षी चेतना के हैं-इस विषय की इसके सिवाय और कोई व्याख्या नहीं हो सकती कि बहुत-से साक्षी हैं, अनेक पुरुष हैं। हम कह सकतें हैं कि पृथक्त्व धर्मवाला अहंकार ही कारण है, यही इस विषय का पर्याप्त उत्तर है। पर अहंकार तो प्रकृति का एक तत्त्व है जो सबके लिये समान है, उसमें भेद होना जरूरी नहीं हैं। वह स्वयं तो केवल इतना ही करता है कि पुरुष को प्रकृति के साथ तादात्म्य कर लेने में प्रवृत्ति करे, और यदि एक ही पुरुष होता तो सब जीव एक होते, अपनी अहंभावमयी चेतना में जुटे

हुए और एक-से होते।

उनके रूपो में और उनके प्राकृतिक अंगों के संघातों के व्योरे में चाहे कितना भी भेद होता तो भी जीव पर पड़ने वाले जगत्-दृश्य का असर भिन्न-भिन्न प्रकार का न होता और सबकी अनुभूति भिन्न-भिन्न प्रकार की न होती। प्रकृति में होने वाले परिवर्तन से एक साक्षी या ऐसे पुरुष में यह केन्द्रित भेद, यह दृष्टयंतर और अथ से इति पर्यन्त अनुभूति का यह पार्थक्य न होना चाहिये था। इसलिये वेदांत के पुरातन ज्ञान से निकली हुई, पर पीछे उससे विच्छित्र, सांख्य की पद्धति में बहु पुरुष का सिद्धांत एक न्याय-संगत आवश्यकता थी। विश्व और उसकी प्रक्रिया का एक पुरुष और एक प्रकृति का व्यापार कहकर समझाया जा सकता है, किंतु इससे विश्व में सचेतन जीवों की बहुलता का समाधान नहीं होता। फिर इतनी ही बड़ी एक और कठिनाई है। अन्य दर्शनों की तरह सांख्य ने भी अपना लक्ष "मोक्ष" ही रखा है। हम कह आये हैं कि यह मोक्ष, पुरुष द्वारा प्रकृति के कर्मों से अपनी अनुमति हटा लेने से प्राप्त होता है, क्योंकि प्रकृति के ये कर्म उसी को आनंद देने के लिये है। परंतु, वास्तव में, यह कहने का एक ढंग है। पुरुष अकर्ता है और अनुमति देने या हटा लेने की जो क्रिया है वह यथार्थ में पुरुष की नहीं हो सकती, बल्कि यह अवश्य ही, स्वयं प्रकृति में होने वाली ऐसी गति है। विचार करने से मालूम होगा है कि यह भी बुद्धितत्त्व में-विवेकशील संकल्प में-होने वाली एक क्रिया है, उसकी एक प्रतिक्षेपक या प्रत्यावर्तनकारी गति मात्र है।

बुद्धि ही मन के द्वारा होने वाली विषय-प्रतीत से अपना संबंध जोड़ती रही है; बुद्धि ही विश्व-प्रकृति के द्वारा होने वाले कर्मों का व्यतिरेक और अन्वय करती और अहंकार की सहायता से प्रकृति के विचार, अनुभव और कर्म के साथ द्रष्टा पुरुष का तादात्म्य- साधन करती रही है। यही बुद्धि फिर विवेक द्वारा इस कटु और विघटनात्मक अनुभूति को प्राप्त होती है। कि प्रकृति के साथ पुरुष का तादात्म्य केवल भ्रम है; अंत में इसको यह विवेक होता है कि पुरुष प्रकृति से अलग है और यह सारा विश्वप्रपंच प्रकृति के गुणों की साम्यावस्था का विक्षोभमात्र है। तब बुद्धि, जो एक ही साथ बुद्धि और संकल्प-शक्ति भी है, इस

मिथ्यात्व से तुरंत हट जाती है जिसका वह अब तक पोषण करती रही है, और पुरुष बंधन-मुक्त हो जाता है और विश्वप्रपंच में रमने वाले मन का संग नहीं करता। इसका अन्तिम फल यह होता है कि प्रकृति की पुरुष में प्रतिभासित होने की शक्ति नष्ट हो जाती है। क्योंकि अहंकार का प्रभाव अब नष्ट हो गया है और बुद्धि-संकल्प के उदासीन हो जाने के कारण प्रकृति की अनुमति का साधन नहीं रहता: तब अवश्य ही उसके गुण आप ही साम्यावस्था को प्राप्त होगें, विश्व-प्रपंच बंद हो जायेगा और पुरुष को अपनी अचल शांति में लौट जाना होगा। परंतु यदि पुरुष एक ही होता तो बुद्धि-संकल्प के भ्रम से निवृत्त होते ही सारा विश्व-प्रपंच बंद हो जाता। पर हम देखते हैं कि ऐसा नहीं होता।

असंख्य प्राणियों में से कुछ ही मोक्ष को प्राप्त होते या मोक्ष-मार्ग के अनुगामी होते हैं; शेष सब प्राणी जहां-के-तहां रहते हैं और विश्व- प्रकृति की जो क्रीड़ा उनके साथ हो रही है उसमें इस क्षिप्र त्याग से उस प्रकृति को रंचमात्र भी असुविधा नहीं होती जबकि उसका सारा कारबार ही इस कार्य से बंद हो जाना चाहिये था। इसकी व्याख्या के लिये यही कहा जा सकता है कि पुरुष अनेक हैं और वे सब-के-सब स्वतंत्र हैं। वैदांतिक अद्वैतवाद की दृष्टि के अनुसार यदि इसकी कोई न्याय-संगत व्याख्या हो सकती है तो वह मायावाद है। पर मायावाद को मान लेने पर यह सारा प्रपंच एक स्वप्नमात्र हो जाता है, तब बंधन और मुक्ति दोनों ही अविद्या की अवस्थाएं, माया की व्यावहारिक भ्रांतिमात्र हो जाती है; वास्तव में न कोई बद्ध है, न कोई मुक्त। सांख्य जो अधिक थार्थवादी है, सृष्टि-विषयक इस मायिक भावना को स्वीकार नहीं करता कि यह सब दृष्टि भ्रम है। इसलिये यह वेदांत के इस समाधान को स्वीकार नहीं कर सकता। इस प्रकार भी सांख्यों की जगत्-विश्लेषण-पद्धति से प्राप्त निष्कर्षों को ग्रहण करते हुए बहु पुरुष का सिद्धांत अपरिहार्य रूप से मानना पड़ता है। गीता सांख्य के इस विश्लेषण की ग्रहण करके अपना उपदेश आरम्भ करती है और जहाँ वह योग का निरूपण करती है वहाँ भी पहले तो ऐसा दिखायी देता है मानो वह सांख्य के इस विचार को प्रायः पूर्णतया स्वीकार करती है।

वह प्रकृति, उसके चौबीस तीन गुणों और चौबीस तत्त्वों को स्वीकार करती है; प्रकृति द्वारा समस्त कर्मों का होना और पुरुष का अकर्ता होना भी गीता को स्वीकार है; विश्व में अनेक सचेतन प्राणियों का होना भी उसे स्वीकार है अहंकार; का तथा बुद्धि की भेदभाव करने वाली क्रिया का लय और प्रकृति के गुण-कर्म का अतिक्रमण ही मोक्ष का साधन है, इसको भी गीता स्वीकार करती है। आरंभ से ही अर्जुन से जिस योग की साधना करने को कहा जा रहा है, वह है बुद्धियोग। परंतु एक महत्त्वपूर्ण व्यत्यय या भेद है। यहाँ पुरुष एक है, अनेक नहीं। गीता का मुक्त, शरीर, अचल, सनातन, अक्षर पुरुष केवल एक बात को छोड़कर और सब बातों मे वेदांत की भाषा मे सांख्यों का ही सनातन, अकर्ता, अचल, अक्षर पुरुष है। पर बहुत बड़ा भेद यही है कि यह पुरुष एक है, बहु नहीं। इससे वह बड़ी कठिनाई उपस्थित होती है जिसको सांख्य का बहुपुरुषवाद टाल जाता है, और फिर किसी सर्वथा नये समाधान की आवश्यकता खड़ी हो जाती है। गीता यह समाधान, अपने वैदांतिक सांख्य में वैदांतिक योग के सिद्धांतों और तत्त्वों को लाकर करती है। जो पहला नया महत्त्वपूर्ण सिद्धांत यहाँ प्राप्त होता है वह स्वयं पुरुष के संबंध में है। प्रकृति कर्म का संचालन करती है पुरुष के आनंद के लिये। पर यह आनंद कैसे साधित होता है?

सांख्यों के विश्लेषण में इस आनंद के साधन में शांत साक्षी की निष्क्रिय अनुमति मात्र ही कारण है; निष्क्रिय रहकर साक्षी पुरुष बुद्धि और अहंकार के कार्य में अनुमंता होता है और निष्क्रिय रहकर ही वह उस बुद्धि के अहंकार से अलग हट जाने में अनुमति देता है। पुरुष द्रष्टा है, अनुमति का मूल कारण है, अभ्यास के द्वारा प्रकृति के कर्म को धारण करने वाला है,-इस प्रकार साक्षी, अनुमंता और भर्ता है, इसके सिवाय और कुछ नहीं। परंतु गीतोक्त पुरुष प्रकृति का प्रभु भी है, वह ईश्वर है। जहाँ संकल्पात्मक बुद्धि का संचालन प्रकृति के हाथ में है, वहाँ सचेतन पुरुष ही सक्रिय रूप से इसका प्रवर्तन करता और इसे शक्ति देता है; वहीं प्रकृति का प्रभु है। जहाँ संकल्पात्मक बुद्धि के कार्य प्रकृति के हैं, वहाँ पुरुष ही सक्रिय रूप से इस बुद्धि को आधार और प्रकाश प्रदान करता है। वह केवल साक्षी ही नहीं, बल्कि ज्ञाता और ईश्वर भी है, ज्ञान और

संकल्प का स्वामी भी है। प्रकृति की कर्म में प्रवृति का वही परम कारण है। सांख्यों की विश्लेषणात्मक विवेचन-पद्धति में पुरुष और प्रकृति विश्व के दो कारण हैं; और इस समन्वयात्मक सांख्य में पुरुष, अपनी प्रकृति के द्वारा, विश्व का एकाम कारण है। हम तुरंत देख सकते हैं कि सांख्या-परंपरा की जकड़ी हुई कट्टर पंथी-विश्लेषण-प्रणाली से हम कितनी दूर निकल आये हैं।

परंतु गीता आरंभ से जिस एक, अद्वितीय पुरुष की बात कर रही है जो अक्षर, अचल और नित्य मुक्त है, उसका क्या हुआ? वह अव्यय, अविकार्य, अज, अव्यक्त ब्रह्म है, फिर भी उसी के द्वारा यह सारा विश्व प्रसारित है। इसलिये ऐसा मालूम होगा कि ईश्वर तत्व उसकी सत्ता में है; एक और यदि वह अचल है तो दूसरी ओर समस्त कर्मों और गतियों का कारण और प्रभु भी है। पर कैसे? और विश्व में जो अनेक सचेतन प्राणी हैं, कैसे हैं? ये तो ईश नहीं, अनीश ही प्रतीत होते हैं, क्योंकि ये त्रिगुण के कर्म और अहंकारजन्य भ्रम के वशीभूत हैं, और यदि ये सब एक ही आत्मा हैं, जैसा कि गीता का आशय मालूम होता है, तो यह प्रकृति में लीनता, वश्यता और भ्रांति कहाँ से उत्पन्न हुई, अथवा इसका सिवाय यह कहने के कि पुरुष सर्वथा निष्क्रिय है, दूसरा क्या समाधान? और, फिर पुरुष का यह बहुत्व कहाँ से आया? अथवा यह क्या बात है कि जहाँ उस एक, अद्वितीय पुरुष की किसी एक शरीर और मन में तो मुक्ति होती है, वहीं अन्य शरीरों और मनों में वह बंधन के भ्रम में बना रहता है? ये शंकाएं हैं जिनका समाधान करना ही होगा, इन्हें यूं ही नहीं टाला जा सकता। गीता के वाद के अध्यायों में इन सब शंकाओं का, प्रकृति और पुरुष के विश्लेषण द्वारा समाधान किया गया है। इस विश्लेषण में कुछ ऐसे नवीन तत्वों का अविष्कार किया गया है जो सांख्य-परंपरा के लिये तो पराये हैं, पर वैदांतिक योग के लिये उपयुक्त हैं।

यहाँ तीन पुरुष या एक पुरुष के तीन पाद कहे गये हैं। उपनिषदो में सांख्य सिद्धांतों का विवेचन करते हुए कभी-कभी दो ही पुरुषों का वर्णन दीख पढ़ता है। एक मंत्र में यह वर्णन है कि एक अजा है जिसके तीन वर्ण हैं, यह प्रकृति के सनातन स्त्री-तत्व का वर्णन है जो अपने तीनों गुणों के साथ सतत सृष्टि–कर्म कर रही है; और दो अज हैं, दो पुरुष हैं जिनमें से

एक प्रकृति से लिपटा हुआ है और उसे भोगता है, दूसरा उसे त्याग देता है, क्योंकि वह उसके सब भोग भोग चुका है। दूसरे मंत्र में यह वर्णन है कि एक वृक्ष पर दो पक्षी हैं, दोनों एक-दूसरे के सदा से सयूज सखा हैं; एक उस वृक्ष के फल खाता है (अर्थात् प्रकृतिस्थ पुरुष प्रकृति के विश्व-प्रपंच को भोगता है), दूसरा नहीं खाता, पर अपने सखा को देखता रहता है-यह निश्चल और नीरव साक्षी पुरुष है जो भोग से निवृत्त है; जब पहला दूसरे को देखता और यह जानता है कि सारी महिमा उसी की है तब वह दुःख से मुक्त हो जाता है। दोनों मंत्रों में विभिन्न दृष्टि से वर्णन किया गया है, पर आशय दोनों का एक है।

उन दो पक्षियों से एक सदा निश्चल-नीरव मुक्त पुरुष है जिसके द्वारा यह विश्व प्रसारित है और जो अपने द्वारा प्रसारति इस विश्व को देखता है, पर इससे निर्लिप्त रहता है; दूसरा प्रकृतिस्थ पुरुष है। प्रथम मंत्र यह बतलाता है कि दोनों पुरुष एक ही हैं, उसी एक चिदरुप पुरुष की बद्ध और मुक्त इन दो अवस्थाओं को प्रतिभाषित करते हैं; क्योंकि जो दूसरा अज है वह प्रकृति में उतरकर उसके भोगों को भोगकर उनसे निवृत्त हुआ है। दूसरा मंत्र यह बात बतलाता है जो हमको पहले मंत्र से नहीं मिलती, कि पुरुष अपनी एकत्व की परमावस्था में सदा ही मुक्त, अकर्ता और अनासक्त है और केवल अपनी निम्न सत्ता में स्थिति होकर प्रकृति द्वारा सृष्ट प्राणियों के बहुत्व में उतर आता है और फिर किसी व्यक्तिभूत प्राणी के द्वारा वापस लौटकर प्रकृति से निवृत्त हो जाता और अपनी उच्चतर अवस्था में आ जाता है। एक ही सचेतन आत्मा की द्विविध अवस्था का यह सिद्धांत एक रास्ता तो खोल देता है, पर एक के अनेक होने की प्रक्रिया अब भी उलझी हुई है। इन दो पुरुषों में, गीता उपनिषदों के अन्य वचनों का आशय विवाद करते हुए एक और पुरुष मिलाती है, जिसकी महिमा यह सारी सृष्टि है। इस प्रकार तीन पुरुष हुए क्षर, अक्षर और उत्तम क्षर क्षरणशील विकार्य प्रकृति है, स्वभाव है; यह जीव की बहुविध संभूति; यहाँ पर जो पुरुष है वह भागवत सत्ता की बहुत्वावस्था है, यही बहुपुरुष है, यह पुरुष प्रकृति से स्वतंत्र नहीं है, बल्कि यह 'प्रकृतिस्थ पुरुष' है।

अक्षर, कूटस्थ अविकाय पुरुष निश्चल-नीरव और निष्क्रिय आत्मा है, यह भागवत सत्ता की एकत्वावस्था [1] है, यहाँ पुरुष प्रकृति का साक्षी है, पर प्रकृति के कार्यों में लीन नहीं, यह प्रकृति और उसके कर्मों से मुक्त, अकर्ता पुरुष है। उत्तम पुरुष परमेश्वर, परब्रह्म, परमात्मा है, जिसमें अक्षर का एकत्व और क्षर का बहुत्व, दोनों ही अवस्थाएं सन्निविष्ट है। वह अपनी प्रकृति की विशाल गतिशीलता और कर्म के द्वारा, अपनी कन्नी शक्ति, अपने संकल्प और सामर्थ्य के द्वारा जगत् में अपने-आपको व्यक्त करता है और अपनी महत्तर निस्तब्धता और अचलता के द्वारा उससे अलग रहता है; फिर भी वह अपने पुरुषोत्तम रूप में, प्रकृति से अलावा और प्रकृति से आसक्ति इन दोनों अवस्थाओं के ही परे है। पुरुषोत्तम की यह भावना यद्यपि उपनिषदों में सवत्र ही अभिप्रेत है, तथापि इसको स्पष्ट और विनिश्चत रूप से गीता ने ही सामने रखा है और भारतीय धार्मिक चेतना के पिछले संस्कारों पर इसका बहुत बड़ा प्रभाव पड़ा है। अद्वैतवाद की सूत्रबद्ध परिभाषाओं का अतिक्रम कर जाने का दावा करने वाले उच्चतम भक्तियोग का आधार यही पुरुषोत्तम-भाव है और भक्ति-प्रधान पुराणों के पीछे भी यही भाव है। गीता सांख्यशास्त्र के प्रकृति-विश्लेषण के चौखटे के अंदर भी बंधी नहीं रहती; क्योंकि इस विश्लेषण के अनुसार प्रकृति में केवल अहंकार को स्थान मिलता है, बहुपुरुष को नहीं-वहाँ पुरुष प्रकृति का कोई अशं नहीं, बल्कि प्रकृति से पृथक है इसके विपरीत गीता का सिद्धांत यह है कि परमेश्वर ही अपने स्वभाव से जीव बनता है। यह कैसे संभव है जब विश्व-प्रकृति के चौबीस तत्त्व है, चौबीस छोड़कर कोई पच्चीसवां तत्त्व नहीं? गीता के भगवान् गुरु कहते है कि हां, त्रिगुणात्मिका प्रकृति के बाह्मकर्म का यही सही विवरण है और इस विवरण में पुरुष और प्रकृति का जैसा संबंध बताया गया है, वह भी बिल्कुल सही है और प्रवृति या निवृति के साधन में इसका बहुत बड़ा व्यावहारिक उपयोग भी है; परंतु यह त्रिगुणत्मिक अपरा प्रकृति है जो जड़ और बाह्म है, इसके परे एक परा प्रकृति है जो चिस्वरूपा और भागवत-भावरूपा है और यही परा प्रकृति जीव बनी है।

अपना प्रकृति में प्रत्येक जीव अहंकार के रूप में भासित होता है, परा प्रकृति में प्रत्येक जीव व्यष्टिरूप पुरुष है, अर्थात् बहुत्व उस एक का ही

आध्यात्मिक स्वभाव है। यह व्यष्टि-पुरुष, भगवान् कहते हैं कि, स्वयं में हूं, इस सृष्टि में मेरा ही आंशिक प्राट्य है, यह मेरा ही अंश है, और इसमें मेरी सब शक्तियां मौजूद हैं; यह साक्षी है, अनुमंता है, कर्ता है, ज्ञाता है, ईश्वर है। यह अपरा प्रकृति में उतर आता है और यह समझता है कि मैं कर्म से बंधा हूं, इसलिये कि निम्न सत्ता को भोग सके; यह इससे निवृत्त होकर यह जान सकता है कि मैं कर्म के बंधन से सर्वथा विनिर्मुक्त अकर्ता पुरुष हूँ। यह त्रिगुण से ऊपर उठकर और कर्म-बंधन से मुक्त होकर भी कर्म कर सकता है, जैसे भगवान् कहते हैं कि मैं करता हूं, और पुरुषोत्तम की भक्ति पाकर और उनसे मुक्त होकर उनकी दिव्य प्रकृति का पूर्ण आनंद ले सकता है।

गीता का विश्लेषण ऐसा है जो बाह्म सृष्टि-क्रम से ही बद्ध न होकर परा प्रकृति के 'उत्तम रहस्य' तक में प्रविष्ट हैं उसी उत्तम रहस्य के आधार पर गीता वेदांत, सांख्य और योग का समन्वय, ज्ञान, कर्म और भक्ति का समन्वय स्थापित करती है। केवल सांख्य-शास्त्र के द्वारा कर्म और भक्ति का समन्वय परस्पर-विरोधी होने से असंभावित है। केवल अद्वैत सिद्धांत के आधार पर योग के अंगरूप से कर्म का सदा आचरण और पूर्ण ज्ञान, मुक्ति और सायुज्य के बाद भी भक्ति में रमण असंभव है या कम-से-कम युक्ति-विरुद्ध और निष्प्रयोजन है। गीता का सांख्य-ज्ञान इन सब बाधाओं को दूर करता है और गीता का योगशास्त्र इस सब पर विजय लाभ करता है।

[1] *तस्माद् युक्तेन्द्रियग्रामो युक्तचित्त इदम् जगत् । आत्मनीक्षस्व विततमात्मानं मय्यधीश्वरे ॥ श्रीमद्भागवत ११. ७.९ ॥*

शब्दार्थ: तस्मात्—इसलिए; युक्त—वश में लाकर; इन्द्रिय-ग्रामः—सारी इन्द्रियों को; युक्त—दमन करके; चित्तः—अपना मन; इदम्— यह; जगत्—संसार; आत्मनि—आत्मा के भीतर; ईक्षस्व—देखो; विततम्—विस्तीर्ण (भौतिक भोग की वस्तु के रूप में); आत्मानम्—तथा उस आत्मा को; मयि—मुझ; अधीश्वरे—परम नियन्ता में ।

अपनी सारी इन्द्रियों (कार्मेन्द्रिय और ज्ञानेन्द्रिय) को वश में करते हुए तथा मन को दमन करके, तुम सारे विश्व चराचर सृष्टि (जगत) को

आत्मा के भीतर स्थितहोता हुआ महसूस करो, जो सर्वत्र समान रूप से प्रसारित भी है और परिव्याप्त भी| सिर्फ़ इतना ही नहीं, तुम इस आत्मा को मुझ पूर्ण पुरुषोत्तम परमेश्वर के भीतर भी स्थित होता हुआ महसूस करो |

[2] आत्मनो गुरुरात्मैव पुरुषस्य विशेषत: । यत् प्रत्यक्षानुमानाभ्यां श्रेयोऽसावनुविन्दते ॥ श्रीमदभागवत ११. ७.२० ॥

शब्दार्थ : आत्मन:—अपना ही; गुरु:—उपदेश देने वाला गुरु; आत्मा—स्वयं; एव—निस्सन्देह; पुरुषस्य—मनुष्य का; विशेषत:—विशेष अर्थ में; यत्—क्योंकि; प्रत्यक्ष—प्रत्यक्ष अनुभूति से; अनुमानाभ्याम्—तर्क के प्रयोग से; श्रेय:—असली लाभ; असौ—वह; अनुविन्दते—प्राप्त कर सकता है ।.

बुद्धिमान व्यक्ति, जो अपने समझ की सीमा के अंतर्गत सब ओर परिव्याप्त दृश्य जगत का अनुभव करने तथा ठोस तर्क का आधार लेकर विस्तार और संचरण समझने में निपुण होता है, अपनी ही बुद्धि के द्वारा प्रकृत लाभ प्राप्त कर सकता है। ऐसा करते हुए कभी कभी सम्यक ज्ञान से पुष्ट दिव्य जीवन का पथिक वैसा मनुष्य अपना ही उपदेशक गुरु बन जाता है।

[3] पुरुषत्वे च मां धीरा: साङ्ख्ययोगविशारदा: । आविस्तरां प्रपश्यन्ति सर्वशक्त्युपबृंहितम् ॥ २१ ॥

शब्दार्थ : पुरुषत्वे—मनुष्य-जीवन में; च—तथा; माम्—मुझको; धीरा:—आध्यात्मिक ज्ञान के माध्यम से ईर्ष्या से मुक्त हुए; साङ्ख्य योग—वैशलेषिक ज्ञान तथा भगवद्भक्ति से बने आध्यात्मिक विज्ञान में; विशारदा:—दक्ष; आविस्तराम्—प्रत्यक्षत: प्रकट; प्रपश्यन्ति—वे स्पष्ट देखते हैं; सर्व—सभी; शक्ति—मेरी शक्ति से; उपबृंहितम्—प्रदत्त, समन्वित ।.

आत्मसंयमी और सांख्य योग में दक्ष साधक सहज रूप से ईश्वर के सान्निध्य को उनके सही स्वरूप के साथ प्रसारित औट जगत व्यापी हर जीव में अभिव्यक्त होता हुआ देख सकते हैं और यह भी अनुभव कर सकता हैं कि सर्वशक्तिमान परमेश्वर का हर एक अंश सभी जीवों में, सृष्टि के सभी कनों में अंश रूप में विद्यमान हैं और नियंता ब्रहम स्वरूप

हैं।

[4] प्राणवृत्यैव सन्तुष्येन्मुनिर्नैवेन्द्रियप्रियैः । ज्ञानं यथा न नश्येत नावकीर्येत वाङ्मनः ॥ ३९ ॥

शब्दार्थः प्राण-वृत्या—प्राणों के कार्य करते रहने से; एव—ही; सन्तुष्येत्—सन्तुष्ट रहना चाहिए; मुनिः—मुनि; न—नहीं; एव— निस्सन्देह; इन्द्रिय-प्रियैः—इन्द्रियों को तृप्त करने वाली वस्तुओं से; ज्ञानम्—चेतना; यथा—जिससे कि; न नश्येत—नष्ट न हो सके; न अवकीर्येत—क्षुब्ध न हो सके; वाक्—उसकी वाणी; मनः—तथा मन ।.

मुनि (विद्वान भक्त, ईश्वर अनुरागी ज्ञानी) भौतिक इंद्रिय द्वारा मिलनेवाले संतुष्टि की खोज में न रहे; उसे अपपने शरीर का जतन उतना ही करना चाहिए जेसके करने से उच्चतर ज्ञान की अनुभूति नष्ट न हो और वाणी, अनुक्रियाएँ तथा मन कभी भी आत्म साक्षात्कार के मार्ग से विचलित न हो पाए।

[5] विषयेष्वाविशन् योगी नानाधर्मेषु सर्वतः । गुणदोषव्यपेतात्मा न विषज्जेत वायुवत् ॥ ४० ॥

शब्दार्थः विषयेषु—भौतिक वस्तुओं के सम्पर्क में; आविशन्—प्रवेश करके; योगी—जिसने आत्म-संयम प्राप्त कर लिया है; नाना धर्मेषु—विभिन्न गुणों वाले; सर्वतः—सर्वत्र; गुण—सद्गुण; दोष—तथा दोष; व्यपेत-आत्मा—वह व्यक्ति जिसने लाँघ लिया है; न विषज्जेत—नहीं फँसना चाहिए; वायु-वत्—वायु की तरह ।.

योगी भी कई भौतिक वस्तुओं से विविध प्रकार से प्रभावित होते रहता है ; पर भौतिक अच्छाई और बुराई लाँघ लेनेवाला साधक उन तमाम भौतिक वस्तुओं और सुख सिविधाओं से घिरा रहते हुए भी उनमें लिप्त नहीं रहकर ठीक वैसा ही कार्य करे जैसा कि वायु किया करता है।

[6] विसर्गाद्याः श्मशानान्ता भावा देहस्य नात्मनः ।

कलानामिव चन्द्रस्य कालेनाव्यक्तवर्त्मना ॥ ४८ ॥

शब्दार्थ

विसर्ग—जन्म; आद्याः—इत्यादि; श्मशान—मृत्यु का समय, जब शरीर भस्म कर दिया जाता है; अन्ताः—अन्तिम; भावाः— दशाएँ; देहस्य—शरीर की; न—नहीं; आत्मनः—आत्मा का;

कलानाम्—विभिन्न अवस्थाओं का; इव—सदृश; चन्द्रस्य— चन्द्रमा की; कालेन—समय के साथ; अव्यक्त—न दिखने वाला; वर्तमना—गति से ।

जन्म से लेकर मृत्यु तक भौतिक जीवन की विभिन्न अवस्थाएँ उस भौतिक शरीर के ही विविध गुणधर्म हैं और ये आत्मा को उसी तरह प्रभावित नहीं करतीं, जिस तरह चन्द्रमा की घटती-बढ़ती कलाएँ चन्द्रमा को प्रभावित नहीं करतीं; ऐसे परिवर्तन सर्वदा ही काल की गति के द्वारा अव्यक्त रूप से लागू किये जाते हैं।

6

शत्रु-मित्र-अमित्र

हम कभी कभी इस भ्रम में पड़ जाते कि कोई व्यक्ति हमारा शत्रु बनकर हमारे सामने संदर्भित हुआ या फिर मित्र बनकर आया! यह निर्णय कर पाना कभी कभी काफी कठिन भी हो जाता कि हम शत्रु कि तलाश सिर्फ बाहरी दुनिया में ही करते रहें या फिर कभी कभी अंतर मन में भी झांककर देखें? प्रश्न यह भी निर्माण हो जाता है कि शत्रु कि पहचान अगर करने लगें और सिर्फ पहचान कर पाने तक ही सीमांकित रहें तो क्या उस गतिविधि से कोई निर्णायक स्थिति तक हम पहुँच भी पाएंगे ? हम इस बात से भी कभी कभी किनारा कर लेते हैं कि शत्रु भाव से उत्पन्न ज्ञान और विधायक कर्म को शायद ही पूरी तरह प्रशमित किया जा सके।

शत्रु मित्र भाव को ठीक से समझने के लिए हमें शास्त्र सम्मत व्याख्यान और सूत्रों का सहारा लेना होगा। वेद, वेदांत, पुराण , आगम आदि विविध श्रोत से अंततः हम यही पाते हैं कि शत्रु - मित्र का भाव एक मानसिक स्थिति है जिस आधार पर व्यक्ति कर्म और जीवन चर्या के बारे में निर्णय ले लिया करता है और उसी आधार पर खुद को कर्म तत्परता से भी जोड़ लिया करेगा। यहाँ व्यक्ति के अंदर निहित दोष गुणका भी आधार लेना होगा ; कारण यह मान लिया जाएगा कि प्रकृति के अधीन होने के कारण व्यक्ति में दोष और गुण दोनों ही रहेंगे; इस विधान से परे कोई साधक अगर खुद के आचरण में शुद्धता लाते हुए निखरता चलेगा तो जाहिर सी बात है कि उनमें दोष घटता चलेगा और

गुणों का संवर्धन होता चलेगा।

गीता के अनुसार भी हम यह सत्यापित कर पाएंगे कि "अपने द्वारा अपना उद्धार करे, अपना पतन न करे; क्योंकि आप ही अपना मित्र है और आप ही अपना शत्रु है।"[1] अपने स्वरूपसे जो एकदेशीय 'मैं- पन दिखता है। उससे भी अपने को ऊँचा उठाये।[2] कारण कि शरीर इंद्रियाँ आदि और 'मैं [3]'- पन- ये सभी प्रकृति के कार्य हैं;[4] अपना स्वरूप नहीं है। जो अपना स्वरूप नहीं है, उससे अपने को ऊँचा उठाये। अगर यह अपना उद्धार करने में, अपने को ऊँचा उठाने में शरीर, इंद्रियाँ, मन, बुद्धि आदि की सहायता मानेगा, इनका सहारा लेगा तो फिर जड़ता का त्याग कैसे होगा? क्योंकि जो अपने हैं, अपने में है, अभी है और यहाँ हैं, ऐसे परमात्मा की प्राप्ति के लिए शरीर, इंद्रियाँ, मन, बुद्धि की आवश्यकता नहीं है।[5] कारण कि असत के द्वारा सत की प्राप्ति नहीं होती, प्रत्युत असत के त्याग से सत की प्राप्ति होती है।[6] इस क्रम में बने चरित का कर्मयोग[7] का आश्रय लेना भी काफी महत्वपूर्ण माना जाएगा।

योग , सांख्य और वेदांत का कुशल समन्वय होने के बाद भी अगर हम यह महसूस करने लग जाएँ कि शत्रु और मित्र का भाव और किसीको इस भाँती समझ पाने कि भावना अगर हमारे मन में पनपती हो तो यह मान लेना होगा कि शुद्ध रूप से हमारे अंदर ज्ञान और चेतना का संचार नहीं हो पाया। अगर चेतना का संचार सही स्वरूप में हुआ होता तो शायद ही व्यक्ति अपने मन में किसी के प्रति शत्रु भाव को पनपने दे और शायद ही शत्रु भाव के आवेश में आकर कुछ विपरीत आग्रह से किसी गतिविधियों को अनजाम देने के निमित्त से अग्रसर हो।

यह भी सर्वजन विदित सत्य ही मानकर चलें कि हम शायद ही यह पता कर पाते हों कि हमारे भीतर शत्रु भाव पनपने देने के लिए, किसी ख़ास विषय से मुंह मोड़ लेने के लिए, किसी दुराग्रह में आकर रचनाधर्मिता के विपरीत कुछ कर गुजरने के लिए सूचक तत्व कैसे पनपते होंगे ; यहाँ तक कि उस आवेश से निकल पाने के लिए हम किस प्रकार से प्रयास करें जिससे हमारे भीतर पनपने वाले उन विपरीत धर्मी गुणों को हटाया जा सके और कुछ रचनाधर्मिता को संवर्धित करने

लायक गुणों को विकसित किया जा सके। इस क्रम में ज्ञान योग और भक्ति योग[8] का सही सम्मलेन होना भी बहुत ही आवश्यक और विधायक तत्व माना जा सकेगा। [9]

इस दृष्टि से मनुष्य अपनी विचार शक्ति को काम में लेकर किसी भी योग मार्ग से अपना कल्याण कर सकता है। विचार करना चाहिए कि जितने दिन रखना चाहूँ, उतने दिन नहीं रह सकता और जैसा सबल बनाना चाहूँ, वैसा बन नहीं सकता। यह शरीर 'मेरे लिए' भी नहीं है; क्योंकि यदि यह मेरे लिए होता तो इसके मिलने पर मेरी कोई इच्छा बाकी नहीं रहती। दूसरी बात, यह परिवर्तनशील है और मैं अपरिवर्तनशील हूँ। परिवर्तनशील अपरिवर्तनशील के काम कैसे आ सकता है? नहीं आ सकता। तीसरी बात, यदि यह मेरे लिए होता तो सदा मेरे पास रहता। परंतु यह मेरे पास नहीं रहता। इस प्रकार शरीर मैं नहीं, मेरा नहीं और मेरे लिए नहीं- इस वास्तविकता पर मनुष्य दृढ़ रहे, तो अपने आपसे अपना उद्धार हो जाएगा।

जागरूकता के कई पैमाने हो सकते हैं पर सबसे बड़ा पैमाना आत्मिक और बौद्धिक स्थिरता से ही समझी जा सकेगी ।[10] उस स्थिरता का ही नतीजा है कि भक्त अपने निकट भगवान कि सन्निधि महसूस कर पाता है और उसी के अनुसार उसके चरित्र कि दृढ़ता का भी निर्माण हो जाया करता है। उद्धार हो जाने का प्रश्न खुद के प्रयत्न से ही हो जाय करेगा ; माता अहल्या उस रस्ते पर शिला बनकर पड़ी रही और श्री रघुनायक के आने का इंतज़ार करने लगी; उमा और भवानी खुद को महादेव के पास समर्पित करके यह उम्मीद रखने लगी कि उन्हें सर्वशक्तिमान जगदीश्वर स्वीकार कर लें ; कुछ ऐसी ही तपस्या के बारे में कन्याकुमारी विषयक व्याख्यानमाला प्रचलित हुआ और साधक के लिए मिसाल कायम कर दिया गया। जब आचार्य श्री शंकर से उनका परिचय पुछा गया तो उन्होंने अपने अंतर मन में सर्वशक्तिमान महादेव के अधिस्थान का विषय बताने लगे। अगर हम अपना उद्धार करने के लिए तैयार हो जाएँ, परम सत्ता के सम्मुख हो जाएं तो मनुष्य जन्म जैसी परिस्थिति और कलियुग जैसा मौका होते हुए भी कई बार खुद का उद्धार कर पाने में समर्थ हो सकेंगे।

योगी को हम कभी कभी युक्त[11] कह सकेंगे ; वह ख़ास परिस्थिति बनती होगी जब हम ऐसा कर पाते होंगे।

ज्ञान और भक्ति का सही सम्मलेन ही वह पड़ाव है जहाँ से कर्म को एक सही दिशा मिल जाया करेगी और व्यक्ति अपने लिए एक निर्णायक मार्ग कि तलाशी कर सकेगा ; उसे अंतरात्मा के साथ जुड़े हुए परमात्मा का सान्निध्य भी अनुभव होता रहेगा।

भगवान, संत महात्मा आदि के रहते हुए हमारा उद्धार नहीं हुआ है कि इसमें उद्धार की सामग्री की कमी नहीं रही है अथवा हम अपना उद्धार करने में असमर्थ नहीं हुए हैं। हम अपना उद्धार करने के लिए तैयार नहीं हुए, इसी से वे सब मिलकर भी हमारा उद्धार करने में समर्थ नहीं हुए। पर यह तब होगा, जब हम स्वयं अपना उद्धार करना चाहेंगे।

दूसरी बात, स्वयं ने ही अपना पतन किया है अर्थात इसने ही संसार के संबंध को पकड़ा है, संसार ने इसको नहीं पकड़ा है। जैसे, बाल्यावस्था को इसने छोड़ा नहीं, प्रत्युत वह स्वाभाविक ही छुट गयी। फिर इसने जवानी के संबंध को पकड़ लिया कि 'मैं जवान हूँ', पर इसका जवानी के साथ भी संबंध नहीं रहेगा। तात्पर्य यह हुआ कि अगर यह नया संबंध नहीं जोड़े तो पुराना संबंध स्वाभाविक ही छूट जाएगा, जो कि स्वतः छूट ही रहा है। पुराना संबंध तो रहता नहीं और नया संबंध यह जोड़ लेता है- इससे सिद्ध होता है कि संबंध जोड़ने और छोड़ने में यह स्वतंत्र और समर्थ है। अगर यह नया संबंध न जोड़े, तो अपना उद्धार आप ही कर सकता है। शरीर संसार के साथ जो संयोग (संबंध) है, उसका प्रतिक्षण स्वतः वियोग हो रहा है। उस स्वतः होते हुए वियोग को संयोग अवस्था में ही स्वीकार कर ले तो यह अपने आपसे अपना उद्धार कर सकता है।

'स्वयं चेतन और एकरूप रहते हुए भी इन प्राकृत चीजों के पराधीन हो जाता है और अपना पतन कर लेता है।[12] बड़े आश्चर्य की बात है कि इस पतन में भी यह अपना उत्थान मानता है और उनके अधीन होकर भी अपने को स्वाधीन मानता है।

तात्पर्य है कि प्राकृत पदार्थ इसके साधक (सहायक) अथवा बाधक नहीं है। यह स्वयं होगी अपना उद्धार कर सकता है, इसलिए यह स्वयं ही अपना बंधु (मित्र) है। हमारे जो सहायक हैं, रक्षक हैं, उद्धारक हैं,

उनमें भी जब हम श्रद्धा-भक्ति करेंगे, उनकी बात मानेंगे, तभी वे हमारे बंधु होंगे, सहायक आदि होंगे। अतः मूल में हम ही हमारे बंधु हैं; क्योंकि हमारे माने बिना, हमारे श्रद्धा विश्वास किए बिना वे हमारा उद्धार नहीं कर सकते- यह नियम है।

अपने सिवाय इसका कोई दूसरा शत्रु नहीं है।[13] प्रकृति के कार्य शरीर, इंद्रियाँ, मन, बुद्धि आदि भी इसका अपकार करने में समर्थ नहीं है। ये शरीर, इंद्रियाँ आदि जैसे इसका अपकार नहीं कर सकते, ऐसे ही इसका अपकार नहीं कर सकते. ऐसे ही इसका उपकार भी नहीं कर सकते। जब स्वयं उन शरीरादि को अपना मान लेता है, तो यह स्वयं ही अपना शत्रु बन जाता है। तात्पर्य है कि उन प्राकृत पदार्थों से अपने पन की स्वीकृति ही अपने साथ अपनी शत्रुता है। जिस जीवात्मा द्वारा स्वयं (मन) को जीता हुआ है, वह जीवात्मा स्वयं का मित्र है और जिसके द्वारा अपना मन नहीं जीता गया है, उसके लिए वह शत्रु के सदृश ही आचरण करता है।[14]

[1] *उद्धरेदात्मनात्मानं नात्मानमवसादयेत्। आत्मैव ह्यात्मनो बंधुरात्मैव रिपुरात्मनः ।। 6.5 ।।*

[2] *''उद्धरेदात्मनात्मानम्''- अपने आपसे अपना उद्धार करे- इसका तात्पर्य है कि शरीर, इंद्रियाँ, मन, बुद्धि, प्राण आदि से अपने आपको ऊँचा उठाए।*

[3] *अपना स्वरूप परमात्मा के साथ एक है और शरीर, इंद्रियाँ आदि तथा 'मैं'- पन प्रकृति के साथ एक है।*

[4] *'मैं' शरीर नहीं हूँ; क्योंकि शरीर बदलता रहता है और मैं वही रहता हूँ। यह शरीर 'मेरा' भी नहीं है; क्योंकि शरीर पर मेरा वश नहीं चलता अर्थात शरीर को मैं जैसा रखना चाहूँ, वह वैसा नहीं कर सकता;*

[5] *प्राकृत पदार्थ, क्रिया और संकल्प में आसक्त न हो, उनमें फँसे नहीं, प्रत्युत उनसे अपने आपको ऊपर उठाये। यह सबका प्रत्यक्ष अनुभव है कि पदार्थ, क्रिया और संकल्प का आरंभ तथा अंत होता है, उनका संयोग तथा वियोग होता है, पर अपने (स्वयं के) अभाव का और परिवर्तन का अनुभव किसी को नहीं होता। जड़ वस्तुओं से संबंधित मानना, उनकी आवश्यकता समझना, उनका सहारा लेना ही खास बंधन*

है।

[6] उत्पन्न और नष्ट होने वाले पदार्थ आदि में न फँसना उनके अधीन न होना, उनसे निर्लिप्त रहना ही अपना उद्धार करना है। मनुष्य मात्र में एक ऐसी विचार शक्ति है, जिसको काम में लाने से वह अपना उद्धार कर सकता है।

[7] 'कर्मयोग' का साधक उसी विचार शक्ति से मिले हुए शरीर, इंद्रियाँ, मन, बुद्धि आदि पदार्थों को संसार का ही मानते हुए संसार की सेवा में लगाकार उन पदार्थों से संबंध विच्छेद कर लेता है और अपने स्वरूप में स्थित हो जाता है।

[8] 'भक्तियोग' का साधक उसी विचार शक्ति से 'मैं भगवान का हूँ और भगवान मेरे हैं' इस प्रकार भगवान से आत्मीयता करके अपना उद्धार कर लेता है।

[9] 'ज्ञानयोग' का साधक उस विचार शक्ति से जड़ चेतना का अलगाव करके चेतन (अपने स्वरूप) में स्थित हो जाता है और जड़ (शरीर-संसार) से संबंध विच्छेद कर लेता है।

[10] जितात्मनः प्रशान्तस्य परमात्मा समाहितः।
शीतोष्णसुखदुःखेषु तथा मानापमानयोः॥६-७॥

"सर्दी-गर्मी, सुख-दुःख और मान-अपमान में जिसने स्वयं को अविचलित रख पा रहा होगा और जिसे ध्येय मार्ग से किसी भी परिस्थिति में अलग न किया जाता हगा उस जीवन का संचरण सदैव ही परमात्मा में सभी प्रकार से प्रतिस्थापित हो चूका होगा ऐसा मानकर ही चलना चाहिए।"

[11] ज्ञानविज्ञानतृप्तात्मा कूटस्थो विजितेन्द्रियः।
युक्त इत्युच्यते योगी समलोष्टाश्मकाञ्चनः॥ गीता अध्याय ६- श्लोक ८॥

जो (औपनिषदिक) और दिव्य ज्ञान, (आत्म अनुभव रूपी और बौद्धिक उत्कर्ष दिलाने लायक) विज्ञान से तृप्त है, विकाररहित है, इन्द्रियों को नियंत्रण में ला चूका और जिसके लिए सभी वास्तु एक समान हो गए होंगे, ऐसे योगी को हम युक्त कह सकेंगे।

[12] 'आत्मैव ह्यात्मनो बंधुः'- यह आप ही अपना बंधु है। अपने सिवाय और कोई बंधु है ही नहीं। अतः स्वयं को किसी की जरूरत नहीं है, इसको अपने उद्धार के लिए किसी योग्यता की जरूरत नहीं है, शरीर, इंद्रियाँ, मन, बुद्धि आदि की जरूरत नहीं है।

[13] 'आत्मैव रिपुरात्मनः'- यह आप ही अपना शत्रु है अर्थात जो अपने द्वारा अपने आप का उद्धार नहीं करता, वह अपने आप का शत्रु है। अपना मित्र और शत्रु आप ही है, दूसरा कोई मित्र और शत्रु हो ही नहीं सकता और होना संभव भी नहीं है। नात्मानमवसादयेत्- यह अपने आपको पतन की तरफ न ले जाए- इसका तात्पर्य है कि परिवर्तनशील प्राकृत पदार्थों के साथ अपना संबंध न जोड़ें अर्थात उनको महत्त्व देकर उनका दास न बने, अपने को उनके अधीन न माने, अपने लिए उनकी आवश्यकता न समझे। जैसे किसी को धन मिला, पद मिला, अधिकार मिला, तो उनके मिलने से यह अपने को बड़ा, श्रेष्ठ और स्वतंत्र मानता है, पर विचार करके देखें कि यह स्वयं बड़ा हुआ कि धन, पद, अधिकार बड़े हुए? प्रकृति के कार्य के साथ किञ्चिन्मात्र भी संबंध मानने से यह आप ही अपना शत्रु है।

[14] बन्धुरात्मात्मनस्तस्य येनात्मैवात्मना जितः। अनात्मनस्तु शत्रुत्वे वर्तेतात्मैव शत्रुवत्॥६-६॥

7

भगवान या ईश्वर !

ज्ञानीजन इस संसार वृक्ष को ऊर्ध्वमूल और अध:शाखा वाला अश्वत्थ और अव्यय कहते हैं; जिसके पर्ण छन्द (वेद) हैं, ऐसे संसार वृक्ष के स्वरुप को जो जानता है, वह वेदवित् कहलायेगा। उसे हर पल वेद से ज्ञान रुपी सुधा अमृत रुपी धन की प्राप्ति भी होती रहेगी । [1] उस वृक्ष की गुणों-(सत्त्व, रज और तम-) के द्वारा बढ़ी हुई तथा विषयरूप कोंपलोंवाली शाखाएँ सब जगह फैली हुई हैं। मनुष्यलोकमें (दृश्यजगत में) कर्मों के अनुसार बाँधनेवाले मूल सभी लोक में व्याप्त हो रहे हैं। इस संसारवृक्षका जैसा रूप परिलक्षित होता है, वैसा यहाँ प्राकृत रूप से मिलता नहीं; क्योंकि इसका न तो आदि , अन्त या स्थिति नहीं है। इसलिये इस दृढ़ मूलोंवाले संसाररूप अश्वत्थवृक्षको दृढ़ असङ्गतारूप शस्त्रके द्वारा काटने के बाद उस पद का अन्वेषण करना चाहिए जिसको प्राप्त हुए जीव पुन: संसार में नहीं लौटते। ईष्ट ही उस आदि पुरुष की शरण हैं , जिससे यह चिरंतन प्रवृत्ति प्रसृत हुई है। [2] जिनका मान और मोह निवृत्त हो गया है; संगदोष को जीत लिया है; अध्यात्म में स्थित हो चुके हैं; जिनकी कामनाएं निवृत्त हो चुकी हैं ; सुख-दु:ख नामक द्वन्द्वों से विमुक्त हो चुके सम्मोह रहित ज्ञानीजन अव्यय पद पाने के अधिकारी हो जाते हैं। [3] उसे न सूर्य प्रकाशित कर सकता; न चन्द्रमा प्रतिभासित कर सकती और न अग्नि से दीप्यमान हो सकता; उसे प्राप्त कर मनुष्य संसार के बंधन से मुक्त होकर मेरा परम धाम पाने का

अधिकारी बन जाता। [4] इस संसारमें जीव में स्वरूपस्थ आत्मा ईष्ट का ही सनातन अंश है; परन्तु वह त्रिगुणात्मक प्रकृतिमें रहते हुए मन और पाँचों इन्द्रियोंको आकर्षित करता है (अपना मान लेता है) और शरीर त्यागते समय उन इन्द्रियों को अपने में समेट लेता है। [5]

विवेकवान तत्ववेता साधक ही इस जीवात्मा के सही स्वरूप को जान पाते होंगे और परमात्मा से उसके रिश्तों को भली भाँति समझ भी पाते होंगे। [6] सूर्य , चन्द्रमा, गृह नक्षत्र आदि में विद्यमान अरुणाभा और तेज दीप्ति को भी ईश्वर का ही अंश जाना जाएगा; उन सभी तेजोमय दीप्ति का नियामक स्वरूप वह परमात्मा ही है। [7] पृथ्वी में व्याप्त होकर, मैं अपनी ऊर्जा से सभी जीवित प्राणियों का पोषण करता हूँ। मैं चंद्रमा बनकर सभी पौधों को जीवन के रस से पोषित करता हूं।

ईष्ट ही पाचक अग्नि स्वरू होंगे; साँसों की गति के नियामक होंगे; हृदय का स्पंदन; इन्द्रिय और चेतना के नियामक और कार्य-स्वरू ऊर्जा बनेंगे; उन्हींसे स्मृति, ज्ञान और बिस्मृति आया करेगी; समस्त वेदों और सिद्धांतों को जाननेवाले और शास्त्र के रचयिता व्याख्याता स्वरुप भी होंगे। अक्षर प्राण और क्षार शरीर के साथ जीव अस्तित्व आते रहेंगे। प्राण का अधिष्ठान सत्ता ही अविनाशी मुक्त प्राण है। इनके अलावा , अपरिवर्तनीय नियंत्रक के रूप में सर्वोच्च दिव्य व्यक्तित्व (अविनाशी परमात्मा) तीनों लोकों में प्रवेश करता है और सभी जीवित प्राणियों का संवर्धन के साथ साथ सम्पोषण भी करता है; वह ईष्ट पदार्थ के नाशवान संसार से और यहां तक कि अविनाशी आत्मा से भी परे होने के कारण वेदों और स्मृतियों दोनों में सर्वोच्च दिव्य व्यक्तित्व के रूप में मनाया जाता है। ईष्ट ही चार प्रकार से अन्न को पचानेवाले वैश्वानर बनेंगे।[8] क्षर पुरुष (जीवात्मा स्वरुप) और अक्षर (प्राण स्वरुप) से भी उत्तम उस परमात्मा (ईष्ट) का दिव्य स्वरुप जिसे पुरुषोत्तम माना जाएगा। [9] वास्तविक ज्ञान के धनी वे ही माने जाएंगे जो सर्वोच्च दिव्य व्यक्तित्व के रूप में जानते हैं। वे शिव ज्ञान से जीव की सेवा किया करेंगे; उनके मन हर प्रकार से ईष्ट के होने और न होने विषयक तर्क का प्रशमन भी हो जाएगा; उनके चित्त में और अन्तः करण में सदैव विभूति चिंतन के साथ साथ ईष्ट का ही अधिष्ठान विषयक सम्यक ज्ञान का आश्रय भी

परिलक्षित होगा।

त्रिगुणात्मक प्रकृति के बारे में गीता के अध्याय १४ में विस्तार से चर्चा की गई; योगेश्वर इस विषय पर प्रकाश डालते हुए तीनों गुणों के संचरण और परिसर सहावस्थान के बारे में भी चर्चा कर चुके।

जो लोग इस ज्ञान की शरण लेंगे वे ईष्ट के साथ एकरूप हो जाएंगे; इनका न तो सृष्टि के समय पुनर्जन्म होगा और न ही प्रलय के समय विनाश। संपूर्ण भौतिक पदार्थ, प्रकृति , दृश्य जगत का सर्जक है। ईष्ट इसे व्यक्तिगत आत्माओं के साथ संसेचित कर दिया करेंगे; विवर्तन की धारा क जारी रखेंगे; सभी जीवित प्राणियों का जन्म और विविधता का अधिष्ठान होगा । उत्पन्न होने वाली सभी प्रजातियों के लिए, भौतिक प्रकृति सर्जक स्थान है और ईष्ट ही बीजक सर्जक परम सत्ता स्वरुप है। [10] भौतिक ऊर्जा में तीन गुण (मोड) शामिल हैं - सत्व (अच्छाई), रजस (जुनून), और तमस (अज्ञान)। ये तीनों गुण शाश्वत आत्मा को नाशवान शरीर से बंधन उत्पन्न करनेवाले होते हैं; इनमें से, सत्वगुण (अच्छाई का गुण, दूसरों की तुलना में शुद्ध होने के कारण, प्रकाशमान और कल्याणकारी); यह सुख और ज्ञान की भावना के प्रति आसक्ति पैदा करके आत्मा को दृश्यजगत से बाँधनेवाला है। रजोगुण जुनून की प्रकृति का होने के कारण सांसारिक इच्छाओं और स्नेह से उत्पन्न होता रहेगा और सकाम कर्मों के प्रति आसक्ति के माध्यम से बन्धनकारक भी बना रहेगा। अज्ञान से उत्पन्न होनेवाला तमोगुण देहधारी आत्माओं के लिए भ्रम पैदा करनेवाला होगा; यह लापरवाही, आलस्य और नींद के माध्यम से सभी जीवों को धोखा में डालनेवाला भी है।

सत्व व्यक्ति को भौतिक सुख से बांधता है; रजस आत्मा को कर्मों की ओर प्रवृत्त करेगा; और तमस ज्ञान को ढक देता है, ठीक जैसे बादलों से ढाका नीलाम्बर; जैसे मैल से प्रतिसराइक खोनेवाले जल; जैसे शैवाल से पीड़ित समुद्र। कभी-कभी अच्छाई (सत्व) जुनून (रजस) और अज्ञान (तमस) पर हावी हो जाती है। कभी-कभी जुनून (रजस) अच्छाई (सत्व) और अज्ञान (तमस) पर हावी हो जाता है , और कभी-कभी अज्ञान (तमस) अच्छाई (सत्व) और जुनून (रजस) पर हावी हो जाता है; तीनों गुणों का संचयन और अधिष्ठान समय समय पर

बदलते रहेवाला भी माना जाएगा। जब शरीर के सभी द्वार ज्ञान से प्रकाशित हो जाएं, तो इसे सत्वगुण की अभिव्यक्ति समझें; रजोगुण प्रबल होने से लोभ, सांसारिक लाभ के लिए परिश्रम, बेचैनी और लालसा के लक्षण दिखेंगे; अविद्या, जड़ता, प्रमाद और भ्रम - ये तमोगुण के लक्षण माने जाएंगे। सत्व की प्रधानता परम गति का परिचायक बनेगा, शुद्ध फल देनेवाला भी होगा ; रजोगुण मध्यस्थिति देने लायक होगा और कृतकार्य के परिणाम से जोड़ेगा और तमोगुण से अधोगति का परिचय मिलेगा , यह व्यक्ति को तमसाच्छन्न भी कर सकता है । ईष्ट को त्रिगुणातीत जानकार ही साधक भागवत प्राप्ति के मार्ग पर चल पड़ते हैं और परमानंद के अधिकारी भी बन जाते हैं; और ऐसा करते करते मुक्ति पाने के दिव्य पथ पर चल पड़ते हैं; उनका स्वरुप भी उस ईष्ट की दीप्ती का परिचायक बन जाता है । आत्मा का भी त्रिगुणातीत हो जाना संभव है; वो हर परिस्थितीत में चित्त की समता, समदृष्टि और वृत्ति का समभाव रख लेते हैं; खुद को मोह , माया, लोभ, प्रमाद आदि से मुक्त कर पाते हैं और हर परिस्थिति में ईष्ट के चिंतन में तल्लीन रहा करते हैं।

[1] ऊर्ध्वमूलमधःशाखमश्वत्थं प्राहुरव्ययम्। छन्दांसि यस्य पर्णानि यस्तं वेद स वेदवित्।।गीता अध्याय १५.श्लोक १ ।।

ऊर्ध्वमूलं कालतः सूक्ष्मत्वात् कारणत्वात् नित्यत्वात् महत्त्वाच्च ऊर्ध्वम् उच्यते ब्रह्म अव्यक्तं मायाशक्तिमत् तत् मूलं अस्येति सोऽयं संसारवृक्षः ऊर्ध्वमूलः। श्रुतेश्च -- ऊर्ध्वमूलोऽवाक्शाख एषोऽश्वत्थः सनातनः (क0 30 2।6।1) इति। पुराणे च -- अव्यक्तमूलप्रभवस्तस्यैवानुग्रहोच्छ्रितः। बुद्धिस्कन्धमयश्चैव इन्द्रियान्तरकोटरः।।महाभूतविशाखश्च विषयैः पत्रवांस्तथा। धर्माधर्मसुपुष्पश्च सुखदुःखफलोदयः।।आजीव्यः सर्वभूतानां ब्रह्मवृक्षः सनातनः। एतद्ब्रह्मवनं चैव ब्रह्माचरति नित्यशः।।एतच्छित्वा च भित्वा च ज्ञानेन परमासिना। ततश्चात्मरतिं प्राप्य तस्मान्नावर्तते पुनः।। इत्यादि। तम् ऊर्ध्वमूलं संसारं मायामयं वृक्षम् अधःशाखं महदहंकारतन्मात्रादयः शाखा इव अस्य अधः भवन्तीति सोऽयं अधःशाखः? तम् अधःशाखम्। न श्वोऽपि स्थाता इति अश्वत्थः तं

क्षणप्रध्वंसिनम् अश्वत्थं प्राहुः कथयन्ति अव्ययं संसारमायायाः अनादिकालप्रवृत्तत्वात् सोऽयं संसारवृक्षः अव्ययः? अनाद्यन्तदेहादिसंतानाश्रयः हि सुप्रसिद्धः? तम् अव्ययम्। तस्यैव संसारवृक्षस्य इदम् अन्यत् विशेषणम् -- छन्दांसि यस्य पर्णानि? छन्दांसि च्छादनात् ऋग्यजुःसामलक्षणानि यस्य संसारवृक्षस्य पर्णानीव पर्णानि। यथा वृक्षस्य परिरक्षणार्थानि पर्णानि? तथा वेदाः संसारवृक्षपरिरक्षणार्थाः? धर्माधर्मतद्धेतुफलप्रदर्शनार्थत्वात्। यथाव्याख्यातं संसारवृक्षं समूलं यः तं वेद सः वेदवित्? वेदार्थवित् इत्यर्थः। न हि समूलात् संसारवृक्षात् अस्मात् ज्ञेयः अन्यः अणुमात्रोऽपि अवशिष्टः अस्ति इत्यतः सर्वज्ञः सर्ववेदार्थविदिति समूलसंसारवृक्षज्ञानं स्तौति।।तस्य एतस्य संसारवृक्षस्य अपरा अवयवकल्पना उच्यते ।

[2] गीता अध्याय १५ श्लोक ३, ४;

[3] निर्मानमोहा जितसङ्गदोषा अध्यात्मनित्या विनिवृत्तकामाः। द्वन्द्वैर्विमुक्ताः सुखदुःखसंज्ञै गच्छन्त्यमूढाः पदमव्ययं तत्।।गीता १५.५।।

निर्मानमोहाः मानश्च मोहश्च मानमोहौ? तौ निर्गतौ येभ्यः ते निर्मानमोहाः मानमोहवर्जिताः। जितसङ्गदोषाः सङ्ग एव दोषः सङ्गदोषः? जितः सङ्गदोषः यैः ते जितसङ्गदोषाः। अध्यात्मनित्याः परमात्मस्वरूपालोचननित्याः तत्पराः। विनिवृत्तकामाः विशेषतो निर्लेपेन निवृत्ताः कामाः येषां ते विनिवृत्तकामाः यतयः संन्यासिनः द्वन्द्वैः प्रियाप्रियादिभिः विमुक्ताः सुखदुःखसंज्ञैः परित्यक्ताः गच्छन्ति अमूढाः मोहवर्जिताः पदम् अव्ययं तत् यथोक्तम्।।तदेव पदं पुनः विशेष्यत।।

[4] गीता अध्याय १५ श्लोक ६;

[5] गीता अध्याय १५, श्लोक 7 -- शंकर भाष्यः

ममैव परमात्मनः नारायणस्य? अंशः भागः अवयवः एकदेश इति अनर्थान्तरं जीवलोके जीवानां लोके संसारे जीवभूतः कर्ता भोक्ता इति प्रसिद्धः सनातनः चिरंतनः यथा जलसूर्यकः सूर्यांशः जलनिमित्तापाये सूर्यमेव गत्वा न निवर्तते च तेनैव आत्मना गच्छति? एवमेव यथा घटाद्युपाधिपरिच्छिन्नो घटाद्याकाशः आकाशांशः सन्

घटादिनिमित्तापाये आकाशं प्राप्य न निवर्तते। अतः उपपन्नम् उक्तम् यदगत्वा न निवर्तन्ते इति। ननु निरवयवस्य परमात्मनः कुतः अवयवः एकदेशः अंशः इति सावयवत्वे च विनाशप्रसङ्गः अवयवविभागात्। नैष दोषः? अविद्याकृतोपाधिपरिच्छिन्नः एकदेशः अंश इव कल्पितो यतः। दर्शितश्च अयमर्थः क्षेत्राध्याये विस्तरशः। स च जीवो मदंशत्वेन कल्पितः कथं संसरति उत्क्रामति च इति? उच्यते -- मनःषष्ठानि इन्द्रियाणि श्रोत्रादीनि प्रकृतिस्थानि स्वस्थाने कर्णशष्कुल्यादौ प्रकृतौ स्थितानि कर्षति आकर्षति।।कस्मिन् काले;

[6] श्रीमद्भागवद्गीता अध्याय १५ श्लोक ८ से ११;

[7] यदादित्यगतं तेजो जगद्भासयतेऽखिलम्। यच्चन्द्रमसि यच्चाग्नौ तत्तेजो विद्धि मामकम्।।१५.१२ ।।

,यत् आदित्यगतम् आदित्याश्रयम्। किं तत् तेजः दीप्तिः प्रकाशः जगत् भासयते प्रकाशयति अखिलं समस्तम् यत् चन्द्रमसि शशभृति तेजः अवभासकं वर्तते? यच्च अग्नौ हुतवहे? तत् तेजः विद्धि विजानीहि मामकं मदीयं मम विष्णोः तत् ज्योतिः। अथवा? आदित्यगतं तेजः चैतन्यात्मकं ज्योतिः? यच्चन्द्रमसि? यच्च अग्नौ वर्तते? तत् तेजः विद्धि मामकं मदीयं मम विष्णोः तत् ज्योतिः।।ननु स्थावरेषु जङ्गमेषु च तत् समानं चैतन्यात्मकं ज्योतिः। तत्र कथम् इदं विशेषणम् -- यदादित्यगतम् इत्यादि। नैष दोषः? सत्त्वाधिक्यात् आविस्तरत्वोपपत्तेः। आदित्यादिषु हि सत्त्वं अत्यन्तप्रकाशम् अत्यन्तभास्वरम् अतः तत्रैव आविस्तरं ज्योतिः इति तत् विशिष्यते? न तु तत्रैव तत् अधिकमिति। यथा हि श्लोके तुल्येऽपि मुखसंस्थाने न काष्ठकुड्यादौ मुखम् आविर्भवति? आदर्शादौ तु स्वच्छे च तारतम्येन आविर्भवति तद्वत्।।किं च --,

[8] अहं वैश्वानरो भूत्वा प्राणिनां देहमाश्रितः। प्राणापानसमायुक्तः पचाम्यन्नं चतुर्विधम्।।गीता १५.१४ ।।

अहमेव वैश्वानरः उदरस्थः अग्निः भूत्वा -- अयमग्निर्वैश्वानरो योऽयमन्तः पुरुषे येनेदमन्नं पच्यते (बृ0 3 0 5।9।1) इत्यादिश्रुतेः वैश्वानरः सन् प्राणिनां प्राणवतां देहम् आश्रितः प्रविष्टः प्राणापानसमायुक्तः प्राणापानाभ्यां समायुक्तः संयुक्तः पचामि पक्तिं

करोमि अन्नम् अशनं चतुर्विधं चतुष्प्रकारं भोज्यं भक्ष्यं चोष्यं लेह्यं च। भोक्ता वैश्वानरः अग्निः? अग्नेः भोज्यम् अन्नं सोमः? तदेतत् उभयम् अग्नीषोमौ सर्वम् इति पश्यतः अन्नदोषलेपः न भवति।।किं च...

[9] ईष्ट के पुरुषोत्तम स्वरुप का वाचक शंकर भाष्य : ,यस्मात् क्षरम् अतीतः अहं संसारमायावृक्षम् अश्वत्थाख्यम् अतिक्रान्तः अहम् अक्षरादपि संसारमायारूपवृक्षबीजभूतादपि च उत्तमः उत्कृष्टतमः ऊर्ध्वतमो वा? अतः ताभ्यां क्षराक्षराभ्याम् उत्तमत्वात् अस्मि लोके वेदे च प्रथितः प्रख्यातः। पुरुषोत्तमः इत्येवं मां भक्तजनाः विदुः। कवयः काव्यादिषु च इदं नाम निबध्नन्ति। पुरुषोत्तम इत्यनेनाभिधानेनाभिगृणन्ति।।अथ इदानीं यथानिरुक्तम् आत्मानं यो वेद? तस्य इदं फलम् उच्यते --

[10]. भाष्यः मम स्वभूता मदीया माया त्रिगुणात्मिका प्रकृतिः योनिः सर्वभूतानां कारणम्। सर्वकार्येभ्यो महत्त्वात् भरणाच्च स्वविकाराणां महत् ब्रह्म इति योनिरेव विशिष्यते। तस्मिन् महति ब्रह्मणि योनौ गर्भं हिरण्यगर्भस्य जन्मनः बीजं सर्वभूतजन्मकारणं बीजं दधामि निक्षिपामि क्षेत्रक्षेत्रज्ञप्रकृतिद्वयशक्तिमान् ईश्वरः अहम्? अविद्याकामकर्मोपाधिस्वरूपानुविधायिनं क्षेत्रज्ञं क्षेत्रेण संयोजयामि इत्यर्थः। संभवः उत्पत्तिः सर्वभूतानां हिरण्यगर्भोत्पत्तिद्वारेण ततः तस्मात् गर्भाधानात् भवति हे भारत।।

8

पगडंडी

भारत और अन्य कई विकास मुखी देश में स्वेच्छा से काम करनेवाली संस्थाओं की संख्या काफ़ी है | कुछ संस्थाएँ बंद भी हो रही है और कई नई संस्थाओं को भी कर्मरत देखा जा रहा है | जिस विचार से संस्था चलती है और उसके साथ लोग जुड़ते चले जाते हैं वही संस्था की असली पूंजी है | कई संस्था को एक संकुचित दायरे में सिमटते हुए भी देखा जाता है | यह भी उस संकट की ओर इशारा हुआ मानेंगे जिसके कारण विचारों का खातमा भी हो सकता है और संस्था के नाम पर सिर्फ़ इमारतें और पैसा ही शेष रहेंगे | परिस्थिति विकराल रूप ले इसके पहले ही रचना धर्मी लोगों और समाज को इसका पहल करना होगा ताकि विरासत सुरक्षित रह पाए |

अधिकांश वरिष्ठ मित्रों और कार्यकर्ताओं का यही मत है कि संस्थाएँ अपने मूल ध्येय से भटक चुकी है और उनके सामने अपने ही अस्तित्व को टिकाए रखने का प्रश्न निर्माण हो चुका है | कई संस्थाओं को जनता जनार्दन में पैसों का पहाड़ दिखता है और विचारों व सर्वोदय संस्कारों से मीलों दूर किसी चमक दमक वाले गलियारों में वे सबके सब भटक रहे हैं | कभी सर्व भारतीय स्तर की मानी जानेवाली संस्था भी इन दिनों कूप मंडूकता से ग्रस्त होकर उसी हिसाब में लग चुकी है कि पैसों के मार्ग से और अधिक पैसा किस प्रकार से हासिल किया जा सके | कई संस्था प्रमुखों का घमंड इस कोटि का हो गया है कि उन्हें अपने विरोध में एक

भी शब्द सुनना पसंद नहीं | अतः यही वास्तविक है कि आनेवाले दिनों में इन संस्थाओं को कार्यकर्ता नहीं मिलेंगे और इन्हें नौकरों की टोली से ही काम निकालना होगा | जाहिर सी बात है की अब संस्था चलाने का खर्च भी बढ़ेगा |

चिकित्सा विज्ञान से जुड़े अपने एक मित्रवत कार्यकर्ता का भी यही मत है कि हम एक ऐसे कठिन समय से गुजर रहे हैं जब संस्थाओं में कार्यकर्ताओं को शरण मिलना और उनके विचारों और संस्कारों का संरक्षण हो पाना ज़्यादा कठिन हो जाएगा | इस परिस्थिति में ज़मीनें, इमारतें और पैसों को छोड़ कर और कुछ भी नहीं बचेगा | संस्था खुद को बचाए रखने के लिए अपने दायरों को दिन प्रतिदिन छोटा कर रही है | उन्हें भी अपने अस्तित्व खोने का डर सता रहा है और उनके पास दूसरा पर्याय है भी नहीं |

इस परिस्थिति में हम चुप रहें या फिर कुछ पहल करें इस विषय पर मित्र मंडली में चर्चा चल पड़ी है | ईस्वर की इच्छा अगर है और अगर यही समय की माँग हो रही है तो हमें ज़रूर कोई समाधान सूत्र मिलेगा | महात्मा भी ऐसा ही कहा करते थे कि प्रयत्न करते रहना एक कार्यकर्ता का ही काम है |

<u>विचारों और पैसों का द्वंद</u>

विचार के साथ अर्थ (पैसा , सम्पद, ज़मीन आदि) का रिश्ता ही कुछ अजीब सा है | लोग पैसों के बल पर हर एक को झुका देने की तमन्ना रखते हैं | कभी कभी उन्हें इतिहास के पन्नों से सीख लेते हुए अपनी भूमिका तय करना होगा | हम सब यह भली भाँति जानते हैं कि एक लुटेरा जब भारत से लूट का पैसा लेकर जा रहा था तो वह अपने ही साथियों के हाथों मारा गया | वो पैसा आखिर किसी के भी काम न आ सका | अगर किसी को यह लगता है कि मंगल विचार के धनी सिर्फ़ पैसों के लिए काम करेंगे तो उन्हें अनतिविलंब अपना विचार बदलते हुए यह समझ लेना होगा कि पैसों की ओर भागने वाला व्यक्ति मंगल और क्रांतिकारी विचार का धनी कदापि नहीं हो सकता | जिन संस्थाओं के पास पैसे, ज़मीनें और इमारतें आ चुकी है उन्हें लगता है कि अब वो दुनिया को किसी भी तरफ मोड़ सकेंगे और जनता जनार्दन को उनके

पास आना ही होगा | उन संस्था प्रमुखों को इस बात का ध्यान रखना होगा कि क़ानून का शिकंजा कभी भी कसा जा सकता है और किसी लोकतांत्रिक ढाँचों में इसकी संभावना कुछ ज़्यादा ही रहेगी | अतः कुछ ऐसा संतुलन बनाकर संस्थाओं को चलना होगा जिससे जनता जनार्दन के बीच उन वित्तवान संस्थाओं के चलते किसी प्रकार का रोष उत्पन्न न हो | एक ऐसी भी संस्था के बारे में पता चला जिन्होंने अपने ही कार्यकर्ताओं को काफ़ी अपमानित करके उनकी भावनाओं को कुचलकर काम से निकाल बाहर करने का निर्णय लिया | कभी कभी हमें भावनाओं का भी ध्यान रखना होता है; ताकि कोई व्यक्ति आवेश में आकर कोई ग़लत कदम न उठा ले | जिन कार्यकर्ताओं को निकाला गया उनमें से अधिकांश लोगों का नौकरी पाने का उम्र ही निकल चुका था और वो न तो नई व्यवस्था में ढलने के लिए मानसिक रूप से तैयार थे | इसका यह अर्थ भी नहीं है कि संस्थाओं को कामगार लोगों की संख्या में कटौती करने का कोई हक ही नहीं है | संस्था उन अधिकारों का उपयोग करते समय वयक्ति की भावनाओं का भी यथोचित सम्मान करे | किसी नौकर के अपमानजनक कारनामों का असर संस्था प्रमुख और उनके साथ जुड़े लोगों की प्रतिष्ठा को भी चपेट में ले सकता है | और यह एक प्रकार की मूर्खता ही है जिस बदौलत कोई संस्था बने बनाए कुशल कार्यकर्ताओं को छोड़ दे |

कार्यकर्ता निर्माण

अपने देश में ऐसे और भी संस्थाओं का परिचय हमें मिलता है जिनका मुख्य काम ही है कार्यकर्ता निर्माण | उनके पास कई युवा जीवन की तलाश में आते हैं और उनमें से कई पूर्ण रूप से जुड़ जाते हैं और ध्येय मार्ग पर अडिग भी रहते हैं | उन संस्थाओं की प्रगति इन दिनों तीव्र गति पर है और धीरे धीरे भारत के प्रत्यन्त भागों तक फैल रही है | इसको किसी दबी पाँव चलनेवाले तूफान से भी तुलना कर सकते जिसमें खर पतवारों के साथ साथ बड़े पेड़ पौधों को भी उड़ा ले जाने की असीम शक्ति है; उनका भान भी कुछ इस प्रकार का ही है | इस बात से समझदार लोगों को एक तो मौका मिल ही जाएगा कि वो अपने बिखरे हुए वस्तुओं को समेटकर उस तीव्र तूफान के वापस जाने का इंतजार करते रहें या फिर

खुद को किसी सुरक्षित जगह स्थानांतरित कर लें | नासमझ और घमंडी लोगों के लिए आने वाला काल और अधिक विकराल होने जा रहा है |

संस्था का प्रमुख काम ही है विचार का संकर्षन और उस विचार पर चल पड़ने वाले लोगों का संरक्षण |

कभी बंगाल के एक आश्रम से एक युवा सन्यासी यह कहकर निकल गये कि उन्हें उपयाचक और परिव्राजक का जीवन बिताना है | उपायाचक का अर्थ हुआ किसी से कुछ न माँगना और परिव्राजक से उनका अभिप्राय था कहीं भी ज़्यादे दिन का प्रवास न करना | उन्होंने गुरु माँ से अनुमति माँगकर निकलने का फ़ैसला भी कर लिया | सबसे ज़्यादा चिंता उस गुरु माँ को होने लगी; कारण था कि जिस देश में बिना माँगे पानी भी नहीं मिलता उस देश में कहीं इस युवा का हौसला न टूट पाए | उस यूवा का आश्रम से निकल आने का कारण तो कुछ और ही था | कभी कभी हमें कुछ कड़वाहट को गुप्त रखना होता है ताकि लोगों की भावनाओं को अनावश्यक ठेस न पहुँचे | इस बात का भी ध्यान रखना होता है कि हमारे किसी कारनामे से दूसरों की प्रगति बाधित न हो | कभी कभी दूरियाँ बना लेना मंगल कारक भी होता है | उस युवा सन्यासी ने आश्रम से दूरी इसलिए भी बना लिया था ताकि और साथियों को काम करने का अनुभव प्राप्त हो और उन्हें बड़ी ज़िम्मेदारियों से नवाजा जा सके |

समाधान सूत्र

हर समय संकट की बात करें और समाधान का कोई सूत्र न हो ऐसा कभी हो ही नहीं सकता | हम जिस व्यवस्था से निकलकर आते हैं हमारी मानसिकता और दैनिक व्यवहार भी उसी के मुताबिक बनना स्वाभाविक है, और फिर उसमें आधुनिकता का कुछ अंश मिल जाता है | कोई सूचना और प्रौद्योगिकी का विद्यार्थी एक सरलता और सादगी का जीवन जी रहा है इस बात से लोग परेशान हो उठते हैं और कभी कभी ऐसा उन्हें यकीन भी नहीं होता | जाहिर सी बात, लोग किसी भी स्थिति का जायजा अपने नज़रिए से ही लेते हैं और उन्हें उसी नज़रिए से समाधान सूत्र भी दिखने लगता है | आधुनिक प्रबंधन विज्ञान कहता है कि जिसे जिस प्रकार की भूख लगी उसे उसी प्रकार का भोजन दिया

जाय नहीं तो विरोध का बादल मंडराने लगेगा | पर सर्वोदय का विज्ञान इससे बिल्कुल ही अलग है : प्रबंधन को तभी कारगर और यशस्वी माना जाएगा जब परिसर में रहने वाले जानवर तक को भोजन और आसरा मिले | महात्मा का भी इसी से मिलता जुलता एक विचार था कि किसी परिसर में अहिंसा की प्रतिष्ठा है कि नहीं इसका पता लगाने के लिए हमें वहाँ रहनेवाले जानवरों और उनके साथ किए जाने वाले व्यवहारों को देखना होगा |

आत्म प्रत्यय का विज्ञान यह कहता है कि प्रयास करते रहना है | निरंतर प्रयास करते रहने से शत्रु का भी दिल जीता जा सकेगा | उसी आत्म प्रत्यय से अर्जुन को सारथि के रूप में श्री कृष्ण का साथ मिला और उतनी बड़ी सेना को परास्त करने में कामयाब हुए | दूसरी ओर श्री कृष्ण को भी पता था कि वो हर एक परिस्थिति से अर्जुन को नहीं बचा पाएँगे , पर अगर बजरंग बलि का साथ रहा तो हर संकट से उभरा जा सकेगा | अतः कपिध्वज का अवतरित होना और जंग समाप्त हो जाने के बाद जल जाना स्वाभाविक था | मौके मिलते रहें और निरंतर समय जाता रहे यह भी संतोष पाने लायक नहीं हो सकता | लंका नरेश रावण के सामने उसी के उपास्य देवता का रुद्र अवतार जीवन बचाने के उद्देश्य से समझाने आया और घमंड के बादलों से घिरे रावण को नियती के कराल ग्रास से बचा नहीं पाया | उस समय कई ऐसे भी दिन बीत रहे थे जब रावण नर्तकियों और किन्नरों से घिरा रहता था और मर्यादा पुरुषोत्तम घास के मखमली विस्तर पर चंद्रमा को निहारते हुए निद्रा विहीन रातें बिताया करते थे | बजरंगी के पराक्रम और उनके शौर्य - धैर्य के पहिए वाले धर्म रथ ने उन्हें विजय श्री दिलवाया |

कभी कभी हम यह भी समझ नहीं पाते कि अगर संहार वृति का प्रयोग करना भी रहा तो यह कैसे समझ लें कि वो समय अब आ चुका ! जब अपने देश में आश्रम परंपरा का विद्यालय चलता था उन दिनों एक आश्रम के कुछ विद्यार्थियों को नज़दीक के गाँव में एक कुटिया में आग की चिंगारी की ओर नज़रें गईं | उन्होंने अपने गुरु को बताया और उन्हें लगा कि गुरुदेव तुरंत ही आग बुझाने के काम में जुट जाने का आदेश देंगे | पर गुरुदेव ग्रामीणों के संकुचित वृति से भली भाँति परिचित थे |

उन्होंने इंतजार करने और स्थिति का जायज़ा लेते रहने के लिए कहा और खुद भी जगे रहे , और दूर से ही सही उस घटना को निहारते रहे | आग और बढ़ी, तब भी गुरुदेव चुप रहे और अन्य शिक्षुओं से भी चुप्पी बनाए रखने के लिए कहा | जब ग्रामीणों के बीच से "बचाओ, बचाओ " ऐसी पुकार आने लगी तब गुरुजी खुद कमर कसकर दौड़ पड़े, जाहिर सी बात थी कि उनके सभी विद्यार्थी साथ हो लिए | पूरी प्रक्रिया और आग बुझाने का काम पूरा होने के बाद जब विद्यार्थियों ने गुरुजी के ऐसे काम करने का कारण पूछा तो शिक्षक बोले , "लोगों की सामान्य वृति का ही फल है कि उनके मन में किसी के भी प्रति सहज रूप से संदेह पैदा हो जाया करता है | अगर उन्हें नींद से उठाकर हम कहें कि हम उनके इमारत में लगे आग को बुझाने आए हैं तो उनके मन में हमारे ऐसा करने को लेकर संदेह भी पैदा होगा | उन्हें ऐसा भी लग सकता है कि हम कुछ चोरी करने आए हैं और आग लगने का बहाना बना रहे हैं | बुलावा आने से हमारा वहाँ जाना यह हमारा एक सहज मानव धर्म है | "

सहज़ीवन की कला से भी हम यही सीखते कि मदद माँगे जाने पर मुँह नहीं मोड़ना चाहिए | हमें हमारी हैसियत के मुताबिक लोगों तक मदद का हाथ बढ़ा देना चाहिए | संस्था को अगर समाज के लिए बनाया गया होगा तो उस संस्था को समाज से हटकर कोई निर्णय नहीं लेना चाहिए | कभी कभी संस्था चालकों में भी वैचारिक मतभेद पनपने लगता है और उन्हें लगता है कि संस्था की हर गतिविधि से आमदनी हो | अगर आम के पेड़ से फल पाते पाते हमें यह लगने लगे कि उसकी जड़ों को भी निकाल लें और किसी न किसी काम में लगा डालें तो यह हमारी वैचारिक दीनता समझी जाएगी न कि सैद्धांतिक परिपक्वता | हम कभी कभी शराफ़त का चोला पहनकर कड़वाहट से दूर भागना चाहते हैं, पर कभी परछाई व्यक्ति का साथ नहीं छोड़ता ; अतः हमें दोनों को साथ लेकर ही एक निर्णायक की भूमिका में खरा उतरना होगा | अगर हम उस नेतृत्व शक्ति के आदि नहीं बन पाते हों तो तुरंत उस व्यवस्था और परिसर से हट जाना होगा | यही वक्त की नज़ाकत होने के साथ साथ सार्विक समाधान का सूत्र भी है |

शिक्षण विचार

शिक्षण एक निरंतर चलने वाली सतत प्रक्रिया है | इसे सिर्फ़ विद्यालय तक सीमित नहीं माना जा सकता | हमारे निसर्ग के प्रत्येक कण में शिक्षण पाने लायक तत्व भरा पड़ा है | चाहिए सेर्फे एक सकारात्मक दृष्टि ताकि उन बिखरे विचारून को हम सफलता पूर्वक ले सकें | मां, बाप, गुरु, संत, बच्चे इनमें यदि हम परमात्मा न देख सकें, तो फिर किस रूप में देखेंगे? इससे उत्कृष्ट रूप परमेश्वर का दूसरा नहीं है। ईसप के राज्य में सियार कुत्ते, कौए, हिरन, खरगोश, कछुए, सांप, केंचुए- सभी बातचीत करते हैं, हंसते हैं। एक प्रचंड सम्मेलन ही समझिए न! ईसप से सारी चराचर सृष्टि बातचीत करती है। उसे दिव्य दर्शन प्राप्त हो गया है।

संगीत का शास्त्र समझ तो लिया, किन्तु यदि कंठ से संगीत प्रकट करने की कला न सधी, तो नाद-ब्रह्म की सजावट नहीं होगी। खेत का कचरा निकालते-निकालते कर्मयोगी को खुद अपने हृदय का वासना-विकाररूपी कचरा निकाल डालने को बुद्धि उपजती है। संतों ने तो घोड़ों को खरहरा करने वाला, गायें चराने वाला, रथ हांकने वाला, पत्तल उठाने वाला, लीपने वाला, कर्मयोगी परमेश्वर खड़ा किया है। तलवार हाथ में लेने से हिंसावृत्ति अवश्य प्रकट होती है, परन्तु तलवार छोड़ देने से मनुष्य अहिंसामय होता ही है, सो बात नहीं। ठीक यही बात स्वधर्माचरण की है। अकेली तेल-बत्ती से दीया नहीं जल जाता। उसके लिए ज्योति की जरूरत होती है। ज्योति होगी, तो अंधेरा दूर होगा। यह ज्योति कैसे जलायें?

बाहर से विषय भोगों को छोड़कर यदि मन में भगवान का चिंतन न किया जाये, तो फिर इस बाहरी उपवास की क्या कीमत रही?

यदि कोई कहे कि 'नमक मिर्च की तरह', तो हम उसे पागल कहेंगे। पर यदि कोई यह कहे कि 'तारे फूलों की तरह हैं, तो उनमें साम्य दिखायी देने से आनंद होगा। हिंदू-मुस्लिम ऐक्य के लिए भूतकाल का विस्मरण ही एकमात्र उपाय है। मनुष्य यदि बुराई को छोड़कर सिर्फ अच्छाई को ही याद रखे, तो कैसी बहार हो! परंतु ऐसा नहीं होता। इसलिए विस्मृति की बड़ी आवश्यकता है। इसके लिए भगवान ने मृत्यु का निर्माण किया है।

अहिंसा की प्रक्रिया हृदय परिवर्तन पर आधार रखती है | हृदय परिवर्तन की अपनी एक पद्धति है | मनुष्य कभी कभी जनता भी नहीं कि उसका हृदय परिवर्तन हो रहा है | हमें यह ध्यान रखना चाहिए कि हमारे विचार, सोचने की पद्धति आदि उसके बाधक न हों | हम जब हृदय परिवर्तन और विचार परिवर्तन की बात करते हैं, तो हमारे सामने दूसरों के विचार परिवर्तन की ही बात होती है, ऐसा नहीं है | हमारे अपने और दूसरों के भी विचार परिवर्तन और हृदय परिवर्तन की बात होती है, या होनी चाहिए | जहाँ विचार और भ्रम दोनों होते हैं, वहीं उपासना भी होती है | यही दृष्टांत हृदय परिवर्तन की प्रक्रिया के लिए लागू होता है | भ्रम और सत्य, दोनों का होना हृदय परिवर्तन की एक अवस्था की प्रक्रिया में ज़रूरी होता है | मनुष्य पहले केवल भ्रम में होता है | वहाँ से उसे केवल सत्य में जाना है | अब केवल भ्रम से केवल सत्य की स्थिति में जाने के लिए रास्ते में ऐसी भूमिका आएगी , जब कि उसके मन में कुछ भ्रम और कुछ सत्य का आधार होगा | तब हम अगर फ़ौरन उसका खंडन करेंगे, तो उसका चित विचलित होगा और एक विरोध स्थापित हो जाएगा | उस भ्रम का खंडन करना अहिंसा के लिए बाधक होगा, यदि सत्य के ख़याल से उसका खंडन किया जाता हो तो | सत्य कभी चुभता नहीं | अगर वास्तव में सत्य है, तो हमेशा प्राण दायि होगा | जो तत्व प्राण दायि है,वह अहिंसक तो होगा ही, चुभेगा भी नहीं | चुभनेवाले सत्य में अहिंसा की कमी तो स्पष्ट ही है , लेकिन उसमें सत्य का अंश भी कुछ कम होता है |

समाधि अध्ययन का मुख्य तत्व है | समाधियुक्त गभीर अध्ययन के बिना ज्ञान नहीं | अध्ययन से प्रज्ञा और बुद्धि स्वतंत्र और प्रतिभावान होनी चाहिए | नई कल्पना,नया उत्साह, नया खोज, नई स्फूर्ति , ये सब प्रतिभा के लक्षण हैं | लंबी चौड़ी पढ़ाई के नीचे यह प्रतिभा दबकर मार जाती है | वर्तमान जीवन में आवश्यक कर्म योग का स्थान रखकर ही सार अध्ययन अध्ययन करना चाहिए | शरीर की स्थिति पर कितना विश्वास किया जाता है, यह प्रत्येक के अनुभव में आनेवाली बात है | भगवानकी हम सबपर पर अपार क्रिया ही समझनी चाहिए कि हममें वह कुछ न कुछ कमी रख ही देता है | वह चाहता है कि यह कमी जानकर

हम जागृत रहें | जीवन का मार्ग दो बिंदुओं से ही निश्चित होता है: हम हैं कहाँ और हमें जाना कहाँ |[1]

मैं सत्य की ओर अपने कदम बढ़ते रहूं तो भी ईश्वर की कृपा के बिना मंज़िल पर नहीं पहुँच सकता | मैं रास्ता काटने का तो प्रयत्न करता हूँ, पर अंत में मैं रास्ता काटता रहूँगा कि बीच में मेरे ही पैर कट जानेवाले हैं, यह कौन कह सकता हैं ? प्रार्थना के सहयोग से हमें बल मिलता है | प्रार्थना में दैववाद और प्रयत्नवाद का समन्वय है | दैववाद में पुरुषार्थ को अवकाश नहीं है, इससे वह वावला है | प्रयत्नवाद में निरहंकार वृति नहीं है, इससे वह घमंडी है | दैववाद में जो नम्रता है वह ज़रूरी है और प्रयत्नवाद में जो पराक्रम है वह भी ज़रूरी है | प्रार्थना इनका मेल साधती है |

हम जिसे जीवन की तैयारी का ज्ञान कहते हैं उसे जीवन से बिल्कुल अलिप्त रखना चाहते हैं, इसलिए उक्त ज्ञान से मौत की ही तैयारी होती है | आजकी मौत कलपर ढकेलते ढकेलते एकदिन ऐसा आ जाता है कि उस दिन मारना ही पड़ता है | जिंदगी की ज़िम्मेदारी कोई निरि मौत नहीं है , और मौत ही कौन सी ऐसी बड़ी "मौत" है? जीवन और मरण दोनों आनंद की वस्तु होनी चाहिए | ईश्वर ने जीवन दुःखमय नहीं रचा पर हमें जीवन जीना आना चाहिए | पानी से हवा ज़्यादा ज़रूरी है तो ईश्वर ने हवा को पानी से ज़्यादा सुलभ किया है | "आत्मा" अधिक महत्व की वास्तु होने के कारण वह हमेशा के लिए हरेक को दे डाली गई है | जिंदगी की ज़िम्मेदारी कोई डरावनी चीज़ नहीं है | वह आनंद से ओतप्रोत है , बशर्ते कि ईश्वर की रची हुई जीवन की सरल योजना को ध्यान में रखते हुए आयुक्त वासना को दबाकर रखा जाय | यह पक्की बात समझनी चाहिए कि जो जिंदगी की ज़िम्मेदारी से वंचित हुआ वो सारे शिक्षण का फल गँवा बैठा | जिंदगी की ज़िम्मेदारी का भान होनेसे अगर जीवन कुम्हालता हो तो वह जीवन वस्तु ही रहने लायक नहीं है | ईसप नीति के आरासिक माने हुए, परंतु वास्तविक मर्म को समझनेवाले मुर्गेसे सीख लेकर ज्वार के दानों की अपेक्षा मोतियों को मान देना छोड़ दिया तो जीवन के अंदर का कलह जाता रहेगा और जीवन में सहकार दाखिल हो जाएगा | भगवद्गीता जैसे कुरीक्षेत्र में कही गई वैसे शिक्षा जीवन - क्षेत्र

में देनी चाहिए, दी जा सकती है | व्यवहार में काम करनेवाले आदमी को भी शिक्षण मिलता ही रहता है | वैसे ही बच्चों को मिले |

कर्मयोगी बनने के लिए विद्यार्थियों को कुछ न कुछ निर्माण कार्य करते रहना चाहिए | निर्माण के बिना निःसंशय ज्ञान भी नहीं होता | प्रयोग से प्राप्त ज्ञान ही निःसंशय ज्ञान होता है | रोटी पकना अगर लड़कियों का काम है तो रोटी खाना भी लड़कियों का काम रहने दीजिए | अपने लिए ज्ञानमृत भोजन रख लीजिए | श्री कृष्ण बचपन में हाथ से काम करते थे, मेहनत मज़दूरी करते थे | इसीलिए गीता में इतनी स्वतंत्र प्रतिभा का दर्शनहमें होता है | जिस विद्या में कार्तृत्व शक्ति नहीं, स्वतंत्र रूप से सोचने की बुद्धि नहीं, ख़तरा उठाने की वृति नहीं वह विद्या निस्तेज है |

हर एक परिश्रम का नैतिक, आर्थिक और सामाजिक मूल्य एक ही है | प्राचीन कालमें हमारे यहाँ कला कम नहीं थी | लेकिन पूर्वजों से मिलनेवाली कला एक बात है और उसमें निरंतर प्रगती करते रहना अलग बात | अपनी प्राचीन कला को देखकर हमें आश्चर्य होता है, यही सबसे बड़ा आश्चर्य है | ऐसा हुआ कैसे? कारीगरों में ज्ञान का अभाव और हममें परिश्रम प्रतिष्ठाका अभाव यही इसका बड़ा कारण है | कुम्हार हो या बढ़ई, उसके घर में बच्चों को बचपन ही से उसके धंधे की शिक्षा अपने पिता माता से मिल जाती थी | बुनकर से तो मैं कहूँगा कि अपने पिता का धंधा करना तो उसका धर्म है और हम ही उसका बनाया कपड़ा न खरीदें तो वर्णाश्रम धर्म कैसे जीवित रहेगा ?

हमारी वृति के कारण उद्योग गया और उसके साथ साथ उद्योगशाला भी गई |

अपने देश में सेवा भाव से काम करनेवाली संस्थाओं की कमी नहीं है | उस संस्थाओं को देश विदेश से सेवा कार्य और ग़रीब कल्याण के नाम से पैसे भी मिल जाते हैं | इस प्रकार से सेवा करने के लिए बनी संस्थाओं की गतिविधि चलती चली आ रही है | उसी संस्था के आस पास समान विचारधारा वाले और समरूप तत्वज्ञान से प्रबुद्ध होकर कार्य करनेवालों का जमावड़ा भी होता आ रहा है | जब कोई व्यक्ति किसी दरिद्र व्यक्ति तक आसानी सा पहुँचना चाहे तो भी इन सेवा भावी संस्थानों के ज़रिए

पहुँचने का प्रयास किया जाता है ताकि दान को महिमा मंडित किया जा सके और उस सेवा भाव का मूल मकसद सध सके |

ग़रीबी उन्मूलन अगर किसी संस्था का ध्येय हो सकता तो सरकार बहादुर का भी यही ध्येय है और उनका प्रयास भी यही है कि ग़रीब नागरिक के ग़रीबी से ग्रसित होना का सही कारण पता करते हुए उसे उस ग़रीबी के जाता जाल से छुड़ा सके | पुराण और वेदों में ऐसे काफ़ी उदाहरण मिलते हैं जिसके ज़रिए हम एक सम्राट और एक नागरिक के संवेदनशीलता को समझ सकें | एकबार भक्त सुदामा के परिवार वर्ग ने सुझाया कि उनके मित्र श्री कृष्ण कन्हैया सम्राट बन चुके , अब तो सुदामा को इस अवसर का भरपूर लाभ उठाते हुए अपनी ग़रीबी दूर कर लेनी चाहिए ! पर सुदामा के मन में कुछ संकोच था; जिस मित्र को एक मुट्ठी चावल की भुजिया नहीं दे पाए थे उसी मित्र से कुछ कैसे माँगा जाय ! और फिर मित्र भला किसी मित्र से कहाँ कुछ माँगता है ! मित्र से सिर्फ़ मैत्री का ही संबंध रहता है | उस मैत्री के संबंध में स्वार्थ का आना उचित नहीं है और ऐसा करना भी नहीं चाहिए |

काफ़ी अनुनय विनय करने के बाद सुदामा मान तो गये पर उनके मन में किसी और कारण से आनंद और हर्ष का बाढ़ आया ; काफ़ी लंबी अवधि के बाद उन्हें अपने मित्र से मिलने का मौका मिलेगा और इस मौके को सुअवसर में बदलते हुए सुदामा वही भेंट लेकर निकल पड़े आश्रम प्रवास के समय जो कृष्ण के माँगने पर भी नहीं दे पाए थे | उस कारण से बने आत्म ग्लानि को धो डालने का समय आया है यह जानकार भी सुदामा हर्षित हो रहे थे |

गिरिधारी का मित्र वह भी ऐसी दशा में ! विश्वास भला किसे हो पाता , अतः सैनिकों का भ्रमित होना भी जायज़ था | सुदामा को कृष्ण के सिंह द्वार पर ही रोका गया | अंदर जानकारी भेजी गई, और फिर क्या; गिरिधारी अपने उस मित्र को गले लगाने के लिए दौर पड़े और अपने परिषदों को अचंभे में डाल दिया | उस मित्र को अपने ही आसन पर बिठाया और दोनों का प्रेम संवाद फिर देखते ही बन रहा था |

बचपन में एक विद्यार्थी कक्षा से तब निकल जाना मुनासिब समझा जब टोल के शिक्षक महाशय गणित का घटाव (या वियोग) सिखाना

चाह रहे थे | उस विद्यार्थी को सिर्फ़ योग सीखना था: आत्मा से परमात्मा का योग, मानव से ईष्ट का योग, सत्य और परम तत्व से अभ्यासी का योग, गुरु से शिष्य का योग; घटाव तो ईश्वर से भक्त को अलग कर देता है इसलिए उस विद्यार्थी को वियोग सीखना नहीं भाया | यह कथा श्री गदाधर के विद्यालय जीवन की कथा है जो आगे चलकर रामकृष्ण परमहंस नाम से परिचित हुए |

समय समय पर संतों और मतमाओं द्वारा योग को परिभाषित करने का प्रयास होता आ रहा है | योग के स्वरूप का उद्घाटन करते हुए भी संतों के द्वारा निरंतर प्रयास हो रहे हैं | भारतीय दर्शन में, षड् दर्शनों में से एक का नाम योग है। योग दार्शनिक प्रणाली,सांख्य मतों के साथ निकटता से संबन्धित है। ऋषि पतंजलि द्वारा व्याख्यायित योग संप्रदाय सांख्य मनोविज्ञान और तत्वमीमांसा को स्वीकार करता है | सांख्य को इसलिए भी एक वैज्ञानिक आधार मिला है जिसके अंतर्गत ईश्वरीय सत्ता को जीव रचना का विधायक माना गया |

(१) पातञ्जल योग दर्शन के अनुसार - योगश्चित्तवृत्तिनिरोधः (1/2) अर्थात् चित्त की वृत्तियों का निरोध ही योग है।

(२) सांख्य दर्शन के अनुसार - पुरुषप्रकृत्योर्वियोगेपि योगइत्यमिधीयते। अर्थात् पुरुष एवं प्रकृति के पार्थक्य को स्थापित कर पुरुष का स्व स्वरूप में अवस्थित होना ही योग है।

(3) विष्णुपुराण के अनुसार - योगः संयोग इत्युक्तः जीवात्म परमात्मने अर्थात् जीवात्मा तथा परमात्मा का पूर्णतया मिलन ही योग है।

(४) भगवद्गीता के अनुसार - सिद्धासिद्धयो समोभूत्वा समत्वं योग उच्चते (2/48) अर्थात् दुःख-सुख, लाभ-अलाभ, शत्रु-मित्र, शीत और उष्ण आदि द्वन्दों में सर्वत्र समभाव रखना योग है।

(५) भगवद्गीता के अनुसार - तस्माद्दयोगाययुज्यस्व योगः कर्मसु कौशलम् अर्थात् कर्तव्य कर्म बन्धक न हो, इसलिए निष्काम भावना से अनुप्रेरित होकर कर्तव्य करने का कौशल योग है।

(६) आचार्य हरिभद्र के अनुसार - मोक्खेण जोयणाओ सव्वो वि धम्म ववहारो जोगो अर्थात् मोक्ष से जोड़ने वाले सभी व्यवहार योग हैं।

(७) बौद्ध धर्म के अनुसार - कुशल चितैकग्गता योगः अर्थात् कुशल चित्त की एकाग्रता योग है।

हमारी स्वतंत्र अवधारणाओं और ज्ञान की संरचनों के मुताबिक योग के प्रकार भेद भी गिनाए जा सकते हैं | सबसे अधिक प्रामाणिक ग्रंथों में से दो श्रोत को चुना जा सकता है | शिवसंहिता तथा गोरक्षशतक में योग के चार प्रकारों का वर्णन मिलता है -

मंत्रयोगों हष्ष्चैव लययोगस्तृतीयकः।

चतुर्थो राजयोगः (शिवसंहिता , 5/11)

मंत्रो लयो हठो राजयोगन्तर्भूमिका क्रमात्

एक एव चतुर्धाऽयं महायोगोभियते॥ (गोरक्षशतकम्)

उपर्युक्त दोनों श्लोकों के अनुसार योग के चार प्रकार हुए : मंत्रयोग, हठयोग लययोग व राजयोग।

<u>मंत्र योग</u> के बारे में योगतत्त्वोपनिषद में कहा गया है-

योग सेवन्ते साधकाधमाः।

(अल्पबुद्धि धारण करनेवाले साधक मंत्रयोग से ईष्ट की सेवा करता है अर्थात मंत्रयोग उन साधकों के लिए है जो सीमित बुद्धि या अल्पबुद्धि के धारक माने जाते हैं |)

मंत्रजप मुख्यरूप से चार प्रकार से करने की बात कही गई है |

(1) वाचिक (2) मानसिक (3) उपांशु (4) अणपा।

हठ प्रदीपिका पुस्तक में हठ का अर्थ इस प्रकार दिया है-

हकारेणोच्यते सूर्यष्ठकार चन्द्र उच्यते।

सूर्या चन्द्रमसो योगाद्धठयोगोऽभिधीयते॥

"ह" का अर्थ सूर्य तथा ठ का अर्थ चन्द्र है। सूर्य और चन्द्र की समान अवस्था हठयोग है। शरीर में कई हजार नाड़ियाँ है उनमें तीन प्रमुख नाड़ियों का वर्णन है: सूर्यनाड़ी (अर्थात पिंगला) दाहिने स्वर का प्रतीक है। चन्द्रनाड़ी (अर्थात इड़ा) बायें स्वर का प्रतीक है। इन दोनों के बीच अवस्थान करनेवाली तीसरी नाड़ी सुषुम्ना है। इस प्रकार संक्षेप में अगर कहा जाए तो हठयोग वह क्रिया है जिसमें पिंगला और इड़ा नाड़ी के सहारे प्राण को सुषुम्ना नाड़ी में सन्निविष्ट कराकर ब्रह्मरन्ध्र में समाधिस्थ किया जाता है। योगतत्त्वोपनिषद में हठयोग के आठ अंगों का वर्णन है-

यम, नियम, आसन, प्राणायाम, प्रत्याहार, धारणा, ध्यान, समाधि |

<u>लय योग</u>

इस योग के अंतर्गत चित्त अपने स्वरूप में विलीन हो जाता है | चित्त की निरुद्ध अवस्था इस योग के अंतर्गत विचार्य विषय है | साधक के चित्त में जब चलते, बैठते, सोते और भोजन करते समय हर समय ब्रह्म का ध्यान रहे इसी को लययोग कहते हैं। योगत्वोपनिषद में इस प्रकार वर्णन है- गच्छस्तिष्ठन स्वपन भुंजन् ध्यायेन्त्रिष्कलमीश्वरम् स एव लययोगः स्यात (22-23) ||

<u>राजयोग</u>

एक ऐसे योग का विधान शास्त्र में सन्दर्भित होता है जिसके अंतर्गत अन्य सभी योग -आचरणों को समाविष्ट होता हुआ देखा जा सकता है | राजयोग का विषय चित्तवृतियों का निरोध करना है। चित्त-वृत्ती निरुद्ध करने की विधि को सर्वाग्र महत्व का विषय माना गया |

महर्षि पतंजलि के अनुसार समाहित चित्त वालों के लिए अभ्यास और वैराग्य तथा विक्षिप्त चित्त वालों के लिए क्रियायोग का सहारा लेकर आगे बढ़ने का रास्ता सुझाया है। इन साधनों का उपयोग करके साधक के क्लेशों का नाश होता है, चित्त प्रसन्न होकर ज्ञान का प्रकाश फैलता है और विवेक ख्याति प्राप्त होती है।

योगाडांनुष्ठानाद शुद्धिक्षये ज्ञानदीप्तिरा विवेक ख्यातेः (2/28)

राजयोग के अन्तर्गत महर्षि पतंजलि ने अष्टांग को इस प्रकार बताया है-

यमनियमासनप्राणायामप्रत्याहारधारणाध्यानसमाधयोऽष्टांगानि।

योग के आठ अंगों में प्रथम पाँच बहिरंग तथा अन्य तीन अन्तरंग में आते हैं।

महर्षि पतंजलि द्वारा प्रणीत योग, बुद्धि के नियंत्रण के लिए एक प्रणाली है जिसे राज योग के रूप में जाना जाता है। पतंजलि उनके दूसरे सूत्र मे "योग" शब्द को परिभाषित करते है, पूरे काम के लिए इसे व्याख्या सूत्र माना जाता है:

"योगः चित्त-वृत्ति निरोधः [- योग सूत्र 1.2]"

तीन संस्कृत शब्दों के अर्थ पर यह संस्कृत परिभाषा टिकी है। योग बुद्धि (चित्त) को विभिन्न रूप (वृत्ति) अपनाने से तथा विषयों में आविष्ट होने से रोकता तो है ही, बुद्धि को अधिक सुचाग्र करते हुए व्यक्ति को अंतर्मुखी बनने के लिए सहायक होता है |

राज योग (महर्षि पतंजलि प्रणीत हठयोग) के आठ अंग हैं:

यम : सत्य, अहिंसा, अस्तेय (चोरी न करना), अपरिग्रह (अनावश्यक धन और सम्पत्ति एकत्र न करना), ब्रह्मचर्य ।

नियम (पांच "धार्मिक क्रिया") : शौच (पवित्रता), सन्तोष, तपस, स्वाध्याय और ईश्वरप्राणिधान।

आसन : स्थिर (मन, चित्त, देह और बुद्धि) अवस्था प्राप्त करते हुए व्यक्ति अगर सुख अनुभव कर सके उसे योगासन या सिर्फ़ आसान कहेंगे |

प्राणायाम : प्राण, सांस, "अयाम ", को नियंत्रित करना या बंद करना। साथ ही जीवन शक्ति को नियंत्रण करने की व्याख्या की गयी है।

प्रत्याहार : बाहरी वस्तुओं से भावना अंगों के प्रत्याहार |

धारणा ("एकाग्रता"): एक ही लक्ष्य पर ध्यान लगाना |

ध्यान : ध्यान की वस्तु की प्रकृति का गहन चिंतन |

समाधि : ध्यान के वस्तु को चैतन्य के साथ विलय करना। इसके दो प्रकार है - सविकल्प और निर्विकल्प। निर्विकल्प समाधि में संसार में वापस आने का कोई मार्ग या व्यवस्था नहीं होती। यह योग पद्धति की चरम अवस्था है।

इस योग के अंतर्गत आत्म तत्व के विविध स्वरूपों का विवेचन है और यह विधान हर स्तर का जीवन जीनेवाले विविध अभ्यासी के लिए किया जानेवाला योग बताया गया | विचार, स्मृति और बुद्धि में समाधि पाने के बाद व्यक्ति खुद के अस्तित्व को विश्व ब्रह्मांड के आलोक में भली भाँति समझ सकेगा ; इतना ही नहीं विश्व चराचर में अपनी भूमिका भी तय कर सकेगा | योग के महत्व और जीवन सुधारक परम तत्व होने के विषय को लेकर समय समय पर संवाद होते आ रहा है और आगे भी होता ही रहेगा | कई प्रकार से इस विधान को दार्शनिकों और विवेचकों के माध्यम से समझने का प्रयास भी अक्सर होता आ रहा है |

सर्व प्रथम सांख्य, वेदांत और राज योग के बीच समन्वय स्थापित करने का प्रयास महर्षि वेद व्यास के द्वारा महाभारत के भीष्म पर्व के अंतर्गत किया गया | उसी पर्व के एक संकलन को हम श्रीमद्भगवद्गीता के रूप में पाते हैं | गीता के प्रथम अध्याय को अर्जुन विषाद योग कहा गया | प्रथम अध्याय में कौरव और पांडव इन दोनों सेनाओं का वर्णन किया जाता है। शंख बजाने के पश्चात अर्जुन सेना को देखने के लिए रथ को मैदान के बीच में ले जाने के लिए श्री कृष्ण से कहता है। तब मोहयुक्त होकर अर्जुन कायरता पूर्ण तथा शोक युक्त वचन कहने लग जाता है। गीता का मूल विषय ही है सांख्य, वेदांत और हठयोग में समन्वय स्थापित करते हुए एक योगी को उत्तम तथा धर्मार्थ मार्ग पर चलने के लिए प्रेरित करना |

कभी कभी हम इस बात को लेकर ज्यादा व्यस्त हो जाते हैं जब किसी व्रत विशेष को लेकर चर्चा चल पड़े। स्वाध्याय के बारे में भी वही परिस्थिति का निर्माण होता हुआ दिखेगा। सामान्य सृष्टि से यह समझा जाता है कि किसी वरिष्ठ के मदद के बिना किसी साहित्य का अध्ययन ही स्वाध्याय समझा जाये। इसका मतलब है स्व- का अध्ययन। अपनी स्थिति को सही तरीके से जान लेना ही स्वाध्याय समझा जाएगा ।से और भी कई अर्थ निकाले जाते होंगे।

सोच विचार तब और बढ़ जाता है जब हम किसी कृति का नाम ही स्वाध्याय रख दें ! यह कुछ ऐसा समझा जाना चाहिए जब हम श्री गंगा जी की पूजा करने के लिए उसी जल से अंजलि दे दें। कुछ ख़ास माने शायद ही निकालता होगा। जिस व्यक्ति को सनातनी परंपरा का रीति रिवाज विषयक सम्यक ज्ञान नहीं रहा होगा उसे तो यह काम बड़ा अजीब ही लगेगा, और मूर्खता भी समझी जायेगी। किसी संत को भी असा अजीब ही लगा था जब उन्होंने देखा कि तरपान के समय पूर्वजों को जल देने के लिए अंजलि नदी और जलाशय में डाली जा रही थी; वो भी बड़े ही श्रद्धा के साथ और काफी नियमों का पालन करते हुए।

इस शीर्षक के जरिये कुछ ऐसे ही विषयों पर चर्चा सत्र चलाई जा रही है जिसके आस पास विचार और परंपरा विषयक चर्चा और अध्ययन को गति मिल सकेगी। अभ्यासियों के सम्मुख एक नया आयाम भी

खुल सकेगा। सिर्फ इतना ही नहीं हम उन सभी क्रियाओं के जरिये स्व-के अध्ययन विषयक कृति को भी संदर्भित कर सकेंगे। योग दर्शन में स्वाध्याय को नियम के अंतर्गत एक व्रत माना गया। वहां चित्त के विक्षेप विषयक अनुक्रिया पर अंकुश पाने के लिए इस व्रत कि अहमियत गिनाई गई है। अगर वेद का आधार मानें तो पाते हैं कि पवित्र ग्रंथों का अध्ययन ही स्वाध्याय है।

जो संत योग ही सीखना चाहते थे और वियोग सीखने का मन नहीं बना पा रहे थे उनको इस बात की जानकारी तो थी कि योग के समान्तराल वियोग का होना भी अनिवार्य है ; इस सत्य से भागते रहना एक प्रकार की नादानी समझी जाएगी । उस नादानी के बदौलत ही योग के प्रति सबका लगाव ज़्यादा रहता है । जिनके पास धन है वो कभी नहीं चाहेंगे कि तिजोरी खाली होते रहे ; उनका यही मन रहता है कि तिजोरी सिर्फ़ भरता रहे । जिस महात्मा को सिर्फ़ योग सीखना था उनका यही मन रहता था कि जीवात्मा और परमात्मा का सिर्फ़ योग हो और वियोग न हो ; अपने आप नैसर्गिक वियोग भले ही हो, पर हम न करें, न सीखें और न ही उसके बारे में सोचें । अनित्य को छोड़ व्यक्ति नित्य के बारे में सोचे, अध्रुव को छोड़ व्यक्ति ध्रुव के बारे में सोचे, सचराचर विश्व में अपनी भूमिका को समझे, सर्वशक्तिमान के विधायक संस्क्रियाओं को समझे और उसी विधान के अंतर्गत अपने अंतरात्मा के साथ परमात्मा के जुड़े रहने के रहस्य को उसके सही स्वरूप में समझे ।

आचार्य विनोबा अक्सर उस देवत्व को व्यक्ति मात्र में होने की बात को समझने के लिए कहा करते थे; उस ब्रह्म स्वरूप को समझने की अनुक्रिया को ही ब्रह्म विद्या का एक अंश माना गया । समाज से जुड़कर रहते हुए समाज के घटकों का प्रबोधन हो, शास्त्र चिंतन के साथ साथ व्यक्ति राष्ट्र निर्माण के काम से जुड़े और कर्म प्रधान संस्कृति के आसीन होकर लोक कल्याण को सही दिशा मिले, इसपर उनका चिंतन चलता रहता था । उनका भी योग कुछ ऐसा ही था: व्यक्ति से राष्ट्र जुड़ा रहे, समाज से व्यक्ति जुड़ा रहे, विश्व चराचर से राष्ट्रों को जोड़ें, महासंघ को बनाए रखें , सबके अरमानों का सही स्वरूप में रक्षण हो ।

आचार्य तुलसी भी कहा करते थे व्यक्ति अगर योग के स्वरूप और उद्देश्य को समझते हुए आचरण करे और सही मार्ग पर चले तो राष्ट्र का सुधर जाना तय है |

यह भी देखा जा रहा है कि संतों की भाषा में समान रूप से तालमेल और सामंजस्य है | विभेद की भाषा कहीं भी नहीं व्याप्त हो रही है और न ही उनमें से किसी को विभेद देखने की अभिलाषा रही होगी | फिर भी समाज और राष्ट्र में विभेद और वियोग आ ही जाता और उसे झेलने के लिए जनता जनार्दन मजबूर सी हो जाती है | आचार्य भी अपने जीवन पर्यंत सबको जोड़ने का प्रयास करते रहे ता कि राष्ट्र निर्माण के मंगल कार्य को दिशा और गति मिल सके | वियोग लानेवाली संस्था और व्यक्ति को उनके कृत कर्मों से हटाकर राष्ट्र निर्माण के मंगल कार्य में लगाने का काम काफ़ी अहम हो जाता है | सरोवर में से कीचड़ निकालकर उसे साफ करने का हमारा सपना शायद ही पूरा हो पर किसी प्रौद्योगिकी के सहारे सरोवर में से कीचड़ को उठाया जा सकता है , और वहाँ बसे जीव जंतुओं को कोई नुकसान भी न पहुँचे |

अंततः यह कहा जा सकेगा कि भेद बुद्धि से उभरकर काम करते रहनेवालों को आधुनिक समाज में ज़्यादा प्रतिष्ठा और ज़्यादा स्वीकारोक्ति मिलेगी | अतः यही उचित होगा कि शिक्षा के कार्य में भी उन तत्वों को जोड़ते चलें जिसके बदौलत शिक्षु भेद बुद्धि से उभरकर एक सचेत नागरिक बन सकें और समय आनेपर अपनी भूमिका अदा कर सकें, राष्ट्र निर्माण में जुड़ सकें और विश्व चराचर में खुद की भूमिका को तलाशें, उसे सत्यापित करें | अक्सर हम संतों को अहिंसा के बारे में बात करते हुए सुनते हैं, उन्हें कुछ आचरण में और दैनिक व्यवहार में अहिंसा का अनुपालन करते हुए भी देखते हैं | शास्त्रों में भी समय समय पर अहिंसा का स्वरूप कई प्रकार से बताया गया | उसे धर्म और आदर्श का हिस्सा भी बनाया गया | सबसे उत्तम प्रकार से अहिंसा का स्वरूप प्रतिभाषित करनेवाले संत थे महर्षि पतंजलि | उन्होंने अपने द्वारा प्रतिपादित हठयोग प्रदीप में अहिंसा के स्वरूप को समझाते हुए कहते हैं --- "अगर किसी समाज, स्थान या सन्निधि में अहिंसा की प्रतिष्ठा हो तो उस सन्निधि में रहने वाले लोग परायापन भूलकर साथ साथ रहेंगे |

अहिंसा का यह बीज मंत्र हर स्थान पर हर देश के लिए हर परिस्थिति में कारगर साबित हो सकता है | इसके विपरीत चलनेवाले विनाशक वृति से देश, समुदाय समाज और मानव मात्र को बचाने के लिए भी अहिंसा के विज्ञान को उसके वास्तविक स्वरूप में समझना होगा |

अहिंसा के मार्ग पर चलहर और अन्य सभी जनों को चलने हेतु प्रोत्साहित करके कई महापुरुष खुद के भविषयद्रष्टा होने का प्रमाण दे चुके हैं | उन सबके सामने बाधाएँ खड़ी की गईं, हत्याएँ की गईं फिर भी वे सबके सब अपने अपने ध्येय मार्ग पर अडिग रहे | अहिंसा का व्रत राजनीति, लोक नीति, समाज नीति, अर्थ नीति आदि क्षेत्रों में कहाँ तक कारगर साबित हो सकता है? क्या अहिंसक वृति को मानने वाले लोग समाज में कम हैं? क्या उन्हें अपने हिंसक होने का अंजाम परिलक्षित नहीं होगा? क्या वे सबके सब अपनी अपनी समझदारी के क्षेत्र से काफ़ी डोर रहकर कार्य करते हैं?

और भी कई प्रश्न ऐसे निकाले जेया सकते हैं जिसके ज़रिए इतना तो साबित हो ही सकता है कि मुल्य संस्थापन, प्रबोधन और जनता जनार्दन को प्रोत्साहित करते हुए उन्हें अहिंसक बनाने वाले क्रियाशील समूह आपस में बँटे हुए हैं | वस्तुस्थिति के समयोचित विश्लेषण से हम परिस्थितियों और संबंधित जटिलताओं को और अधिक स्पष्ट रूप से समझ सकेंगे |

भारतीय दर्शन, वेद उपपनिषद आदि श्रोत हर प्रकार से आध्यात्मिक ज्ञान से पुष्ट होने के साथ साथ हर प्रकार से समृद्ध भी है; इसमें समय समय पर संत महात्मा अपना बहुमूल्य योगदान भी देते रहे; आगे भी इस प्रक्रिया में एक प्रकार से निरंतरता बानी रहेगी ऐसी कल्पना भी की जा सकेगी। इसे कुछ ऐसा भी मान सकेंगे जैसे हिमालय से चलनेवाली नदियां साल भर जल से पुष्ट रहते हुए बहा कराती है; जैसे हर अंतराल पर विशेष प्रकार की निर्मल धरा से प्रकृति को भी नहाते हुए हम देख सकेंगे; कुछ ऐसी प्रक्रिया जिसके जरिये जीव के साथ ईष्ट के विशेष रिश्तों और सम्यक एकरूपता का विषय बन जाता है; कुछ ऐसा विधान लजिसके अंतर्गत हम नैसर्गिक तत्व के साथ अविनश्वर आत्मा को मिलते हुए और उस क्रम में समग्र प्रकृति को क्रियाशील रहते हुए भी देख

पाएंगे। इस चर्चा में पिरोये जानेवाले आयाम इतने सारे हैं जिसे हर प्रकार से एक क्रमिक रूप में ही आत्मसात करते हुए अपनी समझदारी के क्षेत्र का निर्माण भी करना होगा।

बात यहीं समाप्त नहीं हो जाती; हमें यह भी समझना है जिस आशय को केंद्र में रखकर विचार प्रवाह की गंगा सदियों से चलती आ रही होगी और क्रमिक रूप से उसमें से विविध मतों और पंथों का निर्माण होता आया; आगे चलकर और भी मतों और पंथों का जन्म होता रहन एक भवितव्य ही मानें। किसी एक मत और पंथ की आलोचना करने के माध्यम से अन्य किसी मतों और पंथों का महिमामंडन करने का विज्ञान भी सदैव ही किसी न किसी पूर्वाग्रह से ग्रसित हुआ करेगा। उस चर्चा में तात्विक या वैधानिक शुद्धता का न होना ही सहज है; हम ऐसा भी नहीं कह सकेंगे कि कोई ख़ास मत या पंथ किसी भी ख़ास मानक के आधार पर पवित्र नहीं माना जा सकता; यह ऐसा ही हुआ जैसे समुद्र ने किसी नदी कि धारा को अपने में मिला लेने के पहले उस धारा की पवित्रता आदि के विषय में सोचने लगा। कभी भी हम किसी मत का पोषण करनेवालों से यह आग्रह भी नहीं रख सकते कि वो अपने मतों और पंथों का परित्याग कर दें और भिन्न किसी मत या पंथ को अपना लें; यहाँ तक कि देवकी नंदन भी बार बार भगवान को तीनों गुणों के अधीन विकसित होते रहने की बात को मानते आये और अपने सखा को यह समझाते रहे कि ईष्ट की आराधना के साथ साथ विधायक कर्म से जुड़ा रहना ही सर्वोत्तम मार्ग है, सब और से श्रेष्ठ मार्ग होने के साथ साथ सर्व समावेशक भी मान लेना होगा; वही सनातन और सर्वोत्तम भी है।

यहां (श्रीमद्भागवद्गीता में भी) उसी बात को बार बार कहा गया जिसके अंतर्गत स्वधर्म में बने रहने की प्रेरणा प्राणी मात्र को मिल जायेगी; हर प्राणी का अपना विशेष गुण धर्म है और उसी गुणधर्म से विवर्तन की धारा में बने भी रहना होगा; प्रकृति के साथ तालमेल बनाकर चलना होगा, या फिर मिटना होगा। विवर्तन की धारा में हम विविध प्रकार के जीव को पनपते भी देखेंगे और विलुप्त होनेवालों की संख्या भी कम नहीं ; विलुप्त होनेवालों को प्रकृति ने सम्यक रूप से स्वीकार नहीं किया; न ही उन्हें अपने वर्चस्व बनाये रखने के लिए नैसर्गिक तत्वों का

आधार ही मिल पाया। ऐसा भी दावे के साथ नहीं कहा जा सकेगा कि मानव उन सभी नियंत्रण की रूपरेखा से अछूता रहेगा जिसके अंतर्गत अन्य कई जीव सम्प्रदाय को संसार से मिटना पड़ा। अतः आत्मा, जीवात्मा, परमात्मा विषयक भेद बुद्धि के लिए वेद, उपनिषद, श्रुति आदि में कोई स्थान है ही नहीं; न ही ऐसी कोई मान्यता को शरण मिल पाई जिसके अधीन मानव को सर्व नियंता विधायक सत्ता मान बैठें। ऐसी मान्यता को पुष्ट करने लायक कोई तत्व का संचयन भी नहीं मिलता।

_[1]_ *ग्रामसेवा वृत्त से*

9

हमारा विश्व

अनर्थनीति

इस बात की चर्चा खूब चल पड़ी है की दुनिया में सभी देशों को कोरोना संक्रमण के चलते काफ़ी नुकसान उठाना पड़ रहा है | इस विषय को अगर अधिक सूक्ष्मता से देखें तो उत्पादन और सेवा के क्षेत्र में लगे हुए असंगठित लोगों को ही सबसे ज़्यादा नुकसान उठाना पड़ेगा, उन्हें ही आपदा के कारण अपने रोज़गार से हाथ धोने की नौबत सी आ गई | भारत में भी हमें इसका नज़ारा दिहाड़ी मजदूरों के पलायन के रूप में दिखा | कई जगहों पर उन्हें हिंसा, भूख, परेशानी आदि से भी गुज़रना पड़ा | सरकारी तंत्र में दर्ज लोगों को ही कुछ सहायता राशि आसानी से मिल पाने की उम्मीद है, और एक बड़ा अनपढ़ समूह उन सभी सुविधाओं से वंचित सा ही रहने वाला है | मध्यम और छोटे व्यापारी भी व्यवसाय चक्र टूटने से नुकसान झेलने के लिए मजबूर से हो रहे हैं | उन्हें कुछ ठोस सहयता राशि अगर मिल भी गई हों तो उससे ज़्यादा कुछ राहत मिलना संभव नहीं है| उनका व्यवसाय पटरी पर आने से पहले तक समस्याएँ बनी रहेगी | उनके पास उत्पादन से जुड़े लोगों का तंत्र अगर रहे भी हों तो बाजार का सक्रिय नहीं होने के कारण नुकसान उठाना पड़ेगा, अपितु एक अनिश्चयता से भी गुज़रना पड़ेगा |

किसी भी घटना क्रम से सिर्फ़ हानि ही हानि होते हों, कोई लाभ न होता हो ऐसा मान लेना समाज दर्शन के अनुकूल विचार नहीं हो सकता | कोरोना संक्रमण के कारण वैश्विक महामारी का सन्दर्भ भी कुछ ऐसा ही हानि और लाभ के तराज़ू में समतोल दर्शाता है | कोरोना संक्रमण से लाखों लोग जान गँवा बैठे, अरबों लोगों को नुकसान उठाना पड़ा, कई देश में आर्थिक मंदी जैसे हालात बन गये, लोगों का रोज़गार छिन गया, किसान और मजदूर एक अनिश्चित जीवन को अपनाने के लिए वाध्य हो गये, अंतरराष्ट्रीय सीमाओं पर तना - तनी की स्थिति बन गई, आतंक और अस्थिरता का बादल देश की सीमाओं में भी घूमने लगा, रंगभेद - जाति भेद आदि अवगुणों को लोग अधिकाधिक याद करने लगे और हर क्षेत्र में आर्थिक तंगी से देश को गुज़रना पड़ा |

नुक़सानों को गिनते रहें तो शायद सूची लंबी हो जाए | इसके विपरीत कुछ ऐसे भी वर्ग हैं जिन्हें इस महामारी के सन्दर्भ में कुछ लाभ भी हुआ| जागतिक स्तर पर सभी लोगों को चिकित्सक और चिकित्सा कर्मियों के योगदान से परिचित होने का मौका मिला, आपसी भेद भूलकर सम्मिलित रूप से आपदा प्रबंधन में लगने का मौका मिला, स्थानिक उत्पादों पर ध्यान टिकते हुए परियोजना प्रारूप तैयार करने की और उसी योजना को अमल में लाने हेतु प्रेरणा मिली, व्यापार जगत में अपनी पहचान बनाने और तत्परता दिखाने का एक सुनहरा मौका सबको मिला, चिकित्सकीय प्रबंधन के क्षेत्र में काफ़ी सुधार किए जाने लगे, नई प्रक्रियाओं को तथा निदान तंत्रों को आज़माने हेतु आवश्यक सुधार भी होने लगे और उन सुधारों से एक दूसरे को परिचित कराया गया | इस प्रकार से और भी कई मुनाफ़े गिनाए जा सकते हैं जो कि हमें अधिकाधिक बलशाली बनाने का काम करता रहा | एक तरह से प्रकृति को प्रदूषण के प्रकोप से मुक्त होने के लिए समय मिल गया | प्रकृति के रूप रंग में भी निखार आने लगा | अधिकाधिक देशों में नाकेबंदी के चलते प्रदूषकों का प्रमाण काफ़ी मात्रा में घटा, इसका नतीजा है कि हम निसर्ग को उसके स्वाभाविक रंग रूप में देख सके | इतना ही नहीं मौसम में भी कुछ बदलाव परिलक्षित हुआ | यह तभी हो पा रहा है जब हमारे कल कारखानों से ज़हरीले पदार्थों का निकलना कुछ कम हुआ है |

दक्षिण चीन सागर में मोर्चा खोलने के लिए चीन और साथी देशों को मौका मिला | उसे बाधा देने वाले जंगी बेड़े अभी खुद के देश में ही महामारी से जूझ रहे हैं, अतः सुनहरा मौका चीन अपने हाथ से जाने देना नहीं चाहेगा | जब पूरा विश्व संक्रमण से जूझ रहा है उस समय चीन अपने नये व्यापारिक पहलुओं को उजागर करने में लगा है | उसे आर्थिक मंदी के रास्ते विश्व व्यापार में हिस्सेदारी बढ़ाने हेतु अनुप्रवेश पाने का एक सुनहरा मौका दिखने लगा है | मंदी में चलने वाले उद्योगों को खरीदने के लिए चीन अपना पैसा लगाने के रास्ते तलाशने लगा | तीसरे विश्व के देश भी उसके नज़र से बचने वाले नहीं हैं | अमेरिका और योरोप की कमज़ोरी का सीधा लाभ चीन जैसे देशों को ही होनेवाला है |

संवेदना ही राष्ट्रीयता और समन्वय का मानक होने के साथ साथ उत्तम व्यवस्था का परिचायक है | इसके अभाव से किसी भी राष्ट्र और संप्रदाय के लिए संकटापन्न स्थिति में आ जाना एक भवितव्य मान लेना अनुचित न होगा | हम इस बात से भी इनकार नहीं कर सकते कि संवेदना रहित क्रिया कलाप हिंसा से ग्रसित हो सकता है | ऐसी परिस्थिति में संवेदनाओं को अगर राष्ट्रीय क्रिया कलाप का हिस्सा बनाना भी चाहें तो उसका मानक कौन कौन से होंगे? किसके प्रति संवेदनाओं को बनाए रखने की बात कही जाएगी ? संवेदनाओं का दृष्टिगोचर पक्ष कौन कौन से होंगे ?

सर्वोपरि अगर संवेदनाओं को आधार मानकर राष्ट्र रचना की कल्पना हम कर लें तो मजदूरों को बेघर होकर रास्ते पर निकालने की नौबत ही नहीं आती | दूसरे चरण में अगर मजदूर अपने कर्मस्थल से निकलकर अगर घर की ओर चल भी पड़े होंगे तो उन्हें रास्ते पर ही उचित सहयोग मिल जाता | संवेदना की कमी और संवेदनाओं का नहीं होने का ही नतीजा दिहाड़ी मजदूरों के रूप में हमारे सम्मुख सन्दर्भित होने लगा | सरकार चाहे किसी की भी हो , और चाहे कोई भी राजनैतिक दल उसका मुखिया हो , सबके सब संवेदनहीन होने के कारण उनपर मजदूरों का भरोसा नहीं रहा | भूखे प्यासे मजदूरों के पास सहयता सामग्री पहुँच पाने के मार्ग में भी कई बाधाएँ और सियासत दिखने लगे | आपसी खींच तान के इस क्रम में समन्वय और सम्प्रीति से बनने वाले काम बिगड़ते चले

गये | व्यवस्था में जुड़े लोगों को प्रत्यक्ष रूप से जनता के आक्रोशों का भी सामना करना पड़ा |

महासंघ का विज्ञान

मानवता का परिपोषक और उसके विपरीत , मार्ग पर चल पड़ने के आधार को नियामक मानकर विश्व को हम दो धूरी में बँट जाते हुए भी अब देख सकेंगे | संवेदनाओं को आधार मानकर संघों के सम्मेलन से ही मानवता का परिपोषक और परिचालक महासंघ भी बनेगा | उस ओर संघीय ढाँचों के मुखिया पहल कर भी चुके हैं | पिछले शताब्दी में हमने दो महा संघों को बनते और बिखरते भी देखा है | इस शताब्दी में भी उससे कहीं बलशाली एक महासंघ का निर्माण होगा और पुराने संघीय वतावस्था में कुछ फेर बदल करके उसे मिला लिया जाएगा, या फिर पुराने संघ को पूरी तरह से नष्ट करके नये महासंघ की रूपरेखा को प्रस्तावित कर दिया जाएगा | कोई भी संघ जब जनता जनार्दन के अरमानों और आकांक्षाओं पर खरा नहीं उतर पाते हों तो उसका यही परिणाम होना एक भवितव्य मानना होगा | अब वैसा समय नहीं रहा कि किसी एक गुट या संप्रदाय का वर्चस्व अन्य लोग आसानी से स्वीकार कर लें | सबके मतों को पुष्ट करते हुए प्रतिभागिता आधारित व्यवस्था के ज़रिए ही संघीय ढाँचों को ज़्यादा से ज़्यादा बल मिलेगा | इस ढाँचे से अलग होकर कोई भी व्यवस्था ज़्यादा कारगर सिद्ध नहीं हो सकती, न ही उसे ऐसा होने देने की ज़रूरत है |

संघीय व्यवस्था के कई रंग रूप का अनुभव लेते हुए मानव सभ्यता राजतंत्र से सामंत तंत्र के रास्ते लोकतंत्र और समाजतंत्र की ओर बढ़े चला है | गुरु शिष्य परंपरा का दर्शण रामायण में दर्ज किया गया, मित्र और मैत्री परंपरा का दर्शण महाभारत में दर्ज हुआ, राजतंत्र के ऊपर से विश्वास हटने के क्रम में लोकतांत्रिक और समाजतांत्रिक व्यवस्था का मिश्रण आधुनिक विश्व का दर्शन रहा, और अब सूचना तंत्र और प्रौद्योगिकी के बल पर क्रियान्वित रहने के मंत्र से अत्याधुनिक विश्व का क्रियान्वयन होना तय है | इस परिस्थिति में उसी संप्रदाय या

समूह को अधिकाधिक समर्थन प्राप्त होगा जिसके पास तांत्रिकी का बल है, जो संसार को एक बलशाली निदान देते हुए प्रगति के मार्ग पर समुचित तरीके से मार्गदर्शन कर सके | जिनके पास "सर्वजन हिताय सर्वजन सूखाय" कोई समाधान सूत्र रहेगा वही मार्गदर्शक के साथ साथ सामुदायिक उत्प्रेरक की भूमिका में भी खरा उतरेगा | कोरोना संक्रमण से विश्व को जो नुकसान हुआ वो दूसरे विश्व युद्ध में हुए नुकसान से कहीं ज़्यादा है, इस महामारी से समग्र अर्थ व्यवस्था पर दोहरी मार पड़ी, लोगों के रोज़गार छिन गये, दिहाड़ी मजदूरों को भुखमरी का शिकार होना पड़ा, सभी राष्ट्रों को प्रत्यक्ष या परोक्ष रूप से भारी नुकसान उठाना पड़ा, व्यक्ति से व्यक्ति की दूरियाँ बढ़ी और साथ ही साथ विश्वास भी टूटा | कुछ शक्तिधर देश इस संकट से भले ही उभर पाएँ, पर विकास मुखी देशों के लिए इस संकट से पार पाना शायद ही संभव हो | इस संकट से उभरने के तुरंत बाद ही भुखमरी और बेरोज़गारी का संकट पूरी दुनिया को चपेट में लेने के लिए प्रस्तुत रहेगा | ऐसा इसलिए भी होना तय है क्यूंकी सभी देश प्रत्यक्ष या फिर परोक्ष रूप से एक दूसरे पर निर्भर करने लगे हैं, एक दूसरे की व्यवस्था परस्पर के द्वारा काफ़ी मात्रा में प्रभावित भी होने लगी है | ऐसे सन्दर्भ में किसी संकट से उभरने के लिए भी संयुक्त रूप से योजनाएँ बनाने पड़ेंगे |

एक दूसरे के क्रिया कलापों से होने वाले सभी परिवर्तनों का सम्मिलित परिणाम क्या होगा उसपर भी मंथन करने की ज़रूरत है | अब जो संघ शक्ति का विज्ञान सन्दर्भित होगा उसके सम्मुख हमें स्वावलंबन के विवर्तित तत्वों को अमल में लाते हुए समग्र और सर्व समावेशक क्रियान्वयन के अंतर्गत विश्व व्यवस्था का नक्शा बनाना होगा | समस्या जागतिक है, तो जाहिर सी बात है की निदान तंत्र और संबंधित चिकित्सकीय प्रबंधन भी जागतिक हो, उसके व्यवस्थापन में लगनेवाले लोग जागतिक हों तो जाहिर सी बात यह भी है कि प्रभावित लोग भी जागतिक नागरिकता के धारक ही होंगे | ऐसी परिस्थिति में राष्ट्रीय नागरिकता के बगल में एक जागतिक नागरिकता मिल पाने की प्रक्रिया से भी हमें गुज़रना होगा , ताकि हम आसानी से जागतिक क्रियाकलापों में अपनी अपनी भूमिका तय कर सकें | यह कोई अलीक

कल्पना पर आधारित समाज और नियमन का विज्ञान नहीं है, बल्कि यह तो समाज के जागतिक सूत्रों को एक तंत्र में पिरोने का ही विज्ञान होगा |

राजनीति के कारण भेदभाव करने का आरोप एक राजनैतिक दल अन्य दलों पर लगाने लगेंगे , यह एक सहज प्रवृत्ति मानी जाएगी | अजूबा तो तब होगा जब सभी राजनीति करने वाले दल और नेतागण सुर में सुर मिलाकर खुद को एक सैनिक के नाते जनता जनार्दन के सम्मुख प्रकट करने लगें और अपनी अपनी भूमिका तय करने लगें | यह परिस्थिति भारत जैसे देश में आकर चली भी गई | आरंभिक समय में जब लोगों को कोरोना संक्रमण के स्वरूप विषयक कोई जानकारी नहीं थी और भारत इस लड़ाई को लड़ने के लिए पूरी तरह से तैयार नहीं था तब सभी दल और नेता गण सुर में सुर मिलाने लगे, पर ज़्यादा दिन ऐसा कर पाने में असमर्थ रहे | इसका कारण पैसा और जनता पर अपने अपने नियंत्रण रख पाने के समीकरण के चलते ही होता हुआ सन्दर्भित हुआ | कोई एक सरकार पक्षपात का आरोप लगाने लगी तो कोई और सरकार के नेतागण जनता जनार्दन के खाते में सीधे पैसा देने का परोक्ष रूप से विरोध करने लगे | राजनीति का खोखलापन इतना गंभीर हो उठा कि महाराष्ट्र के पालघर में उन्मत्त लोग संतों को सिपाहियों के सामने ही पीट पीट काट मार दिए | वहाँ की सरकार कुछ संवेदनहीनता का परिचय देते हुए संतों की हत्या को एक हादसा कहने लगे और लोगों से पुनः पुनः गुज़ारिश करने लगे कि उस घटना को कोई साम्प्रदायिक रंग देने का प्रयास न करें | समस्याओं का प्रमाण और ज़िम्मेदारियों का समीकरण कुछ भी हो सकता है , पर जनता जनार्दन के सामने राजनैतिक दलों का स्वार्थी स्वरूप प्रतिभासित होने लगा |

स्वतंत्र देश में जहाँ तिरंगों के नीचे भारतीय सेना के सभी होनहार जवान कार्यरत हो सकते हैं, जहाँ तिरंगे की शान बनाए रखने के लिए सिपाही जान की बाजी लगाते हों, जहाँ तिरंगे की शान में गीत गाए जाते हों , जिसकी गरिमा को ठेस पहुँचाने के पहले दुश्मन पचास बार सोचता हो उसी देश में कुछ राजनैतिक दल अलग अलग ध्वजों तले भारत को खुशहाल बनाने का शपथ लेने लगें और एक दूसरे के खिलाफ मोर्चा

खोल दें तो यह कुछ शोभनीय विषय नहीं हो सकता | उन दलों और गुटों पर जनता जनार्दन को भरोसा रखने से पहले भी हज़ारों बार सोचने की ज़रूरत है | संघीय ढाँचों में अपनी अपनी सहभागिता सुनिश्चित करने हेतु अलग अलग विचारधारा रखनेवाले समूह को अगर सरकारी यंत्र का हिस्सा बनने दिया जाए तो जाहिर सी बात है कि उनके बीच के दरारों में ही अलगाव की जड़ों का विस्तार होता रहेगा, और अंततः ऐसी दरारें क्रमशः संघ को ही संकट में डाल देंगी |

जहाँ नागरिक ही संकट में हों वहाँ नगर, परिषद, नेता , महाजन आदि लोगों का क्या होगा ? ऐसे महत्वाकांक्षी और स्वार्थी लोगों को रोज़गार के अवसर कौन देंगे? पहले तो राजस्थान, गुजरात, पंजाब, हरियाणा और महाराष्ट्र से भारी संख्या में मजदूरों को उनके गृह राज्य जाने के लिए मजबूर कर दिया गया, और उसके बाद आर्थिक गतिविधि शुरू कर पाने हेतु उनके वापसी की माँग होने लगी | इसका पता लगाना बहुत ही ज़रूरी है कि कौन कौन सी परिस्थिति में मजदूरों को बेरोज़गार होकर अपने घर की ओर भागने के लिए मजबूर होना पड़ा | मजदूर और किसान जिस देश में सुरक्षित न हों उस देश में गिने चुने कर्मचारियों को सुरक्षित रख पाना कहाँ तक संभव हो सकेगा? कौन से तंत्र होंगे जिसमें कामगार, मजदूर और किसान सुरक्षित रह सकें? किसान और मजदूर के खातों में कुछ रकम दे देने से, उनके लिए खाद्यान्न उपलब्ध करने से और उनके मुफ़्त इलाज का दायित्व ले लेने से कुछ हद तक राहत मिलने की उम्मीद जताई जा सकेगी | इसे लंबी अवधि तक चलनेवाले उपयोजना का हिस्सा नहीं समझा जाना चाहिए | मजदूर , किसान और बेसहारा लोगों के लिए सामाजिक सुरक्षा का दायरा बढ़ाना और उन्हें हर परिस्थिति में हर राज्य में मदद मिल पाने की परिस्थिति का निर्माण करना ही स्थाई समाधान की ओर बढ़ाया जाने वाला पहला कदम मान सकेंगे | इसके विपरीत कोई भी अस्थाई व्यवस्था को जनता जनार्दन के हितवर्धक तत्व के रूप में दिखना सही नहीं होगा |

लोकतंत्र का आधार

मौजूदा परिस्थिति में अगर हम जनता जनार्दन को एक ही ध्वज तले लाने का प्रयास करें तो हमें प्रतिनिधित्व आधारित लोकतंत्र में प्रत्येक नागरिक के लिए अंशभागी परिकल्पना को रुपायित करते हुए हर पक्ष की सहभागित सुनिश्चित करने लायक क़ानून परिषद का गठन करना होगा | भारत के सभी नागरिक को अगर हम संघीय रचना का हिस्सा मान रहे हैं तो उनके अंशभागी परिकल्पना को रुपायित करते समय भी उन्हें क़ानून परिषद या संसद में अपनी राय रख पाने का अवसर देना होगा | किसी एक होनहार जन प्रतिनिधि को सरकारी तंत्र से परिचित कराने हेतु और उनकी पात्रता सुनिश्चित करने हेतु किसी खास राजनैतिक दल का सहारा लेने की आवश्यकता इसलिए भी मानने लायक न होगा क्यूंकी सभी दल अपनी अपनी आकांक्षाओं का बोझ जनता जनार्दन पर डालते चलेंगे और उन सबके जीवनयात्रा का खर्च सरल जनता पर डाल दिया जाएगा | अगर कुछ कर पाने की पात्रता हम रखते हैं तो सर्वोपरि महात्मा गाँधी द्वारा प्रस्तावित लोक सेवक संघ के प्रारूप पर अमल करने हेतु अंतर मन से तैयार हों और उसे अपने देश में त्वरित लागू करने के लिए एक वालिष्ठ और युगोपयोगी कदम उठाने का सत्साहस दिखाएँ |

विरोध सिर्फ़ विरोध करने के लिए न होकर एक तर्कसंगत विषय के साथ साथ संपूरक निदान तंत्र का हिस्सा बनने लायक सन्दर्भित होते रहना चाहिए | अपने यहाँ विरोध करना लोकतंत्र का एक कलंक बन चुका है, यहाँ तक कि विरोध करने लायक ताक़त जुटाने के लिए बाहरी तत्वों का सहारा भी लिया जाता है, जिसका नतीजा अलगाव और आतंक भी हो सकता है |

जम्मू कश्मीर आतंक का शिकार बना हुआ है | ऐसी परिस्थिति में वहाँ बसे लोगों पर क्या बीत रही होगी, यह तो हम आसानी से सोच भी सकते हैं | सवाल उल्टे तरफ से भी पूछा जा सकता है, कश्मीर में इतने आतंकी कहाँ से पैदा हो रहे हैं ? उनको निरंतरता के साथ कौन सहयता दिए जा रहा है ? इस जिहाद में काफ़ी लोगों की जानें जा रही है | इन तमाम संवेदनशील कौशल्युक्त मुद्दे आधारित पहलुओं को उजागर करने लायक कोई तर्कसंगत निदान तंत्र हमारे पास रहे यही

अपेक्षित मानी जा सकेगी | मुसीबतों से हम ज़्यादा देर तक भाग नहीं सकते, इसका डटकर मुकाबला करने हेतु हमें अग्रज बनना होगा , अपितु व्यवस्था में लगे रहने के साथ साथ अपने करीबियों का भी ध्यान रखना होगा | इतना ही नहीं ऐसा करते हुए हमें संवेदनशील भी रहना होगा | मजदूर जब कर्मस्थल से अपने अपने घर के लिए चल पड़े तब किसी न किसी के नज़रों के सामने से ही गुजर रहे होंगे | जिन्होंने भी दिहाड़ी मजदूरों को बेसहारा होकर घर की ओर निकल पड़ने की दशा में देखा उन सभी लोगों के बीच अधिक संवेदना विकसित होने की ज़रूरत है | अपनी अपनी ज़िम्मेदारियों से दर किनार कर पाने के क्रम में उन्होंने सभी ज़िम्मेदारियों को सरकार पर थोपना मुनासिब समझा | जनता जनार्दन द्वारा मान्य एक संस्था है सरकार, उसमें भी कुछ ऐसे तंत्र हैं जिन्हें यंत्र मानव से तुलना की जा सकती है | उनके सक्रिय होने का सीधा संबंध राजनैतिक इच्छाशक्ति द्वारा ही निर्धारित होता रहता है |

सन १९४६ में भारत की आज़ादी के ठीक पहले आज़ाद भारत हेतु लोकतंत्र का स्वरूप प्रस्तावित करते हुए महात्मा यह महसूस कर रहे थे कि क्रांति से जुड़े संस्थाओं को इतिहास के पन्नों में ही रहने दें और एक व्यापक लोकतंत्रात्मक अंशभागी परिकल्पना सुनिश्चत करने लायक महासंघ का निर्माण कर दिया जाए, जहाँ नागरिक मात्र का प्रतिनिधित्व सुनिश्चित हो सके | उनके वही परिकल्पना को लोक सेवक संघ के रूप में जाना जाता है | इस परिकल्पना को पूरे स्वरूप के साथ कभी ज़मीन पर उतारा ही नहीं गया | सर्वोदय विचारधारा में आस्था रखनेवाले अग्रजगण आज़ाद हिन्दुस्तान में पनपनेवाली समस्याओं में उलझकर रह गये | नतीजा यह हुआ कि बहुदलीय लोकतंत्र के कलंक से भारतीयों के अरमानों को कुचला गया | भ्रष्टाचार के गहनों से राजनीति को सजाया जाने लगा और राजनेता के हाथ में भ्रष्टाचार का अमोघ . औज़ार आ गया | एक ऐसी परिस्थितियों से गुज़रना पड़ा जहाँ फिरंगियों के सभी दावे सच होते चले गये | आधुनिक भारत में अगर एक समझदारी के क्षेत्र का निर्माण हुआ है तो अब भी हमें बहुदलीय लोकतंत्र से निकलकर लोकसत्ता के बल से बलियान लोकसेवक संघ का निर्माण करते हुए राष्ट्र को अधिकाधिक वलिष्ठ बनाना होगा | साधन , हुनर और प्रौद्योगिकी

के बीच उचित मेल बंधन करते हुए हमें लोकहितार्थ एक संवेदनशील व्यवस्था का भी प्रतिपादन करना होगा जहाँ नागरिक मात्र का स्वार्थ रक्षण और संवर्धन संभव हो सके |

पौराणिक काल से ही हमारे सम्मुख ऐसे ऐसे अभ्यास को सन्दर्भित करने का प्रयास किया जाता रहा है जहाँ आत्मा और परमात्मा के मिल पाने की संभावनाओं को जटिलता से ग्रस्त एक कठिनतम तपस्या का क्रम माना गया | देव दानव के बीच संघर्ष को भी निरंतर चलते रहने वाली प्रक्रिया बताया जाता रहा | अनेकोनेक कथा माला के ज़रिए इस शुभ-अशुभ संघर्ष को निरंतरता प्रदान करने का प्रयास भी होते रहा | आज भी धर्मार्थ सेवा करनेवाले संत जन अवतार के भूमिका को लेकर आशावादी रहते हुए दिखेंगे | हमें उन संत जनों के प्रयासों और ध्येय मार्ग पर अडिग रहने की आकांक्षा से एक ही विषय का ज्ञान हो सकता है कि उनके अनुभव को पुष्ट करने लायक प्रजा पालक इष्टदेव का पार्थिव जगत में आना एक दार्शनिक मान्यताओं के अधीन सत्य है | इस आस्तिकता को धारण किए जीवन जीनेवालों की संख्या भी बहुत है |

सनातन परंपरा में त्रिदेव को ही श्रीष्टि- विनाश और विस्तार के क्रम का सर्व व्यापी सत्ता माना गया है | उसमें महादेव ही केंद्रक की भूमिका में रहे | उनके संहारक वृत्ति से छूटकर ही जीव अस्तित्व में आ सकता है | महादेव ही देवत्व के सर्वोत्कृष्ट तपश्चर्या में अधिकाधिक समय लीन रहते हैं | शिव महापुराण में उनसे जुड़े प्रचलित कथाओं और गथाओं का संकलन भी दर्ज है | अपने बजरंगबली हनुमान जी को भी हम एक सफल और कुशल रुद्र अवतार के रूप में पाते हैं |

कभी कभी हमें यह भी देखने के लिए मिलता है की हमारे जांबाज फौजी अपने जान पर खेलकर हमारे देश की रक्षा करते हैं, उन्हें शत्रु दमन के उद्देश्य से हथियार उठाना पड़ता है, जरुरत पड़ने पर हत्याएं भी करनी पड़ती है और उनके पास जब कोई चारा नहीं बचता है तो वे शत्रु पर जान लेवा हमला करने हेतु टूट पड़ते हैं | उन्हें अगर पूर्णतः अहिंसक बनाने का प्रयास किया जाये तो शायद सब के सब खड़े खड़े मर जायेंगे | जहाँ शत्रु अहिंसक नहीं है वहां रखवालों को भी आने वाले हर चुनौती का सामना करने हेतु डटकर खड़ा रहना ही वास्तवोचित माना जायेगा | हम

उन्हें उनके सम्यकत्व से, राष्ट्रप्रेम से, कर्तव्यनिष्ठा से और तत्परता सहित कार्यशील रहने से अलग नहीं कर सकते | अगर सभी शत्रु पक्ष को मुक्त रख दिया जाय तो शायद राष्ट्र के हर कोने में उनका वर्चस्व प्रस्थापित होता हुआ हमें देखना होगा |

हम शत्रु से मुक्त एक विश्व व्यवस्था की कल्पना भले ही कर लें, पर वास्तव में शायद ही ऐसा कुछ संदर्भित हो सकेगा | अतः सुर असुर संघर्ष हमेशा चलते ही रहनेवाला है , इसके स्वरुप तथा ढांचे भले ही समय समय पर बदलते रहें | इसका अर्थ है कि शत्रु और मित्र के संख्या और समूह में परिवर्तन आ भी सकता है | आज जो लोग मित्रवत रह रहे हैं, उनके बीच किसी कारणवश शत्रुभाव पनप भी सकता है | ऐसी परिस्थिति में हमारे अहिंसक वृति में भी क्या परिवर्तन कांक्षित होगा? क्या हमें भी अपनी भूमिका को दुबारा परखना होगा? सुविधाएँ प्राप्त करने, जिम्मेदारियां निभाने और समयोचित निर्णय ले पाने में हम अगर अपनी कमजोरी दिखा दें तो जाहिर है की शत्रु पक्ष को बल मिलेगा |

गहन सन्निविष्ट मित्रगण आपस में सामंजस्यता बनाये रखने के क्रम में अहिंसा का क्या स्वरुप हो सकता है? क्या अहिंसा शत्रुभाव को पूर्णतः समाप्त करने में सहायक तत्व है ? अनुभव यही कहता है कि विनाशक वृति रखनेवाले शत्रु के सामने हमें भी अपने विचारवंत होने का प्रमाण देना होगा| इतिहास साक्षी है कि सदैव संघर्षरत कोई समूह निरंतर तरक्की नहीं कर पाया है| अतः उस मार्ग पर चल पड़ने में कोई समाधान का दर्शन हो पाना शायद ही संभव हो |

भारतीय दर्शन में अहिंसा को बहुत ही महत्वपूर्ण स्थान मिला है | इसे हठयोग में एक व्रत के रूप में अवश्य पालनीय बताया गया है | महर्षि पतंजलि इस व्रत का स्वरुप बताते हुए कहे कि जहाँ रहने वाले सभी जीव परायेपन कि भावना का सरलतापूर्वक त्याग कर सकें वहीं अहिंसा कि प्रतिष्ठा हो चुकी है ऐसा मान सकेंगे | अहिंसा का एक व्यापक स्वरुप संयम से है | एक संयमित व्यक्ति आदतन अहिंसक भी होता है, अर्थात संयम के भीतर अहिंसा का बीजक है | किसी परिस्थिति, सुविधा, साधन आदि से संतुष्ट हो जाना वरताव में संतोष का होना भी व्यक्ति को

अहिंसक होने कि प्रेरणा देता रहेगा | हम कभी भी किसी जीव को स्वार्थी भाव से नुकसान में डालना पसंद नहीं करेंगे | एक हिंसा के विपरीत उससे भी कहीं तीव्रता वाले हिंसक वृति का जन्म लेना एक सहज प्रक्रिया है | यहाँ तक कि कभी कभी लोग भय से ग्रसित होकर हिंसा का सहारा लेने लग जाते हैं |

अहिंसा का अर्थ सिर्फ जीव को नहीं मारें या किसी को नुकसान न पहुंचाने मात्र से नहीं है | अपितु अहिंसा का एक व्यापक स्वरुप जीव मात्र को अपना समझते हुए उनके प्रति यत्नशील होने का तत्व है | उस व्यापक स्वरुप को अगर हम अपने जीवन में उतारना भी चाहें तो हमें जीवमात्र को अपना समझना होगा | इसी तत्व से विश्व मैत्री का संनियमन संदर्भित हुआ भी दिखेगा |

अहिंसा मानव को मानव से बांधने का विज्ञान है | इसके जरिये सभी समूह के सामने प्रगति का मार्ग प्रशस्त हो सकेगा | जहाँ वैरी भाव ही न रहें, वहां वैरी भाव के कारन उत्पन्न होने वाले सभी बाधक तत्वों का समाप्त होना भी अभिप्रेत है | हम सिर्फ इस बात के लिए भी इन्तजार नहीं कर सकते कि प्रतिपक्ष कब अहिंसक बनेगा| इसके लिए भी हम समय नहीं दे सकते कि अहिंसा के तत्व को प्रतिपक्ष भली भांति समझ ले | अहिंसक बनने से पहले शक्तिधर बनना जरूरी हो जाता है | क्यूंकि अहिंसा का मार्ग वीरों का मार्ग है, न कि कायरों का | किसी जीव को नुकसान न पहुँचाने का संकल्प तभी वास्तवोचित हो सकता है जब हम शक्तिधर हो जाएँ | बिना किसी बल के हम क्षमाशील होने का प्रयास करें भी तो वह टिकने वाला नहीं होगा | प्रतिपक्ष से किसी भी समय प्रतिघात मिलने कि संभावना के लिए हमें ततष्ठ रहना होगा |

संतोष और समाधान

किसी भी क्रियाशील समूह का मन और प्रकृति अपने क्रियाशील रह पाने की सीमाएँ तय कर लेता है, और उस सीमा के बाहर चलनेवाले अन्य सभी गतिविधियों और क्रियाओं में खुद के स्वार्थ के अनुकूल गतिविधियों में अपनी उपस्थिति दर्ज कराते रहता है | यही सीमांकन के

कारण क्रियाशील समूह आपस में लड़ते रहते हैं | उनके लड़ते रहने के कारण भी समस्याएँ पैदा होती है | आधुनिक विश्व एक ऐसी व्यवस्था की ओर बढ़ता जा रहा है जहाँ जंग के मैदान में बम और बारूद के साथ सूचना और संचार का भी घुसपैठ होनेवाला है, कुछ हद तक कहा जाए तो हो चुका है |

अगर हम अपने उस संकुचित अहम वृत्ति को व्यापक बना लें तो हमारी सभी गतिविधियों का सर्व-समावेशक होना तय है | जंगी सनक रखनेवाले राष्ट्रनेता गण भी जागतिक समस्याओं से निपटने के लिए अपनी उर्जा और मानस को सन्निविष्ट कर पाने के लिए अग्रज बनेंगे |

विज्ञान सहित तत्व-ज्ञान

कभी कभी धर्म - दर्शन विषयक तत्व विषयक चर्चा करते करते हम एक ऐसे पड़ाव पर आ जाते हैं जहाँ भक्त वत्सल को शब्द जाल में जकड़ा हुआ और भ्रमित होकर विलाप करता हुआ पाया जाएगा; उस भक्त के चेतन मन में जगत और जगदीश विषयक तत्व का प्रतिफलन तो परिलक्षित हो जाता होगा पर उसके लिए आत्मा और परमात्मा का सम्मलेन शायद कोई अजूबा लगता होगा; यह कोई जादूगर का सम्मोहन नहीं; मदारी का चमत्कार नहीं; ढोंगी का ढोंग नहीं; व्यक्ति का अहंकार से ग्रसित वाणी नहीं और न ही घमंडी का घमंड है |

यह तो ज्ञान ही है और विशेष रूप से किसी तत्व और विचार विषयक समझ (विज्ञान) है जिसके बदौलत कोई भी साधक ब्रह्म के सर्वव्यापी सत्ता को समझ सकेगा और उसी समझ के आधार पर सभी इन्द्रिय को नियंत्रण में रखते हुए आत्म संयमी बन सकने का प्रयास कर सकेगा |

पृथ्वी, जल, अग्नि, वायु, आकाश, मन, बुद्धि और अहंकार - ऐसे यह आठ प्रकार के भेदों वाली जड़ स्वरूप अपरा प्रकृति (माया) है; चेतन दिव्य-स्वरूप परा प्रकृति (आत्मा) जिसके द्वारा जीव रूप से संसार का भोग किया जाता है। मेरी इन जड़ तथा चेतन प्रकृतियों को ही सभी प्राणियों के जन्म का कारण है। इस सम्पूर्ण जगत की उत्पत्ति तथा प्रलय का मूल कारण परा प्रकृति (आत्मा) है । ईश्वर सान्निध्य महसूस कर

पाने कि अभिलाषा रखनेवाले मनुष्य में से एकाध जन उस ब्रह्म को महसूस कर पायेगा; कई साधक के लिए बिलकुल ही सरल मार्ग होगा और अन्य कई माया से ग्रसित साधक के लिए कठिन होगा |

जिस प्रकार माला में मोती धागे पर आश्रित रहते हैं उसी प्रकार यह सम्पूर्ण जगत मणियों के समान ब्रह्म के सर्वव्यापी सत्ता पर ही आश्रित है।

ब्रह्म ही जल का स्वाद, सूर्य तथा चन्द्रमा का प्रकाश; समस्त वैदिक मन्त्रो में ओंकार ; आकाश में ध्वनि और मनुष्यों द्वारा किया जाने वाला पुरुषार्थ ; पृथ्वी में पवित्र गंध; अग्नि में उष्मा ; समस्त प्राणीयों में वायु रूप में प्राण ; तपस्वियों में तप; सभी प्राणीयों का अनादि-अनन्त बीज; बुद्धिमानों की बुद्धि और तेजस्वी मनुष्यों का तेज ; बलवानों का कामना-रहित और आसक्ति-रहित बल ; सब प्राणीयों में धर्मानुसार (शास्त्रानुसार) विषयी जीवन ; प्रकृति के तीन गुण - सत्व-गुण, रज-गुण और तम-गुण से उत्पन्न होने वाले भाव उन सबको परम-अविनाशी से उत्पन्न होने वाले ही समझना होगा; प्रकृति के इन तीनों गुणों से उत्पन्न भावों द्वारा संसार के सभी जीव मोहग्रस्त रहते हैं, इस कारण प्रकृति के गुणों से अतीत परम-अविनाशी को नहीं जान पाते।

यह तीनों दिव्य गुणों से युक्त अपरा शक्ति स्वरुप माया को पार कर पाना असंभव है, परन्तु जो मनुष्य परम अविनाशी त्रिगुणातीत ब्रह्म के शरणागत हो जाते हैं, वह माया से ग्रसित संसार सागर को आसानी से पार कर जाते हैं; यहाँ तक कि संसार में रहते हुए भी मोह माया के नागपाश के खुद को मुक्त रख पाने में समर्थ रहते हैं; मन को आत्मा के विषय में तल्लीन रखते हुए , इन्द्रिय उत्पीड़न से मुक्त रहते हुए, ईश्वर अनुराग में अधिकांश समय व्यतीत करते हुए सदा संतोषी रहते हैं | मनुष्यों में अधर्मी और दुष्ट स्वभाव वाले मूर्ख मोहान्ध लोग ईश्वर में अनुरक्त नहीं रह पाते, न ही ईश्वर के सान्निध्य विषयक विशवास धन के धनी हो पते, न ही ईश्वर के अस्तित्व विषयक सत्य का अनुधावन कर पाते, न ही खुद के इन्द्रिय और मन को भोग और विलास व्यसन से मुक्त रख पाते, न ही गुरु पद के अनुरागी बन पाते, न ही शंकाओं और भ्रम से मुक्त रह पाते|

चार प्रकार के उत्तम कर्म करने वाले : आर्त - दुख से निवृति चाहने वाले; अर्थार्थी - धन-सम्पदा चाहने वाले; जिज्ञासु - केवल मुझे जानने की इच्छा वाले और ज्ञानी - ईश्वर को ज्ञान सहित जानने वाले, भक्त ईश्वर का करते हैं।

इनमें से वह ज्ञानी अत्यन्त प्रिय और सर्वश्रेष्ठ है जो सदैव अनन्य भाव से ईश्वर की शुद्ध-भक्ति में स्थित रहता है । ज्ञानी भक्त तो साक्षात् ईश्वर का ही स्वरुप होता है, क्यूंकि वैसा भक्त सभी तत्वों को भली भाँती जानकार ईश्वर अनुराग में ज्यादा समय व्यतीत करता रहता है; ईश्वर अनुराग का धनी जीव मात्र में खुद का स्वरू और खुद के स्वरू में जीव मात्र को देख सकेगा |

परब्रह्म परमात्मा के अलावा अन्य देवी देवताओं के प्रति अनुरक्त होनेवाले भक्त वत्सल के बारे में यही कहा जा सकता कि सांसारिक विषयों के प्रति कामना के कारण ज्ञान का प्रकाश धूमिल हो चूका है और उसी विषय कामना के कारण उनका मन भी चंचल हो जाया करेगा | अगर भक्त का चित्त किसी देवी देवता पर स्थिर हो चूका तो परमात्मा उस स्थिरावस्था को और अधिक दृढ बना दिया करेंगे और भक्त वत्सल को उसी मार्ग पर लगे रहने कि प्रेरणा भी दिया करेंगे; कारन हर मार्ग अंततः परमात्मा पर ही जाकर भक्त के लिए मुक्ति का मार्ग प्रशस्त कर दिया करेगा; संतान किसी भी गन्दगी से उठकर आये माँ हर वक्त उस संतान का हाथ पेअर धो दिया करती है और उस संतान के प्रति स्नेह भी बनाकर रखती है; यह तो परमात्मा का ही प्रसाद माँ लेना चाहिए जो भक्त का ऊपर करुणा धारा बनाकर रखेंगे |

इच्छा पूर्ति की कामना किसी भी देवता से मांगी जाए अंततः परब्रह्म परमात्मा ही उस मांग की और उस इच्छा की पूर्ति कर दिया करेंगे; इस विशवास का धनी फिर परमात्मा पर ही मन लगाया करेगा | योगमाया द्वारा आच्छादित रहने के कारण अंतरात्मा का स्वरुप सबके लिए सामान रूप से प्रकट नहीं हो पाता; जगत चराचर में व्यक्त जीव और जड़ का भरा पूरा संसार सृष्टि रचना का सही स्वरुप नहीं है , बल्कि उन सभी संरचनाओं और अभिव्यक्त स्वरुप में परमात्मा का ही अंश रूप विद्यमान है; यह कुछ ऐसा ही समझा जायेगा जैसे सैंकड़ों चींटी एक

चीनी के पहाड़ से अपनी क्षमता के अनुसार दानों का संग्रह करे और धोकर लाता रहे ; जैसे सूर्य से प्राप्त ऊर्जा को आधार मानकर जीवन रचना का अभ्यास करे; जैसे श्वास वायु के बल पर जीव श्रम करने के लिए आगे बढे; कुछ ऐसी परिस्थिति का दर्शन हो जब बादल हट जाने के बाद हमें अनंत आकाश को देखने का मौका मिलता हो; कुछ ऐसा अनुभव जब हम सुख- दुःख, लाभ - हानि, उच्च - नीच आदि विरोधाभाषी तत्वों के उत्पीड़न से मन को मुक्ति मिल सके |

जीवन -- मृत्यु के बंधन से मुक्ति पाने का अभिलाषी भक्त ब्रह्म, परमात्मा और उसके सभी कर्मों को जानता है; खुद को सभी द्वंदों से मुक्त कर पाता है और पाप -पुण्य के भाव से मुक्त हो पाता है | जो ज्ञान के आलोक से दीप्यमान प्रबुद्ध भक्त परमात्मा को अधिभूत (सम्पूर्ण जगत का कर्ता), अधिदैव (सम्पूर्ण देवताओं का नियन्त्रक) तथा अधियज्ञ (सम्पूर्ण फ़लों का भोक्ता) सहित जानने लगेगा और जिसका मन निरन्तर ईश्वर में स्थित रहता है वह मनुष्य मृत्यु के समय में भी ईश्वर अनुराग से पुष्ट रहा करेगा; ध्येय मार्ग से विचलित नहीं होगा; न ही दिग्भ्रमित होगा; न ही कभी ईश्वर के स्वरुप और सर्व-व्यापकत्व के बारे में शंका रखेगा |

प्राण तत्व के बारे में वेद में सविस्तार से विवेचना उपलब्ध है जिसके आधार पर प्राण के स्वरुप का भी सम्यक ज्ञान किया जा सकेगा और इसे सही परिप्रेक्ष्य में समझा भी जा सकेगा | वेदों में प्राणतत्व की महिमा का गान करते हुए उसे विश्व की सर्वोपरि शक्ति स्वरुप माना गया: प्राण विराट है, सबका प्रेरक है; इसी से सब उसकी उपासना करेंगे | वह ही ही सूर्य, चन्द्र और प्रजापति स्वरुप है।[1] जिसके अधीन यह सारा जगत है, उस प्राण को नमस्कार; वही सबका स्वामी होने के साथ साथ उसी में सारा जगत प्रतिष्ठित है।[2] एकदेव प्राण है (कौषितकी ऋषि)।[3] प्राण ही ब्रह्मा है।[4] प्राण और प्रज्ञा के सर्वव्यापी स्वरुप का निरूपण करते हुए भी वेद और पुराणों में स्थान स्थान पर विचार व्यक्त किये गए; सिर्फ इतना ही नहीं वेद वेत्ता संत महात्मा भी प्राण के स्वरुप को व्यक्त करने के लिए सरल भाषा में समय समय पर व्याख्यान देते आ रहे हैं | ब्राह्मण और आरण्यक में कहा गया : इस समस्त संसार में तथा

इस शरीर की संरचना में जो कुछ प्रज्ञा का संचरण होता रहता है वह प्राण (प्रज्ञा) ही है। प्रज्ञा और प्राण एक ही स्वरुप का परिचायक है |[5] प्राण ही इस विश्व को धारण करने वाला है इसकी शक्ति से ही यह ब्रह्मांड अपने स्थान पर टिका हुआ है। चींटी से लेकर हाथी तक सब प्राणी इस प्राण के ही आश्रित होंगे ; यह अगर न होता तो जो कुछ हम देखते हैं कुछ भी इन्द्रिय ग्राह्य नहीं होता और न ही संदर्भित हो पाता।[6]

एक विस्तृत विवेचना प्रश्नोपनिषद् का विषय है : परमात्मा ने सबसे प्रथम प्राण की रचना की। इसके बाद श्रद्धा उत्पन्न की। उसके बाद आकाश, वायु, अग्नि, जल, पृथ्वी यह पाँच तत्व बनाये गए और प्रकृति में उन्हें संदर्भित किया गया। इसके उपरान्त क्रमशः मन, इन्द्रिय समूह, अन्न, वीर्य, तप, मंत्र, और कर्मों का निर्माण होता रहा ; अंततः विभिन्न लोक बने।[7]

परम ईश्वर

यह एक प्रतिपाद्य विषय बनकर उभरा कि हम ईश्वर के सत्ता को सभी प्रकार की रचना और अभिव्यक्ति में देख पाने का अभ्यासी बनें और हमारे इस अभ्यास में बाधा देनेवाले विषयों को क्रमशः हटाते हुए , या फिर इन्द्रिय और मन जैसे बाधक तत्वों पर अंकुश पाते हुए, ज्ञान के परिधि को और अधिक स्वच्छ और अधिकाधिक परिपक्व करते रहें | इस अभ्यास से हमें निरंतर परिच्छन्नता का भान होगा और आत्मा के सान्निध्य को और अधिक स्पष्टता से महसूस कर पाएंगे; यह कुछ ऐसा अभ्यास होगा जिसके जरिये पर्वत की विशालता, सागर की गहराई, आकाश का विस्तार, सभी जीवों का ब्रह्म स्वरुप आदि विषयों को महसूस कर सकेंगे और हमारा अभिमान रुपी बादल हट जाया करेगा ; इस तरह हम पुरुष, प्रकृति, ब्रह्म सभी विषयों में एक ही परमात्म तत्व की उपस्थिति का विधान मान सकेंगे और उसी के आधार पर सृष्टि-- विनाश के चक्र को सही स्वरुप में समझ भी सकेंगे | इस समझ के निमित्त से अहम् के तामसिक गुणधर्म का संकोचन और सात्विक अहम् के गुणधर्म का संवर्धन हो सकेगा | यह भी एक नैसर्गिक सत्य है कि प्रशमित स्थिति में अहम् के तीनों गुण : सात्विक, राजसिक और तामसिक अंश परस्पर सामान रूप से संदर्भित होता रहेगा; ज्ञान के

संवर्धन के बदौलत ही सात्विकता का विकास होता रहेगा और साधक परम सत्ता के सान्निध्य को भी महसूस कर पायेगा | साधना कीकिसी भी परिस्थिति में हम तामसिक अहम् को पूरी तरह से निष्क्रिय होता हुआ शायद ही देख सकें; इसका यह अर्थ भी निकाला जा सकता कि प्रमाद, हिंसा, मोह, माया आदि बाधक तत्व, कम से कम मात्रा में ही सही, चित को विचलित किया करेंगे और हमारे मन को अन्य इन्द्रिय ग्राह्य विषयों कि ओर समय समय पर मोड़ दिया करेंगे; कभी कभी ईश्वर अनुराग से हमें अलग कर दिया करेंगे; मन में क्रोध, हिंसा, फरेब आदि दुर्गुणों को भी जन्म दे दिया करेंगे | इन सभी अवस्था से खुद को मुक्त रखने के लिए साधना में निरंतरता का होना भी जरूरी है | ईश्वर अनुराग और उनके प्रति अविचल प्रेमधारा प्रवाहित होते रहने का ही नतीजा है कि हम परम सत्ता के सर्व-व्यापी अविनाशी स्वरूप को समझ पाएंगे | मन पर नियंत्रण पाने के क्रम में हम खुद के अस्तित्व को खो नहीं देते बल्कि एक संकुचित स्वरूप से बाहर निकलकर खुद को एक अविनाशी परम ब्रह्म स्वरूपी सत्ता के अंश के रूप में पाया करेंगे; एक तीन क्रियाओं के माध्यम में हुआ करेगा - (1) भगवान् की तथा अपनी पराप्रकृति के आधार पर अपने सब कर्मों को करना और उनके संघटित होने के द्वारा अपने पूर्ण स्वरूप का साक्षात्कार करना, (2) जिन भगवान् में यह सब कुछ है और जो स्वयं सब कुछ हैं उन्हें जानकर अपने स्वरूप को एक व्यापक सृष्टि-- विनाश चक्र के अंश के रूप में पूर्ण रूप से महसूस कर पाना, और (3) इन सबसे अधिक अमोघ और परम समर्थ क्रिया-अपने कर्मों के अधीश्वर, अपने हृदय निवासी अंतरात्मा , अपने समग्र जाग्रत् जीवन के आधार उन समग्र और परम की ओर आकर्षित होकर सब प्रकार से आत्म भाव से प्रेम और भक्ति के द्वारा अपने-आपको उन्हें समर्पित कर देना और मन कि चंचलता पर अंकुश पाना। हम उन्हें जो हमारे सब कुछ के मूल हैं, वह सब कुछ समर्पित कर देते हैं जो कि हम हैं; हमारे सतत समर्पण-कर्म से हम जो कुछ जानते हैं; जो कुछ महसूस कर पाते हैं और जो कुछ हमारे मन को नियंत्रित कर पाने के लिए सहायक बनाते हैं ; जो कुछ चंचल मन को प्रशमित कर दिया करते हैं; वह सब उन्हीं परम सत्ता का ज्ञान और हमारा संपूर्ण कर्म उन्हीं ब्रह्म की शक्ति की ज्योति के रूप में

परिलक्षित होता रहेगा; यह वही पड़ाव है जहाँ साधना के मार्ग में उत्कर्ष पाने का अवसर मिल जाया करेगा और भक्त गण क्रमिक उन्नति के मार्ग पर अविचल रहेंगे |

आत्म समर्पण करने मात्र से और ईश्वर अनुराग में निरंतरता लाने मात्र से भागवत प्राप्ति हो सकेगी यह तभी संभव हो सकेगा जब ज्ञान और भक्ति के बीच सही प्रकार से समन्वय हो सके; देहाभिमान और आत्माभिमान के सीमांकन से व्यक्ति खुद को अलग करके प्रोन्नत कर से; इन्द्रिय संयम का धनी बनते हुए नैसर्गिक वस्तुओं के कारण उतन्न होने वाले उत्पीड़न से मुक्त हो सके; सत्कर्म में निरंतरता बनाकर रखते हुए ब्रह्म को ही सभी कर्म का कर्ता मान सके और सभी अभिव्यक्त स्वरुप में परम सत्ता के अंश को संदर्भित होता हुआ महसूस कर सके; सम्यक ज्ञान, सम्यक दर्शन और सम्यक चारित्र का धनी ही ईश्वर अनुराग के तरंग में निरंतरता बनाकर रख पाया करेगा, यही काम्य है और ऐसा होना भी चाहिए | ज्ञान अन्वेषण के क्रम में बार बार ऐसा पड़ाव साधकों के बुद्धि में इस भाव का उदय होते रहता है जिसके आलोक में हम ब्रह्म के सही और व्यापक स्वरुप विषयक समझ बनती रहेगी | इसमें क्रमिक परिपक्वता का आना अभ्यास में निरंतरता के अधीन माना जा सकेगा , न कि तत्व विषयक समयक समझ पर |

ब्रह्मसूत्र में ब्रह्म कि परिभाषा विषयक सूत्र के जरिये भी उस परम स्वरू को हम तत्वतः समझ सकेंगे और उसी स्वरुप के अनुकूल व्याप्त सृष्टि- विनाश विषयक चक्र को भी अनुभव कर सकेंगे: (ब्राह्मण वह है) जिससे इस (संसार की उत्पत्ति) आदि की उत्पत्ति (अर्थात उत्पत्ति, पालन और प्रलय विषयक क्रमिक चक्राकार और सतत विघटित होनेवाली प्रक्रिया) होती है।[8]

ब्रह्म जो शाश्वत रूप से शुद्ध, बुद्धिमान और मुक्त (नित्य, बुद्ध, मुक्त स्वभाव) है, इस संसार का एकमात्र कारण, निवास और अंतिम सहारा है। ब्राह्मण जो इस विशाल संसार का सर्जक, संरक्षक और अवशोषक है, उसमें असीमित शक्तियाँ और विशेषताएँ होनी चाहिए। अतः वह सर्वशक्तिमान एवं सर्वज्ञ है। सर्वशक्तिमान और सर्वज्ञ ब्रह्म के अलावा कौन इसे बना सकता है, शासन कर सकता है और नष्ट

कर सकता है? निश्चय ही मात्र परमाणु या संयोग यह कार्य नहीं कर सकते। अस्तित्व गैर-अस्तित्व से बाहर नहीं आ सकता (एक्स निहिलो निहिल फिट) । संसार की उत्पत्ति किसी अबुद्धिमान प्रधान या प्रकृति से नहीं हो सकती। यह बिना किसी कारण के अपने स्वभाव या स्वभाव से अनायास आगे नहीं बढ़ सकता, क्योंकि प्रभावों के उत्पादन के लिए विशेष स्थानों, समय और कारणों की आवश्यकता होती है।

धर्माचरण

वेद, उपनिषद्, गीता, रामायण, महाभारत, पुराण आदि पवित्र ग्रन्थ और उन सभी पवित्र ग्रंथों के आधार पर रचे गए व्याख्यान आदि को सम्मिलित रूप से अगर विवेचना करें तो हमें कई अरबों पन्नों का एक संग्रह मिल सकता है| उन सभी रचनाऔर व्याख्याओं को हम सर्वदा प्रबोधनात्मक और सकारात्मक ही पाते रहेंगे; उन प्रवचनों और व्याख्यानों से हमें विविध रूप में शिक्षा मिलती रही और आनेवाले समय में भी मिलती ही रहेगी |

कर्म के बारे में एक व्यापक विवेचना यह है कि क्षणमात्र भी कोई व्यक्ति, चाहे वो सामान्य कर्मी या सर्वत्यागी ही क्यों न हो, कर्म का त्याग किये बिना शायद ही रह सके, शायद उसका कोई एक पल बिना नियत कर्म के बीते; शायद ही ऐसा कोई पल आये जब भोजन, श्वास आदि को छोड़कर व्यक्ति खुद के सर्वत्यागी होने पर गर्व करने के लिए जीवित रह सके | एक ऐसी भी विवेचना मिलती है जिसके आधार पर यह निष्कर्ष निकाला जाये कि हमें कर्म करने के लिए भले ही छूट मिले पर कर्म से निकलने वाले फलों को निर्धारित करने का कोई छूट नहीं है; यहाँ प्रकृति के कुछ नियामक तत्व कर्म फल के बारे में निर्णय लिया करेंगे; हमें उस निर्णय प्रक्रिया के लिए इंतज़ार न करते हुए अगले कर्म में लग जाना होगा | हमें यह भी ध्यान रखना होगा कि कहीं कर्मफल कि अभिलाषा के आवेश में आकर हम अपने नित्यकर्म से दूर न हो जाएँ |

उस कर्म को अगर ज्ञान का आधार मिलता हो तब व्यक्ति एक समझदारी रखते हुए ही कर्म का अनुष्ठान करेगा और सभी कर्म को सही

तरीके से भी किया करेगा |

आत्मा - परमात्मा

कभी कभी हमें यह लगने लगता है कि मानव ही केवल विशेष चेतना का धनी है और सिर्फ मानव को ही आत्मा, जीवात्मा और परमात्मा के अस्तित्व विषयक सम्यक ज्ञान हो चूका ; बाकी सभी जीव सिर्फ ईश्वर अनुकम्पा के ही अधिकारी हैं और उन्हें आत्मा- अनात्मा विषयक विवेक या चैतन्य विकसित होने की जरूरत ही नहीं है।

आत्मा के बारे में और इसके गुण धर्म के बारे में भारतीय दर्शन शास्त्र में काफी विस्तार से चर्चा का संदर्भ मिल जाया करेगा; उस सन्दर्भ के आलोक में हम यह भी माँ सकेंगे कि यह तीन गुणों से परे जीव का सत्ताधारी केन्द्रक स्वरुप है और अहम् के जरिये मन और चेतन तत्व का नियामक भी है | आत्मा को शस्त्र से काटा नहीं जा सकता, अग्नि उसे जला नहीं सकती, जल उसे गीला नहीं कर सकता और वायु उसे सुखा नहीं सकती।[9] जिस प्रकार मनुष्य पुराने वस्त्रों को त्याग कर नये वस्त्र धारण करता है, उसी प्रकार आत्मा पुराने शरीर को त्याग कर नवीन शरीर धारण करता है। गीता में कहा गया: जो विद्वान होते हैं, वे न तो जीवित प्राणी के लिये और न ही मृत प्राणी के लिये शोक करते।[10] इस कथन से यह आशय है कि हम उन लोगों के मारे जाने को लेकर शोक ही क्यों करें; ख़ास कर उनके लिए जिनका विवेक ही कर्तव्य शून्य हो गया है और जिन्होंने कर्तव्य पालन न करने कि स्थिति में अपनी भूमिका को धूमिल कर चुके ! पंडित जन कभी किसी भी परिस्थिति में प्राण के वियोग विषयक घटना को लेकर भी शोक नहीं किया करते; उन्हें इस बात का भी ध्यान रहता है कि आत्मा सदैव ही अविनश्वर होने के साथ साथ त्रिगुणातीत भी है और कभी भी विनष्ट नहीं हो सकता; न ही उस आत्मा को कभी भी बड़े चेतन सत्ता से अलग किया का सकेगा | वह तो हमारे इन्द्रिय क्रिया की सीमा का नतीजा ही माना जा सकेगा जिसके कारण हम कभी भी सम्प्पूर्ण विषयों को प्रतिभासित होता हुआ प्रत्यक्ष नहीं कर सकते ; न ही उस विषय से पूरी तरह खुद के मन और चित्त को

अलग ही कर सकते |

कुछ हद तक इन्द्रिय उत्पीड़न का ही नतीजा है जिसके कारण हमारा मन विविध विषयों में रमता रहता है | जैसे बादल सूर्य के प्रकाश को रोक देता है और प्रकाश के रुक जाने से अंधकार छा जाता है उसी प्रकार मन भी आत्मा के विस्तृत पटल को ढक देता है और जीव को यह अनुभव भी करने नहीं देता कि प्रत्यक्ष रूप से हर क्रिया का नियामक वस्तुतः आत्मा ही है | कभी कभी यह भी कहा जाता कि आत्मा भले ही क्रिया का नियामक हो पर उसके होने या न होने को लेकर हमारा भ्रम तब तक बना रहता जब तक मन और चित्त सक्रिय रूप से खुद को कर्ता समझते हुए विविध विषयों में घूमता रहे | अगर किसी को गांव से नगर जाना हो और जाने के अगर कई मार्ग हों तो हम अक्सर किसी जानकार व्यक्ति से मार्ग पूछकर चल आते हैं और बताये हुए मार्ग पर बने रहते हैं | पर अगर मन में शंका बनाये रखते हुए किसी और व्यक्ति से पूछकर दूसरा मार्ग, फिर कुछ देर बाद तीसरा मार्ग .. अगर यही करते रहें तो शायद ही हम उस पड़ाव तक पहुँच पाएं और शायद ही हमें सफलता मिल पाए | यह शंकित मन का ही नतीजा माना जा सकेगा जो व्यक्ति को मार्ग से भटका देता है और समस्याओं का भी जन्म देता है | वैसा शंकित और भ्रमित मन शायद ही आत्मा के अस्तित्व को सही तरीके से स्वीकार कर सके |

<u>परमात्मा का स्वरुप</u>

परमात्मा का अर्थ परम आत्मा से है; परम का अर्थ होता है सबसे श्रेष्ठ यानी सबसे श्रेष्ठ आत्मा | आत्मा का अर्थ होता है हर प्राणी के अंदर विराजमान चेतना के रूप में एक चेतन स्वरूप | यह उस सर्वोच्च सत्ता का उद्भाषक है जिसके प्रभाव से और जिसके संक्षिप्त अंश का आधार लेकर जीव और जड़ का भरा पूरा संसार प्रतिभासित होने लग जाता है और अस्तित्व में बना रहता है; शास्त्र में कहीं कहीं पर उस परम सत्ता को ईश्वर माना गया; कहीं उस सत्ता को ब्रह्म स्वरुप कहा गया | यज्ञ संस्कृति के जरिये ब्रह्म के एकरूपता के बारे में [11] कहा गया: जिस यज्ञमें अर्पण भी ब्रह्म है, हवी भी ब्रह्म है और ब्रह्मरूप कर्ता के द्वारा ब्रह्मरूप अग्निमें दिया जानेवाला आहुति भी ब्रह्म है, ऐसे यज्ञको

करनेवाले व्यक्ति (साधक) की ब्रह्ममें ही कर्म-समाधि हो जाया करेगी, उसके द्वारा यज्ञ से उत्पन्न होनेवाला फल भी ब्रह्म ही होना चाहिए | ब्रह्म के इस सर्व व्यापी स्वरुप से ही हमें इस बात का सम्यक ज्ञान हो जाना चाहिए कि ब्रह्म ही परम सत्ता या ईश्वर को प्रतिभासित करनेवाला एक सर्व शक्तिमान सत्ता है | परम सत्ता को अनुभव करने के लिए सबसे पहले मन पर और उस मन के जरिये नियंत्रित होनेवाले इन्द्रिय समूह को नियंत्रण में रखते हुए विधायक कर्म में लगे रहना होगा और खुद को किसी भी गतिविधि का कर्ता न मानते हुए उस सर्व शक्तिमान परम को ही विधायक तत्व मान लेना होगा | ऐसा मान लेने के लिए अहम् को भी सात्विकता से पुष्ट होना होगा | अहम् तभी सात्विक हो सकेगा जब हम उसे ईश्वर अनुराग में निविष्ट कर सकेंगे | भक्त के मन में इस बात को लेकर भी शंका उत्पन्न होता रहेगा जिसके आधार पर यह पुछा जाता है कि ईश्वर अनुकम्पा पाने का अधिकारी शायद सिर्फ ज्ञानी और परम योगी व्यक्ति ही होंगे, न कि कोई अल्पज्ञानी भक्त | पर हकीकत में तत्व ज्ञान से अनभिज्ञ शुद्ध भक्त अगर अपने चंचल मन पर नियंत्रण पाते हुए उसे ईश्वर अनुराग में पूरी तरह लगा चूका हो उसे तो परम सत्ता के सर्वव्यापी होने का विज्ञान स्वतः ही समझ में आ जाएगा | जो मनुष्य केवल परमात्मामें लीन होते हुए सुख का अनुभव कर पता है और केवल परमात्मामें रमण करनेवाला साधक स्वरुप है तथा जो केवल परमात्मामें ही ज्ञान को निविष्ट करनेवाला है, वह ब्रह्ममें अपनी स्थिति का सही तरीके से अनुभव करनेवाला सांख्ययोगी निर्वाण ब्रह्म की उपस्थिति को भी अनुभव कर पाता है।[12]

गुरु की भूमिका

जब तक लघु का अस्तित्व है तब तक व्यक्ति जीवन में गुरु चाहिए ; अगर बादल रुपी शंका को भ्रम का निरसन हो जाए तो निर्मल आकाश रुपी आत्मा भी प्रतिभासित होने लगेगा और अनंत आकाश रुपी परम सत्ता के साथ एकरूप भी हो जाया करेगा | उस परिस्थिति में गुरु- लघु भेद भी समाप्त हो जाएगा | शंका बनी रहने कि स्थिति में चंचल मन को एक निर्दिष्ट मार्ग पर निरंतरता के साथ लगाकर रखने के लिए भी गुरु चाहिए; विषय की गंभीरता समझने के लिए; उस विषय को सही तरीके

से आत्मसात करने के लिए; सम्यक ज्ञान के आधार पर उत्तम चरित्र निर्माण करने के जरिये; चरित्र बल के जरिये विधायक कर्म में लगे रहने के जरिये और निरंतर उपासना के आधार पर निरंतर परिपक्वता पाने के जरिये एक साधक दिव्य ज्ञानी, कुशल कर्मी, परम भक्त आदि बनते हुए ब्रह्म के सान्निध्य को अनुभव कर सकेगा | यह तो पाए हुए तत्व कि प्राप्ति ही माना जा सकेगा | लंका दहन के समय सम्यक ज्ञान और परम भक्ति के धनी श्री हनुमान अपने सभी कारनामों के लिए अपने प्रभु श्री राम के प्रताप को ही कारण स्वरुप बताया और कृतियों का श्रेय श्री रघुनाथ के चरणों में अर्पित कर दिए |[13] संकल्प ही वह क्रिया जिसके कारण मन विविध विषयों में भटकता रहेगा और साधक को ब्रह्मज्ञान पाने से वंचित कर देगा | संकल्प से उत्पन्न होनेवाली सम्पूर्ण कामनाओं का सर्वथा त्याग करके और मनसे ही इन्द्रिय-समूह को सभी ओरसे हटाकर; इन्द्रिय उत्पीड़न से खुद को अलग करके धैर्ययुक्त बुद्धिके द्वारा संसार से और इन्द्रिय जन्य भ्रामक विषयों से धीरे-धीरे अनीहा दिखाते रहे और परमात्मस्वरूपमें मन-(बुद्धि-) को सम्यक् प्रकारसे लगाकर कुछ भी भ्रामक विषयों का चिंतन न करे । सभी प्रकार वृति नष्ट हो जाने के बाद और रजोगुण शांत हो जाने के बाद साधक को ब्रह्म स्वरुप का सम्यक ज्ञान सरलता पूर्वक ही हो जाया करेगा और उत्तम सुख की अनुभूति भी हो सकेगी |[14]

यही वह पड़ाव है जहाँ साधक को समदर्शी के रूप में देखा जा सकेगा | योगयुक्त अन्त:करण वाला और सर्वत्र समदर्शी योगी आत्मा को सब जीव में और जीव मात्र को आत्मा में देख सकेगा ; इस समदर्शी के लिए फिर जगत के सभी अंश में ब्रह्म और परम सत्ता के अंश को विविध रूप से प्रतिभासित होता हुआ देख सकेगा | [15] अगर व्यक्ति ब्रह्म के सर्वव्यापी स्वरुप को अनुभव करने लग जाए तब उसके लिए ईश्वर भी दृष्टिगोचर होने लग जाते हैं और वैसा सम्यक दर्शन का धनी भी ईश्वर अनुकम्पा का पात्र बन जाता है; यह तो शंका ही है जिसके कारण हम मृण्मयी स्वरुप में चिन्मयी सत्ता को नहीं देख पाते ; मिटटी से बने संरचना और विग्रह में सिर्फ मिटटी, और पत्थर में बने मूर्ति में सिर्फ पत्थर देखने लग जाते हैं; अपने प्रियजन के किसी चित्र को बहुत ही

जतन से रखा करते हैं और किसी अजनबी के चित्र, या फिर किसी ऐसे व्यक्ति का चित्र जिसपर हमारी श्रद्धा न बनती हो, उसको फेंक भी देते हैं | यह उस दृष्टि का ही फल माना जा सकेगा जिसमें सम्यकत्व और व्यापकत्व न आया हो; हम अक्सर उस सम्यकत्व और व्याकत्व को पाने के लिए भी श्री गुरु की शरणागति लिया करेंगे | हमें यह भी यकीन नहीं होता कि कोई मृण्मयी मूर्ति में चिन्मयी का दर्शन कर पाता होगा | ईश्वर का सान्निध्य पाने के बात मन की अन्य अनुभूति प्रशमित हो जाने के बाद सिर्फ ईश्वर अनुराग ही शेष रह जाया करता है | हम कभी कभी यह भी कहते हैं कि परम योगी हर पल सुख- दुःख , मान-अपमान, प्रशंशा- निंदा आदि विषयों को एकरूप से स्वीकार कर लेते हैं और ध्येय मार्ग पर अविचल रहते हैं ; ईश्वर अनुराग में तल्लीन रहा करते है | प्रकृति में सभी कार्य करते हुए भी सिर्फ ईश्वर के प्रति अनुरक्त रहा करते है | अंततः ज्ञान और भक्ति का ही कुशल सम्मलेन है जिसके कारण साधक आत्मा को परमात्मा से एकरूप होता हुआ पाते रहेंगे और क्रमशः जीवात्मा, अंतरात्मा और परमात्मा का भेद घटता रहेगा; क्रमिक प्रगति के क्रम में वैसा भेद नष्ट भी हो जाया करेगा | साधना का यह ध्येय भी है कि सम्यक ज्ञान के आलोक में और भक्ति से अनुरक्त होते हुए भक्त वत्सल का मन आत्मा में तल्लीन हो जाए और भेद बुद्धि को नष्ट कर दे ; इस क्रम में अहम् को परम तक विकसित होते हुए देखा जा सकेगा और गुरु- लघु विषयक भेद भी हट जाया करेगा |

समाधि

ठाकुर से बात करने के लिए आये आगंतुक जिज्ञासु उन्हें देवस्थान के आस पास बरांडों पर, घाट पर तलाशने लगा ; वो भला इन सब जगहों पर कहाँ मिलते ! उनकी तो वही दशा हो चुकी थी जहां से इहलोक और परलोक का सम्मलेन होता है; जहां आकर साधक परमात्मा का साक्षात्कार कर पाते होंगे; जहां से फिर पवित्र जीवन का दिव्य मार्ग प्रशस्त होता होगा। जिज्ञासु अपने गुरु को इस दशा में देखकर यह सोचने लगा कि क्यों न यह विद्या अभी सीख लें ! जिज्ञासु और गुरु की जब

बातचीत शुरू हुई तब भक्त ने भगवान के सामने अपने मन की बात कह दिया। ऐसा कहने मात्र से ठाकुर के चहरे पर मायूसी च गई ; उन्हें लगने लगा कि यह भक्त तो स्वार्थी निकला ! अपनी ही प्रगति चाहता, अन्य समुदाय की प्रगति के बारे में उदासीन ही बना रहता ! अभी से समाधि लेने के लिए तड़प रह है ! अपने गुरु के चहरे पर छानेवाली मायूसी के बारे में भक्त को भी पता चल गया। उसे कुछ अजीब सा लगा, "गुरु शायद नहीं चाहते कि मैं उनके जैसा पारंगत बनूँ! शायद गुरु क लगता होगा कि उनके जैसा पारंगत अगर मैं बना तो फिर उनकी अहमियत ख़त्म ही हो जाएगी। " कुछ भी हो गुरु को असल में लग रह था कि भक्त बरगद का पेड़ बनेगा, डालियाँ बिखेरेगा, शाखाएं चलाएगा, लोगों को मदद मिलेगी; पर यह तो खुद ही बड़ा बन जान चाहता; ठीक जैसे ताड़ का पेड़ !

भक्त और गुरु के बीच इस प्रकार जारी वार्ता से अपने मन में भी प्रश्न उभरते होंगे; क्यों न हम भी भगवद अनुकम्पा से उन्हें के स्वरुप का चिंतन करते कृते उसीमें स्वरूपस्थ हो जाएँ; दिव्य ज्ञान में पिण्डस्थ हो जाएँ; कुछ ऐसा करें जिससे हर प्रकार से हमें ईश्वर अनुराग रुपी धन कीप्राप्ति हो सके। पर विधाता हमें कर्म में लगाकर सृष्टि में निरंतरता लाने का प्रयास करते रहते हैं और एक क्रम से हमें भी उन्नति के मार्ग पर बने रहने के लिए प्रेरित करते हैं। प्रकृति के गुणों के अधीन ही जीव कर्म के लिए प्रवृत्त होते हैं और विधायक कर्म में लिप्त होते रहते हैं। [16] वस्तुतः एक क्षण के लिए भी व्यक्ति पूर्ण निष्क्रियता से नहीं रह सकता; यदि सिर्फ बैठे हों तब भी कुछ न कुछ तरंगों से मन अशांत हुआ रहता होगा; गहन निद्रा में भी हम स्वप्नलोक में सक्रिय रहते होंगे। निद्रा में भी श्वास और संवहन की क्रिया के साथ साथ स्वयःक्रिय स्नायु की क्रिया भी चला करेगी। अतः यह भी कहा जा सकेगा कि पूर्ण समाधि जैसी स्थिति में भी हम सक्रिय रहते होंगे और विश्व चराचर के इस पार्थिव जगत में चेतना सहित वापस आने के लिए प्रत्न कर लिया करेंगे ; अगर सफलता मिली तो सक्रिय हुए और विफलता मिली तो शरीर छूटा! बीच के अंतर्वर्ती पर्याय में ही चेतना का आवागमन होता रहेगा। श्रेष्ठ वही कहलायेंगे जो ज्ञानेन्द्रिय को वश में करके कर्मेन्द्रियों को आसक्ति रहित होकर विधायक कर्म में लगा सकेंगे। [17] प्रजा पालन और प्रजा रक्षण

के बारे में कहा जाता है: ब्रह्मा प्रजापालक हैं और प्रजा के कल्याण के लिए भी तत्पर रहते हैं। [18] पूर्ण कर्मयोगी तो सभी कर्म यजन के रूप में ही किया करेंगे; [19] भोजन करते समय भी जठराग्नि रुपी कुंड में भोजन रुपी द्रव्य कि आहूति देंगे। संग्रह वृति से बचते हुए कर्मयोगी को विधायक कर्म में लगाना चाहिए। [20]

जन्म मृत्यु का अनुशाशन

जिसका जन्म हुआ उसका मृत्यु होना भी एक भवितव्य है; इस आशय की पुष्टि करते हुए शरीर और आत्मा के भेद को भी कई प्रकार से बताया गया। अगर इन्द्रिय ग्राह्य वास्तव जगत की ही बात करें तो हम पाते हैं कि उस वास्तव इन्द्रियग्राह्य जगत के हर कण में उस परम तत्व का ही अधिष्ठान समझ पाएंगे। हर प्रकार से पदार्थ जगत में जब भी हम किसी तत्व को संदर्भित होता हुआ देखते हैं तब यह प्रतीत होता हैं कि उस एक ही तत्व को जीव जगत और जड़ जगत में अवागमन करते हुए प्रत्यक्ष कर सकेंगे; वायु का एक कण भी जीवित शरीर का हिस्सा बन जाया करेगा और फिर अन्य किसी कण को जीव जगत के जीवित शरीर से मुक्ति भी मिलेगी। यह जीव और जड़ के बीच पदार्थों के कानों का आवागमन विषयक चक्र चलता ही रहेगा और कभी भी किसी एक पक्ष तक सीमित भी नहीं रहेगा। मृत्यु के बाद शरीर का विघटन भी उसी वास्तविक नियमन से और वेद में घोषित यज्ञार्थ कर्म के विधान से अनुशाषित होता रहेगा। अतः शरीर का नाशवान होना कोई कल्पना नहीं बल्कि एक जटिल वास्तव बन गया। रही बात आत्मा की, तो उसे ऊर्जा विज्ञान के नियमों के अधीन पसरता हुआ देखा जाएगा; इसे संक्षिप्त अंश से विस्तृत अंश तक जाते हो और फिर अन्य किसी जीव को चेतना का स्पंदन देते हुए देखा जाएगा; जो जन्म के रहस्य के साथ जुड़ा हुआ देखा जाएगा। जीव का जन्म ही एक कोशिका से हो जाती है; उस एक कोशिका में समाहित गुणसूत्रों के अधीन विकास की प्रक्रिया चलती है, और फिर उस विकास प्रक्रिया में कोशिकाओं का विभाजन रुपी नित्य क्रिया से जीव का संवर्धन और सम्पोषण विषयक कर्म को हम प्रकृति

के अधीन होता हुआ देख पाएंगे; प्रकृति अनंत काल के लिए जीव को अन्य सभी पदार्थों और प्रकाश पुंजों को आत्मसात करने की अनुमति नहीं देती; उस प्रक्रिया पर अंकुश लगाने के लिए ही मृत्यु का अनुशाशन बना। जन्म से मृत्यु के अंतराल जीव यह आजादी मिल गई कि वो अपने अनुरूप एक नवीन अवयव को तैयार करे (जन्म, प्रजनन आदि) और फिर जीवन के क्रमिक अवस्थान को जारी रखे; अपने या फिर अपने जैसा किसी नवीन जीव को प्रकृति में बनाये रखे।

इस कर्म की स्वतंत्रता से यह भी नहीं समझना चाहिए कि जीव ही (मुख्यतः अगर मनुष्य के बारे में कहें तो भी) प्रकृति और राकृति के विधान से होनेवाले कर्म का नियंता, विधाता आदि बन गया; इसकी कोई संभावना है ही नहीं; इसी कारण से भगवान खुद को भी गुणातीत नहीं मानते; उन्हें भी समय समय अपर शरीर रचना के साथ प्रकृति का सहारा लेते हुए अवतरित होना पड़ा। योगेश्वर शरीर को एक क्षेत्र मानते हुए उस शरीर में जिस तत्ववेत्ता ब्रहम स्वरू आत्मा का अधिष्ठान हो चूका उसे क्षेत्रजन मानते हैं; इस शरीर से इन्द्रिय, मन, अहंकार, बुद्धि आदि को ही समझना होगा। [21] शास्त्रों में भी बारी बारी से आत्मा और शरीर के सम्बन्ध और परस्पर सहावस्थान के बारे में प्रतिपादित किया गया; यह भी कहा गया ईश्वर अनुकम्पा के बिना सृष्टि का चक्र चलना कदापि संभव नहीं, न ही हम अपनी अभिलाषा के अनुसार उसे चला भी सकेंगे। सिर्फ अनुसन्धित्सा के अधीन मनुष्य दृश्य जगत में दूर दूर तक का सफर तय करता रहा, आगे भी करता रहेगा; सिर्फ प्रकृति के नियम को समझने के निमित्त से न कि उस नियम में कोई उलटफेर करने के निमित्त से। यह भी कहा जाता है कि साधना के चरम उत्कर्ष में कभी भी शरीर का अस्तित्व हो नहीं रहेगा; ठीक जैसे सागर में घुल मिल जाने के बाद नदी की धरा नहीं रहती, जैसे श्वास में प्रश्वास का और प्रश्वास में श्वास का हवन हो जाता है; जैसे पानी में अन्य किसी तत्व का विघटन हो और उस पानी को विघटन सहित फिर समुद्र के विस्तीर्ण जलराशि में मिला दिए जाएँ।

दिव्य जन्म

जब कोई दिव्य पुरुष का जन्म होता है तब क्या कोई ख़ास परिस्थिति के अंतर्गत हम उस जन्म को महसूस कर सकेंगे; या फिर उस जन्म से अन्य सहज रूप से होनेवाले जन्म को मिलाकर ही देखना होगा? दिव्य जन्म विषयक कोई उपाख्यान क्या अपने शास्त्र में उपलब्ध कराये गए ?

वेद उपनिषद् के अधीन ही अगर इस तत्व को समझने का प्रयास करें तो किसी भी जीवन को पूर्ण नहीं माना गया और यही कारण है कि जीवन मात्र को साधना के पथ पर लगे रहने की सीख मिली और वैसा करते हुए उन्हें पूर्णता पाने का प्रयास करते रहना होगा। वह सच्चिदानंदघन परब्रह्म पुरुषोत्तम परमात्मा सभी प्रकार से सदा सर्वदा परिपूर्ण है। यह जगत भी उस परब्रह्म से पूर्ण ही है, पूर्ण उस पूर्ण पुरुषोत्तम से ही उत्पन्न हुआ ; पूर्णता से जगत पूर्ण होने पर भी वह परब्रह्म परिपूर्ण ही रह जाता है ; उस पूर्ण में से पूर्ण को अलग कर लेनेपर भी ईष्ट के पूर्णता पर कोई असर नहीं पड़ता; ठीक वैसे ही जैसे समुद्र में मौजूद विस्तीर्ण जलराशि में से अगर हम एक कटोरा जल अलग कर लें तो भी समुद्र के विस्तार पर कोई असर नहीं पड़ता।[22]

कभी कभी हम यह सोचने लग जाते हैं कि जीवात्मा से परमात्मा शायद किसी रूप में भिन्न पैमाने के साथ विश्व चराचर जगत में गुणों का आश्रय लेकर जन्म लेते रहता है और सृष्टि - विनाश के चक्र में सन्निविष्ट होकर रह जाता होगा। उसे फिर किसी भी हालत में परमात्मा के जैसा विस्तार और व्याप्ति नहीं मिल पाती। वस्तुतः किसी भी पैमाने को सामने रखकर हम जीवात्मा, परमात्मा और अंतर-आत्मा के बीच किसी भी प्रकार से तुलनात्मक अध्ययन कर ही नहीं सकते; ठीक वैसे ही जैसे रेगिस्तान में बहनेवाली हवा, समुद्र किनारे चलनेवाली हवा और पहाड़ी पर बहनेवाली हवा के बीच हम तुलना कर ही नहीं सकेंगे; न ही हम सौंदर्य का जल, नदी का जल या फिर किसी सरोवर के जल के बीच से मिलावटों को हटा देने के बाद जल के गन धर्म विषयक किसी प्रकार से तुलनात्मक अध्ययन कर सकेंगे। अग्नि को तो अग्नि ही मानेंगे,

और उसका काम ही है सबकुछ जल्ला डालना या फिर नियंत्रण में रहकर दीपक या मशाल के जरिये ताप और प्रकाश बिखराना। कभी कभी उस बिखराव में से हमें भी दिशा मिल जाया करेगी; हमारे बौद्धिक प्रगति में भी उसकी भूमिका रहेगी; स्नायु उत्तेजना के प्रवाह में भी बिजली के कणों के साथ उत्ताप के प्रवाह कि भूमिका बनेगी; ऊर्जा के बिना सबकुछ शून्य ही समझें।

योग में स्थित मनुष्य निरन्तर योग अभ्यास द्वारा सभी प्रकार के पापों से मुक्त होकर सुख-पूर्वक परब्रह्म से एक ही भाव में स्थिर रहकर दिव्य प्रेम स्वरूप परम-आनंद पा सकेगा; सभी प्राणी मे एक ही आत्मा का प्रसार देख सकेगा; सभी प्राणी को उस एक ही परमात्मा में स्थित और सभी प्राणी को परमात्मा में देख पायेगा; ऐसा योगी सभी को एक समान भाव से देखने वाला होता है। उसके लिए ईष्ट दृष्टिगोचर रहेंगे और वैसा भक्त भी ईश्वर अनुकम्पा का अधिकारी हो सकेगा; वैसा योगी सभी प्रकार से ईष्ट में ही स्थित रह पायेगा ऐसा भी हम मान सकेंगे; ठीक वैसे ही जैसे आकाश गंगा में सूर्य प्रभा की जो दशा होती होगी, या फिर प्रखर धरा खो देने के बाद सागर की गहराई में नदी से आगत जलबिंदु की जो दशा होती होगी; कुछ वैसा ही जैसे हवा के आवागमन से जीव के प्राणवायु का संचरण होता होगा। समदृष्टि पानेवाला मनुष्य (परम पूर्ण-योगी) अपने ही समान सभी प्राणीयों को देखता है, सभी प्राणीयों के सुख और दुःख को भी एक समान देखता है। [23]

कभी कभी ऐसा लगाने लगता है कि ठीक से ईश्वर आराधना में निविष्ट न हो पाने कीस्थिति में और ठीक से नियत कर्म सम्पादन न कर पाने की स्थिति में आत्मा को विश्व चराचर में भटकना पड़ता होगा। इस शंका को दूर करने के निमित्त से यह प्रतिपादित किया गया कि असफलता पाने की स्थिति में भी आत्मा के संकल्प का पूरी तरह नाश नहीं होता और कई जन्म के बाद उसे फिर से विश्व चराचर में सक्रिय देखा जा सकेगा; उनके द्वारा कई प्रकार से और अधिक परिपक्वता लेकर नैसर्गिक और वैधानिक कर्म करते हुए भी हम देख सकेंगे; सिर्फ इतना ही नहीं उन सभी संकल्पों से मुक्त हो पाने के लिए फिर से साधक विधायक कर्म में लग सकेगा ; मुक्ति की अभिलाषा लिए अग्रसर भी

हो सकेगा; ईष्ट चिंतन को फिर से जारी भी रख सकेगा। इस जन्म जन्मांतर के कर्म-काण्ड और ज्ञान काण्ड के चरणबद्ध प्रगति में परिवार के , संघ के और संगठन के लगे रहने की धारा के साथ भी क्रमिक प्रगति के विज्ञान को जोड़कर देखा जा सकेगा। [24] सभी सांकलों का त्याग और मानसिक स्थिरता के साथ ईष्ट आराधना सहित विधायक कर्म में लगे रहना भी साधक जीवन का एक परम ध्येय बन जाने की स्थिति में हम उत्तम साधक(योगी, परम पुरुष) की पहचान कर सकेंगे।

अनुभव कथन का सिलसिला चल पड़ा है और परत दर परत उसमें से कई गुत्थियां सुलझती जा रही है। यह कथन अपने बनारस प्रवास से जुड़ा होने के कारण और भी महत्व का समझा जायेगा ऐसा विश्वास हम जरूर रखेंगे। हम चार पांच सेवक , ब्रम्हचारी विरागी अश्वमेध घात से चौसठ घाट की ओर चहल कदमी करते हुए जा रहे थे। वहीं अपने बगल से एक अंग्रेज दम्पति यह कहते हुए निकल रहे थे कि अब धर्म का व्यापारीकरण हो रहा है; महादेव से ज्यादा लोगों को सैर सपाटे कि पड़ी है, और संत महात्मा कतार में खड़ा होकर उदर पूर्ति के प्रयास में लगे हुए हैं; वहां खिचड़ी बाबा भी सबको बुला बुलाकर प्रसाद बांटे जा रहे हैं; पूरे घाट पर चहल पहल का ही वातावरण था और लोग काफी सुलखे हुए भी थे ता कि किसी समूह के जरिये ठगे न जाएँ ! हम क्या देखने आये थे यह तो कह पाना कठिन ही समझे: असल में हमें यह देखना था कि सभी कर्म कांडों के जरिये काशी में धर्म जीवित है भी या फिर पाखण्ड का ही मातम पसरा !

यह वही स्थान था जहाँ कभी त्रैलंग स्वामी जल समाधि ले लिया करते थे, यहाँ तक कि उनके उम्र को लेकर भी लोगों में संदेह का बादल है; वही त्रैलंग स्वामी ठाकुर रामकृष्ण को देखकर ख़ुशी के मारे दौड़ पड़े थे और दोनों में अजीब भाषा में संवाद भी हुई; जैसे मानो हजारों साल के अंतराल पर दो सहोदर फिर से मिल रहे थे; पहले पहल देखते ही दोनों एक दूसरे को जगदम्बा के साधक के रूप में पहचान भी गए और ख़ुशी का इजहार करने लगे! यह कोई कथा कहानी नहीं है , बल्कि इतिहास का हिस्सा बन चूका जिसकी गवाही देने के लिए सैकड़ों भक्त अपने अपने अनुभव दर्ज कर चुके हैं। यहाँ तक कि कोई संभावना बचती ही नहीं।

चर्चा के केंद्रीय पक्ष पर आते हुए फिर एक और भक्त वत्सल की बात करें जो धर्म की तलाश करते हुए काशी के घाट पर आ चुके थे और उन्हीं पक्षों की तलाश करने लगे जिसपर उनके गुरु दृष्टी डाल चुके थे; वही घाट, वही कर्म काण्ड, वही जल समाधि, वही संत महात्माओं का पंडाल और वही चहल कदमी! फर्क सिर्फ इतना था कि ये सन्यासी महात्मा धर्म दर्शन के अभ्यासी होने के साथ साथ आधुनिक शिक्षा के धनी थे और अपने गुरु में अवतार पुरुष के होने की पहचान कर चुके थे। मठ में कुछ तर्क और असंतोष होने के कारण मठ छोड़कर निकल चुके थे: उपयाचक -- परिव्राजक! कहना तो आसान ही मानें पर उस मार्ग पर चल पड़ने का सत साहस दिखाने वाला कोई वीर विरागी शायद ही मिले। यहाँ तक कि उनके गुरु माता को भी इस बारे में संदेह ही था। वही वीर सन्यासी त्रैलंग स्वामी के जल समाधि लेने के विषय को महसूस करना चाह रहे थे, पर उनके मन में कोई भक्ति और आकर्षण का उद्भव नहीं हुआ; और उन्हें बनावटी भक्ति पर उतना विश्वास भी शायद ही रहा होगा। उनके समय से ही विश्वनाथ (जिन्हें हम स्वयंभू विश्वनाथ मानते आये हैं) कहीं उस नगरी कि भूल भुलैया में दब चुके थे पर बिलकुल शांत और संतोषी ही रहे; जिसके शरीर पर नाग देवता ही चढ़कर नाचते हों उन्हें भला आदमी के कारनामों की क्या पड़ी! वो तो जब चाहे वीरभद्र को उतार भी सकेंगे और फरमान भी निकाल सकेंगे। वीर सन्यासी (तब तक अपना चिर परिचित नाम नहीं ले पाए थे) वहां से आगे अपने अगले किसी पड़ाव की और चल पड़े; पर उन्होंने देश माता की पीड़ा को जरूर समझा, और अकेले होने पर एकांत में रो लिया करते थे।

हम सब एकसाथ कुछ देर के लिए चौसठ घाट से आगे बने चबूतरे पर बैठे रहे। उसके आगे फिर ऐसा पड़ाव था जहां से दिवंगत आत्माओं के नाम अंजलि आदि देने का सिलसिला चल रहा था; और आगे तो वह स्थान भी था जहाँ श्री हरिश्चंद्र कभी अपने ही पुत्र की चिता सजाने के लिए पैसा मांगते हुए पाए गए थे। छोड़ने के बाद भी फिर अपना क्या! व्यक्ति सबकुछ छोड़ दे पर धर्म कहाँ छूटेगा ! वह तो जीवन की कड़ी का एक अटूट हिस्सा है और सबपर सामान रूप से लागू हो जाता है। यह नैसर्गिक होने के साथ साथ ईष्ट का विधान भी मानें। हमें फिर से उस

वीर सन्यासी के कहे पर ध्यान जा रहा है; एकबार कुछ भक्त उसी घाट पर बैठे अपने गुरु से निवेदन कर रहे थे और इस इंतज़ार में थे कि उनके गुरु कुछ सुनाएँ। "गुरूजी गीता से बोलिये, नहीं गुरूजी वेद, उपनिषद्, रामायण , महाभारत, नहीं गुरूजी तंत्र विद्या .... " , कई प्रकार से भक्त काफी कुछ सुनना चाह रहे थे। और गुरूजी अपना मौन बनाये हुए थे "

इस आचरण से दो ही संभावना निकल रही थी, या तो गुरूजी को उतना कुछ आता नहीं था जिसकी अपेक्षा उनके भक्त कर रहे थे, या फिर गुरूजी इस बात से परेशान थे कि ऐसा क्या कहें जिससे भक्तों को संतुष्ट किया जा सके ; अतः मौन सबसे बड़ी शक्ति है।

वहीं बैठे बैठे हमने देखा एक महात्मा अपने भक्तों के साथ बैठे बैठे इस बात का इंतज़ार कर रहे थे कि कब कैमरे वाला और चैनल वाला आए और उनके चहल कदमी का चलचित्र निकाले ताकि सभी भक्तों को वो चलचित्र भेजे जा सकें; उन्हें गीता के कुछ श्लोक भी याद करवाए जा रहे थे ताकि लोग कमसे काम उन्हें पंडित , महात्मा आदि समझें; आजकल तो एकाध गीता का श्लोक भी अगर न बोल पाएं तो भला कोई पंडित कहाँ माना जायेगा! "कर्मण्येवाधिकारस्ते .... " समझें या न समझें, बोल देने में क्या बिगड़ता है! दान आदि भी बिना कुछ ख़ास प्रयत्न किये कहाँ मिलता होगा ! कुछ और दूर पर हमें एक और महात्मा दिखे, शरीर से कुछ कमजोर से थे, एक घाव भी था, गंगाजी में उतरे और तन, मन के सभी मैल धोने के लिए प्रयास करने लगे; जल में उतरने के पहले अपना दंड भार एकमेव भक्त - सेवक के हाथ में थमा दिए। "गुरूजी और आगे मत जाइये, कम पानी में ही रहिये, मैं दंड भार रखकर अभी आया ...." , भक्त कि पुकार हमें भी संज्ञान में आ ही रहा था, कभी कभी नजरें भी जा रही थी; भक्त वत्सल के कारनामे भी संदर्भित हो रहे थे; फिर कुछ देर के अंतराल पर हमारी नजर उधर गई, काफी देर तक वो महात्मा जल में ही बैठे रहे और उनका सेवक कपड़ा धोने में व्यस्त हो गया। पर महात्मा का नहाने का सिलसिला कुछ ज्यादे देर तक चल रहा था; वो कभी कमंडल का पानी अपने बाहों पर डालते , कभी सर पर तो कभी मुंह धो लेते; कभी कभी अपनी नजरें भी उनपर जाकर टिक जाया करती। अचानक उनहोंने कमंडल को घाट कि और फेंका और "हर हर

गंगे .... " , कहकर डुबकी लगाने लगे; दो तीन डुबकी के बाद पानी में उठने वाली तरंगें पानी के बहाव से जाकर मिल जाने लगी; भक्त वत्सल समझ गया। जो गुरूजी कहा करते थे आज उन्हें वही करना है: शरीर छोड़ना है, माता गंगा के हाथ में सौंप देना है। इस बात की जानकारी पाकर हम काफी देर तक चुप रहे; नाव उतारो,पानी खंगालो, तैराकी उतारो, हवलदार को कहो; इन सभी कारनामों से भक्त वत्सल ने हमें दूर रखने का परामर्श दिया; गुरूजी पानी में उतरकर काफी देर तक सांस रोक लेंगे और धीरे धीरे शरीर छोड़ देंगे, इसके पहले श्री गुरु इस बारे में कह चुके हैं, कमंडल फेंककर उन्होंने इस निर्णय के बारे में फिर से बता चुके थे।

शरीर तो संत महात्मा ही छोड़ते होंगे, लोगों से तो शरीर छुड़ा लिया जाता है, छोड़ने की बात तो दूर की रही। यह तो देहाभिमान से परे किसी महात्मा की ही पहल थी।

जन्म से लेकर मृत्यु तक के सफर के सभी कर्मकांड का प्रतिफलन बनारस की घाट पर सहज ही परिलक्षित होगा ; परिवर्तन तो वक्त की मांग है ही: पिंड दान हो तो रहा है, पिंड के अकार दिन प्रति दिन छोटे होते जा रहे हैं।

आज भवेश की दूकान पर एक चर्चा चल रही थी। बात थी ही कुछ निराली। एक बार एक सपेरा कुछ नए नाग देवता को झोले में बांधकर एक बस पर सवार हो गया। उसने कई नाग देवता को रानीबांध के जंगल से पकड़ कर ला रहा था। थैलों का मुंह बाँधा तो गया था और फिर उसे गमछी में लपेटकर बस के सीट के नीचे रख दिया गया।

हर प्रकार का बंधन सदा के लिए रह जाता होगा ऐसी भी बात नहीं; या फिर हम प्रत्येक बार प्रकृति के नियम से चलनेवाले तत्वों को बाँध लें और खेल दिखाने लग जाएँ यह भी हर बार सफल नहीं भी हो सकता। न ही हम यह दावे के साथ कह सकेंगे कि प्रकृति के नियम से चलनेवालों को हम प्रत्येक बार बाँध सकें और अपने स्वार्थ के लिए इस्तेमाल करने में सफल होते रहें! फिर भी मनुष्य कुछ हद तक नैसर्गिक तत्वों पर हाथ फेरते रहता आया और आगे भी ऐसा ही करते रहेगा। धीरे धीरे सवारी से बस भरने लगा और फिर रास्ता खराब होने के कारण बस हिल

दुलकर चलने लगा। कुछ भी हो नाग देवता जहाँ रखे गए थे उसमें से एक झोले का बंधन खुल जाने के कारण उन्हें दिशा मिली; पर सीट के नीचे का नजारा देखते ही उनकी घबराहट भी बढ़ी ; पेड़ , पौधे, खेत, रेत, पत्थर आदि के स्थान पर जूते, चप्पल, झोले, पेटियां और लोगों के पैर ! काट खाने के लिए खजाने ही समझें ! पर नाग देवता का जन्म किसी को काट खाने के लिए कहाँ हुआ होगा! लखिंदर को भी काट खाने का फरमान कहीं से उनके पास भेजा ही गया होगा; भोले भंडारी के साथ तो उनका रिश्ता ही कुछ और समझें ! कुल मिलाकर जैसा माहौल बना उसके कारण नाग देवता घबराकर सीट के किनारे किनारे घूमने लगे और कुछ ऐसी जगह की तलाश भी करने लगे जहां से लोहे के हाथी से बाहर आने का रास्ता मिले। आखिर एक पड़ाव पर नाग देवता ने सवारियों को दरवाजे से चढ़ते - उतरते देखा। फिर और क्या कहना, वहीं से उतरा जाय!

"अरे बाप....!!! " , कहकर चार गज पीछे हटकर खलासी और दरोगा जी हटे; बाकी लोगों में खबर फैली, फिर और क्या कहना; चारों तरफ भगदड़ मची। मालकियत की बात चली ; आखिर कालिंदी बूढ़ा को नीचे उतारा गया। नाग देवता तो मस्ती की चाल में थे।

"और भी है! सबको निकालो ! जल्दी खाली करो..... " , खलासी महोदय कालिंदी का झोला हाथ देने से भी डर रहे थे। रोने - धोने का तो सिलसिला ही चल पड़ा। कई ओर से पारायण की धुन भी आने लगी। अपने अपने देवता को याद करने में सब जुट गए। एक नन्हें श्रीमान कहने लगे, "कहाँ! किधर! मुझे दिखाओ ! ....."

अब कौन किसको दिखाए! बस में सवार पढ़े लिखों के बीच कानून की किताब ही खुल गई। सबको इसी बात की चिंता होने लगी कि कालिंदी के चलते, और इन जैसे लोगों के चलते , पूरा अरण्य ही संकट में आया! अब इतने बड़े सम्पद का क्या होगा ? कौन इन पशु पक्षियों कि रक्षा करेगा ! ऐसे अबला जीव के लिए भी हमें प्रार्थना करनी चाहिए।

पूरे बस में सिर्फ इसी बात की चर्चा चलने लगी कि अब तो सरकार ही दांव पर है। किसी को किसी कि परवाह ही नहीं ! जिधर देखो कानून की धज्जियाँ ही उड़ाई जा रही है। हमें तो इन नेता मंत्री लोगों को भी देश

निकाला देना चाहिए। अब अगर ठगों की तलाशी शुरू करें तो फिर पूरा गाँव ही खाली हो जाएगा।

नाग देवता निकले इसी लिए बवाल मची समझें। जिन महाशय के झोले में कछुआ था उन्हें भी पकड़े जाने की पीड़ा सताने लगी। उनका झोला भी बीच बीच में पलटी खा रहा था। उस शांतिकामी महाशय के उधम पट्टी से अन्य सभी महानुभव बेखबर ही रहे।

सवारी वर्ग में कुछ आदिम जनजाति के लोग भी थे जिन्हें स्थानीय किसी पड़ाव तक आना था। काठ का व्यापार करनेवाले नंदी महाशय को शहर तक आना था। उनकी सज्जनता भी देखने लायक थी। आजकल पढ़े लिखों में उनकी गिनती की जाने लगी, अपने पास अंग्रेजी में लिखा एक पैगाम को घुमा फिराकर देखने लगे; कहाँ से भाषांतर किया जा सके उसकी तलाशी भी करने लगे ; आखिर उन्हें विदेशी भाषा की समझ थी ही नहीं। इस कमी के लिए भी वो सरकार बहादुर को ही दोषी मानते हैं: जब उनके लिए विद्यालय का दिन था तब सरकार ने विद्यालय के प्राथमिक वर्ग से अंग्रेजी हटा दिया था; उनकी अंग्रेजी पढ़ाई हुई ही नहीं! भला अंग्रेजी हटाए जाने से अन्य सभी मित्रों की पढ़ाई तो नहीं रुकी! सिर्फ उनकी पढ़ाई और उन जैसे शायद कुछ और प्रपंचकों की पढ़ाई रुकी होगी! बात है भी बड़ी निराली; पैर; बिना अंग्रेजी पढ़े ही इतने लम्बे हाथ पैर फिर तो अंग्रेजियत की छत्रछाया में हाथ पैर फिरंगियों तक चले जाय करते होंगे ! अब किसी एक अनुमान के आधार पर अन्य किसी बात का अनुमान लगा लेने से सिर्फ संघर्ष का ही बीजक पनपेगा ! उनकी भी गुस्सैल नजर कालिंदी पर थी। अब वो खुद करोड़ों का काठ भले ही तस्करी कर देते हों , वो एक अलग बात रही; उनके हाथ और पैर आला कमान तक तो जरूर चले जाया करते होंगे, पेटियां भी बड़ी होती होगी !

कालिंदी को बीच में ही उतरने के लिए मजबूर कर दिया गया ; उसके पैसे भी खलाशी महोदय ने वापस दे दिए और उसे किसी दूसरी गाड़ी से आने के लिए कह दिया गया। वहां से दूसरी गाड़ी तुरंत में मिली होगी या नहीं इस बारे में अब भला कौन चर्चा करे! चर्चा करने वाले सबके सब महानुभव अपनी चाल चल दिए, नाग देवता जगह का सर्वेक्षण करने लगे और बिल आदि की तलाशी में जुटे; कालिंदी सर पर हाथ रखकर

थोड़ी देर के लिए रस्ते के किनारे ही बैठा रहा। सूरज भी कुछ देर में ढलने ही वाला था, पश्चिम का आसमान था ही रंगीला।

कल्प तरु

नाव पर बैठे बैठे एकबार श्री ठाकुरजी को पसीना आने लगा; भक्तों से घिरे उस महात्मा को देखकर एक फिरंगी कुछ ज्यादा ही परेशान होने लगा। उसे लगाने लगा श्री ठाकुरजी बीमार पद गए; शायद दिल का दौड़ा पड़ा होगा! वस्तीतः श्री ठाकुर एक ऐसी परिस्थिति का सामना कर रहे थे जिस परिस्थिति में आत्मा और परमात्मा का सम्मलेन हो जाता है; कुछ ऐसा विधान जिसके बल पर साधक भौतिक शरीर रहते हुए भी ईष्ट के सान्निध्य विषयक अनुभव का धनि बन पाता है; जैसे कोई जलधारा खुद प्रवाह खोने का आनंद तब पा लेगा जब उसका सम्मलेन सागर की विशालता में और गंभीरता में होगा। उस परिस्थिति का अनुधावन भी हम कई प्रकार से कर पाएंगे; उस परिस्थिति में शरीर का बंधन छोड़कर आत्मा का मुक्त होने का प्रयास एक सहज वृत्ति है; उस वृत्ति के अधीन ही श्री ठाकुरजी को कल्पतरु बनाना पड़ता था। उस कल्पतरु से लाभान्वित होने का अवसर सबको मिलता भी था। जिस परिस्थिति में आत्मा में परमात्मा और परमात्मा में आत्मा का सहावस्थान विषयक तत्व का दर्शन होने लगता;[25] ज्ञान के चरम उन्नत परिधि के अंतर्गत ही साधक को ईष्ट का अधिष्ठान महसूस होने लगता है। उस परिस्थिति में उनका शरीर छोड़कर विश्व चराचर के विस्तीर्ण परिमंडल में विलीन हो जाना सहज ही एक उत्कंठा पैदा करनेवाली होगी; भगवान को नाटक में देखने से भी जो भाव--विह्वल हो जाते हैं; उनका ज्ञान तो चरम उत्कर्ष का ही मान लेना होगो; और फिर बाहर से क्या अनुभव कर पाएं कि शरीर में अंदर कैसी उथल - पुथल चलती होगी जब ईश्वर के साथ भक्त का मिलन होता होगा! [26] इसे समझना उतना ही कठिन है जितना की सागर में उतरे बिना सागर की गहराई के बारे में अनुमान लगाना; उस परिस्थिति में हम अनंत कहकर रुक जाते हैं। बनारस में जब कोई भक्त "सूरज मरिहें, चंदा मरिहें " करके गए रहा था और झूम रहा था तब उसे

सजा देने के लिए सैनिक तलवार उठा लिए , लिखनेवाले को बुलावा भेजा गया, उसने राजा के सामने आकर कहा, "सबको मौत के घाट उतार देने के बाद भी सत्य को बदला नहीं जा सकता; राजा के परिवार में भी जन्म मृत्यु का सिलसिला चल ही रहा है; उसे भी रोका नहीं जा सकता। " काफी विमर्श के बाद आखिर राजा को मान लेना पड़ा कि अंध गायक जो गए रहे हैं वो सत्य ही है।

सत्य आश्रय लेनेवाले निष्ठावान भक्त, साधना में अविरल भाव से लगे हुए साधक; कर्तव्य पथ पर बिना रुके, बिना थके चलनेवाले पथिक ये सब कल तरु ही माने जाएंग। उस जगत को कलप्प जगत इसलिए भी कहा जाना समीचीन होगा कारण उसे हम इन्द्रियग्राह्य किसी अनुक्रिया के अंतर्गत महसूस नहीं कर पाते; उसे देखने के लिए तो ज्ञान चक्षु ही चाहिए, वो भी अहम् से प्रशमित हुआ हो और सात्विक अहम् का धनी हो।

हिंसा विवेक

शिक्षण एक निरंतर चलने वाली सतत प्रक्रिया है | इसे सिर्फ़ विद्यालय तक सीमित नहीं माना जा सकता | हमारे निसर्ग के प्रत्येक कण में शिक्षण पाने लायक तत्व भरा पड़ा है | चाहिए सेर्फ एक सकारात्मक दृष्टि ताकि उन बिखरे विचारून को हम सफलता पूर्वक ले सकें | मां, बाप, गुरु, संत, बच्चे इनमें यदि हम परमात्मा न देख सकें, तो फिर किस रूप में देखेंगे? इससे उत्कृष्ट रूप परमेश्वर का दूसरा नहीं है। ईसप के राज्य में सियार कुत्ते, कौए, हिरन, खरगोश, कछुए, सांप, केंचुए- सभी बातचीत करते हैं, हंसते हैं। एक प्रचंड सम्मेलन ही समझिए न! ईसप से सारी चराचर सृष्टि बातचीत करती है। उसे दिव्य दर्शन प्राप्त हो गया है।

संगीत का शास्त्र समझ तो लिया, किन्तु यदि कंठ से संगीत प्रकट करने की कला न सधी, तो नाद-ब्रह्म की सजावट नहीं होगी। खेत का कचरा निकालते-निकालते कर्मयोगी को खुद अपने हृदय का वासना-विकाररूपी कचरा निकाल डालने को बुद्धि उपजती है। संतों ने तो घोड़ों को खरहरा करने वाला, गायें चराने वाला, रथ हांकने वाला, पत्तल

उठाने वाला, लीपने वाला, कर्मयोगी परमेश्वर खड़ा किया है। तलवार हाथ में लेने से हिंसावृत्ति अवश्य प्रकट होती है, परन्तु तलवार छोड़ देने से मनुष्य अहिंसामय होता ही है, सो बात नहीं। ठीक यही बात स्वधर्माचरण की है। अकेली तेल-बत्ती से दीया नहीं जल जाता। उसके लिए ज्योति की जरूरत होती है। ज्योति होगी, तो अंधेरा दूर होगा। यह ज्योति कैसे जलायें?

बाहर से विषय भोगों को छोड़कर यदि मन में भगवान का चिंतन न किया जाये, तो फिर इस बाहरी उपवास की क्या कीमत रही?

यदि कोई कहे कि 'नमक मिर्च की तरह', तो हम उसे पागल कहेंगे। पर यदि कोई यह कहे कि 'तारे फूलों की तरह हैं, तो उनमें साम्य दिखायी देने से आनंद होगा। हिंदू-मुस्लिम ऐक्य के लिए भूतकाल का विस्मरण ही एकमात्र उपाय है। मनुष्य यदि बुराई को छोड़कर सिर्फ अच्छाई को ही याद रखे, तो कैसी बहार हो! परंतु ऐसा नहीं होता। इसलिए विस्मृति की बड़ी आवश्यकता है। इसके लिए भगवान ने मृत्यु का निर्माण किया है।

अहिंसा की प्रक्रिया हृदय परिवर्तन पर आधार रखती है | हृदय परिवर्तन की अपनी एक पद्धति है | मनुष्य कभी कभी जनता भी नहीं कि उसका हृदय परिवर्तन हो रहा है | हमें यह ध्यान रखना चाहिए कि हमारे विचार, सोचने की पद्धति आदि उसके बाधक न हों | हम जब हृदय परिवर्तन और विचार परिवर्तन की बात करते हैं, तो हमारे सामने दूसरों के विचार परिवर्तन की ही बात होती है, ऐसा नहीं है | हमारे अपने और दूसरों के भी विचार परिवर्तन और हृदय परिवर्तन की बात होती है, या होनी चाहिए | जहाँ विचार और भ्रम दोनों होते हैं, वहीं उपासना भी होती है | यही दृष्टांत हृदय परिवर्तन की प्रक्रिया के लिए लागू होता है | भ्रम और सत्य, दोनों का होना हृदय परिवर्तन की एक अवस्था की प्रक्रिया में ज़रूरी होता है | मनुष्य पहले केवल भ्रम में होता है | वहाँ से उसे केवल सत्य में जाना है | अब केवल भ्रम से केवल सत्य की स्थिति में जाने के लिए रास्ते में ऐसी भूमिका आएगी , जब कि उसके मन में कुछ भ्रम और कुछ सत्य का आधार होगा | तब हम अगर फ़ौरन उसका खंडन करेंगे, तो उसका चित विचलित होगा और एक विरोध स्थापित हो जाएगा | उस भ्रम का खंडन करना अहिंसा के लिए बाधक होगा, यदि

सत्य के ख़याल से उसका खंडन किया जाता हो तो | सत्य कभी चुभता नहीं | अगर वास्तव में सत्य है, तो हमेशा प्राण दायि होगा | जो तत्व प्राण दायि है,वह अहिंसक तो होगा ही, चुभेगा भी नहीं | चुभनेवाले सत्य में अहिंसा की कमी तो स्पष्ट ही है , लेकिन उसमें सत्य का अंश भी कुछ कम होता है |

समाधि अध्ययन का मुख्य तत्व है | समाधियुक्त गभीर अध्ययन के बिना ज्ञान नहीं | अध्ययन से प्रज्ञा और बुद्धि स्वतंत्र और प्रतिभावान होनी चाहिए | नई कल्पना,नया उत्साह, नया खोज, नई स्फूर्ति , ये सब प्रतिभा के लक्षण हैं | लंबी चौड़ी पढ़ाई के नीचे यह प्रतिभा दबकर मार जाती है | वर्तमान जीवन में आवश्यक कर्म योग का स्थान रखकर ही सार अध्ययन अध्ययन करना चाहिए | शरीर की स्थिति पर कितना विश्वास किया जाता है, यह प्रत्येक के अनुभव में आनेवाली बात है | भगवानकी हम सबपर पर अपार क्रिया ही समझनी चाहिए कि हममें वह कुछ न कुछ कमी रख ही देता है | वह चाहता है कि यह कमी जानकर हम जागृत रहें | जीवन का मार्ग दो बिंदुओं से ही निश्चित होता है: हम हैं कहाँ और हमें जाना कहाँ |[27]

मैं सत्य की ओर अपने कदम बढ़ते रहूं तो भी ईश्वर की कृपा के बिना मंज़िल पर नहीं पहुँच सकता | मैं रास्ता काटने का तो प्रयत्न करता हूँ, पर अंत में मैं रास्ता काटता रहूँगा कि बीच में मेरे ही पैर कट जानेवाले हैं, यह कौन कह सकता हैं ? प्रार्थना के सहयोग से हमें बल मिलता है | प्रार्थना में दैववाद और प्रयत्नवाद का समन्वय है | दैववाद में पुरुषार्थ को अवकाश नहीं है, इससे वह वावला है | प्रयत्नवाद में निरहंकार वृति नहीं है, इससे वह घमंडी है | दैववाद में जो नम्रता है वह ज़रूरी है और प्रयत्नवाद में जो पराक्रम है वह भी ज़रूरी है | प्रार्थना इनका मेल साधती है |

<u>आधुनिक शिक्षा</u>

हम जिसे जीवन की तैयारी का ज्ञान कहते हैं उसे जीवन से बिल्कुल अलिप्त रखना चाहते हैं, इसलिए उक्त ज्ञान से मौत की ही तैयारी होती है | आजकी मौत कलपर ढकेलते ढकेलते एकदिन ऐसा आ जाता है कि उस दिन मारना ही पड़ता है | जिंदगी की ज़िम्मेदारी कोई निरि मौत नहीं

है , और मौत ही कौन सी ऐसी बड़ी "मौत" है? जीवन और मरण दोनों आनंद की वस्तु होनी चाहिए | ईश्वर ने जीवन दुःखमय नहीं रचा पर हमें जीवन जीना आना चाहिए | पानी से हवा ज़्यादा ज़रूरी है तो ईश्वर ने हवा को पानी से ज़्यादा सुलभ किया है | "आत्मा" अधिक महत्व की वास्तु होने के कारण वह हमेशा के लिए हरेक को दे डाली गई है | जिंदगी की ज़िम्मेदारी कोई डरावनी चीज़ नहीं है | वह आनंद से ओतप्रोत है , बशर्ते कि ईश्वर की रची हुई जीवन की सरल योजना को ध्यान में रखते हुए आयुक्त वासना को दबाकर रखा जाय | यह पक्की बात समझनी चाहिए कि जो जिंदगी की ज़िम्मेदारी से वंचित हुआ वो सारे शिक्षण का फल गँवा बैठा | जिंदगी की ज़िम्मेदारी का भान होनेसे अगर जीवन कुम्हालता हो तो वह जीवन वस्तु ही रहने लायक नहीं है | ईसप नीति के आरासिक माने हुए, परंतु वास्तविक मर्म को समझनेवाले मुर्गेसे सीख लेकर ज्वार के दानों की अपेक्षा मोतियों को मान देना छोड़ दिया तो जीवन के अंदर का कलह जाता रहेगा और जीवन में सहकार दाखिल हो जाएगा | भगवद्गीता जैसे कुरीक्षेत्र में कही गई वैसे शिक्षा जीवन - क्षेत्र में देनी चाहिए, दी जा सकती है | व्यवहार में काम करनेवाले आदमी को भी शिक्षण मिलता ही रहता है | वैसे ही बच्चों को मिले |

<u>कर्मयोग की विद्या</u>

कर्मयोगी बनने के लिए विद्यार्थियों को कुछ न कुछ निर्माण कार्य करते रहना चाहिए | निर्माण के बिना निःसंशय ज्ञान भी नहीं होता | प्रयोग से प्राप्त ज्ञान ही निःसंशय ज्ञान होता है | रोटी पकना अगर लड़कियों का काम है तो रोटी खाना भी लड़कियों का काम रहने दीजिए | अपने लिए ज्ञानमृत भोजन रख लीजिए | श्री कृष्ण बचपन में हाथ से काम करते थे, मेहनत मज़दूरी करते थे | इसीलिए गीता में इतनी स्वतंत्र प्रतिभा का दर्शनहमें होता है | जिस विद्या में कार्तृत्व शक्ति नहीं, स्वतंत्र रूप से सोचने की बुद्धि नहीं, ख़तरा उठाने की वृति नहीं वह विद्या निस्तेज है |

हर एक परिश्रम का नैतिक, आर्थिक और सामाजिक मूल्य एक ही है | प्राचीन कालमें हमारे यहाँ कला कम नहीं थी | लेकिन पूर्वजों से मिलनेवाली कला एक बात है और उसमें निरंतर प्रगती करते रहना

अलग बात | अपनी प्राचीन कला को देखकर हमें आश्चर्य होता है, यही सबसे बड़ा आश्चर्य है | ऐसा हुआ कैसे? कारीगरों में ज्ञान का अभाव और हममें परिश्रम प्रतिष्ठाका अभाव यही इसका बड़ा कारण है | कुम्हार हो या बढ़ई, उसके घर में बच्चों को बचपन ही से उसके धंधे की शिक्षा अपने पिता माता से मिल जाती थी | बुनकर से तो मैं कहूँगा कि अपने पिता का धंधा करना तो उसका धर्म है और हम ही उसका बनाया कपड़ा न खरीदें तो वर्णाश्रम धर्म कैसे जीवित रहेगा ?

हमारी वृत्ति के कारण उद्योग गया और उसके साथ साथ उद्योगशाला भी गई |

स्थूल और सूक्ष्म, सरल और मिश्र, सरल अक्षर और संयुक्ताक्षर सब सीखो और अंत में यह अनुभव करो कि परमेश्वर से ख़ाली एक भी स्थान नहीं है। अणु-रेणु में भी वही है। कृष्ण के हाथ की मुरली कैसे बनूं? वे अपने होंठ से मुझे लगा लें और मुझसे मधुर स्वर निकालें, मुझे बजाने लगें यह कैसे होगा? मुरली बनना यानि पोला बनना! परमेश्वर के हाथ का औजार बनना हो, तो मुझे दस सेर वजन का लोहे का गोला नहीं बनना चाहिए।

शरीर के हरेक अवयव का पूर्ण और व्यवस्थित वृद्धि होना, इंद्रियों का चतुर, चाल और कार्यकुशल बनना, विभिन्न मनोवृत्तियों का सर्वांगीण विकास होना ; स्मृति, मेधा, धृति, तर्क आदि बौद्धिक शक्तियों का प्रगलब और प्रखर बनना - इन सब नैसर्गिक और प्राकृतिक प्रवृत्तियों का निसर्ग शिक्षा में अंतर्भाव हो जाता है | मानव को बाह्य परिस्थिति से जो ज्ञान प्राप्त होता है और व्यवहार में जो अनुभव मिलता है, उस समस्त पदार्थ ज्ञान या भौतिक जानकारी को वह "व्यवहार शिक्षण " नाम देता है | निसर्ग शिक्षण से प्राप्त आत्म विकास का बाह्य व्यवहार ज्ञान की दृष्टि से बाह्य जगत में किस प्रकार से उपयोग किया जाय , इस बारे में अन्य मनुष्यों के प्रयातनों का जो वाचिक, सपरदायिक या विद्यालय आधारित शिक्षण मिलता है उसे व्यक्ति शिक्षण संज्ञा दी है | क्या व्यक्ति शिक्षण क्या व्यवहार शिक्षण, दोनों व्यक्ति को बाहर से मिलते हैं | केवल निसर्ग - शिक्षण व्यक्ति को भीतर से मिलता है |

वस्तुतः बाह्य शिक्षण मनुष्य को विश्व के प्रत्येक पदार्थ से लगातार मिलते रहता है | उसमें कभी बाधा नहीं पड़ती | जितने भी पदार्थ हैं सबमें शिक्षण के सारे तत्व भरे पड़े हैं | नैयायिकों का अणु से लेकर संख्यों के महत्तम तत्व तक, रेखागणित के बिंदु से लेकर भूगोल के सिंधु तक और बचपन की भाषा में कहना हो तो "राम की चोटी से लेकर तुलसी के मूल तक"[28] सभी छोटे बड़े पदार्थ मानव के गुरु हैं | विचक्षण विज्ञान वेत्ताओं की दूरबीन में, व्यवहार विशारादों के चर्म चक्षुओं में , कला कुशल कवियों के दिव्य चक्षुओं में या तार्किक तत्ववत्ताओं के ज्ञान चक्षुओं में जो भी पदार्थ प्रतिभात होते हों या न होते हों, उन सभी में हमें नित्य ही शिक्षा मिलती रहती है | यह विशाल सृष्टि परमेश्वर द्वारा हम सबकी शिक्षा के लिए हम सबके सामने खोलकर रखा हुआ एक शाश्वत, दिव्य, आश्चर्यमय और परम पवित्र ग्रंथ है | पर यह ग्रंथ गंगा कितनी ही गहरी हो, मानव अपने लोटे से ही उसका पानी भरेगा | इसलिए इस विश्व से बाह्यतः हमें वही और उतना ही शिक्षण मिलेगा, जिसके और जीतने के बीज हमारे भीतर निहित होंगे |

हम इस बाहरी दुनिया से जो कुछ सीखते हैं उसे अंततः भूल जाते हैं और उसके संस्कार मात्र शेष बचता है | शिक्षण का अर्थ जानकारी नष्ट होने पर बचे हुए संस्कार ही हैं | जो हमारे भीतर नहीं है उसका बाहर से मिलना असंभव है | इस तरह स्पष्ट है कि बाह्य शिक्षण कोई तांत्रिक पदार्थ न होकर केवल अभावत्मक क्रिया है |

सुख का बाह्य पदार्थों से क्या संबंध है?

यदि कहें कि सुख बाह्य पदार्थों में है, तो उनसे सदैव सुख होना चाहिए; पर ऐसा होता नहीं | मानसिक स्थिति बिगड़ी रहे , तो अन्य समय जो पदार्थ सुखकर प्रतीत होते हों , वे भी सुख नहीं दे पाएँगे |

इसके विपरीत यदि ऐसा कहें " सुख एक मानसिक भावना है और बाहरी वस्तुओं से इसका कोई संबंध नहीं" तो वैसा नित्य अनुभव नहीं आता | घड़ा और मिट्टी के बीच अनिर्वचनीय संबंध है | यह संबंध अनिर्वचनीय होनेपर भी जिस तरह एक पक्ष में , "वाचारंभन विकारो नामधेयन म्रितिकेत्येव सत्यम" , यानी मिट्टी तात्विक और घड़ा मिथ्या, इस तरह तारतम्य से निर्णय किया जाता है , ठीक उसी तरह

अंतः शिक्षण भावरूप और बाह्य शिक्षण अभाव रूप ऐसा कहा जा सकता है | अंतः शिक्षण या आत्मिक विकास भावरूप होनेपर भी वह व्यक्ति के भीतर ही भीतर अपने आप हुआ करता है | उसके बारे में हम कुछ भी नहीं कर सकते | उसके लिए कोई पाठ्यक्रम भी नहीं बन सकता | और बनाया भी जाय तो उसे कार्यान्वित कर पाना संभव नहीं | वास्तव में बाह्य शिक्षण कार्य है, उपयुक्त कार्य है; पर अभावात्मक कार्य है | शिक्षण द्वारा कोई स्वतंत्र तत्व उत्पन्न नहीं करना है, पर निद्रित तत्व को जागृत करना है | शिक्षण उत्तेजक दवा न होकर प्रतिबंध निवारक उपाय है | शिक्षण अभावत्मक होनेपर भी उपयुक्त है और प्रतिबंध - निवारण के नाते ही क्यों न हो, उसे थोड़ी भावात्मकता भी प्राप्त है |

आत्म स्वरूप

प्रत्येक शास्त्र और दार्शनिक विवेचना में सत्य की अपनी एक प्रतिष्ठा है | योग दर्शन में सत्य को विधायक कर्म और ज्ञान मार्ग पर अग्रसर होने के लिए अवश्य पालनीय व्रत का हिस्सा माना गया जिसे अहिंसा के साथ जोड़कर पालन करना होगा | उस सत्य को पूर्ण मानते हुए ही हम ईस्वर के साथ जोड़कर देख सकेंगे ; यहाँ तक कि सत्य को ही ईश्वर मान सकेंगे | यह इंद्रिय जन्य सीमांकन ही है जिसके कारण हम सत्य के प्रत्येक स्वरूप को और उसके अपने निसर्ग में होने और न होने के विषय को सही तरीके से समझ नहीं पाते | अगर हम यह मान लें कि जो दिखने लगे, जो सुनने में आए और जिसे महसूस किया जा सके उन तत्वों को छोड़ संसार में और कुछ है ही नहीं तो यह हमारी ज्ञान की परिधि को ही दर्शाता है | इस ज्ञान की परिधि का क्रमिक विकास एक नैसर्गिक विधान है जिसके आधार पर व्यक्ति प्रगति करते रहेगा और अपनी समझ की सीमा को भी परिमार्जित करेगा |

"परम सत्यम धीमहि " ऐसा कहते हुए महर्षि वाल्मीकि श्री हरि , उनका धाम और उनकी कृतियों को सत्य मान लेने के लिए सबको प्रोत्साहित करते रहे; उस परम सत्य के धनी योगी महात्मा भी सत्य हैं और उनकी संगत को ही सत्संग माना गया।

आचार्य कहते हैं, "सत्यम जगत तत्वतः।" जगत में दार्शनिक लोग जिसे कभी कभी असत्य मान लेते हैं वह भी असल में सत्य ही है। भ्रम स्थल में जो "ज्ञान" का अधिष्ठान होता है उसे भी अपने भारतीय दर्शन और विधान चिंतन में सब प्रकार से सत्य मान लिया गया | कोई काठ के बने खंभे को देखकर यह भी कह सकता कि वह लकड़ी का है, या खंभे में लकड़ी है, या सिर्फ लकड़ी ही है; और कोई दिव्य दर्शी विज्ञान मनस्क व्यक्ति यह भी कह सकेगा कि खंभे में कार्बन, हाइड्रोजन, ओक्सीजन और नाइट्रोजन है | इनमें से कोई भी ग़लत नहीं कह रहा: सबके देखने का नज़रिया और ज्ञान की परिधि विषयक भिन्नता और समझ ज़रूर परिलक्षित हो रही है | भारतीय दर्शन में सत्य को व्रत के जैसा अनुपालनीय माना गया | कोई अगर एक रज्जु को देखकर भ्रम वश सर्प कह दे, उसे भी तत्वतः सत्य माना जाएगा, भले ही क्षणिक काल के लिए ही क्यों न हो।

संसार में होने वाला सब ज्ञान ही यथार्थ ज्ञान है। भले ही किसी किसी स्थान काल और पात्रता के आधार पर इस विषय को तर्क का विषय माना जाए , परन्तु धर्मार्थ मार्ग में तर्क की कोई प्रतिष्ठा है ही नहीं। यही कारण है कि सत्य को ही सभी सृष्टि और विधायक कर्म का आधार मानते हुए अपने अपने समझ की सीमा की रचना , परिमार्जन और परिवर्धन करते रहते हैं |

"वयं अमृतस्य पुत्राः। " तत्वतः यह सत्य हो सकता है पर ज्ञान के अधिष्ठान और परिमार्जन के आधार पर व्यक्ति से व्यक्ति का अंतर तो प्रकृति के गुणों के अधीन है, और अभ्यास का भी विषय है। यह मान लेना ही समीचीन होगा कि व्यवहार और क्षमता कि दृष्टि से भिन्नता रहने ही वाली है। श्री भागवत में वैष्णव धर्म को ही परम गति का मार्ग बताया गया। परमात्मा को पाने का यह भी एक अन्यतम मार्ग है जिसके पथगामी होकर और कुछ हद तक माया मोह से मुक्त होकर हम अपने ही दिव्य स्वरुप को देख पाते हैं। कभी नारद मुनि को भी अपने विद्वान होने के विषय को लेकर अभिमान और अहंकार हो गया था| इस अभिमान के वशीभूत होकर महादेव के पास काम कथा सुनाने लगे, जैसे महादेव को कुछ आता ही न हो ! भोलेनाथ नारद मुनि की कथा सुन लेने

के बाद उन्हें ऐसी कथा और कहीं न कहने का परामर्श दिया | नारद मुनि को लगा अब महादेव को भी ईर्ष्या होने लगी | मुनि बोले, "वैसे तो कहीं यह कथा नहीं सुनाई जाती पर अगर प्रसंग निकले तो श्री हरि के दरबार में ज़रूर सुनाया जा सकेगा |"

महादेव का यह भी निवेदन था कि वहाँ श्री हरि के दरबार में भी यह कथा न सुनाई जाए | इस क्रम में जब नारद मुनि के मन में विवाह करने की अभिलाषा प्रकट होने लगी और श्री हरि को इस विषय का भान हुआ तो मुनि का बचाव करने के उद्देश्य से श्री हरि ने मुनि को अपना रूप न देते हुए उन्हें एक बंदर के जैसा कुरूप दे दिया | इस विषय से यह प्रतीत हो रहा है कि ईश्वर अपने भक्तों की रक्षा करने के लिए, भक्तों को सही प्रकार से दिशा निर्देशित करने के लिए सदैव तत्पर रहते हैं |

<u>कर्तव्यबुद्धिऔरतत्त्वचिंतन</u>

समाज में हम अपनी भूमिका तय करते समय ज्ञान और कौशल को ही आधार स्वरूप व्यवहार में लाते हैं और समाज में रिश्ते नाते बनाते रहते हैं। एक धर्मार्थी को ऐसी कृति करते समय सिर्फ इतना ध्यान रखना होता है कि व्यक्ति सभी बंधनों से निर्लिप्त रहे और समय आने पर श्री हरि धाम कि यात्रा कर आये और माया रहित होकर संसार बंधन से मुक्त हो सके।

रघुनाथ जी का चरित्र भी एक तपस्वी राजा का चरित है। श्री भरत भी मिसाल कायम करते हुए निर्लिप्त भाव से ही अयोध्या के नागरिकों को अपनी सेवा देते रहे। इस निर्लिप्तता का एक फल यह मिलता है कि व्यक्ति बड़ी ही सरलता से संसार बंधन को छोड़ पाते और श्री हरि के चरण का आश्रय ले पाते हैं।

एक गुरु ही हैं जो अपने भक्त को सरलता पूर्वक बैकुंठ का सुख दे सकते हैं और व्यक्ति को देवत्व का दर्शन करने के क्रम में सहायक होते हैं। "प्रयक्षति गुरु प्रीतो वैकुंठम योगी दुर्लभम। " ऐसा कहते हुए श्री सौनक जी गुरु महिमा का प्रतिपादन करते हैं। तन कि शुद्धि के लिए बहुत से साधन हैं , धन को शुद्ध करते के लिए दान आदि कर्म किये जाते हैं; चित्त शुद्धि के लिए ईष्ट चिंतन और उनके आराधना में लगे रहने को ही एकमेव मार्ग माना गया । मन के जरिये ही हमारा कर्मेन्द्रिय

और ज्ञानेन्द्रिय नियंत्रित होते रहता है। अतः मन को विषयों से अलग कर पाने से ही मन निर्मल और ईश्वर अनुरागी हो उठता है और हमें एक ऐसे दिव्य लोक कि अनुभूति होने लगती है जिसके आधार पर हम दिव्य स्वरुप वाले श्री हरि कि उपस्थिति और कर्तृत्व महसूस करने लगते हैं।

मन को एक प्रेत से तुलना किया गया है और इसी कारण से मन को कर्म में लिप्त किये रहने कि बात कही गई। ईष्ट चिंता, सर्वशक्तिमान की आराधना और भजन पूजन एक बार कर लिए और निश्चिंत हो गए यह वृत्ति कभी फल देने लायक या यश कीर्ति के लिए विधायक नहीं हो सकता। चिंतन और मनन का सातत्य उतना ही जरूरी है जितना कि इस चिंतन शुद्धता की अहमियत।

" एतस्मान परम किंचित मनः शुद्धिं न विद्यते। " ऐसा कहते हुए ऋषि बताते हैं सिर्फ ईश्वर चरित का गुणगान करने से मन की शुद्धि पाई जा सकेगी।

संतों के जीवन में भी चिंता होती है, पर उनकी चिंता का मूल कारण व्यक्तिगत सुख की कामना या फिर किसी लाभ -हानि का कोई विषय नहीं होता ; महात्मा सदा लोक कल्याण को लेकर चिंतित हो जाते हैं और धर्म की रक्षा का मार्ग सुझाते रहते हैं। यह स्वभाव ही एक संत का सहजात वृत्ति है। पाखण्ड धर्माचरण का स्वरुप बताते हुए संत जन कहा करते हैं कि जब किसी धर्माचरण को सिर्फ दिखावे के लिए किया जाता हो तो उसे लोक प्रीत्यर्थ किया जाने वाला धर्माचरण नहीं मान सकते। आधुनिक समाज में ऐसे पाखण्ड से ग्रसित धर्माचरण का वर्चस्व चारों और दिख रहा है।

भगवत विरोधी और भागवत विरोधी कृत कर्मों से हमें दूर ही रहना चाहिए। अगर हम भगवत भक्तों कि आलोचना करने लगें तो भी धर्माचरण को कलंक लग जाता है। आधुनिक परिमंडल में, जैसा कि सन्दर्भ में व्याप्त विधायक कर्म और उन कर्मकांडों में लगे विद्वजनों की अनुक्रिया से प्रतीत होता हो, ज्ञान और वैराग्य कि स्थिति जर्जर हो चुकी और लोगों का मन भी इन विधाओं से हट चूका है। भक्ति के दो पुत्र, "ज्ञान" और "वैराग्य", मानो आज कि स्थिति में अचेत पड़े हैं और कोई भी समाधान दे पाने के लिए असमर्थ पाए जा रहे हैं। उनकी अचेत

अवस्था के कारण ही हमें उनके धर्मार्थ सेवा का फल मिल नहीं पाता। क्षणिक अवधि के लिए व्यक्ति के मन में श्मशान वैराग्य भी आता है। श्मशान से बाहर आते ही उनका वो वैराग्य समाप्त हो जाता है।

"सत्कर्म सूचकों नूनं ज्ञान यज्ञो स्मृतो बुधैः | "

इस ज्ञान यज्ञ के आधार पर ही सत्कर्म कि गति प्रबल होती है और लोग समाधान पाने के लिए प्रयत्नशील हो जाते हैं। उस कर्म को ज्ञानाग्नि दग्ध होना चाहिए। तत्व चिंतन से ही देवत्व प्राप्ति कि लालसा उत्पन्न होती है और उसके प्रीत्यर्थ लोग सत्कर्म में पुनः पुनः लिप्त होने का प्रयास करते हैं।

वेदांत के आलोक में परिमित रूपक के निमित से उपनिषद् को लिपिबद्ध किया गया। उस उपनिषद् से चुने हुए सीख को संकलित करते हुए महर्षि वेदव्यास ने "श्रीमद्भगवद्गीता" का प्रतिपादन किया। इस गीता में सांख्य, योग और वेद - वेदांत के विचार, मत और पंथों का सफलतापूर्वक और समुचित समन्वय हो सका। हर शाश्त्र में सत्कर्म कि महत्ता का विवरण दर्ज है।

आत्म स्वरुप , सच्चिदानंद और विशुद्ध चैतन्य स्वरुप कि अनुभूति आने कि स्थिति को ही शास्त्र में "ज्ञान योग" कहा गया। ज्ञान योग के अभ्यासी क्रमशः सृष्टि के रहस्य का उदघाटन करते हुए क्रमशः अपने लिए और अपने समुदाय के लिए मुक्ति का मार्ग प्रशस्त कर लेते हैं। ज्ञान योग के अभ्यासी जनों को इस बात का ज्ञान हो जाता है कि संसार में सभी वस्तु, सभी रिश्ते नाते और सभी सम्पदा अनित्य हैं ; उन अनित्य वस्तुओं से योगियों का ध्यान हट जाता है और उन्हें सृष्टि के रहस्य को समझने में सहायता मिलती है। इसी क्रम में आत्मा के अविनश्वरत्व का भी ज्ञान हो जाता है। उसी अविनश्वर आत्मा और उसका आधार स्वरुप परमात्मा पर मन टिकने लगता है। इस पर्याय में व्यक्ति जीवात्मा और परमात्मा के सही स्वरुप को भी समझ पाता है। ऊर्जा संकर्षण के क्रम में जीवात्मा को परमात्मा के अंश रूप में भी प्रतिभासित होता हुआ दिखेगा। हम उस जीवात्मा और परमात्मा के एकीकृत स्वरुप के बारे में भी अपनी समझ बना सकेंगे।

यह एक सहजात वृत्ति है जिसके बल पर ज्ञान योगी के मन से हिंसा, द्वेष, क्रोध आदि अवगुण अपने आप ही हट जाता है और उनका मन संतोषी होने के साथ साथ ईश्वर अनुरक्त भी होने लगता है। सिर्फ़ ज्ञान अन्वेषण से ज्ञान योग का विषय प्रतिपादित नहीं किया जाता | ज्ञान के साथ जब निष्ठा जुड़ जाती है तब उसे ज्ञानयोग मान सकेंगे |

अब एक और विषय हम समझने का प्रयास करेंगे कि कौन सी परिस्थिति में हमारे मन में ब्रह्म जिज्ञासा उत्पन्न होता होगा? ऐसी कौन सी परिस्थिति होती होगी जब एक भक्त का मन ईश्वर के प्रति अनुरक्त होता होगा? क्या हर व्यक्ति के मन में ब्रह्म जिज्ञासा पनपता होगा?

प्राचीन भारत में एक ऐसे संत हमारे बीच आए जिन्हें इस ब्रह्म जिज्ञासा का विषय और संबंधित तत्वों पर काफ़ी सघनता से कार्य करते हुए देखा गया | यह भी माना गया कि उस आदि गुरु ने ही गीता को उसके मौजूदा स्वरूप में उद्घाटित करते हुए भाष्य भी प्रस्तुत कर गये | महवाक्यों के ज़रिए व्यक्ति को उस विधायक कर्म और ज्ञान अन्वेषण की ओर दिशा निर्देशित करते रहे जिसके लिए उसका जन्म हुआ है |

चार प्रचलित ब्रह्म वाक्य निम्न रूप से हैं:

1. अयमात्मा
2. सर्व खल्विदं ब्रह्म
3. तत्वमसि
4. अहम् ब्रह्मास्मि

गुरु मुख से इन ब्रह्म वाक्यों का श्रवण, मनन और चिंतन का विषय ही ज्ञानाग्नि दग्ध ब्रह्म जिज्ञासा का विषय है।

<u>सत्य ही ईश्वर है !</u>

सत्य को एक और पड़ाव और एक आधुनिक विधान मिला जिसके आधार पर हम सत्य को ईश्वर का स्वरूप मान सकेंगे | सत्य भी पूर्ण है, ईश्वर भी पूर्ण है ; सत्य और ईश्वर दोनों तर्क और संदेह की सीमा से परे एक सर्व जान विदित विधायक अनुक्रिया का हिस्सा है | यह तो

हमारी ही कमज़ोरी समझनी चाहिए कि हम इंद्रिय की सीमा से चेतना को सीमित रख लेते हैं और उसके बाहर आकर कुछ भी ठोस निर्णय नहीं ले पाते कि क्या सत्य और क्या असत्य हो सकता है ; अपितु हम ईश्वर के सर्व व्यापक स्वरूप को भी उसके सही स्वरूप में समझ पाने में विलंब कर देते, कभी कभी समझ भी नहीं पाते |

इंद्रिय की सीमा से अगर ज्ञान को भी सीमंकित कर लिया जाए या फिर ज्ञान के सीमंकित होते रहने के विषय को समझ लिया जाए तब तो हर प्रकार से पूर्ण ज्ञान का अधिकारी कोई जीव हो ही नहीं सकता | जिसे हम देख नहीं पाते, जिसे महसूस नहीं कर पाते और जिसे सुन नहीं पाते उसके निसर्ग में नहीं होने को ही हम सत्य मान लेंगे; वस्तुतः ऐसे कई तत्व अपने परिमंडल में व्याप्त भी हैं और सक्रिय भी | प्रकाश को हम नहीं देख पाते और सूर्य की ओर देख पाने की शक्ति हमें मिली नहीं | विषय चिंता से हटकर तत्व चिंता को आधार मान लेने के बाद यह भी प्रतीत होता होगा कि हमने काफ़ी कुछ हासिल कर लिया ; ऐसा भी शायद सीमंकित ही समझना होगा |

कुछ ऐसी ही परिस्थिति एक देवस्थान में निर्मित हो गई थी: वहाँ के नित्य पूजा करने वाले पुजारीजी परंपरागत मंत्र उच्चारण करके विधि विधान से पूजा अर्चना नहीं करते थे | देवी माँ को इस भाँति भोग चढ़ाते थे जैसे कोई अपनी माँ को भोजन परोस रहा हो; कभी कभी जूठा भी खिला देते | लोगों को लगने लगा कि शायद पुजारीजी को परंपरागत पूजा का विधान आता ही न हो ! जाहिर सी बात है कई विशारद, तत्व चिंतक और शास्त्री वहाँ आ गये और पुजारीजी से शास्त्र विषयक चर्चा करने लगे | सबको शांत करते हुए पुजारीजी का यह कहना था कि , "एकबार नमक का पुतला सागर नापने गया और बीच रास्ते में ही पिघल गया ; उसकी घर वापसी न हो सकी !"

सभी आगंतुकों, वेद विशारदों और तत्व चिंतकों को यह लगने लगा कि जो वेदांत का सार इतनी सरलता से बता सकता उसे शास्त्र का ज्ञान नहीं है ऐसा भी कह पाना कठिन है; अपितु उन शास्त्र और तत्व चिंतकों को तो यही लगने लगा कि आगंतुकों ज्ञान ही सीमित है और कभी भी उस परिस्थिति का सामना करने के लिए शायद ही पर्याप्त हो जिस

परिस्थिति में पुजारीजी कोई कठिन सवाल पूछ बैठें | ऐसा हुआ भी, पुजारीजी का कहना था कि अपनी माँ को कुछ भी खिलाने के पहले यह भी देख लेना ज़रूरी हो जाता है कि कहीं उस भोजन में जहर तो नहीं मिला दिया गया होगा, या फिर खाना सड़ गया हो, यो फिर स्वादिष्ट न हो ! जिस दिव्य दृष्टि से पुजारीजी मृण्मयी को चिन्मयी और जगदंबा के रूप में देख पा रहे थे उस दृष्टि से अन्य जनों का अभिषेक तब तक नहीं हो पाने का ही नतीजा था कि लोगों को पुजारीजी का काम कुछ अटपटा लग रहा था |

वस्तुतः इतना ही कहा जा सकेगा कि हमारी जैसी समझ बन पाती है और जिस विधायक कर्म को ज्ञान और चैतन्य का आश्रय मिल पाता है उसके आधार पर ही व्यक्ति को यश और कीर्ति का परिमंडल मिल सकेगा और उसी आधार पर वैसे व्यक्ति को विधायक कर्म से जुड़ता हुआ देखा जा सकेगा |

जिज्ञासा

ब्रह्म विषयक जिज्ञासा [29] से ही अपने मन में यह वृत्ति को उजागर होते हुए देखा जा सकेगा जिसके आधार पर हम उस शक्तियमान के स्वरुप के बारे में सम्यक ज्ञान पाने का प्रयास करते रहे; शास्त्रों का निर्माण हुआ; व्याख्यान रचे गए; श्रुतियों में भी उन सभी तत्वों को पिरोया गया; ज्ञान काण्ड और कर्म काण्ड की शाखाएं पल्लवित होती रही। महर्षि वेदव्यास ने ब्रह्म को विश्व चराचर जगत का उपादान और निमित्त कारण माना। [30]

(सौम्या को सम्बोधित करते हुए) जिस ब्रह्मांड को आप अब तक कई सिद्धांतों और उद्देश्यों के साथ प्रत्यक्ष करते आ रहे होंगे, इसके निर्माण से पहले ऐसा नहीं था, बल्कि "सत्" का रूप में मौजूद था; जिसका सूक्षम भेद करना कठिन ही मान सकेंगे ।[31] "सत्" की इच्छा थी कि "मैं बहुसंख्यक (विस्तारित-स्तूला) चित और अचित तत्त्व यानि ब्रह्मांड बन जाऊँ।" "सत्" अभिलाषा और प्रयोजन के मुताबिक़ अनेकों हो गई; इसे "सत्" का प्रथम संकल्प ही मानेंगे । आरंभ में विश्व चराचर

में हर वस्तु (परा और अपरा प्रकृति) विपरीत आत्मा ही थी। और कुछ भी सक्रिय नहीं था। जीव के अस्तित्व में आने का तो प्रश्न ही न था । सिर्फ जड़ प्रकृति का ही वर्चस्व बना था ; सर्वशक्तिमान ने सोचा `(अब) वास्तव में मैं दुनिया का निर्माण कर लूंगा।[32] इस भांति संसार की रचना को हम आज वास्तवाईत होता हुआ देख पाएंगे। ईष्ट के प्रति कहा जाता है: उन्होंने (स्वयं) कामना की, "मैं एक से अनेक हो जाऊं, मेरा विश्व चराचर जगत में जन्म हो जाए।" वह (ब्रह्म) सृष्टि को रचकर उसी में प्रविष्ट हो गया। और वहां प्रवेश करके, वह मंच और निराकार, परिभाषित और विशिष्ट, धारण करने वाला और न टिकने वाला, चेतन और अचेतन, सत्य और असत्य ; इस भांति परस्पर विरोधाभाषी तत्व स्वरुप बन गया; सत्य (जिसे ईश्वर का एक और स्वरू मान सकेंगे) वह सब कुछ बन गया जो वहाँ है। वे उसे (जिसे ब्राह्मण भी मानते हैं) सत्य कहते हैं। आरंभ में यह सब अव्यक्त/सूक्ष्म (ब्राह्मण) ही था और विवर्तन की क्रमिक धारा में प्रकट होता चला आया ; इस धारा को आज भी निरंतर प्रवाहित होता हुआ देख सकेंगे। [33] ब्रह्म स्वरुप और उसके सर्वव्यापी अधिष्ठान के बारे में भी यही मान्यता चलती चली आई कि ब्रह्म को सर्वव्यापी परम सत्ता के रूप में स्वीकार किया गया ; आदि में ब्रह्मा ही थे।[34]

ब्रह्म अस्वीकृत आनंद का स्रोत है; उस स्रोत के संपर्क में आने से व्यक्ति खुश हो जाता है। कौन सांस लेगा, और कौन छोड़ेगा, अगर यह आनंद परम स्थान (हृदय के अंदर) में नहीं है; जीवंत रचना है; जब कभी भी कोई साधक इस अगोचर, अशरीरी, अनिर्वचनीय और निराधार ब्रह्म में निर्भयतापूर्वक अधिष्ठान पाता है; तो वह अकुतोभय की स्थिति में पहुँच जाएगा ; यह अंतर्ज्ञान उत्पन्न करने के साथ साथ विद्वान व्यक्ति के लिए भय का कारण भी बनेगा; ख़ास टूर पर पर उनके लिए जिनमें एकतावादी दृष्टिकोण का अभाव हो जाएगा । [35] एक कथा ऐसी भी प्रचलित हुई जिसमें पिता अपने पुत्र को कुछ लवण देकर पानी में डालकर आने के लिए कहे; दूसरे दिन फिर से पुत्र से वही नमक वापस मांगी गई, उस वक्त पुत्र को वह नमक नहीं मिला; वो पूरी तरह पानी में घुल-मिल चूका था। फिर उस जल का स्वाद कहीं से भी लेने के लिए

कहा गया; और हर बार उस जल का स्वाद एक जैसा (नमकीन) ही पाया गया। [36] हम वटवृक्ष के बीज को भी अगर खोलकर देखने का प्रयास करें तो हमें उस बीज के अंकुरण से निकलनेवाले नए वटवृक्ष को नहीं देख पाते। [37] न ही चराचर जगत उत्पन्न करनेवाले उस परम सत्ता के अधिष्ठान को ही महसूस कर पाते। क्या किसी डाल पर प्रहार करने से किसी वृक्ष का जीवन नाश किया जा सकेगा? क्या वृक्ष के तनों पर प्रहार करने से उसके जीवन का नाश किया जाना संभव हो पायेगा? क्या यह भी संभव है किसबके सब डाल काट दिए जाएँ तो वृक्ष की जीवन लीला समाप्त हो जाए ? [38] क्या नदी को इस बात का ज्ञान हो पायेगा कि उसके उत्पत्ति और समाप्ति का निमित कारण समुद्र ही होता रहेगा? समुद्र में मिल जाने के बाद फिर उसके (नदी के और उसमें बहनेवाले जा कणों के) अस्तित्व ही कहाँ रह जाता होगा ! [39]

यज्ञ संस्कृति अपने समुदाय में प्रचलित एक उत्तम संस्कृति का परिचायक बना; लोग विविध प्रकार से कर्म काण्ड और ज्ञान काण्ड के आलोक में इसे अपनाते रहे; विविध कर्म अनुष्ठान को यज्ञ का रूप दिया गया; गुरुगृह में शिक्षु भी ज्ञान यज्ञ में भाग लेकर खुद को ज्ञानवान बनाने के लिए जुटेंगे; चिकित्सक का यज्ञार्थ कर्म चिकित्सा नहीं, शिक्षक का शिक्षण नहीं, कृषक का खेती नहीं; सबका यज्ञार्थ कर्म शुद्ध रूप से ईश्वर आराधना को ही समझें; हर काम में लगे रहते समय भी निर्लिप्त भाव का होना अनिवार्य माना जाएगा।[40] शरीर, इंद्रियाँ, मन, बुद्धि, पदार्थ आदि अपने नहीं हैं और अपने लिये भी नहीं है- यह सिद्धांत है। अतः अपने-अपने कर्तव्य का पालन करने से स्वतः एक दूसरे की उन्नति होती है। निःस्वार्थ भाव से उन संबंधियों की सेवा करके हम अपना ऋण चुका दें; हमारे जितने भी सांसारिक संबंधी- माता-पिता, स्त्री- पुत्र भाई- भौजाई आदि हैं, उन सब की हमें सेवा करनी है; मर्यादा के अनुसार उन्हें सुख पहुँचाना ; उनसे कोई आशा रखना और उन पर अपना अधिकार मानना नहीं; उनकी सेवा करना, हमारा कर्तव्य है। देवता से प्राप्त सामग्री का यथोचित व्यवहार न करने कि स्थिति में: देवता भी (दोनों से भावित हुए) कर्तव्य पालन की आवश्यक सामग्री देते रहेंगे। उन प्राप्त हुई सामग्री को दूसरों की सेवा में लगाये बिना जो मनुष्य स्वयं

ही उसका उपभोग करता है, वह चोर ही है।

अहिंसक समन्वय

एक पंडित शास्त्रार्थ करने काशी आए | कबीर दास जी से उनका शास्त्रार्थ कराया गया | कबीर दासजी उस पंडित से पूछने लगे, "आप पढ़कर समझे हैं या समझकर फिर पढ़े हैं?"

इस प्रश्न का उतर तलाशने के क्रम में ही बहुत बड़ा शास्त्रार्थ हो गया | जिसने दो अक्षर वाले शब्द "प्रेम" का सही अर्थ जान लिया हो उसका पढ़ना ही सार्थक मानें |

भगवान का पता अगर किसी से पूछें तो उसपर व्याख्यान करने के लिए सभी जन तुरंत प्रस्तुत हो जाते हैं | भगवान सर्वत्र भले ही रहें पर उन्हें प्राप्त करने का मार्ग तो प्रेम की सांकरी गली से ही निकलेगा | लोग तो यह भी कहेंगे ईश्वर खोजने वाले के भीतर ही मिलेंगे |

एक पढ़ा लिखा व्यक्ति बनारस की गंगा में नौका विहार पर निकला | माझी से विनोद में पूच बैठा, "अँग्रेज़ी जानते हो?"

"नहीं हुज़ूर, मैं भला अँग्रेज़ी आदि का क्या जानूँ ! मुझे तो लिखना पढ़ना भी भी नहीं आता }"

"तब तो तुम्हारा बारह आने जीवन ही बेकार है |"

माझी मन ही मन मुस्कुरा रहा था और चुप रहना ही मुनासिब समझा | संयोग वश बीच नदी में नाव डगमगाया | अब वो अजनबी पढ़ा लिखा व्यक्ति घबराया |

"हुज़ूर आपको तो तैरना आता ही होगा !" माझी पूछ बैठा |

"नहीं मेरे भाई मुझे तैरना बिल्कुल ही नहीं आता | कोई उपाय निकालो और नाव को किनारे ले चलो |"

उस व्यक्ति की घबराहट देखकर अब माझी को भी विनोद करने का मौका मिल गया , "तब तो आपकी सोलह आने जीवन ही बेकार हो गई !"

ऐसा जीवन ही किस काम का जिसे मुसीबतें झेलना न आता हो ! अब उस आगंतुक को अपने घमंडी होने के कारण लज्जा हो रही थी | अपने न

तैर पाने के कारण और ज़्यादा लज्जित हो रहा था | बीच नदी में से उसे बचाकर निकाल लाने के लिए उसका ज्ञान किसी काम न आएगा |

ऐसे कई प्रसंग मिलेंगे जिसके बारे में हम पाएँगे कि ग्रंथों से मिली शिक्षा की अपनी सीमाएँ हैं और प्रत्यक्ष अनुभव से मिलने वाले ज्ञान की व्यवहार कुशलता कहीं अधिक होती है | उस कौशल की प्राप्ति के लिए हम और अधिक सघन रूप से ज्ञान मंथन और कर्म चंचलता पा सकेंगे | परिस्थितियों का मुकाबला करने के लिए भी हमें व्यवहार कुशल होना होगा |

कौन ब्रह्म ज्ञानी है और कौन मूर्ख इसका आकलन तो परिस्थिति के मुताबिक ही किया जा सकेगा | आकाश मार्ग से हवाई जहाज़ से जाते समय उस नौका के माझी का अनुभव कोई काम में नहीं आएगा | जहाँ जिसकी भूमिका बनती है उसी सीमा में उसके कौशल्य की प्रतिष्ठा मानी जाएगी | हम किसी ब्रह्मा ज्ञानी से अन्य किसी ब्रह्म ज्ञानी की तुलना भी हर परिस्थिति में नहीं कर सकेंगे | अनेकांति विचार की दृष्टि से हर व्यक्ति उतना ही अहम है जितना अहम हम खुद को मानेंगे | भारतीय परंपरा के महर्षि और संतगण भी अपने दार्शनिक विचार के माध्यम से उस मैत्री के महामंत्र की ही प्रतिष्ठा माने जिसे वेद में भी स्वीकृति मिली हुई है | कृष्ण भगवान अर्जुन को युद्ध भूमि में भली भाँति तत्व दर्शन और कर्तव्य बुद्धि का पाठ दे सके और इसमें उनको काफ़ी सफलता मिली इसका एक ही कारण है कि उन्होंने अर्जुन से अपना मित्रवत व्यवहार रखा | सर्वशक्तिमान के उस मैत्री का स्वरूप ही था जिसके कारण उन्हें अर्जुन की शंकाएँ दूर करने में सहजता मिली |

<u>व्यवहार कुशलता</u>

दंडकारण्य में दो राक्षस रहते थे एक का नाम था आसाती दूसरे का नाम था वासाती | दोनों मिलकर कई संतों को मिटा चुके थे | आसाती संतों को बुलाकर लाता और वासाती खुद को भोजन के रूप में परोस देता | भोजन के बाद जब भी संत उन दोनों को भी भोजन कर लेने का आग्रह करते तो आसाती अपने भाई वासाती को पुकारने लगता | नतीजा यह होता कि वासाती संतों का उदर चीरते हुए बाहर निकल आता | काफ़ी दिन तक यह सिलसिला निरंतर चलता रहा |

संतों ने अगस्त मुनि से इस समस्या का हल निकालने के लिए कहा | अगस्त मुनि भी उसी तरह आसाती के निमंत्रण पर आए और भोजन करने के बाद आसाती से आग्रह करने लगे कि वो अपने भाई को खाने पर बुला ले; पर इस बार श्री मुनि उसके भाई को पूरी तरह पचा चुके थे | जाहिर सी बात है कि वासाती मुनि का पेट चीरकर बाहर निकलने में असमर्थ रहा | इसी विरह में आसाती भी समाप्त हो गया |

पढ़ने लिखने का फल यह भी नहीं होना चाहिए कि व्यक्ति समाज और व्यवस्था से ही दूर हो जाए | अपने दैनिक जीवन में आनेवाले कुछ काम तो उसे कर लेने के लिए तत्पर भी रहनी चाहिए |

बंबई में रास्ते से गुजरने वाले एक बड़े व्यापारी के सफ़र करते समय की एक घटना हम याद कर सकते हैं | उनकी गाड़ी बीच रास्ते में अचानक खराब हो गई और एक पहिया बदलने की नौबत आ गई | गाड़ी का चालक कीमती वस्त्र पहने हुए था इसलिए उसने करीब के किसी कारीगर को बुलाने का प्रयत्न करने लगा | इतने में उस बड़े व्यापारी ने अपना कोर्ट जूते आदि उतारकर काम पर लगना ही मुनासिब समझा ताकि थोड़ा समय बचाया जा सके | इस घटना को देखते हुए गाड़ी का चालक भी अपने वस्त्र की परवाह न करते हुए काम में लगा और जल्द से जल्द उस काम को पूरा करने का प्रयास करते रहा |

सभा में पहुँचने में विलंब तो हुई पर ज़्यादा परेशानी से वो बच गये | अगर अपना अभिमान लिए व्यापारी और गाड़ी चालक कारीगर का इंतजार करते रहते तो शायद सभा में पहुँच ही नहीं पाते , पर उन्होंने समझदारी दिखाते हुए समय बचा लिया |

नीति परायणता का उदाहरण रामायण में भी जगह जगह पर मिलता है |

रण में मेघनाद मारे जाने के बाद उसकी पत्नी सुलोचना रावण से आग्रह करने लगी कि उसे सती होने का मौका दिया जाय | ऐसा कहकर सुलोचना श्री रामजी के शिविर में जाने के लिए निकल पड़ी | सबने रोकने का प्रयास किया और रावण से कहा कि सुलोचना को शत्रु के शिविर में जाने से रोकें | रावण को उसे रोकने का कोई उचित कारण नहीं लग रहा था | सुलोचना को रोककर भी राम बदले की भावना से ग्रसित होकर

काम कर सकता है, ऐसी शंका व्यक्त करने के बाद रावण ने कहा , "यह काम रावण का हो सकता है पर राम का नहीं | जिस शिविर में बालक ब्रह्मचारी होते हों उस शिविर में ऐसा काम हो ही नहीं सकता |"

कहने का तात्पर्य है कि रावण को भी यह ज्ञान हो गया था कि श्री राम और उनके साथी नीति परायण होकर युद्ध करते रहेंगे | उनके शिविर में किसी का भी नीति भ्रष्ट होने की कोई संभावना ही नहीं है |

नीति परायण होने का सीधा संबंध अगर ज्ञान आहरण से होता तो रावण को भी नीति परायण होना था, पर हक़ीकत में ऐसा हमें देखने के लिए नहीं मिलता | हर तरफ पढ़ने लिखने की ही ज़्यादा चर्चा होती है | पढ़ने लिखने की ओर लोगों का रुझान भी काफ़ी बढ़ा | इसी क्रम लोगों में कर्म प्रधानता की कमी देखी जा रही है |

शिक्षा सर्वेक्षण के काम से दलमा घाटी के आस पास बासे ग्रामीणों के बीच घूमते समय शिक्षा के प्रति ग्रामीणों का आग्रह कम होने का कारण पता लगाना था | घाटी में बसे एक गाँव के एक वरिष्ठ का कहना था कि विद्यालय जाने वाले बच्चे हल जोतना भूल जाते हैं, कुछ दिनों के बाद अन्य कोई काम करना भी नहीं चाहते | बेहतर होता यदि सबके सब विद्यालय बंद कर दिए जाते | इस विरोधाभाषी विचार से ओत प्रोत होने के बाद शोधकर्ता यह तलाश करने में जुट गये कि कुछ ऐसा सुधार करें जिससे उन ग्रामीणों का शिक्षण संस्थानों पर विश्वास बन सके | आज तक ऐसा कोई पहल हो ही नहीं पाया | महात्मा और बाबा विनोबा के पास इसका काफ़ी व्यवस्थित हल था, जिसको आधार मानकर बच्चे कम से कम हल जोतना नहीं भूलते और लोहे के बैल से होनेवाली समस्या का भी निराकरण कर पाते | पर अपनी व्यवस्था आधुनिकता के चक्रवात में फँस चुकी है | आए दिन कठिनाइयों का नया समीकरण सन्दर्भित हो रहा है |

<u>संस्कृतिकीजड़ें</u>

भारत में अँग्रेज़ी हुकूमत का एक लंबा दौड़ चला | नीति परायणता के चलते पृथ्वीराज चौहान पहले ही हार चुके थे | चारों ओर से भारत में दस्तक देने का द्वार खुल चुका था और एक के बाद एक लुटेरों की घुसपैठ चलती रही | उपद्रवियों के बीच आपसी लड़ाइयाँ भी चली | उन

सबमें ज़्यादा कौशल्य रखने वाले अँग्रेज़ों को लगा क्यों न भारतवर्ष को अँग्रेज़ी हुकूमत का अभिन्न अंग बना लिया जाय | इस काम में एक ही बाधा आ रही थी और वो था भारतीय मूल के लोगों में व्याप्त संस्कृति की मजबूत जड़ | उस मजबूत जड़ के कारण उन्हें पूर्णतः गुलाम नहीं बनाया जा सकता | उन दिनों बंबई प्रांत में एल्फ़ींसटोन नामक एक अंग्रेज अधिकारी राज करता था | उसने अपने राजा को वफ़ादारी दिखाते हुए यह वादा किया कि अगर भारतीय मूल के लोगों को अँग्रेज़ी सिखा दिए जाएँ और अँग्रेज़ी अदब क़ायदे का अभ्यास करा दिया जाय तो वो अपनी संस्कृति से अलग होकर अँग्रेज़ी संस्कृति के आदि हो जाएँगे और उस परिस्थिति में सुदूर लंदन से भी भारत पर लगाम कसा जा सकेगा | हक़ीकत तो यह ही है कि अपना देश आज भी गुलामी और वैचारिक दीनता जैसी परिस्थिति का सामना कर रहा है | विविध विचारों में एकरूपता का सूत्र पिरोना सचमुच ही काफ़ी कठिन, और कभी कभी असंभव सा ही प्रतीत हो रहा है |

अँग्रेज़ों को यह भी लगने लग गया था कि जिस प्रकार से राष्ट्रीयता का ऊफान सन ४७ में व्याप्त हो रहा था उससे यह लगने लग गया था कि स्वतंत्र भारत बड़ी तेज़ी से प्रगति करेगा | इस प्रगति की गति को कम करने का एक ही उपाय है: मानव संसाधन और नैसर्गिक संसाधनों के बीच बटवारा करा दिया जाय | इसी क्रम में हिन्दुस्तान, पाकिस्तान का जन्म हो गया | बँटवारे की लकीर को जान बूझकर डाली गई ताकि आस पास रहनेवाले समुदाय कभी कमर कसकर सीधा खड़ा भी न हो सकें; मज़हबी अलगाव पहले से तो थे ही | विडंबना ऐसी बढ़ी कि मज़हबी खींच तान लंबी अवधि से चलते चले आ रहे हैं | अँग्रेज़ों को अपनी सफलता पर गर्व भी होता होगा | छोटी छोटी बातों के लिए लड़ जाने और मार मिटने की प्रस्तुति के बारे में सुनकर दुनिया के लोग इन दोनों मुल्कों की निंदा भी करते ही होंगे | अपना नुकसान होता हो और हमें समझ में न आता हो यह काफ़ी चिंता का विषय है | इस परिस्थिति में नई पीढ़ी के लोग समग्र विषयों पर पुनरावलोकन करना ज़रूर पसंद करेंगे |

<u>साझीसंस्कृतिकारथ</u>

आधुनिक सभ्यता के साथ ताल मिलाकर चलने के लिए हम सबको एक ऐसी संस्कृति का आदि होना होगा जिसमें सभी मनुष्यों के अरमानों और हितों की रक्षा हो सके | कर्म प्रधानता के साथ साथ मूल तत्वों का भी संरक्षण हो सके | विज्ञान को आधार मानकर चलने वाले इस संस्कृति के रथ दो ही पहिए हो सकते हैं: शौर्य और धैर्य का पहिया | कहते हैं ऐसा ही रथ श्री रामजी को जंग भूमि में विजय दिलाया था | इंद्र का सम्मान करते हुए उन्होंने इंद्र के द्वारा भेजे गये रथ को भले ही रख लिए हों पर उनका यह हनुमान रूपी दिव्य रथ ही मुश्किल की घड़ी में काम आया | आधुनिकता का नशा इतना भी न हो कि हम मानव मुल्यबोध पर आधारित संस्कृति से उखड़ जाएँ और शैवाल दल की भाँति जलाशय में तैरते रहें | वह तो नीरभिमानी रुद्र अवतार श्री बजरंग बली का ही प्रताप था जिसके कारण रावण को धराशायी होना पड़ा | उसका ज्ञान दस मस्ताकों के समान था (रूपक में उन्हें दसानन कहते थे) | इतने पर भी अहंकार और दंभ का बादल उस ज्ञान को ढक दिया था| बजरंगी तो अपनी कुछ करामात मानते भी नहीं थे | समाज का स्वरूप बड़ी तेज़ी से बदल रहा है | सूचना तंत्र का ही प्रतिफल है कि अपने पास काफ़ी जानकारियाँ आ चुकी, पर किस जानकारी का कहाँ उपयोग करना है इसे बताने वालों की कमी आज भी ख़टकती है | कभी रामायण के युग में जब अगस्त मुनि के आश्रम से आगे का मार्ग श्री राम पता लगाने लगे तो मार्ग बताने वाले पचासों आ गये | उनमें से गिने चुने चार संतों को श्री अगस्त मुनि ने श्री राम के साथ भेजा और पंचबटी का मार्ग बताया गया | चार संत से अभिप्राय चार वेद का था और पंचबटी से पाँच इंद्रिय का अभिप्राय था | शरीर के साथ ज्ञान का उचित समन्वय होने के बाद ही व्यक्ति पूर्णता प्राप्ति के मार्ग पर कुशलता पूर्वक आगे बढ़ सकेगा | किसी भी कार्य में उतरने के पहले साधु मत लेने की अपनी प्राचीन परंपरा है ; और भी विधान में ऐसी परंपरा सन्दर्भित होती है |

एकबार अपने ही देश में राष्ट्रपति को नींद न आने की पीड़ा सता रही थी | प्रचलित इलाज से कोई काम नहीं हो रहा था | उन्होंने एक फकीर बाबा से परामर्श लेना उचित समझा | उनके चुने हुए सिपाही श्री राष्ट्रपति महोदय का संदेश लेकर फकीर बाबा के पास पहुँचे और कहे,

"हमारे राष्ट्रपति जी ने आपको याद किया है, आप हमारे साथ उनसे मिलने के लिए चलिए |"

फकीर बाबा कुछ गिने चुने मरीजों से मिलने के लिए बाहर निकलने की तैयारी कर रहे थे, "तुम्हारे सुलतान के दरबार में भला मुझ जैसे फकीर का क्या काम ! उन्हें जाकर कह दो मैं नहीं आ सकता | "

सिपाहीगण अपने ही साथ खड़े अपने मुखिया को कहने लगे, "अगर आपका आदेश हो तो .... |"

मुखिया वापस जाकर अपने राष्ट्रापापति को बताना मुनासिब समझा और उनके दिए आदेश के मुताबिक काम करने का निश्चय करते हुए वहाँ से वापस आ गये |

"फकीर बाबा को जाकर कह दो मैं ही उनसे मिलने आना चाहूँगा |", राष्ट्रपति महोदय इतना तो समझ ही गये कि सिपाहियों ने उस फकीर से ठीक से बात नहीं किया होगा |

"फकीर बाबा आज आप घर पर ही रहें, आपसे सुलतान मिलने के लिए आ रहे हैं | ", सिपाही गण कुछ नम्र होकर उस फकीर से निवेदन करने लगे |

फकीर भला कहाँ रुकने वाला था, वो यथावत अपने नित्य काम से निकल गया | उसके पास और भी मरीजों से मिलने की योजना पहले से तय थी ; उस दिन भी मुलाकात नहीं हो पाई | तीसरे दिन राष्ट्रपति काफ़ी देर से आए और फकीर बाबा के डेरे पर इंतजार करने लगे | आख़िर बड़ी इंतजार के बाद मुलाकात हुई, " ऐसी क्या तकलीफ़ है आपको?"

"तकलीफ़ तो है , रात को नींद नहीं आती |"

"एक सुलतान को भला नींद कैसे आ सकती!" , फकीर बाबा स्पष्ट ही बोल गये |

"माने!"

"नींद इंसान को आती है , सुलतान को नहीं | बिस्तर पर जाने के पहले भूल जाया करो कि तुम किसी मुल्क का मुखिया हो तो सहज ही नींद आ जाएगी |"

"इतना भी सरल है!"

"इतना ही सरल है, करके देखो |"

हक़ीकत में ऐसा करने से सुलतान को नींद आने लगी | उस फकीर के चमत्कार से काफ़ी प्रभावित हुए |

आख़िर मन ही है जो व्यक्ति को कई तरह प्रभावित करते रहता है | मन अगर स्वाभिमान से ज़्यादा ग्रसित होने लगे तो समझना चाहिए परेशानी बढ़ी | अपने शंकर भगवान से जुड़ी एक कथा से हम उनके महायोगी होने का और पार्वती के तत्वज्ञानी होने का प्रमाण प्रत्यक्ष कर पाते हैं | सती के गुजर जाने के बाद आदि देव अक्सर ध्यान मग्न ही रहने लगे | महादेव को ध्यान से उठाने का जटिल काम श्री कामदेव को दिया गया ताकि अन्य देवताओं का कल्याण हो सके |

योगी, जटिल , आकाम मन, अमंगल वेश धारी, मातृहीन, गृहहीन , जटाधारी , क्षीण और दीन ऐसे ही अवगुणों के धनी हैं अपने महादेव | श्री नारद मुनि से परिचय पाकर पार्वती के माता पिता तो काफ़ी चिंतित हो उठे पर कुमारी का मन हर्षित हो उठा ! जिसे मुनि अवगुण गिना रहे थे वे सबके सब असल में उनके ईश्वर अभिमुखी होने का ही प्रमाण दे रहा था | शिव और पार्वती को मिलाने में श्री नारद मुनि ही अहम भूमिका निभा रहे थे | उन्होंने शंकर भगवान के मन में भी काम उत्पन्न करने का प्रयास किया ; और महादेव ही थे जिन्होंने काम को जलाने का निश्चय कर लिया | काफ़ी अनुनय करने के बाद वो मान तो गये पर उनको देखते ही पार्वती की माँ मैना के हाथ से आरती की थाल गिर गई | एक पार्वती ही थी जिसे महादेव से व्याह करने की ज़िद पड़ी थी | नियति को जो मंजूर था वो तो होना ही था ; अंततः दोनों एकरूप हुए | आदि शक्ति और जगन्माता जगदंबा की ही एकरूपता थी जिसकी कल्पना देवगण किया करते थे | हम उस मिलनेवाले और मिलानेवाले दोनों के समझदारी और सूझबूझ की सराहना करते हैं जिन्होंने लोक हितार्थ कुछ निर्णय ले पाए थे | पार्वती की भी समझदारी इस बात से आकलित की जाएगी जिसके बल पर उन्होंने अवागुणों में गुणों को तलाश लिया |

संवेदनशील होना दिव्य पुरुषों और देवत्व के गुणों से पुष्ट महाजनों की पहचान है | हज़रत मोहम्मद को एक माता ने कुछ फल भेंट में देने आई | मोहम्मद तुरंत खाने लगे और सबके सब फल अन्य किसी को न दिए खा गये | उस माता को बहुत अच्छा लगा, संतोष मिला और वापस

आ गई | आम तौर पर मोहम्मद बाँट कर ही खाया करते थे , पर इसबार किसी को एक भी फल न देने का कारण उनसे पूछा गया | उनका कहना था कि फल मीठे नहीं थे, और इसका पता चलने पर उस माता को अच्छा नहीं लगता यही कारण है कि मोहम्मद ने फल के खट्टे होने की बात को छिपा लिया ताकि उस माता को बुरा न लगे | उनकी इस संवेदनशीलता और तत्परता के लिए सभी भक्त उनसे इस बात की सीख लेने लगे |

कभी कभी हकीकत जानकार भी बताना उचित नहीं होता |

महासंघ

अपने देश में सेवा भाव से काम करनेवाली संस्थाओं की कमी नहीं है | उस संस्थाओं को देश विदेश से सेवा कार्य और ग़रीब कल्याण के नाम से पैसे भी मिल जाते हैं | इस प्रकार से सेवा करने के लिए बनी संस्थाओं की गतिविधि चलती चली आ रही है | उसी संस्था के आस पास समान विचारधारा वाले और समरूप तत्वज्ञान से प्रबुद्ध होकर कार्य करनेवालों का जमावड़ा भी होता आ रहा है | जब कोई व्यक्ति किसी दरिद्र व्यक्ति तक आसानी सा पहुँचना चाहे तो भी इन सेवा भावी संस्थानों के ज़रिए पहुँचने का प्रयास किया जाता है ताकि दान को महिमा मंडित किया जा सके और उस सेवा भाव का मूल मकसद सध सके | आचार्य चाणक्य कहा करते थे कि सत्य अगर कड़वा हो और अप्रिय हो तो न कहा जाय | पर सत्य को अगर हम इश्वर मान लें तो असत्य कहना या सत्य को छिपाने के लिए गोल मटोल बातें करना भी कहाँ तक मानी हो सकेगा !

संस्थाओं के बनने की प्रक्रिया में कई ध्येय को सामने रखा जाता है और उस ध्येय को पाने के लिए संस्था की गतिविधियाँ बनाई जाती है | अगर ध्येय की प्राप्ति हो गई या फिर गतिविधियों को चलाने के लिए कोई माध्यम न बचा हो तो संस्था का निष्क्रिय होना स्वाभाविक है | उस परिस्थितीई में संस्था को कुछ ऐसे तट का चुनाव करना होता है जहाँ से विकास कार्य में लगे लोगों की उदर पूर्ति का काम चलता रहे | यह विषय सभी संस्थाओं के लिए सत्य नहीं भी हो सकता; जैसे शिक्षा और स्वास्थ्य जैसा विषय निरंतर ही चलनेवाला है ; किसी ख़ास

तत्व को ध्यान में रखकर नागरिकों का प्रबोधन, भ्रष्टाचार के खिलाफ मोर्चा खोलना और धर्माचरण से नागरिकों को जोड़ना आदि विषय नित्य जीवन का अंग है | अतः ऐसे विषयों से जुड़ी संस्थाओं की अहमियत भी सदा के लिए रहने ही वाली है | प्रश्न उन संस्थाओं के बारे में निर्माण होता है जिन्हें ग़रीबी उन्मूलन का बीड़ा उठाते हुए जनता जनार्दन तक पहुँचना है और ग़रीब कल्याण योजनाओं के ज़रिए राष्ट्र निर्माण में अपनी भूमिका अदा करना है |

ग़रीबी उन्मूलन अगर किसी संस्था का ध्येय हो सकता तो सरकार बहादुर का भी यही ध्येय है और उनका प्रयास भी यही है कि ग़रीब नागरिक के ग़रीबी से ग्रसित होना का सही कारण पता करते हुए उसे उस ग़रीबी के जाता जाल से छुड़ा सके |

पुराण और वेदों में ऐसे काफ़ी उदाहरण मिलते हैं जिसके ज़रिए हम एक सम्राट और एक नागरिक के संवेदनशीलता को समझ सकें | एकबार भक्त सुदामा के परिवार वर्ग ने सुझाया कि उनके मित्र श्री कृष्ण कन्हैया सम्राट बन चुके , अब तो सुदामा को इस अवसर का भरपूर लाभ उठाते हुए अपनी ग़रीबी दूर कर लेनी चाहिए ! पर सुदामा के मन में कुछ संकोच था; जिस मित्र को एक मुट्ठी चावल की भुजिया नहीं दे पाए थे उसी मित्र से कुछ कैसे माँगा जाय ! और फिर मित्र भला किसी मित्र से कहाँ कुछ माँगता है ! मित्र से सिर्फ़ मैत्री का ही संबंध रहता है | उस मैत्री के संबंध में स्वार्थ का आना उचित नहीं है और ऐसा करना भी नहीं चाहिए | काफ़ी अनुनय विनय करने के बाद सुदामा मान तो गये पर उनके मन में किसी और कारण से आनंद और हर्ष का बाढ़ आया ; काफ़ी लंबी अवधि के बाद उन्हें अपने मित्र से मिलने का मौका मिलेगा और इस मौके को सुअवसर में बदलते हुए सुदामा वही भेंट लेकर निकल पड़े आश्रम प्रवास के समय जो कृष्ण के माँगने पर भी नहीं दे पाए थे | उस कारण से बने आत्म ग्लानि को धो डालने का समय आया है यह जानकार भी सुदामा हर्षित हो रहे थे | गिरिधारी का मित्र वह भी ऐसी दशा में ! विश्वास भला किसे हो पाता , अतः सैनिकों का भ्रमित होना भी जायज़ था | सुदामा को कृष्ण के सिंह द्वार पर ही रोका गया | अंदर जानकारी भेजी गई, और फिर क्या; गिरिधारी अपने उस मित्र को गले लगाने के लिए दौड़ पड़े और

अपने परिषदों को अचंभे में डाल दिया | उस मित्र को अपने ही आसान पर बिठाया और दोनों का प्रेम संवाद फिर देखते ही बन रहा था |

मानवता का परिपोषक और उसके विपरीत , मार्ग पर चल पड़ने के आधार को नियामक मानकर विश्व को हम दो धूरी में बँट जाते हुए भी अब देख सकेंगे | संवेदनाओं को आधार मानकर संघों के सम्मेलन से ही मानवता का परिपोषक और परिचालक महासंघ भी बनेगा | उस और संघीय ढाँचों के मुखिया पहल कर भी चुके हैं | पिछले शताब्दी में हमने दो महा संघों को बनते और बिखरते भी देखा है | इस शताब्दी में भी उससे कहीं बलशाली एक महासंघ का निर्माण होगा और पुराने संघीय वतावस्था में कुछ फेर बदल करके उसे मिला लिया जाएगा या फिर पुराने संघ को पूरी तरह से नष्ट करके नये महासंघ की रूपरेखा को प्रस्तावित कर दिया जाएगा | कोई भी संघ जब जनता जनार्दन के अरमानों और आकांक्षाओं पर खरा नहीं उतर पाते हों तो उसका यही अंजाम होना एक भवितव्य मानना होगा |

अब वैसा समय नहीं रहा कि किसी एक गुट या संप्रदाय का वर्चस्व अन्य लोग आसानी से स्वीकार कर लें | सबके मतों को पुष्ट करते हुए प्रतिभागिता आधारित व्यवस्था के ज़रिए ही संघीय ढाँचों को ज़्यादा से ज़्यादा बल मिलेगा | इस ढाँचे से अलग होकर कोई भी व्यवस्था ज़्यादा कारगर सिद्ध नहीं हो सकती, न ही उसे ऐसा होने देने की ज़रूरत है |

गुरु शिष्य परंपरा का दर्शन रामायण में दर्ज किया गया, मित्र और मैत्री परंपरा का दर्शन महाभारत में दर्ज हुआ, राजतंत्र के ऊपर से विश्वास हटने के क्रम में लोकतांत्रिक और समजतन्त्रिक व्यवस्था का मिश्रण आधुनिक विश्व का दर्शन रहा और अब सूचना तंत्र और प्रौद्योगिकी के बल पर क्रियान्वित रहने के मंत्र से अत्याधुनिक विश्व का क्रियान्वयन होना तय है | इस परिस्थिति में उसी संप्रदाय या समूह को अधिकाधिक समर्थन प्राप्त होगा जिसके पास तांत्रिकी का बल है | जो संसार को एक बलशाली निदान देते हुए प्रगति के मार्ग पर समुचित तरीके से मार्गदर्शन कर सकेंगे | जिनके पास "सर्वजन हिताय सर्वजन सूखाय" कोई समाधान सूत्र रहेगा | कोरोना संक्रमण से विश्व को जो नुकसान हुआ वो दूसरे विश्व युद्ध में हुए नुकसान से कहीं ज़्यादा है, इस

महामारी से समग्र अर्थ व्यवस्था पर दोहरी मार पड़ी, लोगों के रोज़गार छिन गये, दिहाड़ी मजदूरों को भुखमरी का शिकार होना पड़ा, सभी राष्ट्रों को प्रत्यक्ष या परोक्ष रूप से भारी नुकसान उठाना पड़ा, व्यक्ति से व्यक्ति की दूरियाँ बढ़ी और साथ ही साथ विश्वास भी टूटा | कुछ शक्तिधर देश इस संकट से भले ही उभर पाएँ पर विकास मुखी देशों के लिए इस संकट से पार पाना शायद ही संभव हो | इस संकट से उभरने के तुरंत बाद ही भुखमरी और बेरोज़गारी का संकट पूरी दुनिया को चपेट में लेने के लिए प्रस्तुत रहेगा |

ऐसा इसलिए भी होना तय है क्यूंकी सभी देश प्रत्यक्ष या फिर परोक्ष रूप से एक दूसरे पर निर्भर करने लगे हैं, एक दूसरे की व्यवस्था परस्पर के द्वारा काफ़ी मात्रा में प्रभावित भी होने लगी है | ऐसे सन्दर्भ में किसी भी संकट से उभरने के लिए भी संयुक्त रूप से योजनाएँ बनाने पड़ेंगे | एक दूसरे के क्रिया कलापों से होने वाले सभी परिवर्तनों का सम्मिलित परिणाम क्या होगा उसपर भी मंथन करने की ज़रूरत है | अब जो संघ शक्ति का विज्ञान सन्दर्भित होगा उसके सम्मुख हमें स्वावलंबन के विवर्तित तत्वों को अमल में लाते हुए समग्र और सर्व समावेशक क्रियान्वयन के अंतर्गत विश्व व्यवस्था का नक्शा बनाना होगा | समस्या जागतिक है, तो जाहिर सी बात है की निदान तंत्र और संबंधित चिकित्सकीय प्रबंधन भी जागतिक हो, उसके व्यवस्थापन में लगनेवाले लोग जागतिक हों तो जाहिर सी बात यह भी है कि प्रभावित लोग भी जागतिक नागरिकता के धारक ही होंगे | ऐसी परिस्थिति में राष्ट्रीय नागरिकता के बगल में एक जागतिक नागरिकता मिल पाने की प्रक्रिया से भी हमें गुज़रना होगा , ताकि हम आसानी से जागतिक क्रियाकलापों में अपनी अपनी भूमिका तय कर सकें | यह कोई अलीक कल्पना पर आधारित समाज और नियमन का विज्ञान नहीं है, बल्कि यह तो समाज के जागतिक सूत्रों को एक तंत्र में पिरोने का ही विज्ञान होगा |

राजनीति के कारण भेदभाव करने का आरोप एक राजनैतिक दल अन्य दलों पर लगाने लगेंगे , यह एक सहज प्रवृति मानी जाएगी | अजूबा तो तब होगा जब सभी राजनीति करने वाले दल और नेतागण

सुर में सुर मिलाकर खुद को एक सैनिक के नाते जनता जनार्दन के सम्मुख प्रकट करने लगें और अपनी अपनी भूमिका तय करने लगें | यह परिस्थिति भारत जैसे देश में आकर चली भी गई | आरंभिक समय में जब लोगों को कोरोना संक्रमण के स्वरूप विषयक कोई जानकारी नहीं थी और भारत इस लड़ाई को लड़ने के लिए पूरी तरह से तैयार नहीं था तब सभी दल और नेता गण सुर में सुर मिलाने लगे, पर ज़्यादा दिन ऐसा कर पाने में असमर्थ रहे | इसका कारण पैसा और जनता पर अपने अपने नियंत्रण रख पाने के समीकरण के कारण ही होता हुआ सन्दर्भित हुआ | कोई एक सरकार पक्षपात का आरोप लगाने लगी तो कोई और सरकार के नेतागण जनता जनार्दन के खाते में सीधे पैसा देने का परोक्ष रूप से विरोध करने लगे | राजनीति का खोखलापन इतना गंभीर हो उठा कि महाराष्ट्र के पालघर में उन्मत्त लोग संतों को सिपाहियों के सामने ही पीट पीट काट मार दिए | व्यवस्था पर इसलिए भी सवाल खड़े कर दिए गये जब वहाँ की सरकार कुछ संवेदनहीनता का परिचय देते हुए संतों की हत्या को एक हादसा कहने लगे और लोगों से पुनः पुनः गुज़ारिश करने लगे कि उस घटना को कोई साम्प्रदायिक रंग देने का प्रयास न करें || समस्याओं का प्रमाण और ज़िम्मेदारियों का समीकरण कुछ भी हो सकता है , पर जनता जनार्दन के सामने राजनैतिक दलों का स्वार्थी स्वरूप प्रतिभासित होने लगा |

स्वतंत्र देश में जहाँ तिरंगों के नीचे भारतीय सेना के सभी होनहार जवान कार्यरत हो सकते हैं, जहाँ तिरंगे की शान बनाए रखने के लिए सिपाही जान की बाजी लगाते हों, जहाँ तिरंगे की शान में गीत गाए जाते हों , जिसकी गरिमा को ठेस पहुँचाने के पहले दुश्मन पचास बार सोचता हो उसी देश में कुछ राजनैतिक दल अलग अलग ध्वजों तले भारत को खुशहाल बनाने का शपथ लेने लगें और एक दूसरे के खिलाफ मोर्चा खोल दें तो यह कुछ शोभनीय विषय नहीं हो सकता | उन दलों और गुटों पर जनता जनार्दन को भरोसा रखने से पहले भी हज़ारों बार सोचने की ज़रूरत है | संघीय ढाँचों में अपनी अपनी सहभागिता सुनिश्चत करने हेतु अलग अलग विचारधारा रखनेवाले समूह को अगर सरकारी यंत्र का हिस्सा बनने दिया जाए तो जाहिर सी बात है कि उनके बीच के

दरारों में ही अलगाव की जड़ों का विस्तार होता रहेगा, और अंततः ऐसी दरारें क्रमशः संघ को ही संकट में डाल देगा| जहाँ नागरिक ही संकट में हों वहाँ नगर, परिषद, नेता , महाजन आदि लोगों का क्या होगा ? ऐसे महत्वाकांक्षी और स्वार्थी लोगों को रोज़गार के अवसर कौन देंगे? पहले तो राजस्थान, गुजरात, पंजाब, हरियाणा और महाराष्ट्र से भारी संख्या में मजदूरों को उनके गृह राज्य जाने के लिए मजबूर कर दिया गया, और उसके बाद आर्थिक गतिविधि शुरू कर पाने हेतु उनके वापसी की माँग होने लगी | इसका पता लगाना बहुत ही ज़रूरी है कि कौन कौन सी परिस्थिति में मजदूरों को बेरोज़गार होकर अपने घर की ओर भागने के लिए मजबूर होना पड़ा | मजदूर और किसान जिस देश में सुरक्षित न हों उस देश में गिने चुने कर्मचारियों को सुरक्षित रख पाना कहाँ तक संभव हो सकेगा? कौन से तंत्र होंगे जिसमें कामगार, मजदूर और किसान सुरक्षित रह सकें? किसान और मजदूर के खातों में कुछ रकम दे देने से, उनके लिए खाद्यान्न उपलब्ध करने से और उनके मुफ़्त इलाज का दायित्व ले लेने से कुछ हद तक राहत मिलने की उम्मीद जताई जा सकेगी | इसे लंबी अवधि तक चलनेवाले उपयोजना का हिस्सा नहीं समझा जाना चाहिया | मजदूर , किसान और बेसहारा लोगों के लिए सामाजिक सुरक्षा का दायरा बढ़ाना और उन्हें हर परिस्थिति में हर राज्य में मदद मिल पाने की परिस्थिति का निर्माण करना ही स्थाई समाधान की ओर बढ़ाया जाने वाला पहला कदम मान सकेंगे | मौजूदा परिस्थिति में अगर हम जनता जनार्दन को एक ही ध्वज तले लाने का प्रयास करें तो हमें प्रतिनिधित्व आधारित लोकतंत्र में प्रत्येक नागरिक के लिए अंशभागी परिकल्पना को रूपयित करते हुए हर पक्ष की सहभागित सुनिश्चित करने लायक क़ानून परिषद का गठन करना होगा | भारत के सभी नागरिक को अगर हम संघीय रचना का हिस्सा मान रहे हैं तो उनके अंशभागी परिकल्पना को रूपयित करते समय भी उन्हें क़ानून परिषद या संसद में अपनी राय रख पाने का अवसर देना होगा | किसी एक होनहार जन प्रतिनिधि को सरकारी तंत्र से परिचित कराने हेतु और उनकी पात्रता सुनिश्चित करने हेतु किसी खास राजनैतिक दल का सहारा लेने की आवश्यकता इसलिए भी मानने लायक न होगा क्यूंकी

सभी दल अपनी अपनी आकांक्षाओं का बोझ जनता जनार्दन पर डालते चलेंगे और उन सबके जीवनयात्रा का खर्च सरल जनता पर डाल दिया जाएगा | अगर कुछ कर पाने की पात्रता हम रखते हैं तो सर्वोपरि महात्मा गाँधी द्वारा प्रस्तावित लोक सेवक संघ के प्रारूप पर अमल करने हेतु हम अंतर मन से तैयार हों और उसे अपने देश में त्वरित लागू करने के लिए एक वालिष्ठ और युगोपयोगी कदम उठाने का सत्साहस दिखाएँ | विरोध सिर्फ़ विरोध करने के लिए न होकर एक तर्कसंगत विषय के साथ साथ संपूरक निदान तंत्र का हिस्सा रहना चाहिए | अपने यहाँ विरोध करना लोकतंत्र का एक कलंक बन चुका है, यहाँ तक की विरोध करने लायक ताक़त जुटाने के लिए विद्देशी ताकतों का सहारा भी लिया जाता है, जिसका नतीजा अलगाव और आतंक भी हो सकता है |

जम्मू कश्मीर आतंक का शिकार बना हुआ है | ऐसी परिस्थिति में वहाँ बसे लोगों पर क्या बीत रही होगी, यह तो हम आसानी से सोच भी सकते हैं | सवाल उल्टे तरफ से भी पूछा जा सकता है, कश्मीर में इतने आतंकी कहाँ से पैदा हो रहे हैं? उनको निरंतरता के साथ कौन सहयता दिए जा रहा है? इस जिहाद में काफ़ी लोगों की जानें जा रही है | इन तमाम पहलुओं को उजागर करने लायक कोई तर्कसंगत निदान तंत्र हमारे पास रहे यही अपेक्षित मानी जा सकेगी | मुसीबतों से हम ज़्यादा देर तक भाग नहीं सकते, इसका डटकर मुकाबला करने हेतु हमें अग्रज बनना होगा | व्यवस्था में लगे रहने के साथ साथ अपने करीबियों का भी ध्यान रखना होगा | इतना ही नहीं ऐसा करते हुए हमें संवेदनशील भी रहना होगा | मजदूर जब कर्मस्थल से अपने अपने घर के लिए चल पड़े तब किसी न किसी के नज़रों के सामने से ही गुजर रहे होंगे | उन सभी लोगों के बीच अधिक संवेदना विकसित होने की ज़रूरत है | उन्होंने सभी ज़िम्मेदारियों को सरकार पर थोपना मुनासिब समझा | जनता जनार्दन द्वारा मान्य एक संस्था हैसरकार, उसमें भी कुछ ऐसे तंत्र हैं जिन्हें यंत्र मानव से तुलना की जा सकती है | उनके सक्रिय होने का सीधा संबंध राजनैतिक इच्छाशक्ति द्वारा ही निर्धारित होता रहता है |

अगर महासंघ बनना तय है और सबने अगर उसी व्यवस्था में जाने का निश्चय किया हो तो हमें यह भी देखना होगा कि आनेवाले कालखंड

में उस व्यवस्था का स्वरूप कैसा होगा और उस व्यवस्था में लगनेवाले लोगों की उम्मीदें क्या होंगी | लोग सहज रूप से किसी भी व्यवस्था हिस्सा बन जाना ज़्यादा पसंद करेंगे और उन्हें हर व्यवस्था को लागू करने में तेज़ी लाना ज़्यादा पसंद होगा | लोग धार्मिक और जनजाति आदि के भेद को भुलाकर एकसाथ काम करना ज़्यादा पसंद करेंगे | एक दूसरे की भावना को सनझते हुए कार्यरत रहने का भी प्रयास करेंगे | हमें भी चाहिए कि हम उस व्यवस्था और धारा का पूरा समर्थन करें और लोगों को आपस में घुल मिल जाने के लिए पूरा समर्थन दें | अपने अपने संकुचित विचारों को छोड़कर एक साझी संस्कृति का निर्माण करें और रचना कार्य में लग जाएँ | आज विश्व में कोरोना संक्रमण हेतु निदान तंत्र, औषधि, चिकित्सा प्रणाली आदि तलाशने में लोग लगे हुए हैं, उनके पास सबसे सहयोग मिलने की उम्मीद भी है | इस परिस्थिति में सभी जन जितनी सघनता से कार्यरत रहेंगे उतने ही अच्छे परिणाम का दर्शन हो सकेगा | यह एक ऐसी अवधि है जब हम एक न दिखने वाले दुश्मन का मुकाबला कर रहे हैं | यह दुश्मन एक लंबी अवधि के लिए हमारे बीच रहने वाला है, अतः जाहिर सी बात है कि हमें इसके साथ ही रहना सीखना होगा |

एक आम नागरिक खुद को संक्रमित होने से बचाने के लिए सामाजिक दूरी बनाकर रखते हुए कार्यरत रहें, विशेष ज़िम्मेदारी में लगे लोग अपनी ज़िम्मेदारियों का निर्वाह कुशलता पूर्वक करें, अलगाव का लाभ उठाने वाले तत्वों को पहचानते हुए ऐसे विघटनकारी तत्वों को समाज के चक्र से अलग रखने का प्रयास हो, देश के नागरिकों को अपने अपने धार्मिक, राजनीतिक, सामाजिक तथा आर्थिक भेद को भूलना होगा | अधिकाधिक सघन रूप से कार्य कर पाने का एक सुनहरा मौका, जो कि कोरोना संक्रमण के मध्यम से आपदा के रूप में आया है, हमारे सम्मुख कई चुनौतियों को एकसाथ रख दिया | हमें अपने सूक्ष्म बुद्धि से आपदा प्रबंधन के कौशलों में लचीलापन रखते हुए अनदेखे शत्रु को पहचानना होगा और उचित उपयोजना पर अमल करना होगा | इस क्रम में कोई एक लापरवाही पूरी व्यवस्था और समग्र प्रबंधन को विफल कर देगा | व्यवस्था में लगे लोगों को और ज़्यादा संवेदनशील होने की

आवश्यकता है | संवेदना ही राष्ट्रीयता और समन्वय का मानक होने के साथ साथ उत्तम व्यवस्था का परिचायक है | इसके अभाव से किसी भी राष्ट्र और संप्रदाय के लिए संकटापन्न स्थिति में आ जाना एक भवितव्य मान लेना अनुचित न होगा | हम इस बात से भी इनकार नहीं कर सकते कि संवेदना रहित क्रिया कलाप हिंसा से ग्रसित हो सकता है |

क्या महसंघ बन जाने से ही लोगों की लालसा और आक्रामक वृति पर नियंत्रण पाया जा सकेगा? इस बात की पुष्टि कर आने लायक पर्याप्त कारण अपने पास इस वक्त नहीं जमा हो पाया, और न ही हम किसी पूर्वाग्रह से ग्रसित होकर इस विषय पर कुछ भी कह पाने की पात्रता रख पाएंगे। हमें और अधिक सघन रूप से उस योग आधारित तत्व पर ही प्रकाश डालना होगा जिसके बल पर हम किसी देश के नागरिक से कुछ न्यूनतम कर्तव्य परायणता की उम्मीद पाल सकें।

राजनीति का रंग

राजनीति का मूल आशय किसी देश के नागरिकों को सुख सुविधा, सुरक्षा आदि विषयक सेवा देने के साथ साथ उस देश की अखंडता, सम्प्रभुता और अन्य देशों के साथ रिश्तों नातों को निभाने से भी वास्ता रखने के लिए अग्रसर होने से और उचित भूमिका पालन करने से है; न कि किसी सम्प्रदाय या समूह को वंचित करने से या फिर किसी समूह और सम्प्रदाय को कुचल देने से।

आज एक गहन चिंतन से गुजरते हुए एक विषय पर प्रकाश डालने की बात की जाने लगी जिसपर आजादी के पहले चिंतक, विवेचक और महात्मा वर्ग काफी चिंतन कर चुके; उस चिंतन से ही एक विचार की धारा ऐसी चल पड़ी जिसके अधीन भारत को एक धर्म निरपेक्ष राष्ट्र का चरित्र और शान्ति कामी देश का दायित्व नैसर्गिक रूप से मिल गया। कोई ख़ास व्यक्ति वर्ग भी ऐसा दावा शायद ही कर सके कि उनके प्रयत्न के कारण, और सिर्फ उसी कारण से देश को आजादी मिली। भारत पर भले ही कई तरफ से बार बार हमले होते आ रहे हों, भारत ने शायद ही किसी देश पर सिर्फ अंचल विस्तार की नीति से हमले किये हों। वो दिन हम

शायद ही भूल पाते हों जब महाराजा पृथ्वीराज को कहा गया कि जिस निहत्थे को उनके सामने पेश किया जा रहा है उसे मौत के घात उतार दिया जाय अन्यथा भारत का इतिहास और चरित्र ही बदल जाएगा। पृथ्वीराज का धर्म यह कह रहा था कि किसी निहत्थे पर हथियार नहीं उठाया जाता ! पर उस निहत्थे का धर्म यह कहता था कि भारत की बात से उनके प्रभु को अवगत कराया जाय ताकि और धारदार हमले किये जा सकें। उन योद्धा युगल के लिए अपने अपने राजनीति के समीकरण रहे होंगे और अपने अपने धर्म के दायरे रहे होंगे।

हकीकत तो यह है कि, मानें या न मानें , सनातन की धारा से ही संसार के सभी धर्म मतों का संकर्षण होता आया और उन मतों और पंथों को किसी न किसी राष्ट्र का संरक्षण मिलता आया। कहते हैं नालंदा की पोथी महीनों जलती रही। वेद के कई शाखाओं की एक भी कृति मिलती ही नहीं ! सिर्फ कुछ विवरण, भाष्य और उद्धरण ही मिलते हैं। प्रपंच और पाखण्ड की जो धारा इस धरती पर आ गई उसे तरो - ताजा रखने के लिए भी कई वर्ग काफी सक्रीय पाए जा सकेंगे। हम यह भी देखते आ रहे हैं कि किसी धर्म स्थान पर आक्रमण और प्रति - आक्रमण में लोग शान भी महसूस करने लग जाते हैं। अपने यहाँ तो उच्च कोटि का विचार पनपता आया, "सिया राम माय सब जग जानी[1] ...... " यह तो वही विचार धन हुआ जिसके आलोक में हम पूरे जगत को ईश्वर और उनके अनुकम्पा से भरा पूरा पाएंगे।

इसका अर्थ यह भी नहीं निकाल लेना चाहिए कि हमारे ऊपर हमले होते रहें और हम अहिंसक होने की शान में सहते रहें; वस्तुतः अहिंसा का धर्म कायरों के लिए है ही नहीं ; उसमें वैर त्याग (परायापन का त्याग) करने का उत्तम विज्ञान समाया हुआ है। सत्य तो ब्रहम ही है, और बाकी सब मिथ्या माया और भ्रम ही समझें। इस उत्तम विज्ञान का धनी धर्म और दर्शन का सही मेलबंधन तो कुशलतापूर्वक ही कर लिया करेगा। रही बात राज्य के चरित्र का; वह नागरिकों के चरित्रबल का समीकरण ही मानें। मर्यादा पुरुषोत्तम राम भी अपने नागरिकों के मतों का ध्यान रखा करते थे ; उनके राज्य में उत्तम अनुशाशन और प्रशाशन की संस्कृति का निदर्शन हमें पुराण, वेद आदि में मिल जाया करेगा। यह व्यक्ति का एक

सहजात चरित्र ही समझें जिसके बल पर समग्र परिस्थिति को अपनी और मोड़ने के लिए उसे प्रयास करते रहना होगा; ऐसा काम्य भी समझें। श्री महर्षि कहा करते थे व्यक्ति तबतक शिक्षा और शिक्षक पर निर्भर करता रहेगा जबतक उसके सामने कोई उत्तम अवसर का संधान न राखी जाय ; कुछ उत्तम अवसर मिल जाने के बाद मोह विषयक अंधत्व के कारण ही उसका मन दौड़ पड़ेगा ; ठीक वैसे ही जैसे पतंगा दीपक की रोशनी में सूर्य का प्रकाश देख लिया करता है; ठीक वैसे ही जैसे नदी के एक किनारे पर बसनेवाले लोग यह सोच लिया करते होंगे कि सभी सुख शायद नदी के उसपार ही है। कभी धर्म के अनुशाशन के आधार पर ही राष्ट्र का चरित्र चित्रित हो जाता था। उसी के आधार पर कई धर्म परिपोषक राष्ट्र की रचना भी हुई ; फिर एक ऐसा आधुनिक क्रान्ति का युग आया जो राष्ट्र के अस्तित्व को धर्म के दायरे से बाहर आकर देखने के लिए लोगों को प्रेरित करता रहा; कुछ ऐसे भी संत महात्मा आये जिन्होंने सभी धर्म के संकीर्ण दायरे से बाहर आकर आधात्मिक चिंतन से पुष्ट होने के लिए समग्र जनजाति को प्रेरित करते रहे; सबको इस बात के लिए भी अग्रज कि भूमिका लेने के लिए कहते रहे जिसके अधीन "महामानव का महामिलन" संभव किया जा सकेगा; सिर्फ इतना ही नहीं उस सम्म्लेन के दर्शन से समग्र जनजाति का ही कल्याण हो पायेगा। आखिर सार्विक कल्याण के लिए ही सबको मिलित रूप से काम भी करना होगा। उसे राष्ट्र धर्म ही मानें जिसके अधीन समग्र जनजाति को राष्ट्रहित में छोटे छोटे भेद बुद्धि को छोड़कर सार्विक उन्नति के लिए एकत्र होने की बात कही जा सकेगी।

अब प्रश्न यह भी निर्माण होने लगा कि क्या लोगों को एकत्र करना इतना भी आसान हो पायेगा ? व्यक्ति स्वार्थ ही जहाँ प्रगति कि धूरि बन चुकी हो वहां लोगों को छोटे छोटे स्वार्थ छोड़ने के लिए प्रेरित करें, प्रबुद्ध करें; ख़ास तौर पर उन्हें अगर छोटे सम्प्रदाय से बाहर लाकर विश्व बिरादरी के साथ एकरूप होने के लिए कहें और हमारे कहने मात्र से वे सबके सब ऐसा करने भी लग जाएँ , यह इतना भी आसान शायद ही हो सके। अपने यहाँ कई प्रकार की संस्था और संघ भी काफी सक्रीय है; समय समय पर नागरिकों के पास चले भी जाया करते होंगे; उनमें

से कई संस्था संघ का चरित्र ही धर्म का बन गया है; कई ऐसे भी हैं जो कुछ नया प्रयोग लेकर सामने संदर्भित होते रहेंगे; कुछ संस्था समूह के सामने प्रगति के साथ धर्म प्रचार की जिम्मेदारी आ चुकी होगी; कई उसमें सफल भी होते होंगे; यह कुछ ऐसा ही हुआ जैसे एक ही नाव पर सवार होकर सभी माझी अलग अलग दिशा में नाव ले जाने का प्रयास करते हुए पाए जाते हों और उस सूरत में नाव को स्वच्छंद गति न मिल पाती हो। इस क्रम में एक और संभावना ऐसी बन जाया करेगी जिसके अधीन हम यह उम्मीद करने लगें कि राष्ट्र धर्म को ही सभी नागरिकों का धर्म कहें और अन्य सभी कर्म-कांडों को मूल धर्म विषयक अध्यात्म शास्त्र से अलग कर दें। यह वही धर्म सम्मलेन और विशुद्ध अध्यात्म की बात समझी जा सकेगी जिसके बारे में गीता, वेद आदि के विचारक समय समय पर हमें बताते आये; आगे भी उन्हें ऐसा करते हुए शायद हम देख सकें।

वेद, उपनिषद्, पुराण आदि में हमें समय समय पर चरित्र चित्रण मिल ही जायेगी; उन सभी चरित्र चित्रण के जरिये संत महात्मा यही चाहते थे कि अभ्यासी नागरिकों और साधकों को अपने चरित्र निर्माण के लिए एक उत्तम मार्ग मिल सके। मर्यादा पुरुषोत्तम का गुणगान करने का दायित्व स्वयं रूद्र अवतार ने ही उठा लिया, भक्तों की क्या कहें ! यहाँ तक कि एक शत्रु पक्ष के विवरण में भी उस चरित्र बल विषयक गुणगान और उद्धरण मिल ही जायेगा: "तरुणौ रूप सम्पन्नौ, सुकुमारौ , महाबलौ ....[2] "; इस विवरण में विपरीत गुणों का आश्रय एक ही चरित्र में देखा जा सकेगा: जैसे मर्यादा पुरुषोत्तम सुकुमार होने के साथ साथ महाबलशाली हैं; युद्ध भूमि में डटकर लड़ने के साथ साथ करुणानिधान भी बने रहेंगे। उनके जरिये ही भगवत्व का सफल निदर्शन भी पेश किया गया। एक ही मानव चरित्र में विपरीत गुणों का आश्रय ही भगवत्व के अधिष्ठान होने का प्रमाण भी समझें। हर प्रकार से अभिप्राय यही समझी जा सकेगी कि संत महात्मा उस दिव्य पुरुष के चरित्र बल से ही सबको बलियान करना चाहते थे; आज भी संत महात्मा उसी कार्य में लगे हुए देखे जा सकेंगे। प्रत्यक्ष रूप से हो या फिर परोक्ष रूप से उस चरित्र बल से हमें काफी कुछ शैक्षणिक तत्व मिल जायेगी; उसे धरोहर मानकर

हम अपने अनुजों को भी वही शैक्षणिक तत्व देकर जाने का प्रयास भी करते ही रहेंगे; यह अपने संस्कृति का परिचायक भी समझें।

[1] " सिया राम माय सब जग जानी...." श्री रामचरित मानस।। गोस्वामी तुलसीदास

[2] तरुणौ रूपसंपन्नौ सुकुमारौ महाबलौ । पुण्डरीकविशालाक्षौ चीरकृष्णाजिनाम्बरौ ॥१७॥

फ़लमूल-अशिनौ दान्तौ तापसौ ब्रम्हचारिणौ । पुत्रौ दशरथस्य एतौ भ्रातरौ रामलक्ष्मणौ ॥१८॥व शरण्यौ सर्वसत्त्वानां श्रेष्ठौ सर्वधनुष्मताम् । रक्षःकुल-निहन्तारौ त्रायेतां नः रघु-उत्तमौ ॥१९॥

.......सुपर्णखा के जरिये श्री मर्यादा पुरुषोत्तम का परिचय दिया जा रहा था।। श्री वाल्मीकि रामायण।।

आध्यात्मिक परिपक्वता

पहले पहल तो एक ऐसी परिस्थिति बनती है जब हम खुद को किसी भी कृति का कर्ता मान लेते हैं और उसी भ्रम जीवन बिता देते हैं कि हमने कुछ किया; कुछ ऐसी कृति जिसका श्रेय हम चाहते हैं कि हमें मिले। फिर एक ऐसा पड़ाव आता जब हमारी समझ बनती है कि सृष्टि और विनाश तो प्रकृति के नियमों के अधीन एक सतत चलने वाली प्रक्रिया है और इसमें पदार्थ और ऊर्जा का आपसी मेल बंधन का विज्ञान क्रियाशील निकाय बना; यह भी एक भवितव्य ही है है कि हर जीव के जीवन में मृत्यु का अनुशाशन कभी भी आ सकता। एक पड़ाव ऐसा भी आता है जब व्यक्ति जीवन को काफी मूल्यवान मानते हुए सभी अल्पावधि के सुखों को छोड़कर उस आनंदमय जीवन का पथिक बन जाना पसंद करेगा जिसपर चलकर आत्मा और अरमात्मा के रिश्तों को उनके सही स्वरुप में उपलब्धि किया जा सके और जीव के लिए सम्यक ज्ञान के आधार पर कर्म बंधन से मुक्ति का मार्ग प्रशांत किया जा सके।

शास्त्र, पुराण, आगम , निगम आदि सभी दिव्य ग्रंथों और संत वाणी का एक ही मकसद रहा कि भक्त को कर्म के बंधन से और माया के संसार से मुक्त किया जा सके; उस मुक्ति के मार्ग पर सबका सम्यक

अभिषेक हो सके; यह कुछ ऐसा ही हुआ कि किसी बगीचे में जाकर एक फल खाने के बाद संत सभी भक्तों को बताने लगे और यही आग्रह करते रहे कि बाकी के भक्त वत्सल भी उस बगीचे में दाखिल होकर उस फल का आस्वाद लें और जीवन को धन्य कर लें; यह कुछ ऐसा ही अनुभव मन जाएगा जैसे एक परिंदा ऊंची उड़ान भरते हुए नीले आसमान में गोते लगाता हो; जैसे एक भक्त प्रेम पूर्वक अपने भगवान को भोजन कराता हो और बाकी भक्तों से निवेदन करता हो कि वो भी ऐसा ही करें। इस प्रकार दिव्य जीवन का अनुसंधान करनेवाल साधक कभी भी अकेले मुक्त हो जाने के लिए तपस्या शायद ही करता हो। उसे समग्र समाज को मुक्त करने कि चिंता सताया करेगी; उसे ऐसा भी लगेगा कि किसी भी भक्त के जीवन में संकट ही न रहे; भक्त वत्सल को ईश्वर अनुकम्पा मिले। यह कुछ ऐसी ही परिस्थिति बन जाया करेगी जिसके अंतर्गत भक्त प्रह्लाद अपने प्रपंचक पिता के लिए इष्ट के पास क्षमा याचना करते रहे; नचिकेता विधाता से यह निवेदन करते रहे कि उनके पिता को यश और प्रतिष्ठा मिले ; शत्रु भाव नष्ट हो जाने के और भी कई प्रमाण गिनाये जा सकेंगे जिसके बल पर इतना तो अवश्य कहा जा सकेगा कि दिव्य जीवन कि अनुसन्धित्सा रखनेवालों के मन से शत्रुभाव नष्ट हो जाता होगा। इसके अभ्यासी ही और सटीक तरीके से बता सकेंगे कि उनके मन, चित्त और बुद्धि पर क्या बीत रही होगी जब उन्हें यह तय कर लेना होता है कि ध्रुव सत्य के अनुसंधान में ही जीवन बिताना होगा। भगवद्गीता में भी कर्म संन्यास और कर्मयोग के बीच हर प्रकार के समानता के बारे में बताई जाती है और यह भी माना गया कि सभी प्रकार के द्वन्द से मुक्त होते होते व्यक्ति माया के बंधनों से मुक्त हो जाया करेगा। केवल अल्पज्ञानी जन इस भ्रम में जकड़े रह जाते हैं कि कर्मयोग और कर्म संन्यास शायद कुछ अलग अलग विधाएँ हैं। (V. १-४)

वास्तव में कर्मयोग और कर्म संन्यास को एक सामान ही देखा जाना चाहिए। भक्ति के साथ कर्म किये बिना उस परिपक्वता को पाना भी संभव ही नहीं। सभी इन्द्रियों को भली भाँती वश में रखते हुए बुद्धि का प्रयोग करते हुए कर्म करनेवालों को सहजता से ही कर्म बंधन से मुक्ति

मिल जाय करेगी; दृढ निश्चय रखनेवाले खुद को कर्ता न मानते हुए कर्म करते रहेंगे; कर्मफल इष्ट को अर्पित करदेनेवालों को पाप कभी भी ग्रसित नहीं कर सकता; योगीजन के लिए कर्म का प्रयोजन सिर्फ आत्म शुदि्ध पाने से है; आसक्ति रहित होकर कर्म करते रहने के कारण भी योगी जन कर्म बंधन से खुद को मुक्त रखने में समर्थ हो जाया करेंगे; निरासक्त व्यक्ति शरीर में रहते हुए भी सभी रकार के कर्मबन्धन से मुक्त रहेंगे (भगवद्गीता V. ५-१२) । कर्म फलों के बोध का पनपना प्रकृति के अधीन है; सर्वव्यापी परमात्मा भी पाप-पुण्य के कर्मों से निर्लिप्त ही रहेंगे ; मोहान्ध भक्तों की बुदि्ध भी अज्ञान से आच्छादित रहेगी ; ज्ञान तो उस सूर्यप्रभा के सामान ही है जिसकी किरणों से संसार प्रकाशमान और व्यक्त हो उठता है; वह ज्ञान का प्रकाश ही है जिसके प्रभाव से सभी प्रकार के पा कर्मों का नाश हो जाया करेगा, इष्ट के प्रति श्रद्धा और विशवास बढ़ेगा, विधायक कर्मों में लिप्त रहते हुए मुक्ति पाने के मार्ग पर बढ़ाते रहेंगे (भगवद्गीता V. १३ -१६) । बुदि्ध, समझ, श्रद्धा, विशवास और संतोष को किसी भी साधक के जीवन में तभी स्थिर होता हुआ देखा जा सकेगा जब उनके जीवन में हम दिव्य ज्ञान का उत्सर्जन होता हुआ परिलल्क्षित कर सकें। यह एक ऐसी परिस्थित है जहाँ व्यक्ति सभी नाशवान तत्वों से खुद को मुक्त करते हुए दिव्य ज्ञान का साधक बने और ध्रुव सत्य का अनुसंधान करता रहे।

कभी कभी यह भी दावे किये जाते रहे हैं कि दिव्य जीवन और ध्रुव सत्य का अनुसंधान करनेवालों कि गतिविधि से कर्म विमुखता ही पनपेगी और व्यक्ति कर्तव्य कर्म से भाग खड़े होने के लिए मार्ग निकालने लगेंगे; ऐसे कई साधक बनेंगे जो यह कहकर कर्म विमुख हो जाया करेंगे कि उन्हें समय नहीं मिलता; कुछ ऐसे साधक रहेंगे जिन्हें भक्त वत्सल लोगों के पास से सिर्फ दान पाने कि अभिलाषा रहेगी; कई साधक ऐसे भी हो जाया करेंगे जिन्हें धर्म कि एक नयी पगडण्डी बनाने कि अभिलाषा रहेगी। वैसे अनेकांतवादी यह भी विचार रख देते हैं कि "जितने मत हैं उतने ही पथ हैं"। ऐसा होना भी चाहिए; तभी तो जलधारा को पहाड़ी से उतर आने के लिए विविध मार्ग का अनुसंधान करते हुए अग्रसर रहना होगा; यह भी मान्यता बन सकेगी: सभी धाराएं गंगाजी

कि पवित्र धरा रहे और उतना ही मंगलकारी हो। यह तो हमारी समझ पर ही टिका रहेगा कि हम उस धरा को क्या समझें और कैसे स्वीकार करें। यह तो कुछ ऐसा ही हुआ कि एक कटोरा लेकर हमने समुद्र से पानी उठाया , फिर उस पानी को समुद्र के विस्तीर्ण जलराशि में मिला दिया और यह तलाश करने लग गए कि समुद्र में मिलनेवाले पानी का कौन सा हिस्सा उस कटोरे में था ! मौजूदा परिस्थिति में विविध प्रकार से विडम्बना का निर्माण होता आया जब हम किसी समुदाय को मतों और पंथों में बँट जाते हुए देखते आये हैं। संत महात्मा का यही प्रयास रहेगा कि सभी समुदाय को किसी ख़ास मापदंड पर एक किया जा सके और उन्हें शाश्वत मार्ग का पथिक बनाया जा सके; अब उस मार्ग का कुछ भी नाम हो और उस विचारधारा को किधर से भी बहने दिया जाता हो ; अंततः एक ही पड़ाव पर सबका महा सम्मलेन होना एक भवितव्य ही है।

इसमें कोई संदेह नहीं कि वेद, उपनिषद्, गीता, महाभारत, रामायण, पुराण, आगम ,निगम आदि पवित्र ग्रंथों के जरिये संत महात्मा समय समय हमारा दिशा निर्देशित करते आए और ऐसा आगे भी करते ही रहेंगे; फिर भी एक ऐसा विचार बनता है कि अब जलबिंदु को जलबिंदु ही समझा जाय और हमारा मार्ग उस दैवत्व के विशुद्ध तत्व को सही प्रकार से समझने के लिए बने जिसपर चलकर संत महात्मा समग्र मानव समाज को विशुद्ध दैवत्व के उपस्थिति का अनुभव दे सकें। जीव मात्र के अभिव्यक्त होने की क्रिया में उस देवत्व को सन्निविष्ट रहते हुए भी देखा जा सकेगा; सिर्फ इतना ही नहीं उस पूर्ण देवत्व का अंशमात्र को जीव चेतना में भी परिलक्षित किया जा सकेगा।

आत्म प्रत्यय

इस कथा का प्रसंग मेरे बनारस प्रवास से जुड़ा हुआ है। गुरु महाराज की आरती ख़तम होते ही मैं एक रिक्शेवाले से मुझे गंगाजी जी के घाट तक ले जाने के लिए कहा। रिक्शावाला किराए के बारे में कुछ नहीं कहा और मैंने भी पहले पहल पूछना कुछ मुनासिब नहीं समझा ; बनारस को आधुनिक बनाने का सिलसिला चल पड़ा था; श्री महंतजी को कहीं

भी कूड़ा कचरा का पड़ा रहना मंज़ूर नहीं; परिषद् का मुखिया भी उसी तत्परता से अपने आदमियों को काम पर लगा रखा था।

घाट तक जाने की अनुमति न मिल पाने की सूरत में मुख्य गिरजा घर के पास ही उतरना पड़ा और फिर वहां से चहल-कदमी का सिलसिला चल पड़ा। घाट पर उतरने के पहले एक सार्वजनिक स्थल पर बैठा ; वहां चाय वाले के पास से के प्याला चाय लिया। बगल में एक और साथी बैठे थे, चेहरा कुछ उतरा हुआ लग रहा था; उन्हें भी चाय दिया गया। वार्तालाप से पता चला वो महाशय पिछले चार पांच दिन से घाट पर ही हैं और किसी आश्रम आदि में जगह पाने का प्रयास कर रहे हैं। "एक मठ में गया तो उन्होंने पहले शिष्य बनने के लिए कहा; उनहोंने जो जटा बनाया था उसके साथ उम्र का कोई तालमेल ही नहीं बैठ रहा था। फिर आगे कैसे बढ़ें !", उसके मन में पनपनेवाले शंका को पूरी तरह से झुठलाया भी नहीं जा सकता। ऐसे भंड और प्रपंच करनेवालों की संख्या काफी है; पर्ची निकलनेवालों की तो भरमार ही है , और फिर बातों का पतंग तो आसमान में भरा पड़ा ही समझें। कुछ भी हो मेरा यही मकसद रहा कि वार्तालाप के जरिये उसके घर कि स्थिति का पता लगाया जाए। घर में एक बेटा, एक बेटी और बूढी माँ के साथ धर्म पत्नी रह रही है। सबेरे शाम गाय के नाम पहली रोटी और कुत्ते के नाम की आखरी रोटी भी बनती है। उसे व्यवसाय में सफलता नहीं मिल रही थी; वो जो भी व्यवसाय खोलने की योजना बनाता उसका पडोसी वही बना डालता और स्पर्धा करने लग जाता। बातचीत से लग रहा था इंसान काफी सुलझा हुआ और नेकदिल था। महामारी काल में बम्बई का पसारा समेटकर घर आ चूका था; जड़ से उखाड़ा पौधा फिर से उतना अच्छा जड़ कहाँ पकड़ पाता होगा; पडोसी के लिए तो उसका वापस आना मतलब कुछ बिपरीत धारा में गंगाजी का बहना ही हुआ! वैसे बनारस में तो गंगाजी उत्तर दिशा में ही चल पड़ी हैं।

वो अजनबी इंसान फिरसे बोला, "आपसे मिलकर मुझे अच्छा लग रहा है; मैंने घर छोड़कर ठीक ही किया हूँ?", यह कह पाना मेरे लिए काफी कठिन था कि उसने घर छोड़कर ठीक भी किया होगा या नहीं! उसके बारे में और जानकारी पाने के बाद मुझे लगा उसका अभी घर छोड़ना शायद समस्या से भागने जैसा हुआ; बेटी की जिंदगी का अहम् पड़ाव, बेटे को

होनहार बनाना, माताजी को गंगा यात्रा कराना ऐसे कई काम हैं जिसकी प्रत्यक्ष जिम्मेदारी उस अजनबी इंसान पर डल चुकी थी। अब उसका हौसला बढ़ाने के लिए फिर कहा गया कि उसे किसी और व्यवसाय के बारे में प्रयास करना चाहिए, प्रयास करते करते रास्ते मिल ही जाएंगे; समस्या छोड़कर भागने से सभी समस्याओं से पीछा नहीं छूटनेवाला। लोगों का विश्वास भी हासिल करना कठिन ही होगा।

एक और पड़ाव पर उसे कुछ नकारात्मक उत्तर ही मिला; वहां दाखिल होने के लिए और गेरुवा धारण करने के लिए नौजवान होना होगा, ब्रह्मचारी होना होगा; देश दुनिया से अलग होगर देश दुनिया का काम करना होगा। कहना तो बड़ा आसान ही समझें पर शायद ही कोई ठीक से कर पाते हों ! यह तो स्पष्ट नहीं हो रहा था कि कुल कितने ठिकानों से उसे न में उत्तर मिला होगा, पर मायूसी का परिमाण इस बात कि गवाही जरूर दे रही थी कि कहीं से उसे सकारात्मक उत्तर नहीं मिल पाया। एक और पता है: क्रिया योगियों का पंडाल; वहां तो घर गृहस्थी देखते हुए तपस्या करने की बात की जाती रही: योगी बाबाजी महाराज के अनुगामियों और उपासकों का ऐसा ही कुछ पहल भी काफी दिनों से चलता भी आ रहा होगा। उस आगंतुक को उस क्रियायोग और उस योग में लगे समूहों के बारे में जानकारी दी गई। किसी अनजान ठिकानों तक पहुँचने की आशा लिए गंगाजी के घाट पर पड़े रहने से कोई समाधान की उम्मीद ही नहीं लगाई जा सकती। ईश्वर भी उसी की सहायता किया करता होगा जो सबल और सक्षम है।

अगर हुनर और कौशल की भी बात करें तो हर व्यक्ति कुछ न कुछ मामलों में होनहार भी माना जाएगा और कुछ गतिविधियों के लिए कुशल और सक्षम भी माना जाएगा। फिर कमजोरी व्यक्ति मात्र में रहना एक भवितव्य ही मानें; अर्जुन भी रणभूमि में गांडीव फेंककर रथ पर जा बैठे थे ; उन्हें भी सम्यक ज्ञान के होने और उस कौशल को उपयोग में लाने का पाठ अपने सारथी से सीखना पड़ा। शंका निरसन के लिए यह भी जरूरी नहीं कि व्यक्ति इधर उधर भटके , बल्कि वक्त की नजाकत को समझते हुए अपनी भूमिका गढ़ेऔर समाज में कार्यरत रहे। योगिराज अपना शरीर छोड़कर सागर पार किसी देश में कैसे चले जाया करते थे

यह विषय कभी भी तर्क का और बहस का नहीं बन सकता; मन की तरंगें और भावनाएं तो कहीं भी जाया कराती है; अगर चाहें तो ब्रम्हांड के अंतिम छोड़तक भी इसे ले जाया जा सकेगा। भौतिकवाद के पश्चिम के चश्मे से परिस्थिति को देखना कभी भी वेदान्तियों की पहचान नहीं बन सकती। कभी कभी पश्चिम के लोग रमण महर्षि से भी कुछ ऐसे ही सवाल पूछ लिया करते थे। सवाल पूछने और शंका निरसन करने के क्रम में भी पता चल ही जाता होगा कि अपने हृदय और दिमाग पर दृश्य जगत का कितना प्रभाव रहता होगा।

क्या गुरु के बिना साधक का जीवन अधूरा ही माना जाएगा? क्या दिव्य जीवन और देवत्व के अधिष्ठान की अनुभूति कुछ गिने चुने साधकों तक ही सीमित रहनेवाली? यह एक ऐसा विषय है जिसे व्यक्ति विशेष की समझदारी के क्षेत्र के अनुसार कही जा सकेगी: व्याख्यान के कई आयाम भी हो सकेंगे। कहा जाता श्री रामकृष्ण, योगिराज आदि जैसे साधकों के लिए और चांडाल के लिए पूजा आराधना की कोई आवश्यकता नहीं, पर बीच गंगा में जिनकी नैया डगमगा रही होगी उन्हें तो ईष्ट चिंता में समय भी बिताना होगा और पूजा अर्चना भी करना होगा।

समझ की अपनी सीमा और पर्याय भी विविध प्रकार और विविध स्वरूप वाला होता होगा; ऐसे अनुभव कथन की गाथा भी अपने चारों और बिखरी पड़ी। यही कारण समझें कि रामायण काल के बाद से गीता जी पर अरबों पन्नों के व्याख्यान और कथामाला लिखे गए होंगे; पढ़नेवालों से ज्यादा लिखनेवालों को ही संतुष्टि का भान होता होगा! सिर्फ आचार्य शंकर के भाष्य तक हमारी अनुसन्धित्सा कहाँ रुकनेवाली; हम तो उस तत्व के विविध आयाम तक भी जाना चाहेंगे; यह भी चाहेंगे कि जनता जनार्दन का एक बड़ा समूह उस दिशा में चल पड़े। हम तो यह भी चाहेंगे कि उस अजनबी इन्सान की भांति हर इंसान अपनी भूमिका के बारे में जागरूक हो और समाज से न भागते हुए समस्या का डटकर मुकाबला करे।

त्याग और वैराग्य का यह भी अर्थ नहीं कि विधायक कर्म से दूर भागें। गीता, रामायण , वेद , उपनिषद् आदि में भी इस विषय पर

भरपूर स्पष्टीकरण दर्ज होता आया, आगे भी दर्ज होता ही रहेगा। "ज्ञानाग्निदग्ध कर्म ...."। यह भी कुछ वैसा ही विषय मानें जिसपर संत महात्मा सदियों से कहते आ रहे होंगे।

धर्म दर्शन कि चर्चा में तर्क कि कोई प्रतिष्ठा है भी नहीं और तर्क का पल्ला किसी भी तरफ झुक जाया करेगा ; फिर उस तर्क में कोई अंतिम पड़ाव आ भी नहीं सकता , न ही हम इसके जरिये किसी अंजाम तक पहुँचने का प्रयास ही कर सकेंगे। उस अजनबी इंसान को मेरे बनारस प्रवास के तीनों दिन देखते आया; बाकी के दो दिन ज्यादा बात तो नहीं हो सकी, पर उसके मन कि स्थिरता विषयक संकेत मिलने लगा। उसकी नपी तुली बात में भी यही परिलक्षित हो रहा था कि उसके मानस पटल पर बात जम गई कि मुसीबतों से भागनेवालों को दुनिया पसंद नहीं करती ,और ऐसा करना भी समीचीन भी न होगा। सिर्फ इस बात का ध्यान जरूर रखना होगा कि समाज से दूर हटकर समाज कार्य में लगने के लिए दृष्टि में सम्यकत्व के साथ साथ व्यापकत्व भी रहे।

गंगाजी के घाट पर उस अजनबी इंसान से बातचीत हुई जरूर, पर उसी एक पक्ष को ध्यान में रखकर शायद ही हम कुशलतापूर्वक इस विषय पर बात कर पाएं ; कई और ऐसे व्यक्ति मिले जो किसी न किसी कारण से घाट पर आये थे और बैठकर कई प्रकार से साधना भी कर रहे थे। एक ऐसे व्यक्ति भी मिले जो गंगाजी को गीता पाठ करके सुना रहे थे। उनसे कारण पूछे जाने पर उनहोंने कोई उत्तर देना , या फिर कर्म से विरत होकर हमसे बात करना उचित नहीं समझा। साधन का वह भी एक उत्कर्ष ही था जिसपर आसीन होकर साधक अपने ईष्ट का दर्शन कर रहे थे। हमें इस बात का भी ज्ञान हो ही रहा था कि वो साधक खुद को प्रकृति के साथ एकरूप कर पाने के लिए प्रयास किये जा रहे थे। यह भी स्पष्ट नहीं हो रहा था कि वो साधक नाथ पंथी थे, या अनाथपंथी। जो भी हो उनका दृढ़ निश्चय यह था कि उन्हें अपना काम पूरा कर लेना होगा। संस्कार के अधीन जिस व्यक्ति कि परवरिश हुई होगी उसके चित आकाश में उन संस्कारों का बीजक और विचार का तंग व्याप्त रहता है; उसी के अनुसार व्यक्ति साधना का मार्ग भी अपना लिया करता होगा। साधना अहम् तो है ही, पर साधना की दिशा तय न हो पाने की स्थिति में

मन में पनानेवाला द्वन्द किसी भी हालत में मंगलकारी नहीं हो सकता।

देहाभिमान

अनुभव कथन का सिलसिला चल पड़ा है और परत दर परत उसमें से कई गुत्थियां सुलझती जा रही है। यह कथन अपने बनारस प्रवास से जुड़ा होने के कारण और भी महत्व का समझा जायेगा ऐसा विश्वास हम जरूर रखेंगे। हम चार पांच सेवक , ब्रम्हचारी विरागी अश्वमेध घात से चौसठ घाट की ओर चहल कदमी करते हुए जा रहे थे। वहीं अपने बगल से एक अंग्रेज दम्पति यह कहते हुए निकल रहे थे कि अब धर्म का व्यापारीकरण हो रहा है; महादेव से ज्यादा लोगों को सैर सपाटे कि पड़ी है, और संत महात्मा कतार में खड़ा होकर उदर पूर्ति के प्रयास में लगे हुए हैं; वहां खिचड़ी बाबा भी सबको बुला बुलाकर प्रसाद बांटे जा रहे हैं; पूरे घाट पर चहल पहल का ही वातावरण था और लोग काफी सुलखे हुए भी थे ता कि किसी समूह के जरिये ठगे न जाएँ ! हम क्या देखने आये थे यह तो कह पाना कठिन ही समझे: असल में हमें यह देखना था कि सभी कर्म कांडों के जरिये काशी में धर्म जीवित है भी या फिर पाखण्ड का ही मातम पसरा !

यह वही स्थान था जहाँ कभी त्रैलंग स्वामी जल समाधि ले लिया करते थे, यहाँ तक कि उनके उम्र को लेकर भी लोगों में संदेह का बादल है; वही त्रैलंग स्वामी ठाकुर रामकृष्ण को देखकर ख़ुशी के मारे दौड़ पड़े थे और दोनों में अजीब भाषा में संवाद भी हुई; जैसे मानो हजारों साल के अंतराल पर दो सहोदर फिर से मिल रहे थे; पहले पहल देखते ही दोनों एक दूसरे को जगदम्बा के साधक के रूप में पहचान भी गए और ख़ुशी का इजहार करने लगे! यह कोई कथा कहानी नहीं है , बल्कि इतिहास का हिस्सा बन चूका जिसकी गवाही देने के लिए सैकड़ों भक्त अपने अपने अनुभव दर्ज कर चुके हैं। यहाँ तर्क कि कोई संभावना बचती ही नहीं।

चर्चा के केंद्रीय पक्ष पर आते हुए फिर एक और भक्त वत्सल की बात करें जो धर्म की तलाश करते हुए काशी के घाट पर आ चुके थे और उन्हीं पक्षों की तलाश करने लगे जिसपर उनके गुरु दृष्टी डाल चुके थे; वही

घाट, वही कर्म काण्ड, वही जल समाधि, वही संत महात्माओं का पंडाल और वही चहल कदमी! फर्क सिर्फ इतना था कि ये सन्यासी महात्मा धर्म दर्शन के अभ्यासी होने के साथ साथ आधुनिक शिक्षा के धनी थे और अपने गुरु में अवतार पुरुष के होने की पहचान कर चुके थे। मठ में कुछ तर्क और असंतोष होने के कारण मठ छोड़कर निकल चुके थे: उपयाचक -- परिव्राजक! कहना तो आसान ही मानें पर उस मार्ग पर चल पड़ने का सत साहस दिखाने वाला कोई वीर विरागी शायद ही मिले। यहाँ तक कि उनके गुरु माता को भी इस बारे में संदेह ही था। वही वीर सन्यासी त्रैलंग स्वामी के जल समाधि लेने के विषय को महसूस करना चाह रहे थे, पर उनके मन में कोई भक्ति और आकर्षण का उद्भव नहीं हुआ; और उन्हें बनावटी भक्ति पर उतना विश्वास भी शायद ही रहा होगा। उनके समय से ही विश्वनाथ (जिन्हें हम स्वयंभू विश्वनाथ मानते आये हैं) कहीं उस नगरी कि भूल भुलैया में दब चुके थे पर बिलकुल शांत और संतोषी ही रहे; जिसके शरीर पर नाग देवता ही चढ़कर नाचते हों उन्हें भला आदमी के कारनामों की क्या पड़ी! वो तो जब चाहे वीरभद्र को उतार भी सकेंगे और फरमान भी निकाल सकेंगे। वीर सन्यासी (तब तक अपना चिर परिचित नाम नहीं ले पाए थे) वहां से आगे अपने अगले किसी पड़ाव की और चल पड़े; पर उनहोंने देश माता की पीड़ा को जरूर समझा, और अकेले होने पर एकांत में रो लिया करते थे।

हम सब एकसाथ कुछ देर के लिए चौसठ घाट से आगे बने चबूतरे पर बैठे रहे। उसके आगे फिर ऐसा पड़ाव था जहां से दिवंगत आत्माओं के नाम अंजलि आदि देने का सिलसिला चल रहा था; और आगे तो वह स्थान भी था जहाँ श्री हरिश्चंद्र कभी अपने ही पुत्र की चिता सजाने के लिए पैसा मांगते हुए पाए गए थे। छोड़ने के बाद भी फिर अपना क्या! व्यक्ति सबकुछ छोड़ दे पर धर्म कहाँ छूटेगा ! वह तो जीवन की कड़ी का एक अटूट हिस्सा है और सबपर सामान रूप से लागू हो जाता है। यह नैसर्गिक होने के साथ साथ ईष्ट का विधान भी मानें। हमें फिर से उस वीर सन्यासी के कहे पर ध्यान जा रहा है; एकबार कुछ भक्त उसी घाट पर बैठे अपने गुरु से निवेदन कर रहे थे और इस इंतज़ार में थे कि उनके गुरु कुछ सुनाएँ। "गुरूजी गीता से बोलिये, नहीं गुरूजी वेद, उपनिषद्,

रामायण , महाभारत, नहीं गुरूजी तंत्र विद्या .... " , कई प्रकार से भक्त काफी कुछ सुनना चाह रहे थे। और गुरूजी अपना मौन बनाये हुए थे "

इस आचरण से दो ही संभावना निकल रही थी, या तो गुरूजी को उतना कुछ आता नहीं था जिसकी अपेक्षा उनके भक्त कर रहे थे, या फिर गुरूजी इस बात से परेशान थे कि ऐसा क्या कहें जिससे भक्तों को संतुष्ट किया जा सके ; अतः मौन सबसे बड़ी शक्ति है।

वहीं बैठे बैठे हमने देखा एक महात्मा अपने भक्तों के साथ बैठे बैठे इस बात का इंतज़ार कर रहे थे कि कब कैमरे वाला और चैनल वाला आए और उनके चहल कदमी का चलचित्र निकाले ताकि सभी भक्तों को वो चलचित्र भेजे जा सकें; उन्हें गीता के कुछ श्लोक भी याद करवाए जा रहे थे ताकि लोग कमसे काम उन्हें पंडित , महात्मा आदि समझें; आजकल तो एकाध गीता का श्लोक भी अगर न बोल पाएं तो भला कोई पंडित कहाँ माना जायेगा! "कर्मण्येवाधिकारस्ते .... " समझें या न समझें, बोल देने में क्या बिगड़ता है! दान आदि भी बिना कुछ ख़ास प्रयत्न किये कहाँ मिलता होगा ! कुछ और दूर पर हमें एक और महात्मा दिखे, शरीर से कुछ कमजोर से थे, एक घाव भी था, गंगाजी में उतरे और तन, मन के सभी मैल धोने के लिए प्रयास करने लगे; जल में उतरने के पहले अपना दंड भार एकमेव भक्त - सेवक के हाथ में थमा दिए। "गुरूजी और आगे मत जाइये, कम पानी में ही रहिये, मैं दंड भार रखकर अभी आया ...." , भक्त कि पुकार हमें भी संज्ञान में आ ही रहा था, कभी कभी नजरें भी जा रही थी; भक्त वत्सल के कारनामे भी संदर्भित हो रहे थे; फिर कुछ देर के अंतराल पर हमारी नजर उधर गई, काफी देर तक वो महात्मा जल में ही बैठे रहे और उनका सेवक कपड़ा धोने में व्यस्त हो गया। पर महात्मा का नहाने का सिलसिला कुछ ज्यादे देर तक चल रहा था; वो कभी कमंडल का पानी अपने बाहों पर डालते , कभी सर पर तो कभी मुंह धो लेते; कभी कभी अपनी नजरें भी उनपर जाकर टिक जाया करती। अचानक उन्होंने कमंडल को घाट कि और फेंका और "हर हर गंगे .... " , कहकर डुबकी लगाने लगे; दो तीन डुबकी के बाद पानी में उठने वाली तरंगें पानी के बहाव सै जाकर मिल जाने लगी; भक्त वत्सल समझ गया। जो गुरूजी कहा करते थे आज उन्हें वही

करना है: शरीर छोड़ना है, माता गंगा के हाथ में सौंप देना है। इस बात की जानकारी पाकर हम काफी देर तक चुप रहे; नाव उतारो,पानी खंगालो, तैराकी उतारो, हवलदार को कहो; इन सभी कारनामों से भक्त वत्सल ने हमें दूर रखने का परामर्श दिया; गुरूजी पानी में उतरकर काफी देर तक सांस रोक लेंगे और धीरे धीरे शरीर छोड़ देंगे, इसके पहले श्री गुरु इस बारे में कह चुके हैं, कमंडल फेंककर उन्होंने इस निर्णय के बारे में फिर से बता चुके थे। शरीर तो संत महात्मा ही छोड़ते होंगे, लोगों से तो शरीर छुड़ा लिया जाता है, छोड़ने की बात तो दूर की रही। यह तो देहाभिमान से परे किसी महात्मा की ही पहल थी। जन्म से लेकर मृत्यु तक के सफर के सभी कर्मकांड का प्रतिफलन बनारस की घाट पर सहज ही परिलक्षित होगा ; परिवर्तन तो वक्त की मांग है ही: पिंड दान हो तो रहा है, पिंड के अकार दिन प्रति दिन छोटे होते जा रहे हैं।

जीवन संग्राम

जन्म लेने के मुहूर्त मात्र से जीव को जीवित रहने के लिए सचेष्ट होना होगा, ऐसा न कर पाने की स्थिति उसके जीवनचर्या को जारी रख पाना निहायत ही कठिन हो जाएगा। समाजबद्ध जीव होने के कारण मनुष्य अपने समुदाय और परिवार में नए सदस्य को बचाये रखने के लिए, निरोगी रखने के लिए और पुष्ट रखने के लिए भी प्रयास करते रहता है ; इसी नियमों के अधीन कर्म-काण्ड और यजन की संस्कृति का भी निर्माण हुआ ; परिवार की छत्रछाया में नए सदस्यों का आगमन, उसे परिवार की संस्कृति और परंपरा से सुसंस्कृत करना यह सब विधिपूर्वक चलनेवाली प्रक्रिया का ही हिस्सा बना हुआ है।

आध्यात्मिक पृष्ठभूमि पर अगर विचार करें तो दृश्य जगत में भौतिक शरीर को सक्रिय और निरोगी रखने से जीवन संग्राम का अभिप्राय नहीं मन जा सकता; जीवन को सत्याश्रयी और नीतिपरायण होकर धर्म रक्षा के लिए और अधर्म के नाश के लिए क्रियाशील होना होगा: "उसी आशय की पुष्टि करने के लिए गीता में दर्ज एक कथन था,"धर्मक्षेत्रे कुरुक्षेत्रे समवेता......... "; योगेश्वर फिर कहते हैं

,"सम्भवामि युगे युगे.......... [41]" ; बार बार एक योद्धा को विधायक कर्म से जोड़ते हुए युद्ध करने की प्रेरणा देते रहे। यद्यपि बड़े परिमंडल के सन्दर्भ में महर्षि वेदव्यास युद्ध, विनाश, हत्या, खून खराबे आदि का समर्थन नहीं करते; पर अगर धर्म रक्षा की बारी आ गई हो तो योद्धा को चुप भी नहीं बैठना चाहिए और न ही संन्यास लेने के बहाने हथियार डालकर युद्ध क्षेत्र से पलायन कर जाना चाहिए। भक्त के जीवन संग्राम में सदैव ही भगवान का साथ मिलता आया; भक्त प्रहलाद की कथा से भी इस बात की पुष्टि हो जाती होगी; जब प्रहलाद से पूछा गया कि क्या उनका भगवान एक पत्थर के खम्भे में हैं? भक्त ने हाँ कहा; उस बात को सत्यापित करने के लिए नृसिंह अवतार अवतरित हुए और दुष्ट का नाश करने के बाद भक्त की रक्षा कर गए।

सन्दर्भ : ......

[1] कालोऽस्मि लोकक्षयकृत्प्रवृद्धो लोकान्समाहर्तुमिह प्रवृत्तः ।

ऋतेऽपि त्वां न भविष्यन्ति सर्वे येऽवस्थिताः प्रत्यनीकेषु योधाः ॥11.32॥

[2] हरि ब्यापक सर्बत्र समाना। प्रेम तें प्रगट होहिं मैं जाना॥

देस काल दिसि बिदिसिहु माहीं। कहहु सो कहाँ जहाँ प्रभु नाहीं॥

गोस्वामी तुलसीदास (श्री रामचरित मानस)

[3] य आशु हृदयग्रन्थिं निर्जिहीर्षुः परात्मनः ।

विधिनोपचरेद् देवं तन्त्रोक्तेन च केशवम् ॥ श्री मदभागवत ११.३.४७ ॥

शब्दार्थः यः—जो; आशु—शीघ्रता से; हृदय-ग्रन्थिम्—हृदय की गाँठ को (भौतिक देह से झूठी पहचान); निर्जिहीर्षुः—काटने का इच्छुक; परात्मनः—दिव्य आत्मा का; विधिना—विधानों से; उपचरेत्—उसे पूजा करनी चाहिए; देवम्—भगवान; तन्त्र- उक्तेन—तंत्रों द्वारा वर्णित; च—तथा (वेदोक्तम के अतिरिक्त); केशवम्—भगवान् केशव को ।

[4] लब्ध्वानुग्रह आचार्यात् तेन सन्दर्शितागमः ।

महापुरुषमभ्यर्चेन्मूर्त्याभिमतयात्मनः ॥ श्री मदभागवत ११.३.४८ ॥

शब्दार्थ : लब्ध्वा—प्राप्त करके; अनुग्रहः—कृपा; आचार्यात्—गुरु से; तेन—उसके द्वारा; सन्दर्शित—दिखाया जाकर; आगमः—वैष्णव तंत्रों (द्वारा दी गई पूजा-विधि); महा-पुरुषम्—परम पुरुष को; अभ्यर्चेत्—शिष्य को चाहिए कि पूजे; मूर्त्या—विशेष साकार रूप में; अभिमतया—जिसे अच्छा समझा जाय; आत्मनः—अपने से ।

[5] एवमग्न्यर्कतोयादावतिथौ हृदये च यः ।

यजतीश्वरमात्मानमचिरान्मुच्यते हि सः ॥ श्री मदभागवत ११.३. ५५ ॥

शब्दार्थ: एवम्—इस तरह; अग्नि—अग्नि; अर्क—सूर्य; तोय—जल; आदौ—इत्यादि में; अतिथौ—मेहमान में; हृदये—हृदय में; च— भी; यः—जो; यजति—पूजा करता है; ईश्वरम्—ईश्वर को; आत्मानम्—परमात्मा; अचिरात्—बिना विलम्ब किये; मुच्यते— छूट जाता है; हि—निस्सन्देह; सः—वह ।

[6] क्षुत्तृट्त्रिकालगुणमारुतजैह्वशैश्णानस्मानपारजलधीनतितीर्य केचित् ।

क्रोधस्य यान्ति विफलस्य वशं पदे गोर्मज्जन्ति दुश्चरतपश्च वृथोत्सृजन्ति ॥ श्री मदभागवत ११. ४. ११ ॥

शब्दार्थ: क्षुत्—भूख; तृट्—प्यास; त्रि-काल-गुण—काल की तीन अवस्थाओं की अभिव्यक्ति (यथा गर्मी, सर्दी, वर्षा आदि); मारुत—हवा; जैह्व—जीभ का भोग; शैश्णान्—तथा शिश्न के; अस्मान्—हम; अपार—असंख्य; जल-धीन्—समुद्र; अतितीर्य—पार करके; केचित्—कुछ मनुष्य; क्रोधस्य—क्रोध का; यान्ति—प्राप्त करते हैं; विफलस्य—जो कि व्यर्थ है; वशम्—वेग को; पदे—पाँव या खुर (के चिहन) में; गोः—गाय के; मज्जन्ति—डूब जाते हैं; दुश्चर—कर पाना कठिन; तपः— तपस्या; च—तथा; वृथा—व्यर्थ; उत्सृजन्ति—वे फेंक देते हैं ।

[7] दूरे हरिकथाः केचिद् दूरे चाच्युतकीर्तनाः ।

स्त्रियः शूद्रादयश्चैव तेऽनुकम्प्या भवादृशाम् ॥ श्री मदभागवत ११. ५. ४ ॥

शब्दार्थ : दूरे—बहुत दूर; हन्-कथा:—भगवान् हरि की बातों से; केचित्—कई लोग; दूरे—काफी दूर; च—तथा; अच्युत—त्रुटिरहित; कीर्तना:—कीर्ति; स्त्रिय:—स्त्रियाँ; शूद्र-आदय:—शूद्र तथा अन्य पतित जातियाँ; च—तथा; एव—निस्सन्देह; ते—वे; अनुकम्प्या:—अनुग्रह के पात्र हैं; भवादृशाम्—आप जैसे व्यक्तियों के ।

[8] विप्रो राजन्यवैश्यौ वा हरे: प्राप्ता: पदान्तिकम् ।

श्रौतेन जन्मनाथापि मुह्यन्त्याम्नायवादिन: ॥ श्री मदभागवत ११. ५. ५ ॥

शब्दार्थ: विप्र:—ब्राह्मण; राजन्य-वैश्यौ—राजसी वर्ग तथा वैश्य लोग; वा—अथवा; हरे:—हरि के; प्राप्ता:—निकट जाने की अनुमति दिये जाने पर; पद-अन्तिकम्—चरणकमलों के पास; श्रौतेन जन्मना—वैदिक दीक्षा का द्वितीय जन्म प्राप्त कर चुकने पर; अथ—तत्पश्चात्; अपि—भी; मुह्यन्ति—मुग्ध हो जाते हैं; आम्नाय-वादिन:—अनेक दर्शनों को स्वीकार करते हुए ।

[9] श्रिया विभूत्याभिजनेन विद्यया त्यागेन रूपेण बलेन कर्मणा ।

जातस्मयेनान्धधिय: सहेश्वरान् सतोऽवमन्यन्ति हरिप्रियान् खला: ॥ श्री मदभागवत ११. ५. ९ ॥

शब्दार्थ : श्रिया—अपने ऐश्वर्य (सम्पत्ति आदि) द्वारा; विभूत्या—विशिष्ट क्षमताओं द्वारा; अभिजनेन—उच्च कुल से; विद्यया—शिक्षा से; त्यागेन—त्याग से; रूपेण—सौन्दर्य से; बलेन—बल से; कर्मणा—कर्म द्वारा; जात—उत्पन्न; स्मयेन—ऐसे गर्व से; अन्ध— अन्धा हुआ; धिय:—बुद्धि वाला; सह-ईश्वरान्—भगवान् सहित; सत:—सन्त स्वभाव वाले भक्तगण; अवमन्यन्ति—अनादर करते हैं; हरि-प्रियान्—भगवान् हरि के प्रियजनों को; खला:—दुष्ट व्यक्ति ।

[10] सर्वेषु शश्वत्तनुभृत्स्ववस्थितं

यथा खमात्मानमभीष्टमीश्वरम् ।

वेदोपगीतं च न शृण्वतेऽबुधा

मनोरथानां प्रवदन्ति वार्तया ॥ श्री मदभागवत ११. ५. १० ॥

शब्दार्थ : सर्वेषु—समस्त; शश्वत्—नित्य; तनु-भृत्सु—देहधारी जीवों में; अवस्थितम्—स्थित; यथा—जिस तरह; खम्—आकाश;

आत्मानम्—परमात्मा को; अभीष्टम्—अत्यन्त पूज्य; ईश्वरम्—परम नियन्ता को; वेद-उपगीतम्—वेदों द्वारा प्रशंसित; च—भी; न शृण्वते—नहीं सुनते हैं; अबुधा:—अज्ञानीजन; मन:-रथानाम्—मनमाने आनन्द के; प्रवदन्ति—परस्पर विवाद करते जाते हैं; वार्तया—कथाएँ ।.

[11] धनं च धर्मैकफलं यतो वै ज्ञानं सविज्ञानमनुप्रशान्ति ।

गृहेषु युञ्जन्ति कलेवरस्य मृत्युं न पश्यन्ति दुरन्तवीर्यम् ॥ श्री मद्भागवत ११. ५. १२ ॥

शब्दार्थ : धनम्—धन; च—भी; धर्म-एक-फलम्—धार्मिकता ही, जिसका एकमात्र उचित फल है; यत:—जिस (धार्मिक जीवन) से; वै—निस्सन्देह; ज्ञानम्—ज्ञान; स-विज्ञानम्—प्रत्यक्ष अनुभूति सहित; अनुप्रशान्ति—तथा तदुपरान्त कष्ट से मोक्ष; गृहेषु—अपने घरों में; युञ्जन्ति—उपयोग करते हैं; कलेवरस्य—अपने भौतिक शरीर का; मृत्युम्—मृत्यु; न पश्यन्ति—नहीं देख सकते; दुरन्त—दुर्लंघ्य; वीर्यम्—जिसकी शक्ति ।

[12] द्विषन्त: परकायेषु स्वात्मानं हरिमीश्वरम् ।

मृतके सानुबन्धेऽस्मिन् बद्धस्नेहा: पतन्त्यध: ॥ श्री मद्भागवत ११. ५. १५ ॥

हित्वात्ममायारचिता गृहापत्यसुहृत्स्त्रिय: ।

तमो विशन्त्यनिच्छन्तो वासुदेवपराङ्मुखा: ॥ श्री मद्भागवत ११. ५. १८ ॥

शब्दार्थ: द्विषन्त:—द्वेष करते हुए; पर-कायेषु—अन्यों के शरीरों के भीतर (आत्माएँ); स्व-आत्मानम्—अपने आपको; हरिम् ईश्वरम्—भगवान् हरि को; मृतके—लाश में; स-अनुबन्धे—अपने सम्बन्धियों समेत; अस्मिन्—इस; बद्ध-स्नेहा:—स्थिर स्नेह वाले; पतन्ति—गिरते हैं; अध:—नीचे की ओर ; हित्वा—त्याग कर; आत्म-माया—परमात्मा की माया द्वारा; रचिता:—तैयार किये गये; गृह—घर; अपत्य—बच्चे; सुहृत्— मित्र; स्त्रिय:—पत्नियाँ; तम:—अंधकार में; विशन्ति—प्रवेश करते हैं; अनिच्छन्त:—न चाहते हुए; वसुदेव-पराक्-मुखा:— भगवान् वासुदेव से मुख फेरने वाले ।

[13] स्वपादमूलं भजत: प्रियस्य त्यक्तान्यभावस्य हरि: परेश: ।

विकर्म यच्चोत्पतितं कथञ्चिद् धुनोति सर्वं हृदि सन्निविष्ट: ॥ श्री मदभागवत ११. ५. ४२ ॥

पुंसोऽयुक्तस्य नानार्थो भ्रम: स गुणदोषभाक् ।

कर्माकर्मविकर्मेति गुणदोषधियो भिदा ॥ श्री मदभागवत ११. ६. ८ ॥

शब्दार्थ: स्व-पाद-मूलम्—भक्तों के शरण, कृष्ण के चरणकमल; भजत:—पूजा में लगा हुआ; प्रियस्य—कृष्ण को अत्यन्त प्रिय; त्यक्त—त्यागा हुआ; अन्य—दूसरों के लिए; भावस्य—स्वभाव वाले का; हरि:—भगवान्; पर-ईश:—भगवान्; विकर्म— पापकर्म; यत्—जो भी; च—तथा; उत्पतितम्—घटित; कथञ्चित्—जैसे-तैसे; धुनोति—हटाता है; सर्वम्—समस्त; हृदि—हृदय में; सन्निविष्ट:—प्रविष्ट ; पुंस:—व्यक्ति का; अयुक्तस्य—जिसका मन सत्य से पराङ्मुख है; नाना—अनेक; अर्थ:—अर्थ; भ्रम:—सन्देह; स:—वह; गुण—अच्छाई; दोष—बुराई; भाक्—देहधारण किये; कर्म—अनिवार्य कर्तव्य; अकर्म—नियत कर्तव्यों का न किया जाना; विकर्म—निषिद्ध कर्म; इति—इस प्रकार; गुण—अच्छाइयाँ; दोष—बुराइयाँ; धिय:—अनुभव करने वाले की; भिदा—यह अन्तर ।

[14] "सम्पूर्ण जगत का कर्ता होते हुए भी ईश्वर अकर्ता ही रहेगा। (गीता ४-- १३)

[15] एको देव: सर्वभूतेषु गूढ: सर्वव्यापी सर्वभूतान्तरात्मा ।

कर्माध्यक्ष: सर्वभूताधिवास: साक्षी चेता केवलो निर्गुणश्च ॥ श्वेता ६ - ११ ॥

[16] तन्निष्ठस्य मोक्षोपदेशात् ॥ (ब्रह्मसूत्र १/१/७)

[17] हेयत्वावचनाच् च । (ब्रसू-१,१.८ ।)

[18] 'अव्यक्तोयम् अचिन्त्योयम'-गीता II-25.

[19] 'अविकार्य: अयमुच्यते'- (अविकार्योऽयामुच्यते।) गीता II-25।

[20] क्रियमाणानि गुणैः कर्माणि सर्वशः। सर्वविमूढात्मा कर्ताऽहमिति मन्यते।।

.......गीता ३ -२७ ॥

[21] लोकेऽस्मिन्द्विविधा निष्ठा पुरा प्रोक्ता मायान्घ |

ज्ञानयोगेन साङ्ख्यानां कर्मयोगेन योगिनाम् || अध्याय ३ श्लोक ३ ||

भगवान ने कहा ; लोके - संसार में ; अस्मिन – यह ; द्विव-विधा – दो प्रकार की ; निष्ठा – विश्वास ; पुरा – पहले ; प्रोक्ता - समझाया गया ; माया – मेरे द्वारा (श्रीकृष्ण) ; अनघ – निष्पाप ; ज्ञान-योगेन - ज्ञान के मार्ग से ; सांख्यनाम् – चिंतन की ओर प्रवृत्त लोगों के लिए ; कर्म-योगेन - कर्म के मार्ग से ; योगिनाम् - योगियों का;

[22] 'अनघ'- अर्जुन के द्वारा अपने श्रेय की बात पूछी जानी ही उनकी निष्पापता और कर्तव्यनिष्ठा का परिचायक समझें ; क्योंकि अपने कल्याण की तीव्र इच्छा होने पर साधक के पाप और अपवित्रता विषयक अपूर्णता नष्ट हो जाते हैं।

'लोकेऽस्मिन्द्विविविधा निष्ठा पुरा प्रोक्ता मया'- यहाँ 'लोके' पद का अर्थ मनुष्य शरीर समझना चाहिये; क्योंकि ज्ञानयोग और कर्मयोग- दोनों प्रकार की साधना के जरिये मानव शरीर को ही उन्नति का मार्ग मिलेगा।

'निष्ठा' - अर्थात समभाव में स्थिति एक ही है; इसे - ज्ञानयोग से और कर्मयोग से पाया जा सकेगा। इन दोनों योगों का अलग-अलग विभाग करने के लिये इस सम्बुद्धि को सांख्ययोग के विषय में कह दिया गया (गीता में दूसरे अध्याय के उन्तालीसवें श्लोक में); इसे कर्मयोग के विषय में कहा जाना शेष था - 'एषा तेऽभिहिता सांख्ये बुद्धिर्योगे त्विमां शृणु ।'

"पुरा" पद का अर्थ 'अनादिकाल' भी होता है और 'अभी से कुछ पहले' भी समझा जाएगा । यहाँ इस पद का अर्थ है- अभी से कुछ पहले अर्थात पिछला अध्याय, जिस पर अर्जुन की शंका है। यद्यपि दोनों निष्ठाएँ पहले बारी बार से कही जा चुकी है, तथापि किसी भी निष्ठा में कर्मत्याग की बात नहीं कही गई।

[23] यज्ञशिष्टशिनः सन्तो मुच्यन्ते सर्वकिल्बषैः । भुञ्जते ते त्वघं पापा ये पचन्त्यात्मकारणात् ।।

.... श्रीमद्भागवद्गीता अध्याय ३ श्लोक १३ ।।

यज्ञ-शिष्ठ – यज्ञ में अर्पित भोजन के अवशेष ; अशिनः – खाने वाले ; सन्तः - साधु व्यक्ति ; मुच्यन्ते – मुक्त हो जाते हैं ; सर्व – सभी प्रकार के ; किल्बिषैः – पापों से ; भुञ्जते – आनंद लो ; ते - वे ; तू - परंतु ; अघम – पाप ; पापः – पापी ; तु - कौन ; पचन्ति – पकाना (भोजन) ; आत्म-कारणात् - अपने स्वयं के लिए;

'यज्ञशिष्टाशिनः संतः'- कर्तव्यकर्मों का निष्काम भाव से विधिपूर्वक पालन करने पर[3] योग अथवा समता ही शेष रहती है। यज्ञशेष का अनुभव करने पर मनुष्य में किसी भी प्रकार का बंधन नहीं रहता।

[24] न च स्मार्तम् अतद्धर्माभिलापाच् छारीरश् च । (ब्रसू-१,२.२० ।) ब्रह्मसूत्र १/२/२०

"लभन्ते ब्रह्मनिर्वाणमृषयः क्षणिकल्मशाः। छिन्नद्वैघा यतात्मानः सर्वभूतहिते रताः।" , "जिसका संदेह नष्ट हो गया है, जो परमात्मा में दृढ़ है, जो सभी जीवों के कल्याण में तल्लीन है, ऐसा ऋषि पापों से मुक्त हो जाता है और ब्रह्मधाम पाने का अधिकारी बन जाता है। " (श्रीमद्भागवद्गीता ५.२५)।

[25] "एषा ब्राह्मी स्थितिः पार्थ नैनं प्राप्य विमुह्यति। स्थित्वाऽस्यामन्तकालेऽपि ब्रह्मनिर्वाणमृत्युचति॥" , "जो लक्षण स्थितप्रज्ञ साधक के बताये गए हैं, जैसा की उल्लिखित श्लोक के पहले गीता में दर्ज की गई , वह ब्रह्म अवस्था है;जिसे एक बार पा लेने के बाद व्यक्ति कभी भी मोह के वशीभूत नहीं होता। यदि यह अवस्था अन्तिम श्वास में भी प्राप्त की जाय तो उसे ब्रह्मधाम की ही प्राप्ति होगी " (गीता २ .७२)। [ब्रह्मनिर्वाण अर्थात विदेहमुक्ति]

[26] अन्नद भवन्ति भूतानि पर्जन्याद अन्न-सम्भवः।

यज्ञाद भवति पर्जन्यो यज्ञः कर्म-समुद्भवः।। श्रीमद्भागवद्गीता अध्याय ३, श्लोक १४ ||

अन्नत – भोजन से ; भवन्ति - निर्वाह ; भूतानि – जीवित प्राणी ; पर्जन्यात् – वर्षा से ; अन्न – अन्न का ; संभवः – उत्पादन ; यज्ञात् – यज्ञ करने से ; भवति – संभव हो जाता है ; पर्जन्यः – वर्षा ; यज्ञः - यज्ञ करना ; कर्म - निर्धारित कर्तव्य ; समुद्भवः - से उत्पन्न;

[27] कर्म ब्रह्मोद्भवम् विद्धि ब्रह्मक्षर-समुद्भवम्।

तस्मात् सर्व-गतम् ब्रह्म नित्यम् यज्ञे प्रतिष्ठितम्।। श्री मद्भागवद्गीता अध्याय ३ श्लोक १५।।

कर्म - कर्तव्य ; ब्रह्मा - वेदों में ; उद्भवम् – प्रकट ; विद्धि - तुम्हें पता होना चाहिए ; ब्रह्मा – वेद ; अक्षर - अविनाशी (ईश्वर) से ; समुद्भवम् – प्रत्यक्ष रूप से प्रकट ; तस्मात् - इसलिये ; सर्व- गतम् – सर्वव्यापी ; ब्रह्मा - भगवान ; नित्यम् – सदैव ; यज्ञे – यज्ञ में ; प्रतिष्ठितम् - स्थापित

[28] 'स ब्रह्मयोगयुक्तात्मा सुखमक्ष्यमश्नुते' - 'स ब्रह्मयोगयुक्तात्मा सुखमक्षय्यमश्नुते' - 'जो ब्रह्म की संगति प्राप्त करता है वह शाश्वत आनंद प्राप्त करता है' (गीता ५ .२२)। ब्रह्म की संगति (अक्षरब्रह्मस्वरूप गुरु की संगति); जो मन, वचन और कर्म से अक्षरब्रह्म गुरु की संगति करता है, वह योग को धारण करने वाला आत्मा ही होगा।

'ज्ञानेन तु तदज्ञानं येषां नाशितमात्मनः। तेषामादित्यवज्ज्ञानं प्रकाशयति तत्परम्॥' , 'जिसने ज्ञान के द्वारा आत्मा के अज्ञान को नष्ट कर दिया , उसके लिए वह ज्ञान, सूर्य की तरह परमात्मा को प्रकट करनेवाला ही होगा (गीता ५ .१६)।

[29] "अस्य महतो भूतस्य नि श्वासितमेतद् यद्ऋग्वेदो यजुर्वेदः सामवेदो 'थवंगिरसः" (बृहदारण्यक उपनिषद ४ .५ .११) [श्लोक ९]

"चार वेद-ऋग्वेद, यजुर्वेद, सामवेद और अथर्ववेद-सभी सर्वोच्च दिव्य स्वरुप व्यक्तित्व की सांस से निकले हैं।" वह दिव्य स्वरुप नियंता ईश्वर ही होंगे। इन सनातन वेदों में मनुष्य के कर्तव्य स्वयं ईश्वर ने बताये हैं।

[30] यज्ञो यज्ञ पुमांश्च चैव यज्ञशो यज्ञ यज्ञभवनः यज्ञभुक् चेति पंचात्मा यज्ञेष्विज्यो हरिः स्वयम् [श्लोक १०]

भागवतम (११ .१९ .३९) में, श्री कृष्ण उद्धव से कहते हैं : यज्ञो 'हं भगवत्तमः [श्लोक ११] "मैं, वासुदेव का पुत्र, यज्ञ हूं ।" वेद कहते हैं: यज्ञो वै विष्णुः [श्लोक १२] " यज्ञ वास्तव में स्वयं भगवान विष्णु ही हैं।"

[1] प्राणों विराट प्राणो देष्ट्री प्राणं सर्व उपासते। प्राणो ह सूर्यश्चन्द्रमाः प्राण माहुः प्रजापतिम्॥ -अथर्ववेद

[2] प्राणाय नमो यस्य सर्व मिदं वशे। यो भूतः सर्वस्येश्वरो यस्मिन् सर्व प्रतिष्ठम्। -अथर्ववेद

[3] कतम एको देव इति। प्राण इति स ब्रह्म नद्रित्याचक्षते। -बृहदारण्यक

[4] 'प्राणों ब्रह्म' इति स्माहपैद्र्श्य। ...... पैज्य ऋषि

[5] प्राण एव प्रजात्मा। इदं शरीरं परिगृह्यं उत्थापयति। यो व प्राणः सा प्रज्ञा, या वा प्रज्ञा स प्राणः। -शाखायन आरण्यक 5।3

[6] सोऽयमाकाशः प्राणेन वृहत्याविष्टव्धः तद्यथा यमाकाशः प्राणेन वृहत्या विष्टब्ध एवं सर्वाणि भूतानि आपि पीलिकाभ्यः प्राणेन वृहत्या विष्टव्धानी त्येवं विद्यात्। -एतरेय 2।1।6

[7] स प्राणमसृजत प्राणाच्छ्रद्धां खं वायुर्ज्यौतिरापः पृथिवीन्द्रियं मनोऽन्नाद्धीर्य तपोमंत्राः कर्मलोकालोकेषु च नाम च। -प्रश्नोपनिषद् 6।4

[8] जन्मादयधिकारणाम (ब्रह्मसूत्र अध्याय १ ; सूत्र २) जन्मादयस्य यतः I.1.2 (2)

[9] श्रीमद्भगवदगीता, अध्याय 2, श्लोक 23.

[10] श्री मद्भगवद्गीता, अध्याय २ श्लोक ११;

[11] ब्रह्मार्पणं ब्रह्महविर्ब्रह्माग्नौ ब्रह्मणा हुतम्। ब्रह्मैव तेन गन्तव्यं ब्रह्मकर्मसमाधिना।। गीता IV.24।।

[12] [गीता V.24]

[13] सो सब तव प्रताप रघुराई। नाथ न कछू मोरि प्रभुताई॥
यह सब तो हे श्री रघुनाथजी! आप ही का प्रताप है। हे नाथ! इसमें मेरी प्रभुता (बड़ाई) कुछ भी नहीं है॥ श्री रामचरितमानसा , सुन्दर कांड|

[14] [गीता VI. 24-27]:

[15] गीता ६. २९

[16] नहिकश्चित्क्षणमपिजातुतिष्ठत्यकर्मकृत् | कार्यतेह्यवशः   कर्मसर्वः   प्रकृतिजैर्गुणैः ||
श्रीमद्भागवद्गीताअध्याय३श्लोक५||

न – नहीं ; नमस्ते - अवश्य ; कश्चित् – कोईभी ; क्षणम् – एकक्षण ; अपि – सम ; जातु – सदैव ; तिष्ठति – रहसकताहै ; अकर्म-कृत - कर्मकेबिना ; कार्यते – कियेजातेहैं ; नमस्ते - अवश्य ; अवशः – असहाय ; कर्म - कार्य ; सर्वः – सभी ; प्रकृति-जैः – भौतिकप्रकृतिसेउत्पन्न ; गुणैः – गुणोंसे

[17] यस् त्विन्द्रियानि मनसा नियम्यारभते 'अर्जुन
कर्मेन्द्रियैः कर्म-योगम् असक्तः स विशिष्यते।। श्रीमद्भागवद्गीता अध्याय ३ श्लोक ७।।

यः – कौन ; तू - परंतु ; इन्द्रियाणि – इन्द्रियाँ ; मनसा – मन से ; नियम्य – नियंत्रण ; अरभते - प्रारंभ होता है ; अर्जुन – अर्जुन ; कर्म-इन्द्रियैः – कर्मेन्द्रियों द्वारा ; कर्म-योगम् - कर्मयोग ; असक्तः – आसक्ति रहित ; सः – वे ; विशिष्यते - श्रेष्ठ हैं ;

[18] सहयज्ञाः प्रजाः सृष्ट्वा पुरोवाच प्रजापतिः । अनेन प्रसविष्यध्वमेष वोऽस्त्वष्टकामधुक् ।।

देवान्भावयतानेन ते देवा भावयन्तु वः । परस्परं भावयन्तः श्रेयः परमवाप्स्यथ ।।

.... श्रीमद्भागवद्गीता अध्याय ३ श्लोक १०, ११ ।।

"प्रजापति ब्रह्माजी ने सृष्टि के आदिकाल में कर्तव्य-कर्मों के विधान सहित प्रजा की रचना करके उनसे कहा कि तुम लोग इस कर्तव्य के द्वारा सब की वृद्धि करो और वह कर्तव्य-कर्म-रूप यज्ञ तुम लोगों को कर्तव्य पालन की आवश्यकता सामग्री प्रदान करने वाला हो। अपने कर्तव्य कर्म के द्वारा तुम लोग देवताओं को उन्नत करो और वे देवता लोग अपने कर्तव्य के द्वारा तुम लोगों को उन्नत करें। इस प्रकार एक दूसरे को उन्नत करते हुए तुम लोग परम कल्याण को प्राप्त हो जाओगे।"

[19] गृहेश्व अविशतम् चापि पुंसाम कुशल-कर्मणाम् मद-वर्त-यत-यमानं न बंधाय गृह मतः (भागवत ४-३०-१९ (६)

"पूर्ण कर्मयोगी , अपने नित्य क्रिया और कर्तव्यों को पूरा करते हुए भी, ईष्ट को सभी गतिविधियों का भोक्ता जानकर, ईष्ट के लिए अपने सभी कार्य यज्ञ के रूप में करते हैं।

[20] स विश्वजितं अजहरे यज्ञं सर्वस्व दक्षिणम् अदानं हि विसर्गाय सतां वारिमुचम इव (रघुवंश ४ - ८६)[श्लोक ५]

"रघु ने विश्वजीत यज्ञ इस सोच के साथ किया था कि जैसे बादल पृथ्वी से पानी इकट्ठा करते हैं, अपने आनंद के लिए नहीं, बल्कि उसे वापस पृथ्वी पर बरसाने के लिए, उसी तरह, एक राजा के रूप में उनके पास जो कुछ भी था, वह जनता से कर के रूप में एकत्र किया गया था, अपनी ख़ुशी के लिए नहीं, बल्कि परमेश्वर की ख़ुशी के लिए। अतः उन सभी संग्रहों को प्रजा हितार्थ खर्च करके फिर से भिक्षा पात्र लेकर योगक्षेम का इंतजाम करने के लिए निकल पड़े।"

[21] क्षेत्रज्ञं चापि मां विद्धि सर्वक्षेत्रेषु भारत ।

क्षेत्रक्षेत्रज्ञयोर्ज्ञानं यत्तज्ज्ञानं मतं मम ॥ (श्रीमद्भागवद्गीता अध्याय १३ श्लोक ३)

इन सभी शरीर रूपी क्षेत्रों का ज्ञाता निश्चित रूप से ईष्ट को ही समझना होगा और इस शरीर तथा इसके ज्ञाता को जान लेना ही वास्तविक ज्ञान समझना चाहिए ।

महाभूतान्यहङ्कारो बुद्धिरव्यक्तमेव च । इन्द्रियाणि दशैकं च पञ्च चेन्द्रियगोचराः ॥

इच्छा द्वेषः सुखं दुःखं सङ्घातश्चेतना धृतिः । एतत्क्षेत्रं समासेन सविकारमुदाहृतम् ॥

श्रीमद्भागवद्गीता अध्याय १३, श्लोक ६ एवं ७

यह क्षेत्र पंच महाभूत (पृथ्वी, जल, अग्नि, वायु और आकाश), अहंकार, बुद्धि, प्रकृति के अव्यक्त तीनों गुण (सत, रज, और तम), दस इन्द्रियाँ (कान, त्वचा, आँख, जीभ, नाक, हाथ, पैर, मुख, उपस्थ और गुदा), एक मन, पाँच इन्द्रियों के विषय (शब्द, स्पर्श, रूप, रस और गंध); इच्छा, द्वेष, सुख, दुःख, चेतना और धारणा वाला समग्र समूह ही शरीर (विकारों वाला पिण्ड रूप) है ।

[22] ॐ पूर्णमदः पूर्णमिदं पूर्णात् पूर्णमुदच्यते। पूर्णस्य पूर्णमादाय पूर्णमेवावशिष्यते॥

ॐ शांति, शांति, शांतिः - [बृहदारण्यकोपनिषद / पञ्चमोऽध्यायः]

[23] युञ्जन्नेवं सदात्मानं योगी विगतकल्मषः । सुखेन ब्रह्मसंस्पर्शमत्यन्तं सुखमश्नुते ॥ (२८)

सर्वभूतस्थमात्मानं सर्वभूतानि चात्मनि । ईक्षते योगयुक्तात्मा सर्वत्र समदर्शनः ॥ (२९)

यो मां पश्यति सर्वत्र सर्वं च मयि पश्यति । तस्याहं न प्रणश्यामि स च मे न प्रणश्यति ॥ (३०)

सर्वभूतस्थितं यो मां भजत्येकत्वमास्थितः । सर्वथा वर्तमानोऽपि स योगी मयि वर्तते ॥ (३१)

आत्मौपम्येन सर्वत्र समं पश्यति योऽर्जुन । सुखं वा यदि वा दुःखं स योगी परमो मतः ॥ (३२)

(श्रीमद्भागवद्गीता अध्याय ६ श्लोक २८ से ३२)

[24] पार्थ नैवेह नामुत्र विनाशस्तस्य विद्यते । न हि कल्याणकृत्कश्चिद्दुर्गतिं तात गच्छति ॥

प्राप्य पुण्यकृतां लोकानुषित्वा शाश्वतीः समाः । शुचीनां श्रीमतां गेहे योगभ्रष्टोऽभिजायते ॥

अथवा योगिनामेव कुले भवति धीमताम् । एतद्धि दुर्लभतरं लोके जन्म यदीदृशम् ॥

तत्र तं बुद्धिसंयोगं लभते पौर्वदेहिकम् । यतते च ततो भूयः संसिद्धौ कुरुनन्दन ॥

पूर्वाभ्यासेन तेनैव ह्रियते ह्यवशोऽपि सः । जिज्ञासुरपि योगस्य शब्दब्रह्मातिवर्तते ॥

प्रयत्नाद्यतमानस्तु योगी संशुद्धकिल्बिषः । अनेकजन्मसंसिद्धस्ततो याति परां गतिम् ॥

तपस्विभ्योऽधिको योगी ज्ञानिभ्योऽपि मतोऽधिकः । कर्मिभ्यश्चाधिको योगी तस्माद्योगी भवार्जुन ॥

योगिनामपि सर्वेषां मद्गतेनान्तरात्मना । श्रद्धावान्भजते यो मां स मे युक्ततमो मतः ॥

-- श्रीमद्भागवद्गीता अध्याय ६ श्लोक ४०-४७

[25] "अमानित्वमदम्भित्वमहिंसा क्षान्तिरार्जवम् । आचार्योपासनं शौचं स्थैर्यमात्मविनिग्रहः ॥ ",

"विनम्रता (मान-अपमान के भाव का न होना), दम्भहीनता (कर्तापन के भाव का न होना), अहिंसा (किसी को भी कष्ट नहीं पहुंचाना

), क्षमाशीलता (सभी अपराधों के लिये क्षमा कर देना), सरलता (सत्य को न छिपाने का भाव), पवित्रता, गुरु-भक्ति, दृढ़ता और आत्म-संयम (इन्द्रियों को वश में रखने का प्रयास)।" श्रीमद्भागवद्गीता अध्याय १३ श्लोक ८

[26] इन्द्रियार्थेषु वैराग्यमनहङ्कार एव च ।
जन्ममृत्युजराव्याधिदुःखदोषानुदर्शनम् ॥

असक्तिरनभिष्वङ्गः पुत्रदारगृहादिषु । नित्यं च समचित्तत्वमिष्टानिष्टोपपत्तिषु ॥

मयि चानन्ययोगेन भक्तिरव्यभिचारिणी । विविक्तदेशसेवित्वमरतिर्जनसंसदि ॥

अध्यात्मज्ञाननित्यत्वं तत्वज्ञानार्थदर्शनम् । एतज्ज्ञानमिति प्रोक्तमज्ञानं यदतोऽन्यथा ॥

श्रीमद्भागवद्गीता अध्याय १३ श्लोक ९ से १२

इन्द्रिय-विषयों (शब्द, रूप, रस, गन्ध, स्पर्श) के प्रति वैराग्य, मिथ्या अहंकार (शरीर को स्वरूप समझना) न करना, जन्म, मृत्यु, बुढ़ापा, रोग, दुःख और अपनी बुराईयों का बार-बार चिन्तन करते रहना; पुत्र, स्त्री, घर और अन्य भौतिक वस्तुओं के प्रति आसक्त न होना, शुभ और अशुभ की प्राप्ति पर भी निरन्तर अविचलित रहना; ईष्ट के अतिरिक्त अन्य किसी वस्तु को न पाना, बिना विचलित हुए ईष्ट भक्ति में स्थिर रहना, शुद्ध एकान्त स्थान में रहने का भाव और सांसारिक भोगों में लिप्त मनुष्यों के प्रति आसक्ति के भाव का न होना; निरन्तर आत्म-स्वरूप में स्थित रहने का भाव और तत्व-स्वरूप परमात्मा से साक्षात्कार करने का भाव यह सब ज्ञान ही है; इसके अतिरिक्त अन्य सभी विषयों को अज्ञान समझा जाना चाहिए (१२)।

[27] ग्रामसेवा वृत से

[28] अपने देश में बच्चे एक दूसरे से स्पर्धा करने में या कसमें खाते समय इन मुहावरों का प्रयोग करते पाए जाते हैं।

[29] "भृगुर्वै वारुणिः। वरुणं पितृमुपासर। अधिहि भगवो ब्रह्मेति। तस्मा एतत्प्रोवाच। अन्नं प्राणं चक्षुः श्रोत्रं मनो वाचमिति। यतो वा इमानि भूतानि जायन्ते। येन जन्मनि जीवन्ति।

यत्प्रयन्त्यभिसंविशन्ति। तद्विजिज्ञस्व. तद्ब्रह्मेति।“

“वरुण के प्रसिद्ध पुत्र भृगु, अपने पिता के पास (औपचारिक रूप से आवेदा निवेदन करते हुए) आशीर्वाद के साथ निवेदन करते हुए कहते हैं: , 'हे श्रद्धेय श्रीमान, मुझे ब्रह्म का उपदेश दें।' उन्होंने (वरुण ने) कहा: 'अन्न, प्राण, आंख, कान, मन, वाणी - ये ब्रह्म के ज्ञान के साधन हैं। जिससे ये सभी जीव जन्म लेते हैं, जीवित रहते हैं और मृत्यु के बाद फिर से इस चराचर जगत में ही विलीन हो जाते हैं। उसे जिस महान तत्व को महसूस करने की लालसा रहा करेगी, वह ब्रह्म है। “

तैत्तिरीय उपनिषद ३ - १

[30] " जन्माद्यस्य यतः ।" , "यह विश्व चराचर जगत (जड़-चेतनात्मक व्याप्ति) का उपादान और निमित्त कारण ब्रह्म ही है। " (ब्रह्म सूत्र - १,१.२)

[31] "सदेव सोम्येदमग्र असीडेकमेवद्विवतीयम्। तद्धैक अहुर्सदेववेदमग्र असीडेकमेवादिवतीयं तस्मादसतः सज्जयत् ॥ तदैक्षत् बहु स्यां प्रजायेयति तत्तेजोऽसृजत् तत्तेज् अक्षत् बहु स्यां प्रजायेयति तदपोऽसृजत्। छान्दोग्य उपनिषद 6.2.1 ॥"

[32] आत्मा वा इदमेक अवाग्र आसीत्। नान्यत् किंचन मिष्ट। स एकत् लोकान्नु सृजा इति। स इमाळलोकानसृजत्।।।ऐतरेय उपनिषद् 1.1.1।।

[33] सोऽकाम्यत्। बहुस्यां प्रजायेयति। तत्सृष्ट्र। तदेवानुप्रविशत्। तदनुप्रविश्य। सच्च त्यच्च्भवत्। निरुक्तं चानिरुक्तं च। नीलयनं चानिलेनं च। विज्ञानं चाविज्ञानं च। सत्यं चानृतं च सत्यमभवत्। यदिदं किंच। यदिदं किंच। तत्सत्यमित्यचक्षते। असद्वा इदमग्र आसीत्। ततो वै सदजायत। तैत्तिरीय उपनिषद 2.6

[34] "ब्रह्मा वा इदम् अग्र असित। "।।। बृहदारण्यक 1.4.10; मैत्री उपनिषद 6.17

[35] रसो वै सः। रश्नयेवायं लब्धवनन्दि भवति। को ह्येवन्यात्कः प्रणयत्। तदेष आकाश आनन्दो न स्यात्। एष ह्येवानंदयाति। यदा ह्येवैष एतस्मिन्नद्दृष्टिएऽनात्म्येऽनिरुक्तेऽनिलयनेऽभयं प्रतिष्ठां विन्दते। अथ सोऽभयं गतो भवति। यदा ह्यैवैष एतस्मिन्नुदरमन्तरं

कुरुते। अथ तस्य भयं भवति। तत्त्वेव भयं विदुषोऽमन्वानस्य। तदपयेश्
श्लोको भवति।। तैत्तिरीय उपनिषद 2.7.1।।

[36] लवणमेतदुदकेऽवधायाथ मा प्रातरुपसीदथा इति स ह तथा
चकार तँ होवाच यद्दोषा लवणमुदकेऽवाधा अङ्ग तदाहरेति
तद्धावमृश्य न विवेद ।। 6.13.1 ।।

यथा विलीनमेवाङ्गास्यान्तादाचामेति कथमिति लवणमिति
मध्यादाचामेति कथमिति लवणमित्यन्तादाचामेति कथमिति
लवणमित्यभिप्रास्यैतदथ मोपसीदथा इति तद्ध तथा चकार
तच्छश्वत्संवर्तते तँ होवाचात्र वाव किल सत्सोम्य न निभालयसेऽन्नैव
किलेति ।। 6.13.2 ।।

[37] न्यग्रोधफलमत आहरेतीदं भगव इति भिन्द्धीति भिन्नं भगव
इति किमत्र पश्यसीत्यण्व्य इवेमा धाना भगव इत्यासामङ्गेकां
भिन्द्धीति भिन्ना भगव इति किमत्र पश्यसीति न किञ्चन भगव इति
।। 6.12.1 ।।

[38] अस्य सोम्य महतो वृक्षस्य यो मूलेऽभ्याहन्याज्जीवन्स्रवेद्यो
ध्येऽभ्याहन्याज्जीवन्स्रवेद्योऽग्रेऽभ्याहन्याज्जीवनस्रवेत्स   एष
जीवेनात्मानानुप्रभूतः पेपीयमानो मोदमानस्तिष्ठति ।। 6.11.1 ।।

अस्य यदेकाँ शाखां जीवो जहात्यथ सा शुष्यति द्वितीयां जहात्यथ
सा शुष्यति तृतीयां जहात्यथ सा शुष्यति सर्वं जहाति सर्वः शुष्यति ।।
6.11.2 ।। एवमेव खलु सोम्य विद्धीति होवाच जीवापेतं वाव किलेदं
म्रियते न जीवो म्रियत इति।

[39] इमाः सोम्य नद्यः पुरस्तात्प्राच्यः स्यन्दन्ते
पश्चात्प्रतीच्यस्ताः समुद्रात्समुद्रमेवापियन्ति स समुद्र एव भवति ता
यथा तत्र न विदुरियमहमस्मीयमहमस्मीति ।। 6.10.1 ।।

[40] इष्टान्भोगान्हि वो देवा दास्यन्ते यज्ञभाविताः ।
तैर्दत्तानप्रदायैभ्यो यो भुङ्क्ते स्तेन एव सः ।। 12 ।।
'इष्टान्भोगान्हि वो देवा दास्यन्ते यज्ञभाविताः'-
'इष्टभोगः' शब्द का अर्थ इच्छित पदार्थ नहीं हो सकता।
भोगों की इच्छा रहते परम कल्याण कभी हो नहीं सकता।
'इष्ट' शब्द 'यज्' धातु से निष्पन्न होने से तथा

'भोग': आवश्यक सामग्री; "वे देवता यज्ञकरने की आवश्यक सामग्री देते रहेंगे।"

'यज्ञभाविता: देवा:'देवता तो अपना अधिकार समझकर मनुष्यों को आवश्यक सामग्री प्रदान करते ही हैं, केवल मनुष्यों को ही अपना कर्तव्य निभाना है।

'तैर्दत्तानप्रदायैभ्यो यो भुङ्क्ते'- देवताओं के लिये 'ते देवा:' पदों का प्रयोग; उनके सामने मनुष्य थे, देवता नहीं। परंतु यहाँ 'एभ्य:' समीपता का द्योतक है। भगवान के लिये सभी समीप ही हैं।

'भुङ्क्ते': केवल भोजन करन से ही नहीं है, प्रत्युत शरीर-निर्वाह की समस्त आवश्यक सामग्री[को अपने सुख के लिये काम में लाने से है।

[41] परित्राणाय साधूनां विनाशाय च दुष्कृताम्।
धर्मसंस्थापनार्थाय संभवामि युगे युगे।।४.८।।

परित्राणाय परिरक्षणाय साधूनां सन्मार्गस्थानाम् विनाशाय च दुष्कृतां पापकारिणाम् किञ्च धर्मसंस्थापनार्थाय धर्मस्य सम्यक् स्थापनं तदर्थं संभवामि युगे युगे प्रतियुगम्।।तत्

साधु पुरुषों के रक्षण, दुष्कृत्य करने वालों के नाश, तथा धर्म संस्थापना के लिये, भगवान प्रत्येक युग में प्रगट होता हूँ।। यहां युग से अभिप्राय सत्य त्रेता आदि का नहीं, बल्कि जब भी धर्म की हानि हो और अधर्म का वर्चस्व हो उसी वक्त; वो वक्त कभी भी आ सकता; इसके पहले आता ही रहा होगा; समय समय पर युग पुरुष को अवतार की भूमिका में अवतरित होते हुए दिखा गया; इसके विविध उपाख्यान और पुराणोक्त के व्याख्यान भी उपलब्ध मिलेंगे।

10

आयुर्वेद

इन दिनों आयुर्वेद और आधुनिक चिकित्सा प्रणाली को लेकर दो समूहों के बीच छिड़ा विवाद अपने चरम पर है | और दूसरी ओर जनता जनार्दन सहमी हुई है : सभी जन एक ही उम्मीद का दिया जलाए हुए हैं कि कोरोना की तीसरी लहर आने के पहले कम से कम कोई सुरक्षा कवच बन जाए और कुछ जानें बचाई जा सके | अदालत में वैयक्तिक अभिमातों को भी चुनौती दिए जा रहे हैं, अपितु संत स्वाभाव के व्यक्ति के प्रति आपत्तिजनक भाषा का भी इस्तेमाल होने लग गया है | आयुर्वेद का कोई वैज्ञानिक आधार न होने का समीकरण भी समझाया जाने का सिलसिला चल पड़ा | आयुर्वेद और संबंधित व्यवस्था पर विश्वास रखनेवालों को पीड़ा तो ज़रूर होती होगी, पर संगठित न हो पाने की स्थिति में उनकी आवाज़ दबी सी है | इस बात से हम शायद ही इनकार कर पाएँ कि चिकित्सा विज्ञान एक विकसित व्यवसाय का रूप ले चुका है और उसमें कई तंत्र व समूह प्रत्यक्ष या फिर परोक्ष रूप से जुड़ चुके हैं | जनता जनार्दन को भी कई गुने अधिक मात्रा में इसका मोल भी चुकाना पड़ रहा है | चिकित्सा के नाम प्रपंच की तो एक अलग ही कहानी है | इससे जुड़ी समस्याओं, मान्यताओं और निदान तंत्र को संबोधित कर सके, इस प्रयास से मौजूदा लेख को एक विस्तृत लेखनी से निकाले गये सार संक्षेप के रूप में तैयार किया गया है |

इन दिनों अख़बारों और संचार माध्यमों के ज़रिए यह अक्सर सुनने में आ रहा है कि गिने चुने कुछ चिकित्सकों ने किसी आयुर्वेदाचार्य के बारे में कुछ शिकायतें लेकर अदाअलत पहुँच गये | यहाँ तक तो ठीक ही था, किसी वैयक्तिक मत को आधार मानकर लड़ पड़ने की तमन्ना रखने वालों को ईश्वर इतनी समझ ज़रूर दिया होगा कि स्थान, काल और पात्रता की विवेचना करते हुए वो इतना तय कर सकें कि किसके साथ कौन तुलनीय है | भला अतुलनीय के सामने हम कहीं खड़ा हो सकेंगे ! इसी क्रम में हम यह भी विवेचना करने का प्रयास करेंगे कि आख़िर कौन कौन सी परिस्थितियों में दो विधाओं में हम तुलना कर पाएँगे | हमें यह भी समझना होगा कि वो कौन कौन से नियामक हैं जहाँ हम अपने समुदाय के प्रति उत्तरदायित्व का बोध रखते हुए समन्वय के मार्ग से समस्या का समाधान सूत्र निकालने हेतु तत्पर हो जाते हैं; और एक ऐसी विधा में और अधिक तत्परता रहेगी जहाँ जीवन - मृत्यु का समीकरण बनता हो | इस संसार में कोई भी सर्वशक्तिमान के वजूद और गरिमा का मुकाबला नहीं कर सकता , चाहे वो कितना ही पढ़ा लिखा और कितना ही होनहार क्यों न हो ! अब इस सीमांकन को समझने का प्रयास करते हुए हम ज़रूर समन्वयवादी होने का प्रयास करते हुए निरंतर आगे बढ़ने का प्रयास करना पसंद कर पाएँ |

आयुर्वेद की मान्यता और सीमाएँ

आयुर्वेदाचार्य तीन दोषों (वात, पित्त और कफ) को रोगों का कारण मानते हैं, और इन तीन दोषों के संतुलन को आरोग्य | यह आयु का ज्ञान कराने वाला विज्ञान है | अर्थात किस आयु में कौन कौन से कार्य किए जाने चाहिए और कौन कौन से कार्य वर्जित होंगे | यह स्वस्थ एवं आतुर दोनों प्रकार के व्यक्तियों के लिए निदान तंत्र देने का विज्ञान भी है | इस सर्वांगीण चिकित्सा प्रणाली के अंतर्गत व्यक्ति के शारीरिक, मानसिक तथा शारीरवृत्तीय संतुलन ला पाना संभव हो सकेगा | यह चिकित्सा प्रणाली नैसर्गिक भी है, क्योंकि इसमें इस्तेमाल होने वाले घटक प्रकृति से ही प्राप्त किए जाते हैं | अधिकांश क्षेत्र में भोजन और नित्य क्रियाओं के ज़रिए ही निदान तंत्र विकसित करते हुए व्यक्ति को स्वस्थ और निरोगी रह पाने का उपाय समझाया जाता है |[i]

इस विज्ञान के समृद्धि का आकलन इस बात से भी लगाया जा सकता है कि करीब २,५०० सूत्र के माध्यम से इस विज्ञान में जल चिकित्सा, तैल चिकित्सा, शल्य चिकित्सा, नाड़ी शुद्धि, प्राणायाम, योगाभ्यास, आधुनिक चिकित्सा, विशल्यकरनि, सदृश चिकित्सा(होम्योपैथी) आदि से जुड़े तत्वों का समावेश कुशलता पूर्वक बहुत पहले से ही हो चुका था | विष का उपयोग करके व्यक्ति को विषमुक्त करने का विज्ञान भी काफ़ी पुराना है | इस दृष्टि से चरक शुश्रुत आदि वेदचार्यों से जुड़े तथ्यों को अधिक खंगालने की आवश्यकता शायद ही हो | हम इतना तो जानते ही हैं कि सभी आयुर्वेदाचार्य संत का जीवन ही व्यतीत करते थे |[ii]

आयु के बारे में भी अओर्वेद में हमें एक व्यवस्थित विवरण मिलता है | आयु के प्रमुख चार प्रकार भेद को आयुर्वेद में मान्य किया गया:

१. सुखायु -- किसी प्रकार शारीरिक, मानसिक या शारीरवृत्तीय विकार से रहित धन-धान्य आदि से समृद्ध व्यक्ति की आयु |

२. दुःखायु -- सुखायु के विपरीत परिस्थिति का सामना करने वालों की आयु |

३. हितायु -- स्वास्थ्य, साधन आदि से संपन्न होते हुए या उनमें से किसी एक की किंचित कमी की परिस्थितियों को नज़र अंदाज करते हुए लोक हितार्थ जीवन जीने वालों की आयु |

४. अहितायु -- हितायु के विपरीत परिस्थितियों का सामना करने वालों की आयु |

आयुर्वेद के मान्यताओं और शोध क्रियाओं के अनुसार सारे शरीर में ३०० अस्थियां, तथा संधियाँ (ज्वाइंट्स) २००, स्नायु (लिंगामेंट्स) ९००, शिराएं (ब्लड वेसेल्स, लिम्फॉटीक्स ऐंड नर्ब्ज़) ७००, धमनियां (क्रेनियल नर्ब्ज़) २४ और उनकी शाखाएं २००, पेशियां (मसल्स) ५०० (स्त्रियों में २० अधिक) तथा सूक्ष्म स्रोत ३०,९५६ हैं। यह तथ्य आयुर्वेद के वैज्ञानिक आधार को ही दर्शाता है |

हेतु ज्ञान, लिंग ज्ञान और औषधि ज्ञान के तीन स्कंधों पर ही आयुर्वेद का विज्ञान टिका हुआ है | रोग के कारणों का अनुसंधान (हेतु ज्ञान), उसके लक्षणों के बारे में भली भाँति पड़ताल (लिंग ज्ञान) और

संबंधित औषधियों और निदान प्रणाली खोजना (औषधि ज्ञान) ही आयुर्वेदाचार्य के लिए अहम होता है | इन तीनों प्रक्रिया से उन्हें अवश्य ही हर परिस्थिति में गुज़रना होता है |

आहार विहार या औषधि का प्रयोग निम्न वर्णित विधि में से किसी एक विधि के अंतर्गत किया जा सकेगा,:

१. हेतु के विपरीत;

२. व्याधि, वेदना या लक्षणों के विपरीत;

३. हेतु और व्याधि दोनों के विपरीत;

४. रोग के कारण के समान होते हुए भी उसके विपरीत कार्य करनेवाले ;

५. रोग या वेदना को बढ़ानेवाला प्रतीत होते हुए भी व्याधि के विपरीत कार्य करनेवाले ;

६. कारण और वेदना दोनों के समान प्रतीत होते हुए भी दोनों के विपरीत कार्य करनेवाले

परिस्थितियों के मुताबिक आहार विहार और औषधि प्रयोग करने का नियम अपनाया जाता रहता है | इस चर्चा से यह भी पता चल रहा है कि सबके सब आयुर्वेदाचर्य मूर्ख हैं और वैज्ञानिक समझ से परे हैं, ऐसा कह पाने का कोई ठोस आधार नही मिलेगा |

आयुर्वेद का विज्ञान इतना ही व्यापक है कि इसमें शल्य चिकित्सा, औषधि विज्ञान, मनोचिकित्सा, होम्योपैथी आदि से जुड़े सभी वैज्ञानिक धारणाओं को समाया जा सकेगा | इसमें सभी प्रणालियों का ज़रूरत के मुताबिक इस्तेमाल करने की मान्यताएँ दर्ज है | अतः आयुर्वेद से जुड़ा विज्ञान आधुनिक होने के साथ साथ युगानुकूल भी है | यही कारण है कि पश्चिम के देशों में इसकी लोकप्रियता दिन प्रतिदिन बढ़ती ही जा रही है | आए दिन योग और प्राकृतिक चिकित्सा के नये नये केंद्र खोले जा रहे हैं | आयुर्वेदाचार्य स्वाभाव से ही संत प्रकृति के होने के कारण उन्हें किसी प्रमाण पत्र या मान्यताओं की आवश्यकता शायद ही हो | फिर भी कई देश में और आधुनिक समाज में इस शास्त्र के लिए विशेष अध्ययन केंद्र खोले जा रहे हैं |

एलोपैथी की मर्यादा

मानव समाज में प्रगति के साथ साथ शल्य चिकित्सा और औषधि विज्ञान के क्षेत्र में कुछ प्रगती होते रहे और निदान तंत्र में मशीनों का उपयोग बढ़ता चला गया | प्रदूषण आदि की समस्या के कारण विविध प्रकार के रोगों की पहचान भी होती रही | आज एक ऐसी परिस्थित का निर्माण हुआ है जहाँ व्यक्ति चाहते हुए भी ज़हरीले रसायनों और प्रदूषणों से छुटकारा नहीं पा सकता | आसपास की हवा भी ज़हरीली होती चली जा रही है | चिकित्सकीय अनुसंधान रोग निदान तंत्र विकसित करने के साथ साथ ऐसे ऐसे औषधियों को उपयोग में लाने के लिए प्रेरित होते चला जहाँ तुरंत में राहत मिल सके और छोटे मोटे स्वास्थ के नुकसान को दूसरी दवा से ठीक किया जा सके | संपूर्ण चिकित्सा प्रणाली से हटकर इस विज्ञान को अलग से हम एलोपैथी के नाम से प्रचलित होता हुआ देख सकेंगे |

इस विज्ञान की अपनी मर्यादा है |[iii] इसमें एक चिकित्सा विज्ञान के विद्यार्थी को उतना ही सिखाया जाता है जितना कि उन्हें रोग निदान, संबंधित औषधि और तत्संबंधित जटिलताओं का ज्ञान करा दिए जा सकें | जाहिर सी बात है कि हम किसी भी चिकित्सकीय प्रणाली द्वारा प्रमाणित चिकित्सक से संपूर्ण सवस्थ और रोग मुक्त होने हेतु परामर्श पाने की उम्मीद रख भी नहीं सकते | इस विज्ञान का क्षेत्र इतना विस्तृत हो चला है कि हमें अपने शरीर के अलग अलग अंग तंत्र के लिए अलग अलग चिकित्सकों से निदान तंत्र विषयक विमर्श करना होगा | हृदय रोग विशेषज्ञ फेफड़ों में पानी जमने का निदान नहीं देना चाहेंगे | कुछ परिस्थितियाँ ऐसी भी हैं जहाँ आधुनिक चिकित्सा विज्ञान में ठोस कोई इलाज है ही नहीं ; जैसे कि हृदय रोग, उच्च रक्त चाप, मधुमेह आदि | ऐसी परिस्थितियों में जीवन भर दवा लेते रहने का परामर्श दिया जाता है |

चिकित्सकों के कौशल्य विषयक मर्यादा

सभी चिकित्सक एक जैसे कुशल नहीं होते हैं ; यह एक नैसर्गिक घटना ही है | कुछ लोगों ने चिकित्सा विज्ञान को एक धन कमाने का उत्तम मार्ग बना लिया है और अन्य कुछ लोग सेवा भाव से ओत प्रोत होकर चिकित्सा विज्ञान के क्षेत्र में कदम रखते हैं | जाहिर सी बात है,

उनका चिकित्सकीय कौशल उनकी बुद्धि और मानवीय मान्यताओं के मुताबिक ही तय होता रहेगा | अतः उस संप्रदाय में हमे सुर - असुर का दर्शन तो होगा ही | इसी लिए समाज में एक मान्यता चल पड़ती है : फलाना चिकित्सक बहुत अच्छा है और दूसरा चिकित्सक बिल्कुल ही अच्छा नहीं है , फलाने अस्पताल की व्यवस्था अच्छी है, आदि | दूसरा एक विषय है चिकित्सकों का घमंड से ग्रसित हो जाना | घमंड से ग्रसित हो जाने के कारण ही मरीजों के साथ सही तरीके से पेश नहीं आ पाते हैं और निदान प्रक्रिया में ग़लतियाँ कर बैठते हैं | उनको इस बात का अंदाज़ा बाद में लगता है कि उनकी ग़लती किसी की जान लेने के लिए काफ़ी हो सकता है |

तुलनात्मकता का विज्ञान

कभी भी हम किसी भी प्रकार की तुलना करने जाएँ तो उसमें सबसे पहले हमें उन पहलुओं पर ध्यान केंद्रित करना होगा जिसके ज़रिए कम से कम इतना पता लगाया जा सके कि जिनके बीच हमें तुलना करना है उनमें उद्देश् पूर्ति के कुछ समदर्शी मानक हैं भी या नहीं | इसी विषय को अमल में लाते हुए हम आयुर्वेद और एलोपैथी की तुलना किसी भी हालत में नहीं कर सकते | हम यह भी उम्मीद नहीं रख सकते कि कोई चिकित्सक अपने सीमित दायरों में रहते हुए किसी योगाचार्य और संत महात्माओं से बहस में उलझते रहे | दोनों में से एक व्यक्ति को पूरब की दिशा में जाना है तो दूसरा व्यक्ति पश्चिम मार्ग का राही है | एक व्यक्ति लोगों को जीवन जीने की कला बताना चाहेगा तो दूसरा व्यक्ति किसी ख़ास रोग से तुरंत छुटकारा पाने का आधा अधूरा उपाय बताना चाहेगा |

तुलना ऐसे भी नहीं की जा सकती, क्योंकि एलोपैथी को आयुर्वेद का ही एक हिस्सा माना जा रहा है जिसके अंतर्गत ज़रूरत पड़ने पर औषधि उपयोग में लाने का प्रावधान स्वीकृत है ; पर हमेशा औषधि लेते रहने की मान्यता को खंडित की जाती है | रोग से छुटकारा पाने के लिए मरीज को मदद करने के विज्ञान से ओतप्रोत होने के कारण आयुर्वेद को विकसित देशों में अधिकाधिक लोकप्रियता मिलती जा रही है |

जनता जनार्दन की पीड़ा

जनता जनार्दन इस बात को लेकर शंकित रहता है कि अगर मानें भी, तो किसकी बात मानें | चिकित्सा जगत में काम करने वालों को भारी कीमत अदा करके सक्रिय रखा जाता है | उसपर भी यह आम बात हो चली है कि उन चिकित्सकों को जिस समय जहाँ होना चाहिए वहाँ उन्हें ढूँढ पाना अपने आप में एक कठिन कसरत है | कम शब्दों में कहा जाय तो लोगों की कमज़ोरी का लाभ उठाकर कुछ चिकित्सक दोगुने, और कभी कभी कई गुने, मात्रा में समाज से पैसे उठा लेते हैं | उन्हें इस बात की चिंता कभी शायद ही रहती हो कि मरीज के परिजन किस परिस्थिति में धनराशि का इंतज़ाम करते होंगे | ऐसी भी बात कभी कभी सुनने और देखने में आती है कि लाखों रुपये खर्च करने के उपरांत परिजन का मृत शरीर ही घर पर आता है | इस बात से भी इनकार नहीं किया जा सकता कि चिकित्सा व्यवसाय से जुड़े लोगों का प्राथमिक ध्येय भरपूर पैसा कमाना हो गया है ; चिकित्सकीय गुणवत्ता और सुविधाओं में दायत्वशीलता का मानक उसके बाद रखा जाने लग गया है | यह भी एक कारण है जिसके लिए खोजी वृत्ति रखनेवाले समुदाय अब परंपरागत चिकित्सा प्रणाली को पौराणिक किताबों और पुराणों से निकालकर सर जमीन पर मूर्त रूप देने में लग चुके हैं | उनके इस प्रयास से जिनको डर लगता होगा वे ही बिना कुछ समझ बूझ रखते हुए उनका विरोध करने पर उतरने लगेंगे |

कोरोना काल में हमें एक ऐसी दवा के बारे में जानकारी मिली है जिसकी सफलता मात्रा बहुत अधिक मानी जा रही है | इसको बनाने में आयुर्वेद की मान्यताओं और विधाओं का ध्यान रखा गया है | यह एक ऐसी दवा है, जो मानव शरीर में कार्यरत प्रतिरक्षा तंत्र को मजबूत करने का काम करती है। यह आयुर्वेदिक प्रथम श्रेणी की दवाओं और जड़ी बूटियों का एक बहु-दवा संयोजन है। शोध कर्ताओं का मानना है कि यह दवा एक प्राकृतिक एंटीबायोटिक की तरह काम करता है और संक्रमण, फ्लू और दर्द से लड़ता है। आयुर्वेद और एलोपैथी के जोड़ से सफलता मिल पाने का कई ज्वलंत उदाहरण हमें निरंतर ही मिलते रहते हैं | [iv]
शंका निरसन

अगर किसी योगाचार्य या किसी चिकित्सक को समाज में सफलता मिलती है तो इतना तो मान लेना होगा कि जनता जनार्दन के बीच उनकी सराहना होती होगी | कोई दवा या किसी निदान तंत्र की व्यवस्था पर अगर सवाल खड़े किए जाते होंगे तो उस विषय में भी इतना तो मान्य करना ही होगा कि लोगों को उस तंत्र में निहित दुष्परिणामों की जानकारी मिली होगी | बात यहीं नहीं थम रही है, आज के सूचना प्रौद्योगिकी काल में किसी भी व्यक्ति से कोई भी रहस्य छिपा हुआ नहीं है | अरबों रुपये खर्च करके विदेश जाकर इलाज कराकर आने की आकांक्षा रखने वालों को उन देशों में प्रचलित चिकित्सा प्रणाली का दर्शन कोरोना काल में हो ही गया होगा |

प्रकृति द्वारा नियोजित सीमित सांसाधनों के दायरे में रहकर सतत कार्यशील रहने की तमन्ना लिए जो समुदाय अपने यहाँ व्यवस्था कायम रखने की इच्छा रखते हैं उनके लिए ज़्यादे दिन तक धरती पर टिके रहने की संभावना प्रबल है, न कि उनके लिए जो कुछ सोच विचार किए बिना मोहांध होकर प्रकृति का दोहन करते रहें | यहाँ फिर से उस सत्य को दोहराना उचित होगा जिसके बल पर हम यह मान्य करते हैं कि नैसर्गिक चिकित्सा प्रणाली उस आयुर्वेद का ही हिस्सा है | हम मानें या न मानें, कुछ न कुछ विधियों के अंतर्गत हम सभी आयुर्वेद चिकित्सा प्रणाली के किसी न किसी प्रक्रिया या तत्व का अभ्यास तो करते ही हैं | कोई ध्यानस्थ व्यक्ति जब अपने प्राण वायु को नियंत्रण में रखने का प्रयास करता है तो वह आयुर्वेद में वर्णित प्राणायाम के किसी एक विधा का अभ्यासी तो हो ही जाता है, भले ही अपने उस कृति का वह व्यक्ति अपने समझ और संस्कृति के मुताबिक कोई दूसरा नाम दे दे | हम सभ्यता में आदि होने के साथ साथ भले ही कुछ कारनामों से आधुनिक हुए हों, पर हमारा शरीर और उसके अंतर्गत अंग तंत्र आधुनिक नहीं हो पाया है और न ही उसमें कोई विवर्तन आया है | अतः किसी चिकित्सा प्रणाली के नयेपन और पुरानेपन का विज्ञान भी सत्य की कसौटी पर खरा नहीं उतरेगा | हमारे मान लेने से या फिर हमारे विरोध करने से उत्तम चिकित्सा प्रणाली को दाग लगेगा, यह मान लेना भी अपनी नादानी ही समझी जाएगी | किसी परिपक्व बुद्धि और समझ

रखने वाले किसी अग्रज की सोच इस प्रकार की हो ही नहीं सकती |

किसी को आयुर्वेद की वकालत करने की आवश्यकता नहीं है, और न ही आयुर्वेद किसी के वकालत की अपेक्षा रखता है | यह तो दिन प्रतिदिन समृद्ध होते रहने वाला विज्ञान है | बल्कि यूँ कहा जा सकता है कि यह विज्ञान सबके सीखने लायक उत्तम कोटि का एक विज्ञान है | इसकी सीख से हम खुद के जीवन को भली भाँति संवार सकते हैं और व्यक्ति जीवन के साथ साथ समाज जीवन में भी सफलता और प्रगती का दर्शन कर सकेंगे | हमें इस बात के लिए भी किसी का इंतजार नहीं करना है कि कोई समूह हमारे हुनर और कौशल्य के लिए हमें पुरस्कृत करे या फिर हमें प्रमाणपत्र से सम्मानित करे | जीवन जीने की कला अपने आप में जीवन को सजाकर और संवारकर हमें पूर्ण रूप से समृद्ध करता चलेगा ऐसा दृढ़ विश्वास हमें रखना ही होगा |सर्वोपरि हमें यह भी प्रतीत हो रहा है कि आयुर्वेद और एलोपैथी में सही सामंजस्य ला पाने की स्थिति में सफलता की मात्रा का बढ़ना भी अनिवार्य ही होगा; यह भी हमें समझना होगा कि किसी एक विधा की कमज़ोरी को दूर करने के लिए किसी दूसरे निदान तंत्र और औषधि विज्ञान का सहारा लिया जा सकता है |

आरोप प्रत्यारोप का क्रम एक ऐसा क्रम है जिसके बीच से सफलता की ओर जाने लायक कोई मार्ग है ही नहीं, अतः हम ईश्वर से यही निवेदन करना चाहेंगे कि हमारे समझदारी के क्षेत्र का निर्माण होने के साथ साथ हम और ज़्यादा दायत्वशील होते हुए तथा जनता जनार्दन को संकट से उभार पाने लायक एक साझी कार्य कौशल का निर्माण करते हुए विश्व पटल पर अग्रज की भूमिका ले सकें, इतना आत्मबल हमें मिले || यह वक्त की ज़रूरत भी है और समय की माँग भी |

[i] "आयुर्वेद में स्वास्थ्य लक्षण एवं आयु". मूल से 24 मार्च 2019 को पुरालेखित. अभिगमन तिथि 15 अगस्त 2019.

[ii] "Ayurvedic concept of life". मूल से 2 अप्रैल 2019 को पुरालेखित. अभिगमन तिथि 15 अगस्त 2019.

[iii] आयुर्वेद एवं एलोपैथी : एक तुलनात्मक विवेचन Archived 2018-06-15 at the Wayback Machine (संजय जैन)

[iv] सरकार द्वारा संचालित अखिल भारतीय आयुर्वेद संस्थान (आया) के प्रमुख ने कहा है कि इस अस्पताल ने चिकित्सा की दोनों पद्धतियों को लागू करके कम से कम 600 कोविड रोगियों का सफलतापूर्वक इलाज किया है | आयुर्वेदिक फार्मांकोलॉजी में एमडी प्रो. नेसारी ने पीटीआई-भाषा को बताया, '94 प्रतिशत से अधिक रोगियों को शुद्ध आयुर्वेदिक उपचार प्रदान किया गया था, लेकिन जरुरत पड़ने पर भारतीय चिकित्सा अनुसंधान परिषद के दिशानिर्देशों के अनुसार एलोपैथी का उपयोग किया गया था. यही हमारी सफलता का कारण है... हमने एक समग्र और एकीकृत दृष्टिकोण अपनाया है.'

श्रोत: हिन्दी समाचार माध्यम (न्यूज़ १८)

11

दान- अनुदान - प्रतिदान

भारतीय शास्त्र और परंपरा में दान को काफ़ी महत्व दिया गया है; दान ही है जो व्यक्ति से व्यक्ति की दूरियों को कम करते हुए एक समग्रता की दृष्टि से सबको क्रियाशील रहने का मौका देता है | दान को सभी धर्म मतों में काफ़ी अहमियत दिए जाने के कारण इसकी प्रतिष्ठा भी बढ़ी और इसमें कई आयाम भी जुड़ते चले गये |

दान के कई बड़े बड़े कारनामे भी हमें याद तो होंगे ही | कहते हैं राजा हरिश्चंद्र श्री गंगा के तट पर खड़े खड़े सबकुछ दान कर दिया करते थे | इस दानवीरता के क्रम में श्री महाबली का नाम भी आता है; जिन्हें दान वीरता के कारण ईश्वर के पैरों तले दबना पड़ा, फिर भी अडिग रहे | जिन्होंने भी दान दिया और जिन्होंनने भी दान लिया, क्या दोनों समूहों में कुछ ख़ास रिश्ते बन भी पाते हैं, या फिर यह सिलसिला एकतरफ़ा ही रह जाता है? क्या दान देनेवालों को हर समय देते ही रहना होगा, या फिर माँगने की भी नौबत आ सकती है?

कहते हैं एकबार एक भिक्षु कुछ पाने की आश् लगाए राजपथ पर खड़ा था; वह पथ था ही राजाओं के राजा के गुजरने का नित्य का पथ | राजाधिराज जब भी देते हैं उसमें जीवन भर का गुज़ारा हो सकेगा; इस सत्य को आधार लेकर भिक्षु खड़ा रहा | खुशियों से उसकी आँखें चमक

रही थी | उसकी कल्पना को वास्तवायित करते हुए श्री राजाधिराज का दिव्य रथ उस रेशमी लकीर पर दिखने लगा जहाँ धरती और आसमान का मेल मिलाप चलता है | भिक्षु के हाथ काँपने लगे, क्या वो इस दिव्य पुरुष के सामने हाथ फैलाकर कुछ माँग पाने का साहस जुटा सकेगा? क्या उसे ईश्वर के दिए आत्मबल को संबल बनाकर उस सनातन पुरुष से कुछ माँगने की नौबत आएगी भी, या फिर वो खुद ही उतरकर झोली भरेगा?

राजाधिराज का रथ भिक्षु के बिल्कुल करीब आ गया; पूरा परिसर धूल से भर उठा | धूल हट जाते ही भिक्षु ने देखा उस दिव्य पुरुष के दोनों हाथ उस दीं दुखिया के सामने कुछ माँगने के लिए पसर चुके थे ! ये क्या ! इतना बड़ा मज़ाक, वो भी राजाधिराज करे !

कुछ कह पाने की स्थिति उसकी थी ही नहीं | सिर्फ़ झोली से कुछ गिने चुने अन्न के दाने उन हाथों पर रखते हुए भिक्षु काफ़ी मायूस हो उठा |

मायूसी के कारण भिक्षु अपनी कुटिया में आ गया और दिनभर की घटना के बारे में सोचते हुए अपने किस्मत को कोसने लगा | कुछ उबालकर खाने के लिए दाने भी अलग किए जाने थे | उन दानों को पहचान के मुताबिक छाँटकर अलग करते हुए कुछ ऐसे चमकनेवाले दाने मिले जिनका मूल्य उन दिनों एक एक राज्य के बराबर था | अब भिक्षु चौंका, और और अपने दिए हुए दानों की संख्या से चमकने वाली दानों की संख्या मिलाने लगा | यह जादुई चमत्कार एक ही व्यक्ति कर सकता है , लेकिन परेशानी तो इस बात को लेकर है कि कैसे यह चमत्कार उसने किया होगा !

जो भी हो, भिक्षु अब किस्मत को कोसना छोड़कर तत्पर हुआ और उस दिव्य पुरुष को अपना सबकुछ देने का संकल्प ले लिया | उसकी समझदारी के क्षेत्र का निर्माण हो उठा और खुद को मूल्यवान बनाने के लिए राजाधिराज के सामने सर्वस्व देने का संकल्प कर लिया | यही वो पड़ाव है जहाँ व्यक्ति आत्मदान के लिए तत्पर हो उठेगा और समर्पण भावना से ओतप्रोत होकर सर्व शक्तिमान के सामने अडिग बना रहेगा | संत विनोबा भी इसी आत्मदान और सर्व शक्तिमान के प्रति खुद को

समर्पित कर देने के लिए अडिग थे |

दानकाशास्त्रीयपक्ष

कहते हैं हर चीज़ में अधिकता कभी भी शास्त्र संगत नहीं हो सकता; राजा बलि को उस अधिकता से रोकने के लिए ही वामनावतार के रूप में विष्णु प्रकट हो गये थे, पर वो ऐसा न कर पाए | उन्होंने यह भी संकेत दे दिया कि जिन संपदाओं को राजा बलि खुद का मान रहे थे वो तो प्रकृति के गुणों से बँधा होने के कारण उनके नियंत्रण में था ही नहीं | भला कोई नैसर्गिक वस्तुओं का स्वामी कैसे हो सकता है ! फिर दान देने की नौबत तो आ ही नहीं सकती |

उन्नत विचार रखने वाले कुछ लोग इस अवधारणा को समझ पाते होंगे, सामान्य जनों के लिए तो समझ पाना कठिन ही होगा | कभी कभी सामान्य जन अपने कारनामों से लोगों को अचरज में डाल देते हैं; ऐसी एक घटना गुजरात प्रांत के किसी गाँव की है | उन दिनों एक संत पैदल चलते चलते उस गाँव में दाखिल हुए, लोगों ने उनके लिए किसी सामुदायिक स्थल पर ठहरने का इंतज़ाम किया | लोग आते गये, अपनी अपनी समस्याओं के बारे में बात करते रहे; कइयों ने फल भी लाए | एक और व्यक्ति दिन ढलने के साथ आया और कमरे के कोने में जाकर बैठ गया | संत श्री सोचने लगे; इसकी समस्या ज़रूर कुछ बड़ी और जटिल सी होगी जो कि ये सबके सामने कहना नहीं चाहता होगा | बेहतर हो उसे इंतजार करने दें और अंत में ही पूछें |

वो अंत समय आखिर आया; सब विद्व जन चले गये | हैरानी तो इस बात को लेकर होती है कि उनमें से किसी ने यह नहीं सोचा कि महात्मा खाएँगे क्या ! उनके पास भोजन बनाने लायक कुछ सामग्री है या नहीं! आखिर उसी आगंतुक को संत श्री उसके रुके रहने का कारण पूछे तो उसने जो कहा वो तो संत श्री के अपने संत, तपस्वी और भक्त होने के सभी अभिमान को निर्मल जल की भाँति बहाकर ले गया | उसने नम्रता से कहा, "आपके भोजन की क्या वनस्था है, सब तो चले गये !"

संत श्री के आँखों से पानी छलकने ही वाला था, थोड़ी देर मौन रहे | यह उनके अभिमान और ओह के धुले जाने का वक्त चल रहा था |

फिर उस आगंतुक ने कहा, "मैं तो अछूत जाती से हूँ ; आपको उबालकर नहीं दे सकता | कच्चा समान ला देता हूँ, उबालकर खा लें |"

अब संत श्री उठे और उसे पका हुआ खाना लाने के लिए कह दिए | यह वही दानवीरता है जिसके कारण एक सामान्य व्यक्ति अपने वात्सल्य के कारण धर्म निभाने के लिए आगे आया और एक बड़े समुदाय को लज्जित होने से बचा लिया |

प्रकृति से व्यक्ति के एकरूपता का सिद्धांत आज कोई नया अभिमत नहीं है; सांख्य सूत्र के प्रणेता आचार्य कपिल भी इसकी महिमा प्राचीन काल में ही बता चुके थे | उसी दर्शन को आधार मानकर रामायण, महाभारत, गीता आदि ग्रंथों में तत्वों का प्रतिपादन होता आया है | वतुस्थिति बदलने से भी तत्वगन सम्मेलन में कोई बदलाव आने की संभावना नहीं है | तत्वों का संकर्षन भले ही हो सके पर उसका परिमार्जन नहीं हो सकता | इस विषय को अधिक सरल बनाने के लिए हम खेत और बीज के सम्बन्ध को ले सकते हैं | खेत, खेतों में विद्यमान रसायन और पानी में कोई बदलाव अरबों साल से नहीं आया है, पर जीव जगत में विवर्तन की धारा के अनुरूप बदलाव आते रहेगा | उस बदलावव के साथ सामंजस्य रखते हुए हमें अग्रसर होना होगा |

<u>दानमेंकुंठा</u>

यह विषय कुछ ऐसा है जिसे विवेकपूर्ण व्यक्ति बड़ी आसानी से मान्य करेंगे, और तर्क के विपरीत तर्क का पहाड़ खड़ा हो सकता है | भारतीय परंपप्रा में गुप्त दान की बड़ी महिमा बताई जाती है | कुछ दाता हैं भी ऐसे, जिनको दान के बारे में जाहीरात नहीं करना है और न ही उन्हें कोई प्रतिष्ठा की गणित से बनियाई का प्रदर्शन करना है | पर उसमें से भी कुछ लोग इसमें काफ़ी संवेदनशील होते हैं | किसी आश्रम में भक्तों की जमात आई थी और वहाँ गुप्त दान का मुहूरत चल रहा था | एक सज्जन गुप्त दान के सफेद लिफाफे पर अपना नाम लिखकर भेज दिए | श्री प्रबंधक महोदय से यह भी कहा गया कि उनके दान की घोषणा मंच पर से कर दी जाए और यह भी इशारा कर दिए जाएँ कि वो दाता कहाँ बैठे हैं | अब तो गुप्त दान की महिमा ही संकट में आ गई ! न तो उस दान का कोई औचित्य रहा और न ही उसे देनेवाले का पुन्याई | एक ही घटना से

सबका जलाभिषेक हो गया |

अपने देश में सर्वस्व दान करने वाले कई संत महात्मा हुए और उनके दान देने की महिमा भी गाथाओं और पुराणों में दर्ज है | पर अधिकता पर अंकुश लग्गते हुए संत महात्मा कहते हैं :

अतिदर्पे हता लङ्का अतिमाने च कौरवाः ।

अतिदाने बलिर्बद्धः सर्वमत्यन्तगर्हितम् ॥

अर्थात, ज़्यादा घमंड होने के कारण लंका के राजा को बचाया न जा सका | श्री हनुमान और श्री अंगद के भेजे जाने पर भी लंका के राजा रावण अपनी भूमिका पर अडिग रहे और मर्यादा पुरुषोत्तम राम से किसी भी प्रकार से सुलह करने से इनकार कर दिया | रुद्र का उपासक होते हुए भी रुद्र के अवतार स्वरूप को पहचान ही नही पाए | ज़्यादा मान मर्यादा और कुल गौरव की गाथा गाते गाते कुरू वंश के राजकुमारगण धर्म पथ से ही हट गये और उनका विनाश हो गया | संतोषी स्वाभाव के पांडवों को मात्र पाँच गाँव देने से भी दुर्योधन ने इनकार कर दिया ; नतीजा तो हम सब जान ही रहे हैं | ज़्यादा दान करने के कारण और अपनी दानवीरता को जग जाहिर करने की आकांक्षा के कारण राजा बलि को ईश्वर के पैरों तले प्राण त्यागना पड़ा | इन घटनाओं से यही अभिप्रेत है कि हर प्रकार की अधिकता हानिकारक है | संतोषी स्वाभाव का कोई व्यक्ति अधिकता के मार्ग पर जा ही नहीं सकता | अगर कोई अधिकता के मार्ग पर जाता हो तो फिर उसे संतोषी नहीं कहा जा सकेगा |

भूमिदान -- ग्रामदान

आज़ादी के बाद की परिस्थिति में लोक तंत्र के आधार पर सत्ता परिवर्तन की धूरी के मुताबिक भूमि सुधार क़ानून में भी काफ़ी फेर बदल किया गया | जिनके पास ज़्यादा ज़मीनें थी उन्हें दो पर्याय दिए गये : या तो पहल करते हुए स्थानीय स्तर पर भूमिहीनों को ज़मीनें दे दिए जाएँ या फिर उनसे ज़मीनें छीन कर दरिद्रनारायण को ज़मीनें दिए जाएँगे | इस कशमकश की स्थिति में संत विनोबा दान की महिमा से अवगत कराते हुए कई जगहों पर श्रीमंत और ज़मींदारों को दान वीरता के लिए राजी कराने में कामयाब हुए | उनका काफिला भूमि दान, संपत्ति दान से चलते हुए ग्राम दान तक बढ़ता रहा | कहते हैं किसी भी कार्य में संत की

भूमिका अगर बने तो वह मंगल कार्य हो जाता है | संपत्ति हस्तांतर के इस विशाल चक्र में भारत सरकार को ज़रा भी परेशानी नहीं हुई, क्योंकि वहाँ एक संत अपनी भूमिका निभा रहे थे और लोगों ने खुशी खुशी ज़मीनें दान में दे दिया | बहुत बड़ी हिंसा को जन्म लेने से बचाया जा सका |

महात्मा अगर स्वराज और स्वावलंबन कोई तत्व दिए होंगे तो संत विनोबा ने हक़ीकत में उन तत्वों और विचारों को ज़मीन पर उतारने का काम किया | इतना ही नहीं उन्होंने जन जन को मंगल कार्य से जुड़ने का मौका दिया | समाज में भ्रातृत्व और मैत्री का तरंग उत्पन्न करते रहे | उनके जीवन का प्रत्येक पल नवीन रूप से आज़ाद हुए भारत के सभी हृदयों हो राष्ट्रीयता के एकसूत्र में पिरोने का काम करने के लिए ही निर्धारित था |

विनोबा एक ऐसे लोक सेवक थे और एक ऐसे सेनानी थे जिन्होंने राज नैतिक महत्वाकांक्षा और ध्रुवीय व्यवस्था से खुद को दूर रखा और जनता जनार्दन के लिए प्रेरक बने रहे | यहाँ तक की आचार्य विनोबा को मानने क़लों में भी हमें लगता है कि विनोबा ही कुछ बोल रहे हैं | आ. प्रवीणा देसाई के बारे में भी कुछ ऐसा ही कहा जा सकेगा; यह तो महसूस कर पाने की बात है | व्यक्ति अगर किसी पूर्वाग्रह से ग्रसित न हो तो इसे आसानी से ही महसूस कर सकेगा | ऐसा भी कहते हैं कि किसी पौधे की पहचान अक्सर फलों, पत्तों और टहनियों से की जा सकेगी | ऐसा ही कुछ विषय संत विनोबा और उनके संतानों के बारे में कहा जाना उचित है |

<u>दानकाअधिकारयासेवा !</u>

आज़ाद भारत में एक क़ानून बना है , जिसके अंतर्गत सभी मुनाफ़ा कमानेवाली इकाइयों के लिए एक सरल नियम बनाया गया है कि सभी इकाइयों को अपने आमदनी का एक निर्धारित प्रतिशत समाज कार्य में दान देना होगा | यह उनके नैतिकता का मापक न होकर दायित्व होगा | दान को दायित्व बनाने की नौबत इसलिए भी आ गई क्योंकि सामाजिक दायित्व समझते हुए दान करने वाले विरले ही हैं; उसमें भी उनका स्वार्थ निहित पाया जाता है | इस परिस्थिति का भी निदान कई कंपनियों ने निकाल लिया | दान किए जाने वाली संपत्ति पर परोक्ष नियंत्रण रखने के लिए अपने रिश्तेदारों और परिवार जनों के द्वारा संचालित सेवा

संस्थान आदि का निर्माण कर लिया | यह कुछ वैसा ही विषय है : बाँट रहे हैं राजा और बटोर रहीं हैं रानी | सरकारी तंत्र भी अपने ही चक्रव्यूह में फँसा हुआ है | हर एक विषय शाशकीय फरमान से शायद ही चल सके | यहीं पर एक संत की भूमिका अहम हो जाती है | एक संत ही उस व्यवस्था में एक घटक और उत्प्रेरक बन सकेंगे जहाँ दान की महिमा का उचित सम्मान होता हो और जहाँ लोगों के विश्वास का रक्षण होता हो |

दक्षिण भारत स्थित रामेस्वरम की बात है | उन दिनों विदेश में आयोजित होने वाले किसी धर्म सम्मेलन में एक दर्शन तत्व समझने वाले और ठीक से अँग्रेज़ी बोल पाने वाले युवा को भेजना था | पहले तो उसे भाषण देने के लिए कहा गया ताकि उसके हुनर के बारे में किसी के भी मन में कोई संदेह न रहे , फिर उसे विदेश भेजने की बात बताकर लोगों से चंदा जमा किया गया; युवा राज़ी भी हो गये | उस कस्बे के राज घराने में बैठक होना था | चंदा जमा करने वाले कुछ युवा पैसों की गठरी लेकर राजा के घर आए और उस गठरी को बड़े ही शान से कमरे के बीच रखे मेज पर रख दिया | युवा सन्यासी की ओर इशारा करके बोले , "आपके विदेश जाने की तैयारी हो गई |"

उस युवा सन्यासी के चेहरे पर मायूसी छा गई | राजा को एक किनारे की ओर लेजाकर उसने कुछ कहा और पूरा किस्सा ही पलट गया | राजा तनिक शर्मिंदा होते हुए बोले , "मैं समझ सकता हूँ कि पैसे जमा करने में आप सबको काफ़ी तकलीफ़ हुई होगी, पर ऐसा है कि अभी भी हमारे मित्र यह तय नहीं कर पाए हैं कि वो विदेश जाने के काबिल हैं भी या नहीं | अतः जहाँ से भी आपने उनका नाम लेकर पैसे जमा किए होंगे वहाँ जाकर दिए हुए दान वापस कर दें |"

मामला तो कुछ और ही था; जिस प्रकार से लड़के पैसे लाकर रखे और जिस प्रकार से उन्होंने सन्यासी के तरफ इशारा किया उन आचरणों से लगा कि दान जमा कर पाने के कारण उन सबका मन दंभ से भर उठा है | अगर पैसे ले लिए जाते हैं तो उन सबके मन में दंभ का बसेरा हो जाएगा | पर एक संत शायद ही दान लेकर किसी भी भक्त का अनिष्ट करे; यही कारण है कि उन्होंने दान लेने से इनकार कर दिया और वहाँ से और दक्षिण की ओर चल दिए | इस घटना से उन युवाओं का मन दंभ से

ग्रसित होने से बच गया |

किसी भक्त के बारे में पढ़ने में आया था की वो बड़े ही प्रेम से दरगाह पर झाड़ू लगाता था और एक सेठ उसे उतना ही पैसा दान में देते थे जीतने में उसका गुज़ारा हो सके | एक दिन दूसरा कोई शराबी उस मज़ार पर आकर अनाब सनाब बकने लगा ; वही सेठ इस बार जेब में से जितना निकला उतना ही उसे देकर चुप करा दिए | इस घटना से मायूस होकर वह झाड़ू देने वाला सेवक मज़ार छोड़कर चला गया | कहते हैं किसी व्यक्ति की अहमियत का ज्ञान हमें तभी होगा जब वो अनुपस्थित रहे | मज़ार का गंदा रहना सेठ को उस सेवक की याद दिला रहा था | उसकी तलाशी चली , और उसी के घर से पुनः उसे लाया गया| उसे भी लगा कि जब किसी धर्मस्थान से बुलावा आए तो ज़रूर जाना चाहिए | दूसरे ही दिन मज़ार को साफ सुथरा देखकर सेठ दौड़कर घर गये और वहाँ से अपनी दान पेटी उठाकर लाए | दान पेटी उस सेवक के हाथ में रखकर बोले, "मुझे मालूम हैं आप क्यों चले गये थे, आज से ये पूरा बक्सा ही आपका | जितना लगे इसीमें से निकाल लेना , यह मेरा वादा रहा कि पेटी खाली नहीं रहेगा |"

अब तो सेवक अपनी भूमिका समझ चुका था, उसे धन की रखवाली में भी लगाया गया | इस दायित्व से हिल पाना भी उसके लिए काफ़ी कठिन ही हो गया | अब पैसे उसी के ही पास क्यों न रहें, पर पेट भरने के लिए पर्याप्त पैसे निकालकर बाकी रकम अन्य लोगों में बाँट देने के लिए वह सेवक तत्पर हो उठा |

<u>उपयाचना</u>

कुछ संत स्वाभाव ऐसे भी हैं जो कभी किसी से कुछ माँगना पसंद नहीं करते | उन्हें लगता है कि समाज को अगर लगने लगे कि संत को जीवित रखना है तो ज़रूर इसकी व्यवस्था हो ही जाएगी | अक्सर संतों के जीवन में ऐसे पड़ाव आते रहते हैं जहाँ उन्हें कठिनाइयों से गुजरने की नौबत आ जाएँ | शुद्ध व्यक्तित्व के धनी संतों को किसी भी परिस्थिति में विचारों और नियमों से समझौता करना मंजूर नहीं होता है | उप्याचना का व्रत लेकर निकल पड़ने वालों में संत विनोबा भी थे | अगर ऐसी ही बात है तो फिर उन्हें ज़मीन माँगने की बात कैसे सूझी ? क्या उनका

फिर उपयाचना का व्रत भंग हो गया ? ऐसा बिल्कुल भी नहीं है ; इस प्रकार की याचना में जनता जनार्दन का कल्याण निहित होने के कारण उनका संत स्वभाव उस परम पुरुष सत्ता का काम किया जिसे व्यावस्था में प्रवेश न करते हुए सृष्टि की आकांक्षा सहित व्यवस्था को किसी चरम उत्कर्ष के लिए प्रभावित और क्रियाशील करना था | जहाँ ज़मीन को लेकर के ही दुनिया भर के झगड़े होते हों वहाँ भूमि दान का यज्ञ संपन्न कर पाना अपने आप में ही एक विरल उपलब्धि है | उनके लिए प्रत्येक दान ही पवित्र और पावन था ; चाहे वो एक टुकड़े का ही दान क्यों न हो | जिनके पास जमा धन है उनके लिए दान एक मजबूरी सी हो जाती है, पर जिन्होंने श्रमानुभव से कुछ बचत किए होंगे उनके लिए दान एक पवित्र यज्ञ से कम नहीं |

दान की महिमा सदा के लिए यथावत रहने ही वाली है; भले ही कुछ लोग इसमें से अपने स्वार्थ को निकाल पाने के लिए तत्पर होते हों | दानवीरता की गाथा भी निरंतर सन्दर्भित होते रहने की संभावना है ; इस क्रम में भले ही कुछ नये आयाम और नये तंत्रों का जुड़ाव सम्बाव हो | भारत जैसे लोक तंत्रात्मक समाज में जन मानस के रुझानों को समझते हुए संरचनात्मक तंत्र को खड़ा करने की ज़रूरत है | इसमें सिर्फ़ सरकारी तंत्र लगे रहे और जनता जनार्दन मूक दर्शक बने रहे यह भी कांक्षित नहीं हो सकता ; एक समन्वय दृष्टि के साथ साथ साझी रण नीति विकसित करने की ज़रूरत है |

मैत्री

उतर भारत के एक रेलवे स्टेशन पर एक महात्मा काफ़ी देर तक उच्च दर्जे के प्रतीक्षालय में बैठे रहे | सिपाही उनके बारे में स्टेशन मास्टर को जाकर बताना मुनासिब समझकर केबिन में दाखिल हुए और मास्टरजी को साथ में लाकर उस महात्मा का दर्शन कराया | मास्टरजी को लगा कि अब इस आगंतुक से कैसे निपटना चाहिए जबकि एक घंटे बाद उनका कार्य ख़तम होनेवाला है और दूसरा कोई स्टेशन मास्टर आ धमकेगा ! जाहिर सी बात है कि अब इस मेहमान को घर पर ही ले जाना चाहिए |

ऐसा ही हुआ और घर पर रखे भोजन का डब्बा महात्मा जी को ही परोसा गया | "हम दोनों एक साथ इसी भोजन को बाँटकर खा लेंगे.." महात्मा के वाक्य को आदेश समझकर शरतबाबू खाने के लिए बैठ गये और दोनों में इधर उधर की बातें होने लगी | इस वार्तालाप के ज़रिए एक भक्त अपने गुरु को पहचान रहा था और एक गुरु अपने भक्त को पहचान रहा था | दोनों के संवाद में क्रमिक गहराई आती जा रही थी, और दोनों ही अपने अपने आत्मिक पूर्ति हो पाने की संभावना के बारे में सोचकर खुश थे |

"तो प्रभु दीक्षा दे दीजिए, और देर क्यों...?" भक्त का उतावलापन देखते ही बन रहा था और गुरु उन्हें परखने का सिलसिला जारी रखे थे |

"अगर तुम अपने सुंदर चेहरे पर कालिमा पोतकर आ सको तो मैं समझूंगा तुम्हारे मन में भक्ति की धारा बहने लगी है और तुम भगवत अनुक्रमा पाने के हकदार हो |

हक़ीकत में शरतबाबू ऐसा करके आ गये और फिर भक्त और भगवान के बीच की मैत्री तो पक्की थी | दोनों अपने ध्येय मार्ग पर चल पड़े और मठ , पीठस्थान आदि की स्थापना होने लगी , शरतबाबू उस मंगल कार्य में एकरूप हो गये और परिव्राजक महात्मा अपने ध्येय मार्ग पर चल पड़े , जहाँ अगला पड़ाव उनका इंतजार कर रहा था | संघ से महासंघ बनने का पूरा कार्यक्रम मैत्री की धारा से ही स्नात रहती है और इसमें साधक जनों का क्रमिक समावेश निरंतर होते ही रहता है; अपितु आनेवाले समय में ऐसा ही कुछ होता रहेगा ऐसा हम उम्मीद भी रखना चाहेंगे ; होना भी यही चाहिए ताकि ज्ञान, निष्ठा, त्याग , वैराग्य और भक्ति की निरंतर धारा से हमारा समाज सँवरता रहे |

यह भी सुनिश्चित हो कि हर व्यक्ति को समाज और राष्ट्र के मूल धारा से जोड़ा जाना संभव हो सके; लोगों के मौलिक ज़रूरतें पूर्ण करने का मौका मिले; लोग अन्य समाज और समुदाय की ज़रूरतों को समझे; सिर्फ़ इतना ही नहीं तय किए गये ध्येय मार्ग पर चल पड़ने के लिए पर्याप्त आत्मबल का सम्मेलन करे |

मानवता का परिपोषक और उसके विपरीत , मार्ग पर चल पड़ने के आधार को नियामक मानकर विश्व को हम दो धूरी में बँट जाते हुए भी अब देख सकेंगे | संवेदनाओं को आधार मानकर संघों के सम्मेलन से

ही मानवता का परिपोषक और परिचालक महासंघ भी बनेगा | उस और संघीय ढाँचों के मुखिया पहल कर भी चुके हैं | पिछले शताब्दी में हमने दो महासंघों को बनते और बिखरते भी देखा है | इस शताब्दी में भी उससे कहीं बलशाली एक महासंघ का निर्माण होगा और पुराने संघीय वतावस्था में कुछ फेर बदल करके उसे मिला लिया जाएगा या फिर पुराने संघ को पूरी तरह से नष्ट करके नये महासंघ की रूपरेखा को प्रस्तावित कर दिया जाएगा | कोई भी संघ जब जनता जनार्दन के अरमानों और आकांक्षाओं पर खरा नहीं उतर पाते हों तो उसका यही अंजाम होना एक भवितव्य मानना होगा |

अब वैसा समय नहीं रहा कि किसी एक गुट या संप्रदाय का वर्चस्व अन्य लोग आसानी से स्वीकार कर लें | सबके मतों को पुष्ट करते हुए प्रतिभागिता आधारित व्यवस्था के ज़रिए ही संघीय ढाँचों को ज़्यादा से ज़्यादा बल मिलेगा | इस ढाँचे से अलग होकर कोई भी व्यवस्था ज़्यादा कारगर सिद्ध नहीं हो सकती, न ही उसे ऐसा होने देने की ज़रूरत है |

गुरु शिष्य परंपरा का विवरण रामायण में दर्ज किया गया, मित्र और मैत्री परंपरा का निदर्शण महाभारत में दर्ज हुआ, राजतंत्र के ऊपर से विश्वास हटने के क्रम में लोकतांत्रिक और समजतन्त्रिक व्यवस्था का मिश्रण आधुनिक विश्व का परिपंथी रहा और अब सूचना तंत्र और प्रौद्योगिकी के बल पर क्रियान्वित रहने के मंत्र से अत्याधुनिक विश्व का क्रियान्वयन होना तय है | इस परिस्थिति में उसी संप्रदाय या समूह को अधिकाधिक समर्थन प्राप्त होगा जिसके पास तांत्रिकी का बल है | जो संसार को एक बलशाली निदान देते हुए प्रगति के मार्ग पर समुचित तरीके से मार्गदर्शन कर सकेंगे | जिनके पास "सर्वजन हिताय सर्वजन सूखाय" कोई समाधान सूत्र रहेगा |

भक्त की पहचान

सिर्फ़ बाहरी क्रिया कलाप देख लेने से और तपस्या के नियमों के अधीन किसी भक्त को कार्यरत देख लेने से शायद ही किसी भक्त को सही तरीके से पहचाना जा सके | भक्त और भक्ति के सम्मेलन को शायद ही समुचित रूप से परखा जा सके और शायद ही उस आधार पर किसी लंबी अवधि के गुण उत्कर्ष के निर्णय पर टिका जा सके | एक

भक्त के बारे में बताते हुए श्री हरि हमें उन सभी अवयवों से परिचित कराते रहे, जैसा कि गीता में भी कई जगहों पर दर्ज की गई, भक्त के गुण उत्कर्ष की संभावना का भी बखान करते रहे | सब प्राणियों में द्वेषभाव से रहित, सबका मित्र (प्रेमी) और दयालु, ममतारहित, अहंकाररहित, सुख-दुःख की प्राप्ति में मानसिक संतुलन बनाए रखनेवाला , समत्व बुद्धि का धनी, क्षमाशील, निरंतर ही स्थान काल और परिस्थिति व्यतिरेक संतुष्ट रहनेवाला, योगी, शरीर , मन और इंद्रिय को वश में किए हुए, दृढ़ निश्चय का धारक, ईश्वर के विषय में अर्पित मन-बुद्धि का धनी भक्त ही ईश्वर का प्रियपात्र हो सकता | (गीता १२.१२ -१३)

ज्ञान, निष्कामता, नैर्व्यक्तिकता, समता, स्वतःस्थित आंतर शांति और आनंद, प्रकृति के त्रिगुण के मायाजाल से छुटकारा या कम-से-कम उससे ऊपर उठे रहने की स्थिति, ये सब मुक्त पुरुष के लक्षण हैं और ऐसे पुरुष किसी भी क्षण भंगूर पार्थिव बंधन में खुद को नहीं डालते; यहाँ तक कि एक आत्म प्रत्यय के साथ निर्लिप्त भाव से क्रियाशील रहते हैं | भगवान का स्वभाव भक्त में अवतरित होने के कारण, जैसा कि देवत्व के अवतरण के विज्ञान से हम समझ सकते हों, भक्त भी विश्व चराचर जगत के संपूर्ण प्राणियों को सुहृद होता है - "'सुहृदः सर्वदेहिनाम्'।[श्रीमद्भागवत 3-25-21]" इसलिए भक्त का भी सभी प्राणियों के प्रति बिना किसी स्वार्थ के स्वाभाविक ही मैत्री और दया का भाव रहता है-

हेतु रहित जग जुग उपकारी । तुम्ह तुम्हार सेवक असुरारी ।।मानस ७ : ४७-३ ||

चित्त में निर्मलता का आना उतना ही ज़रूरी है जितना की तत्व चिंतन में पवित्रता और गहराई , जितना कि मन और बुद्धि की सुगमता, जितना कि अहम को नियंत्रित रखते हुए सात्विकता से पुष्ट रहने का विधान |

"'मैत्रीकरुणामुदितोपेक्षाणां   सुखदुःकपुण्यापुण्यविषयाणां भावनातश्चित्तप्रसादनम्।'[१-३३]"

'सुखियों के प्रति मैत्री, दुःखियों के प्रति करुणा, पुण्यात्माओं के प्रति मुदिता (प्रसन्नता) और पापात्माओं के प्रति उपेक्षा के भाव से चित में निर्मलता आती है।'

परंतु भगवान ने इन चारों हेतुओं को दो में विभक्त कर दिया है-
"मैत्रः च करुणः" तत्व ज्ञान से पुष्ट भगवत भक्ति के धनी साधक का
सुखियों और पुण्यात्माओं के प्रति 'मैत्री' का भाव तथा दुःखियों और
पापात्माओं के प्रति 'करुणा' का भाव रहना ही स्वाभाविक है | दुःख पाने
वाले की अपेक्षा दुःख देने वाले पर (उपेक्षा का भाव न होकर) दया होनी
चाहिए; क्योंकि दुःख पाने वाला तो (पुराने पापों का फल भोगकर) पापों
से छूट रहा है, पर दुःख देने वाला नये तरीके से खुद को पाप के जताजाल
में खुद को डाल रहा है; यही कारण है कि किसी को पपीड़ा पहुँचानेवाला
कोई भी जीवात्मा दया, करुणा और उपेक्षा का विशेष पात्र ; ताकि उस
पापी से भक्त को एक सुरक्षित दूरी मी सके, भक्त के चित्त को पापी
क्रिया कलुषित न कर सके, भक्त के मन, बुद्धि और चित की निर्मलता
बनी रहे |

सतपुरुष के अंतःकरण की प्रवृत्ति के बारे में भी हमारी यही धारणा
बनती है कि अंतःकरण की शुद्धता से हम सतपुरुष के चित्त, मन और
बुद्धि को सम्यक ज्ञान का आधार मिल ही जाएगा | इस विषय में अन्य
कोई प्रमाण की आवश्यकता है ही नहीं ; सतपुरुष के अंतःकरण की प्रवृत्ति
ही प्रमाण होती है |

"सतां हि संदेहपदेहषुक वस्तुषु प्रमाणमन्तः करणप्रवृत्तयः ...."
||[महाकवि कालिदास ||

जब न्यायशील सतपुरुष की इंद्रियों की प्रवृत्ति भी स्वतः ग़लत और
भ्रांत मार्ग की ओर गतिशील नहीं हो सकती, तब सिद्ध भक्त , जो
न्याय, निष्ठा और कर्तव्य पथ से कभी किसी भी अवस्था में स्खलित
नहीं हुआ होगा , उसकी मन-बुद्धि-इंद्रियाँ कुमार्ग की ओर जा ही कैसे
सकती ! ईश्वर अनुकंपा का धनी भक्त वत्सल के कुछ घुन प्रत्यक्ष रूप
से सन्दर्भित होता हुआ देखा जा सकेगा : जिससे किसी प्राणी को उद्वेग
नहीं होता और जिसको खुद भी किसी प्राणी से उद्वेग या विराग नहीं
होता तथा जो हर्ष, अमहर्ष (ईर्ष्या), भय और उद्वेग से रहित होकर
सदा भगवतकर्म में लिप्त रहता है, जो आकांक्षा से रहित, बाहर-भीतर से
पवित्र, दक्ष, उदासीन, व्यथा से रहित और सभी आरंभों का अर्थात नये-
नये कर्मों के आरंभ का सर्वथा त्यागी है; जो न कभी हर्षित होता है, न

द्वेष करता है, न शोक करता है, न कुछ ख़ास पाने की कामना रखता हो, न ही विचलित होता हो और जो शुभ-अशुभ कर्मों में राग-द्वेष के द्वंद से खुद को बचाकर रखने में कामयाब रहता हो, वह भक्तिमान भगवत अनुरागी; वही ईष्ट को प्रिय भी है और ईश्वर अनुराग पाने का प्रयास भी करेगा | [गीता १२.१५-१६, १७]

शुद्ध चित्त और पवित्र आत्मा का धनी भक्त भी समय समय पर और स्थान काल पर पवित्रता लाने में कारक स्वरूप बने रह सकेंगे, एक मान्यता यह भी रहेगी कि , जो पहले से ही काफ़ी पवित्र माने जाते रहे होंगे, वह तीर्थ भी उनके चरण-सर्श से पवित्र हो जाते हैं ; सारा परिमंडल ही उस पवित्रता को अनुभव कर पाता होगा; पर उन भक्तों के मन में ऐसा अहंकार या कृत कर्म का भान शायद ही उत्पन्न हो सके; और शायद ही भक्त वत्सल खुद को करता मान सके, कर्तापन का बखान कर सके, या फिर श्रेय पाने की आशा लिए अग्रज की भूमिका ले! ऐसे भक्त अपने हृदय में विराजित 'पवित्राणां पवित्रम्' (पवित्र को भी पवित्र करने वाले) ईश्वर अनुकंपा से तीर्थों को भी महातीर्थ बनाते हुए विचरण करते रहेंगे -

तीर्थीकुर्वन्ति तीर्थानि स्वतान्तःस्थेन गदाभृता ॥ (श्रीमद्भा. 11|13|10)

वास्तविकता की पृष्ठभूमि पर भी इस आशय की पुष्टि हो रही है कि संत महात्मा और दिव्य पुरुष के सम्मेलन से ही तीर्थ को और पवित्र एवं अधिक फलप्रद बनाया जा सकेगा ; ऐसा इसलिए भी कि संत महात्मा अपने दिव्य वचन से उस धरती को स्नात करते रहेंगे; वह इसलिए भी कि दिव्य ज्ञान के धनी अन्य भक्त वत्सालों का भी निरंतर प्रबोधन करते रहेंगे; ऐसा करते रहने से भक्तों के तीर्थ दर्शन का प्रत्यक्ष फल भी परिलक्षित होता रहेगा |

जिसने अपना उद्देश्य पूरा कर लिया ईश्वर अनुकंपा का धनी बन गया और सभी प्रकार से खुद को पूर्ण बनाने का सफल प्रयास में लग गया, वही वास्तव में दक्ष अर्थात चतुर है, अपितु ज्ञानी भी | श्री मदभागवत में कहा गया है --

"एका बुद्धिर्धमत्तां बुद्धिर्धर्मनीषा च मनीषिणाम् ।
यत्सत्यमनृतेनेह मर्त्येनाप्नोति मामृतम् ।।"

-- 'विवेकियों के विवेक और चतुरों की चतुराई की पराकाष्ठा इसी में मानी जाएगी कि वे इस विनाशी और असत्य शरीर के द्वारा सर्वशक्तिमान अविनाशी एवं सत्य तत्व को प्राप्त कर लेने के प्रयास में लगे रहें जबतक कि ध्येय प्राप्ति में सफलता न मिले | अर्थोपार्जन, संपदा आहरण आदि भौतिक सुख और समृद्धि के लिए किया जानेवाला सांसारिक दक्षता (चतुराई) वास्तव में दक्षता नहीं मानी जा सकती, और न ही उसके बल पर भगवत्प्राप्ति के किसी भी उपक्रम को अमल में लाया जा सकेगा | एक दृष्टि से तो व्यवहार में अधिक दक्षता होना मंगलकारक नहीं हो सकता, न ही सुखप्रद; क्योंकि इससे अंतःकरण में जड़ पदार्थों के प्रति आदर और उसे प्रात करने की अभिलाषा बढ़ती ही रहेगी, उसपर कभी अंकुश नहीं पाया जा सकेगा और न ही उसके ज़रिए अनपनेवाले बंधन से मुक्ति का मार्ग खुल सकेगा; सिर्फ़ यह ही नहीं ध्रुव सत्य से लगाव कम होता रहेगा और सिर्फ़ भौतिक सुख समृद्धि पाने के लिए चित्त उद्ग्रीव हो उठेगा, जो मनुष्य के पतन का कारण भी हो सकता है। सिद्ध भक्त में व्यावहारिक (सांसारिक) दक्षता भी होती है, और कौशल युक्त कर्म को भगवत प्राप्ति के लिए अर्पित कर देने की तमन्ना भी |

अनुकूलता - प्रतिकूलता, सुख -दुःख, ताप - संताप आदि विपरीत परिस्थितियों में सदा समभावी रहनेवाला भागवत अनुरागी तनिक भी अपने ध्येय मार्ग से विचलित नहीं हो सकता; न ही खुद को किसी भ्रम या मिथ्याचार में डाल सकता ; यह एक ऐसी परिस्थिति है जिसमें भगवत अनुरागी को मृण्मय और चिन्मय में एकरूपता का दर्शन हो जाता और अविनश्वर भगवत के प्रति गभीर अनुराग से पुष्ट होकर उसी ध्रुव की प्राप्ति, एक प्राप्त की प्राप्ति के लिए सचेष्ट हो उठता | [सन्दर्भ : गीता अध्याय १२ श्लोक १८-१९] भक्त का आधार भक्ति, मित्र का आधार मैत्री और ध्याता का आधार ध्येय: इन सभी आधारभूत अवयवों का धारक भूतात्मा जगदीश्वर के सान्निध्य और अनुकंपा को भली भाँति महसूस कर पाता है और उसी आधार के परिधि में अपने मानसिक , बौद्धिक और इंद्रिय-जन्य क्रियाओं पर नियंत्रण स्थापित कर पाता है | इसे पूर्णता प्राप्ति के मार्ग में प्रगतिशील तपस्या का एक पड़ाव मान सकेंगे |

योग सूत्र में कहा गया : -- प्रतिभाद्वा सर्वम [योग प्रदीप ३- ३४]

---- प्रतिभा के आधार पर ज्ञान अर्जित करने से संपूर्ण ज्ञान का अधिष्ठान होता है ; इसी को सर्व समावेशक और सम्यक ज्ञान भी माना जा सकेगा |

योग शास्त्र में सिद्धियों को भी बारीकी से गिनाया गया है और उसके आधार पर सिद्ध पुरुष के कर्म तत्परता को भी हम समझ सकेंगे |

<u>अणिमा</u>- - किसी के शरीर के आकार को कम करने और सबसे छोटे कण से भी छोटा होने की क्षमता। यह एक ऐसी परिस्थिति है जिसके आधार पर साधक देहाभिमान को छोड़ पाने की क्षमता भी पा सकेंगे |

<u>महिमा</u> - किसी के शरीर के आकार को बढ़ाने की क्षमता, अंततः ब्रह्मांड को घेरने की क्षमता। इस सिद्धि का धनी साधक शरीर के सार्विक बल को इस्तेमाल करने लायक आत्मबल पा सकेगा और उसी आधार पर जटिल से जटिल कार्य को भी कर सकेगा |

<u>लघिमा</u> - किसी के शरीर को हवा से भी हल्का बनाने और इच्छानुसार सरलता और सुगमता के साथ कार्य कर पाने की क्षमता का धनी किसी भी जटिल कार्य को सरल बना सकेगा |

<u>प्राप्ति</u>- किसी भी इच्छित वस्तु को प्राप्त करने की क्षमता।

<u>प्राकाम्य</u> - कोई भी इच्छानुसार कुछ भी प्राप्त करने की क्षमता जिसकी आकांक्षा पहले से ही अंतर मन में पनपती हो |

<u>इशिता</u> - प्रकृति के नियमों की उप-शक्तियों को नियंत्रित करने की क्षमता।

<u>वशिता</u> - दूसरों को अपने नियंत्रण में लाने की क्षमता और उसी आधार पर निर्मित लोकमत को ब्रह्मज्ञान करते हुए सर्वजन सुखाय और सर्वजन हिताय कुछ कर गुजरने की क्षमता |

<u>कामवासयित</u> - कहीं भी कुछ भी प्राप्त करने की क्षमता। यह एक ऐसी अवस्था है जिसके आधार पर साधक सदा सर्वदा असंभव को संभव कर पाने का कौशल प्राप्त कर सकेगा और उसी को ईश्वर अनुकंपा मानते हुए सभी कर्म को दिव्य कर्म मानकर साधक ज्ञान और भक्ति के आधार पर दिव्य कर्म को जीवन का ध्येय बना लेते हैं |

सिद्धि के और भी कई प्रकार हो सकते हैं और कई आयाम भी | उन सभी सिद्धियों को सम्मिलित रूप से भी किसी सिद्ध जन में सभी अवयवों का सामेकित स्वरूप भी परिलक्षित हो सकता है; इस स्वरूप का एक और प्रत्यक्ष रूप हमारे सामने प्रतिफलित अगर होता भी होगा तो सिर्फ़ कृत कर्मों के ज़रिए भी | विविध प्रकार की परिस्थितियों और संकटों का मुकाबला करने के लिए भी सिद्ध जन को कुछ कठोरता और कुछ संहार वृत्ति का भी सहारा लेना पड़ सकता है | कुछ ऐसी ही परिस्थिति तब निर्माण हो गई जब श्री रघुनायक एक राक्षस वृत्ति के संहारक पुरुष के दमन के लिए जंग की भूमि में उतार गये | उनके पास न तो प्रशिक्षित सेना थी और न ही उनके पास कोई ख़ास संयंत्र थे; न ही मायाजाल रचना करने की विद्या थी | उनसे जब पूछा गया कि उनके पास रथ भी नहीं है तो फिर एक महारथी का मुकाबला कैसे कर सकेंगे? श्री . रघुनायक जी का कहना था , "उनके पास एक ही रथ है जिसके दो ही पहिए हैं: शौर्य और धीरज का पहिया | सत्य और शील का ध्वजा पताका भी विद्यमान है |"

"सौरज धीरज तेहि रथ चाका। सत्य सील दृढ़ ध्वजा पताका॥

बल बिबेक दम परहित घोरे। छमा कृपा समता रजु जोरे॥3॥

........श्री रामचरित मानस "

"शौर्य और धैर्य उस रथ के पहिए हैं। सत्य और शील (सदाचार) उसकी मजबूत ध्वजा और पताका हैं। बल, विवेक, दम (इंद्रियों का वश में कर लेने की शक्ति और ऐसा ही आत्मबल) और परोपकार- ये चार उसके घोड़े हैं, जो क्षमा, दया और समता रूपी डोरी से रथ में जोड़े जा चुके हैं |"

यह मर्यादा पुरुषोत्तम के संकल्प शक्ति, दृढ़ता, आत्म प्रत्यय , देवत्व के अधिष्ठान और चरम उत्कर्ष का ही बखान करते हुए उस श्रेष्ठ चारित्र बल के रूप में प्रतिभासित होता हुआ समझ सकेंगे | यह भी सत्यापित हो ही रहा है कि सिद्ध पुरुष कर्तव्य पथ पर आनेवाले किसी भी बाधा को बाधा नहीं मानते | उन्हें न तो किसी भी परिस्थिति को लेकर कोई भय का निर्माण होगा; न ही उनमें किसी भी परिस्थिति से डरने की कोई बात उन्हें परेशान कर पाती | यह एक स्थितप्रज्ञा का भी स्वरूप है जिसके

आधार पर उनके ईश्वर अनुराग और भगवत कर्म के प्रति लगाव को भी प्रत्यक्ष कर सकेंगे | पुराणों और आगमों में वर्णित कथा कहानी और वीरगाथा तक मर्यादित न रहते हुए हमें उन तत्वों को भी उजागर करना चाहिए जिसके आधार पर उन सभी पवित्र ग्रंथों को और अधिक शिक्षाप्रद और मनोग्राही बनाई जा सके; अपितु उन सभी शिक्षाप्रद प्रसंगों के अनुसार व्यक्तित्व को विकसित होते रहने में मदद भी किया जा सके | हर तरफ से उस तत्व चिंतन को भगवत प्रेम से जोड़कर ही देखा जाना चाहिए, न कि उसे किसी तर्क का विषय बना देना समीचीन हो सकता |

<u>जीवन संग्राम</u>

व्यक्ति का जन्म, संसार जीवन में प्रवेश, जीने का प्रयास, कर्म के प्रति लगाव, ईश्वर अनुराग, वैयक्तिक और सामुदायिक प्रगती आदि विषय एक नैसर्गिक विधान का हिस्सा होते हुए व्यक्ति को समाज में और प्रकृति के अधीन अपनी एक भूमिका बना डालने के मार्ग में अग्रगामी सूचक है | उसी सूचक के नियमन से व्यक्ति जीवन में शत्रु - मित्र, लाभ - हानि, भला-बुरा .. आदि परस्पर विरुद्ध अवयवों का भी निर्माण होता रहेगा, और बदलता भी रहेगा | जन्म लेने के बाद से ही व्यक्ति का जीवन संग्राम शुरू हो जाता और उसमें कई और आतां जुड़ते चले जाते हैं | इस क्रम में एक ईश्वर अनुराग ही है जो भक्ति की धारा में व्यक्ति को आत्म अनुसंधान हेतु प्रेरित करता और अपनी बाहरी तथा भीतरी कमियों को दूर कर पाने लायक आत्मबल भी देता ; अपितु उस मार्ग पर टिके रहने के लिए प्रेरित भी करता रहता है | इसी ईश्वर अनुकंपा को जीवन संग्राम का अंतिम पड़ाव नहीं समझ लेना चाहिए | इस मार्ग पर चलते हुए साधक को पूर्णता प्राप्ति के क्रमिक अदाव पर निखरता हुआ और सँवारता हुआ भी देखा जा सकेगा |

ॐ पूर्णमदः पूर्णमिदं पूर्णात् , पूर्ण मुदच्यते, पूर्णस्य पूर्णमादाय, पूर्ण मेवा वशिष्यते।

ॐ शांतिः शांतिः शांतिः ||

यह अनंत ब्रह्मांड की पूर्णता का द्योतक है जिसमें से पूर्ण की उत्पत्ति होती रहेगी और पूर्ण ही शेष रह जाएगा | ईश्वर की पूर्णता का यह मंत्र हमें इस बात से भी अवगत कराती है कि साधक के भक्ति

और मैत्री से आप्लुत कर्तव्य कर्म और विधायक कर्म सर्वदा साधक को पूर्णता दिलाकर ईश्वर अनुकम्पा का धनी बना सकेगा और दिव्य पथ पर एक निरंतरता बनाकर रखते हुए चल भी सकेगा |चलने में सहायक भी बन सकेगा; ऐसा इसलिए भी कि आत्मिक पूर्णता से बौद्धिक और अध्यात्मिक उत्कर्ष पाया जा सकता; ऐसा इसलिए भी क्योंकि आत्मिक पूर्णता से साधक अपने कार्मेन्द्रीय और ज्ञानेन्द्रिय पर नियंत्रण रख सकेगा; नियंत्रित इंद्रिय से संयम का मार्ग प्रशस्त कर सकेगा; संयम से ज्ञान और भक्ति का समुचित समन्वय पाया जाना सहज होगा और इसी सहजता से व्यक्तित्व विकास को एक सही दिशा भी मिलेगी |

12

दो ही मार्ग

जीवन में दो ही मार्ग हैं; . श्रेयार्थी और प्रेयार्थी ; सिर्फ़ ख़ुद के स्वार्थ और परिजनों के स्वार्थ सिद्धि विषयक संकुचित दायरे में सीमित रहकर काम करनेवालों का मार्घ प्रेयार्थी का मार्ग है; इन सभी बाधाओं को पार करके सभी जीव के हितचिंतक होकर क्रियाशील रहनेवालों का जीवन प्रेयार्थ का मार्ग है | भूदान गंगा जैसे पवित्र काम के लिए पैदल ही निकल पड़ने वाले आचार्य का जीवन प्रेयार्थ का मार्ग था; राहें कटती गईं, दिन ढलता गया, कारवाँ बढ़ता गया | सभी सत्याग्रही भी इसी मार्ग के पथिक थे; काफ़ी करीब से अपने भीतर देवत्व का अधिष्ठान के साथ साथ जीवात्मा और परमात्मा का सम्मेलन महसूस कर चुके थे |

सत्य और अहिंसा ही सत्याग्रह का आधार है, और इसी आधार को सफलता की कुंजी मानकर दिव्य पथ पर चल पड़ने की तमन्ना रखने वाले सेवक और सेनानी जनहित में कार्य करते गये और निर्णय लेते गये | यहाँ भी उसी योग का आधार था जिसके बदौलत व्यक्ति ख़ुद को एक बड़े समूह का हिस्सा मानने लग जाता है और अपनी भूमिका तय कर लेता है; सिर्फ़ इतना ही नहीं उद्देश्य पूर्ति के लिए समूह को दिशा निर्देशित करने के लिए प्रस्तुत भी रहता है |

जीवात्मा और परमात्मा

जीवात्मा और परमात्मा के परस्पर सहावस्थान का विज्ञान भी उतना ही सरल है जितना कि इस संसार में व्याप्त पदार्थ और शक्ति

के संचरण का विज्ञान ; हम यह भी समझ सकते हैं कि शक्ति का अधिष्ठान पदार्थ के हर कण के साथ संबंध रखनेवाला है और उसके परस्पर जुड़ने और विघटित होने के समय भी एक कारक स्वरूप ही हो सकता, न कि बाधक स्वरूप | एक ऐसा भी विज्ञान है जिसके आधार पर हम यह भी दावा कर सकेंगे कि सूक्ष्म से सूक्ष्म कणों में भी वही चेतना का सन्निवेश है जिसके आधार पर हम वृहद जगत की कल्पना कर पाते हैं और उसी रचना को आधार मानकर अपनी अपनी भूमिका भी बना डालते होंगे ! यही कारण है कि आत्मा और परमात्मा के स्वरूप में एकरूपता का दर्शन करते हुए हम उन सभी अवयवों को परम ब्रह्म से भी जोड़ देने का प्रयास करें और एक ब्रह्म के अस्तित्व को उसके सही परिप्रेक्ष्य में समझने का भी प्रयास करते रहें | यह तर्क का भी विषय हो सकता; कारण हम उस दिव्य स्वरूप के व्यापकत्व और सूक्ष्म स्वरूप को शायद ही ठीक से समझ सकें; ऐसा इसलिए भी कि हमारे इंद्रिय क्रिया का आधार एक सीमित परिसर और गिने चुने तरंग तक ही परिव्याप्त होता रहता होगा; यह इसलिए भी कि हम खुद को इस विश्व चराचर से कुछ अलग रूप का मानने लगें और उसी के मुताबिक व्यवहार ज्ञान से पुष्ट होते रहें; यह कुछ प्राप्त की प्राप्ति होने लायक अनुभूति का विषय है, न कि अप्राप्त की प्राप्ति का विषय |

एक युवा अपने गुरु को यह कहने लगा कि उसे ईश्वर् से मिलने और बातें करने की कला सीखना है | गुरु का कहना था कि जब मन में घुटन महसूस होने लगे और भगवत प्राप्ति के लिए बेचैनी उत्पन्न हो तब सहज ही ईश्वर से साक्षात्कार हो सकेगा | भक्त को कुछ संतोष नहीं हुआ और न ही उसके मन में कोई बेचैनी ही उत्पन्न हुई; यहाँ तक कि नित्य ही वो भक्त अपने गुरु के पास आते रहा और निवेदन करते रहा | आख़िर गुरु को यह लगाने लगा कि अब इस भक्त को मृण्मयी में चिन्मयी का दर्शन शायद हो सके! आख़िर भक्त वत्सल को अकेले ही मातृ मंदिर में दाखिल होने की अनुमति मिली | जैसे कोई आईने में खुद को देख पाता होगा वैसे ही भक्त वत्सल को ईश्वर के सान्निध्य की अनुभूवती होने लगी और खुद के स्वार्थ को छोड़कर परमार्थ के साधन के रूप में "त्याग और बलिदान कर पाने की मानसिक शक्ति" माँगने लगा |

मदाश्रय के बारे में श्री मद्भागवद्गीता (अध्याय सात) में कहा गया : ईश्वर पर विश्वास रखना और ईश्वर पर आश्रित रहना; ईश्वर खुद ही कहते हैं: "जिसको केवल मेरी ही आशा है, मेरा ही भरोसा है, मेरा ही सहारा है, मेरा ही विश्वास है और जो सर्वथा मेरे ही आश्रित रहता है, वह 'मदाश्रयः' है। किसी-न-किसी का आश्रय लेना इस जीव का स्वभाव है। परमात्मा का अंश होने से यह जीव अपने अंशी को ढूँढ़ता है। परंतु जब तक इसके लक्ष्य में, उद्देश्य में परमात्मा नहीं होते, तब तक यह शरीर के साथ संबंध जोड़े रहता है और शरीर जिसका अंश हैं, उस संसार की तरफ खिंचता है। वह यह मानने लगता है कि इससे ही मेरे को कुछ मिलेगा, इसी से मैं निहाल हो जाऊँगा, जो कुछ होगा, वह संसार से ही होगा। परंतु जब यह भगवान को ही सर्वोपरि मान लेता है, तब यह भगवान में आसक्त हो जाता है और भगवान का ही आश्रय ले लेता है।"

सिर्फ़ इतना ही नहीं भगवान के सर्वव्यापी स्वरूप का विषय भी शास्त्र और पुराण के कण -कण में भरा हुआ है : भगवान यहाँ हैं, अभी हैं, अपने में हैं और अपने हैं। कोई देश, काल, वस्तु, व्यक्ति, परिस्थिति, घटना और क्रिया उनसे रहित नहीं है, उनसे रहित होना असंभव ही नहीं है। इस बात को दृढ़ता से मानते हुए, भगवन्नाम में, प्राण में, मन में, बुद्धि में, शरीर में, शरीर के कण-कण में परमात्मा हैं |

संसार का अर्थात धन, संपत्ति, वैभव, विद्या, बुद्धि, योग्यता, कुटुम्ब आदि का जो आश्रय है, वह नाशवान है, मिटने वाला है, स्थिर रहने वाला नहीं , और न ही स्थिर रखनेवाला ; अपितु उन नाशवान तत्वों के आधार पर हम किसी भी प्रकार से चेतना के उन्मेश की संभावना का आवाहन भी शायद ही कर पाएँ ! नाशवान तत्व सदा रहने वाला नहीं है और सदा के लिए पूर्ति और तृप्ति कराने वाला भी नहीं, न ही उस तत्व की प्राप्ति से सम्यक आनंद की ही अनुभूति हो सकेगी ; यहाँ तक कि हम शाश्वत मार्ग आर उन तत्वों का आधार भी नहीं रख सकते| परंतु देवत्व का आश्रय कभी किञ्चिन्मात्र भी कम होने वाला नहीं; और न ही जीव को उस देवत्व की अनुकंपा से कभी क्षणभर के लिए भी अलग किया जा सकेगा | इस भाँति हम देवत्व और जीव के एकरूपता के विज्ञान को भी उसके सही स्वरूप में समझने का प्रयास कर सकें

| इसे हम एक निरंतरता से पुष्ट सहावस्थान भी मान सकेंगे; क्योंकि उस सर्वशक्तिमान का आश्रय पहले भी था, अभी भी हैं और आगे भी रहेगा; यहाँ तक कि उस दिव्य पुरुष के अनुकंपा के बिना हम सृष्टि के कण मात्र के अस्तित्व की भी कल्पना नहीं कर सकते | कभी भक्त कबीर कहा करते थे, "सूरज मरिहें, चंदा मारिहें ......"; यह अलीक कल्पना लगती होगी, पर अब उसे विज्ञान और सूचना तंत्र ने साबित कर दिया | सृष्टि-- विनाश का यह चक्र निरंतर ही चलनेवाला रहेगा | इसी क्रम में मानव को भी किसी ख़ास उद्देश्य की पूर्ति के लिए अवतरित और संवर्धित किया गया | अतः , समग्र विषयों को उसके सही स्वरूप में समझ लेने के बाद यह बड़ी आसानी से ही महसूस किया जा सकता कि आश्रय केवल उस दिव्य पुरुष का ही लेना होगा; केवल सृष्टिकर्ता का ही आश्रय, अवलम्बन, आधार, सहारा और आसरा हो। इसी का वाचक गीता में 'मदाश्रयः' पद से प्रतिभासित किया गया | मन को एक प्रेत से तुलना किया गया है और इसी कारण से मन को कर्म में लिप्त किये रहने कि बात कही गई। ईष्ट चिंता, सर्वशक्तिमान की आराधना और भजन पूजन एक बार कर लिए और निश्चिंत हो गए यह वृति कभी फल देने लायक या यश कीर्ति के लिए विधायक नहीं हो सकता। चिंतन और मनन का सातत्य उतना ही जरूरी है जितना कि इस चिंतन शुद्धता की अहमियत ।

" एतस्मान परम किंचित मनः शुद्धिं न विद्यते। " ऐसा कहते हुए ऋषि बताते हैं सिर्फ ईश्वर चरित का गुणगान करने से मन की शुद्धि पाई जा सकेगी।

<u>देवत्व का अवतरण</u>

हम ईश्वर को सभी प्रकार से और सभी ओर से समग्रता से पुष्ट और पूर्ण मानते हैं ; उसके वही पूर्णता को आधार लेकर सृष्टि चक्र में अवतरित जीव और चराचर भी उस पूर्णता की प्राप्ति करने के लिए एक उत्कट अभिलाषा के साथ क्रियाशील रहता है | उस पूर्णता पाने के मार्ग में विविधता भले ही परिलक्षित होते हों पर सार्विक समानता का निदर्शन एक आम बात है | कभी कभी हम अपने अपने नज़रिए से एक ही तत्व को उसके विविध स्वरूप के साथ अलग अलग देखने लगते हैं

और व्यवधान की रेखा खींच लेते हैं | इसी क्रम में ईश्वर के अवतरित होने का विज्ञान भी समाविष्ट है | सामान्य मानवजन्म में मानवरूप धारण करने वाले जगदात्मा जगदीश्वर का प्रकृति भाव और पूर्णता पाने हेतु क्रियाशील रहने का स्वाभाव ही मुख्य होता है; अवतार के मनुष्य-जन्म में सिर्फ़ जन्मजात स्वाभाव का संचरण होता हो ऐसा भी नहीं माना जा सकेगा, अपितु उनके शिक्षण, प्रशिक्षण और ज्ञान अन्वेषण के क्रम में वे सभी पड़ाव एकाएक आते रहेंगे जिसको आधार मानकर चेतना का संचरण और संवर्धन हो सके या ऐसा होने लायक परिस्थिति का निर्माण हो यह भी ध्यान देने लायक विषय है | देवत्व का भाव परिलक्षित होना और उस सत्ता को अन्य जीव से अलग कर लेने के लिए प्रयत्नशील होना यह समग्र समूह का विषय है जिस समूह के सम्मिलित प्रयास के अंतर्गत किसी के देवत्व की सत्ता को स्थापित करने का प्रयास किया जाता हो ; उस प्रयास में अन्य समूह को भी जोड़ा जाता हो और सभी व्यापकत्व को भी प्रतिस्थापित किया जाता हो | किसी स्वरूप में दिव्य पुरुष के नियंत्रण में रहकर व्यक्ति कार्य करता हो और किसी सत्ता में देवत्व को ही व्यक्ति अपने क्रियाशीलता का हिस्सा बना लिया हो: इन दोनों ही स्वरूप में सभी प्रकार से देवत्व के अवतरण का विज्ञान ही सत्यापित किया जा सकेगा | यह कभी भी तर्क का विषय नहीं हो सकता और वैसे भी शास्त्र में तर्क की कोई प्रतिष्ठा है भी नहीं |

साधारण मनुष्य, जैसा कि गीता हमें बतलाती है, जिस प्रकार विकसित होता हुआ या ऊपर उठता हुआ भगवत जन्म को प्राप्त होता है उसका नाम अवतार नहीं हो सकता और न ही हम उसमें अवतार के गुणों को भली भाँति देख सकें या समझ सकें ऐसी परिस्थिति का निर्माण होता होगा | स्पष्ट रूप से यह भी कहा जा सकेगा कि देवत्व के अवतरित होने का विषय एक सर्व स्मावेशक ज्ञान अन्वेषण का विषय है, जिसके ज़रिए व्यक्ति और समाज मानव रूपी देवत्व के अंश में गुणों को विकसित होता हुआ देख सके, महसूस कर सके और प्रत्यक्ष रूप से गुणग्राही बन सके; न कि देवत्व के अस्तित्व को लेकर किसी अनुसंधितसा के सहारे तर्क का महाज़ाल बुनने लगे | पुराणों में यह भी दर्ज है कि जिस प्रकार भक्त भगवान का गुणगान करते हैं, ठीक उसी प्रकार भगवान भी अपने

भक्त वत्सल का गुणगान किया करते हैं | दोनों के इस परस्पर पूरक अनुक्रिया से ही प्रेम के संबंध की प्रतिष्ठा और लचीलापन संवर्धित होता रहेगा यह मान लेना चाहिए |

अवतरण में निरंतरता का होना इसलिए भी ज़रूरी है ताकि देवत्व के अवतरित होने का सिलसिला चलता रहे, ज्ञान की धारा का पोषण, संवर्धन और परिमार्जन समय समय पर होता रहे; इसमें धारा प्रवाह का क्रम बना रहे और ज्ञान अन्वेषण की प्रक्रिया को बल मिले | व्यक्ति के चेतना के क्रमिक विकास और संवर्धन में देवत्व के अधिष्ठान का विषय काफ़ी गहराई से पिरोया जा सकेगा और दोनों ही विषय को परस्पर पूरक अनुक्रिया के रूप में भी देखा जा सकेगा; सिर्फ़ इतना ही नहीं हम यह भी महसूस कर सकेंगे कि जीव मात्र में चेतना के उन्नत होने , परिमार्जित होने और संवर्धित होने का विषय परिलक्षित किया जा सकेगा | उसी क्रम में हम सभी व्यक्ति में उस संभावना का पता भी लगा सकेंगे जिसके आधार पर उन आत्मा को देवत्व के आधार तक प्रोन्नत किया जाता हो, उस पूर्णता पाने में उन्हें सहारा दिया जाता हो और उनका प्रबोधन होता हो |

एक गुरु ही हैं जो अपने भक्त को सरलता पूर्वक बैकुंठ का सुख दे सकते हैं और व्यक्ति को देवत्व का दर्शन करने के क्रम में सहायक होते हैं। "प्रयक्षति गुरु प्रीतो वैकुंठम योगी दुर्लभम। " ऐसा कहते हुए श्री सौनक जी गुरु महिमा का प्रतिपादन करते हैं। तन कि शुद्धि के लिए बहुत से साधन हैं , धन को शुद्ध करते के लिए दान आदि कर्म किये जाते हैं; चित शुद्धि के लिए ईष्ट चिंतन और उनके आराधना में लगे रहने को ही एकमेव मार्ग माना गया । मन के जरिये ही हमारा कर्मेन्द्रिय और ज्ञानेन्द्रिय नियंत्रित होते रहता है। अतः मन को विषयों से अलग कर पाने से ही मन निर्मल और ईश्वर अनुरागी हो उठता है और हमें एक ऐसे दिव्य लोक कि अनुभूति होने लगती है जिसके आधार पर हम दिव्य स्वरुप वाले श्री हरि कि उपस्थिति और कर्तृत्व महसूस करने लगते हैं।

संतों के जीवन में भी चिंता होती है, पर उनकी चिंता का मूल कारण व्यक्तिगत सुख की कामना या फिर किसी लाभ -हानि का कोई विषय नहीं होता ; महात्मा सदा लोक कल्याण को लेकर चिंतित हो जाते हैं

और धर्म की रक्षा का मार्ग सुझाते रहते हैं। यह स्वभाव ही एक संत का सहजात वृत्ति है। पाखण्ड धर्माचरण का स्वरुप बताते हुए संत जन कहा करते हैं कि जब किसी धर्माचरण को सिर्फ दिखावे के लिए किया जाता हो तो उसे लोक प्रीत्यर्थ किया जाने वाला धर्माचरण नहीं मान सकते। आधुनिक समाज में ऐसे पाखण्ड से ग्रसित धर्माचरण का वर्चस्व चारों और दिख रहा है।

भगवत विरोधी और भागवत विरोधी कृत कर्मों से हमें दूर ही रहना चाहिए। अगर हम भगवत भक्तों कि आलोचना करने लगें तो भी धर्माचरण को कलंक लग जाता है। आधुनिक परिमंडल में, जैसा कि सन्दर्भ में व्याप्त विधायक कर्म और उन कर्मकांडों में लगे विद्वजनों की अनुक्रिया से प्रतीत होता हो, ज्ञान और वैराग्य कि स्थिति जर्जर हो चुकी और लोगों का मन भी इन विधाओं से हट चूका है। भक्ति के दो पुत्र, "ज्ञान" और "वैराग्य", मानो आज कि स्थिति में अचेत पड़े हैं और कोई भी समाधान दे पाने के लिए असमर्थ पाए जा रहे हैं। उनकी अचेत अवस्था के कारण ही हमें उनके धर्मार्थ सेवा का फल मिल नहीं पाता। क्षणिक अवधि के लिए व्यक्ति के मन में श्मशान वैराग्य भी आता है। श्मशान से बाहर आते ही उनका वो वैराग्य समाप्त हो जाता है।

"सत्कर्म सूचकों नूनं ज्ञान यज्ञो स्मृतो बुधैः |"

इस ज्ञान यज्ञ के आधार पर ही सत्कर्म कि गति प्रबल होती है और लोग समाधान पाने के लिए प्रयत्नशील हो जाते हैं। उस कर्म को ज्ञानाग्नि दग्ध होना चाहिए। तत्व चिंतन से ही देवत्व प्राप्ति कि लालसा उत्पन्न होती है और उसके प्रीत्यर्थ लोग सत्कर्म में पुनः पुनः लिप्त होने का प्रयास करते हैं।

वेदांत के आलोक में परिमित रूपक के निमित से उपनिषद् को लिपिबद्ध किया गया। उस उपनिषद् से चुने हुए सीख को संकलित करते हुए महर्षि वेदव्यास ने "श्रीमद्भगवद्गीता" का प्रतिपादन किया। इस गीता में सांख्य, योग और वेद - वेदांत के विचार, मत और पंथों का सफलतापूर्वक और समुचित समन्वय हो सका। हर शाश्त्र में सत्कर्म कि महत्ता का विवरण दर्ज है।

अगर हम विभूति के लक्षण की बात करें त भी वेद, उपनिषद् , गीता पुराण आदि के आधार पर हम विभूति के आंतरिक और बाहरी लक्षण के बारे में एक साष्ट धारणा बना सकेंगे; इस आंतरिक और बाहम सिद्धि को प्राप्त करने में कोई प्रधानता, भागवत गुण की कोई महत्तर शक्ति, देवत्व का कोई अधिष्ठान , कुछ सकारात्मक चैतन्य गुणों का सन्निवेश, कुछ रत्यक्ष रूप से प्रतिभासित होनेवाले अनुक्रिया का अभ्यास और उस अभ्यास को सत्यापित करानेलायक कोई कारगर ताकत ही विभूति के लक्षण माने जा सकेंगे | उन लक्षणों का धनी साधक भी अपने श्रेय के मार्ग पर दृढ़तापूर्वक चल सके यही आकांक्षा हमारा आत्मबल हो | मानव विभूति भागवत सिद्धि प्राप्त करने के लिये मानवजाति के संघर्ष का सबसे बड़ा आयाम होने के साथ साथ देवत्व के अधिष्ठान का एक बड़ा आधार स्वरूप है जिसपर चित्त, मन और आत्मा की स्थिरता सुनिश्चित हो सके | उस स्थिरता के साथ ही व्यक्ति तीनों गुणों के द्वंद से भली भाँति उभर सकने लायक आत्मबल का आहरण करते हुए विश्व चराचर में अपनी भूमिका तय कर सकेगा | प्रत्येक कोटि में सर्वोत्तम, सभी गुणों का आधार, परस्पर विपरीत गुणों का आश्रय, विशिष्ट आत्मशक्ति को प्रकट करनेवाला, गुणों और कर्मों के प्रकाशमान पुंज का धारक ऐसा आधार जहाँ से सर्वोत्तम गुणों का .संचरण होता हो वह ईश्वर की विभूति है | यह एक ऐसी अवस्था है जब संयमित शरीर, बुद्धि और मन अपने सबसे उत्तम समन्वय के स्तर तक पहुँच पाता है और उसी के आधार पर सत्व गुणों को विकसित कर पाता है | योग शास्त्र में कहा गया : "सर्वभूत ज्ञान विभूति:" - विश्व चराचर के सभी अवयवों के बारे में सम्यक ज्ञान हो जाने के बाद हम जिस अवस्था मे स्वयं को संयमित कर पाएँगे वही विभूति की अवस्था होगी | साधक इस अवस्था को आश्रय न करते हुए और अधिक तपोबल से खुद को गुणों के द्वंद से उभारने में लग जाते हैं और एक चरम उत्कर्ष को पाने के लिए निरंतर साधना करते हैं | उस चरम उत्कर्ष की स्थिति का स्वरूप हमें महर्षि वाल्मीकि के विवरण में परिलक्षित होता है, जहाँ उन्होंने मर्यादा पुरुषोत्तम के बारे में लिखते हैं:

"सुकुमारौ महाबलौ | पुण्डरीक विशालाक्षौ चिर कृष्ण अजिं अम्बरौ ...."

श्री हरि सुकुमार भी हैं और महाबलशाली भी ; उनमें पराक्रम के साथ साथ कठोरता भी है और कोमलता भी | इन परस्पर विपरीत गुणों का आश्रय-स्थान ही देवत्व का अधिष्ठान भी माना जा सकेगा |

श्रेय का मार्ग

हमारे सम्मुख दो ही मार्ग पर चल पड़ने का विकल्प है: अपने मित्र मंडल, प्रियजन और परिवार के हित में अपनी भूमिका बनाकर चलें वह प्रेय का मार्ग होगा , जहाँ एक संकुचित विचारधारा से हम कार्यरत रह सकेंगे; द्वितीयतः हम एक ऐसे मार्ग पर चल पड़ें जहाँ और भी विस्तृत मानव समाज, अपितु समग्र मानव समाज, के लिए हमारी भूमिका तय हो और हम उसी ध्येय को ब्रह्मज्ञान करके अग्रज के रूप में डटे रहें यह श्रेय का मार्ग होगा | श्रेय के मार्ग आर ही संत महात्मा , आचार्य आदि चला करते आए हैं, चलते रहे हैं और आनेवाले दिनों में भी चलते आएँगे | उस मार्ग पर चल पड़ने की तमन्ना लिए विकसित होनेवाले साधक का प्राण और मन ईश्वर अनुकंपा को भली भाँति महसूस कर सकेगा और उसी अनुकंपा से विकसित होनेवाले धारा को भी समझ सकेगा | श्रेयार्थि कभी यह उम्मीद नहीं रखते कि कोई उनकी सराहना करे या विरोध करे, सुख और तकलीफ़ में भी समभाव और मानसिक संतुलन बनाकर रखने में सक्षम हो जाते हैं; सिर्फ़ यही नहीं उन्हें न तो किसी पीड़ा के बारे में शिकायत हो सकती और न ही किसी स्वर्ग सुख की कामना; न तो सराहे जाने पर अभिमान और न ही भर्त्सना करने पर क्रोध ; सृजन वृत्ति के साथ साथ संहार वृत्ति का भी आश्रय स्थान हो जाते हैं | उसी भगवत अनुकंपा से खुद को आत्मबल से बलिष्ठ और तत्वनिष्ठ बना लेने की अभिलाषा के साथ निरंतर साधना में लगे रहना ही देवत्व प्राप्ति के मार्ग का सबसे अहम पड़ाव है |

सर्व- कल्याण कारण

महात्मा और आचार्य भी एक ऐसे विश्व चराचर की कल्पना किया करते थे जहाँ हर जीव का पोषण, संवर्धन और परिमार्जन हो सके | उन सभी जीवों को ऐसा सहारा मिले जिससे उनकी न्यूनतम ज़रूरतें पूरी हो

सके और उन्हें किसी हिंसक गतिविधि का शिकार न होना पड़े | सिर्फ़ इतना ही नहीं व्यक्ति को खुद के साथ साथ समूह के गुणों को विकसित करने का भी मौका मिले | यह भी सुनिश्चित हो सके कि सबको पूर्ण रू से विकसित हने का अवसर मिल सके , विकास की धारा में कोई सुगमता भी रहे; उन्नत मानस के धनी विद्व जन खुद के अभ्यास को जारी रख सकें और समाज को भी इसका सम्यक ज्ञान हो कि देवत्व के अधिष्ठान को उसके सही स्वरूप में समझा जा सके | क्या सिर्फ़ भक्त ही अपने ईष्ट का संधान करें? या फिर सिर्फ़ ईष्ट को ही आने भक्त वत्सल का संधान करते रहना होगा? क्या किसी ख़ास परिधि में ही भक्त और देवत्व का सम्मेलन हो सकेगा? और भी ऐसे कई गंभीर प्रश्न कुछ अनसुलझे से रह जाते हैं जिसे हम अगले पड़ाव तक हाल कर पाने की तमन्ना ज़रूर रखेंगे; और यह भी चाहेंगे कि जनता जनार्दन का प्रबोधन कुछ इस रूप से हो जिसके बदौलत हम महात्मा के गण - अभ्यूत्थान के स्वप्न को वास्तविक होता हुआ देख सकें |

13
ज्ञान की धारा

"शिक्षा का उद्देश्य तथ्यों को जमा करना और उसपर चर्चा करना नहीं होता है बल्कि शिक्षा का मुख्य मकसद दिल और दिमाग को प्रशिक्षित करना होता है ताकि हम ज्ञान के अन्वेषण में कुशलतापूर्वक लग सकें| इस लेख के जरिये हम शिक्षण प्रशिक्षण के व्यापक स्वरुप को एक व्यवहार कुशल समाज विज्ञान के सन्दर्भ में समझने का प्रयास करेंगे। इसे उन सभी अभ्यासियों और शोधकर्ताओं के लिए समर्पित किया गया जिन्हें स्वाध्याय के जरिये खुद के सम्यकत्व विषयक धारणा को स्पष्ट करना है। "

टोल में आते ही पहले पहल लिखने पढ़ने में गदाधर ठाकुर को काफी आनंद मिल रहा था: तीन और चार का योग करने से सात हुआ; आत्मा और परमात्मा योग हुआ तो जीवन की धारा चल पड़ी; भक्त और भगवान का योग, ऐसे और भी कई अनुभव परत दर परत आनंद देने के लिए पर्याप्त ही थे। पर योग के साथ साथ वियोग भी सीखना था; आत्मा और परमात्मा का वियोग ! "भक्त और भगवान का वियोग! नहीं नहीं, मुझे इस टोल में नहीं पढ़ना .... ", ऐसा कहकर श्री गदाधर पाठशाला के दायरे से निकलकर निसर्ग की पाठशाला में दाखिल हो गए और अपने ध्यान धारणा को पक्का करने लगे। "मैं " अगर ख़तम ही नहीं हो प्रहा तो फिर "मैं भक्त, मैं दास, मैं सेवक" , यह सब पक्का मैं रहे। यह शिक्षा का एक ऐसा पड़ाव था जब एक भक्त का भगवान के मिल पाने की

व्यवस्था को अंजाम तक पहुँचाने का साक्षी बन रहा था। अक्षर ज्ञान की अपनी मर्यादा को सत्यालित किये जा रहा था। आज भी हमें आधुनिक शिक्षा के कुछ पहलू को फिर से देखना होगा और उस व्यवस्था के सर्व समावेशक हो पाने की संभावना को भी तलाशना होगा।

खोकरो गाँव के पास बसा एक प्राथमिक विद्यालय वीरान था | वहाँ के मास्टरजी आते हैं और अपनी हाजरी लगाकर चले भी जाते हैं | यह गाँव सिंहभूम जिले के अंतर्गत पोटक प्रखंड में आता है | ग्रामीणों से बात करके यह पता लगाया गया कि बच्चे विद्यालय क्यों नहीं आते ! गाँव के एक वरिष्ट का यह मानना था कि उस गाँव के बच्चे विद्यालय जाते रहने से खेत का काम और हाल जोतना भूल जाते हैं | बेहतर तो यही होता कि उस विद्यालय को पूरी तरह बंद कर दिया जाता |

असली ज्ञान और असली अध्ययन तो वही है जिसके ज़रिए व्यक्ति कार्य कर सके और खुद के ब्रह्म स्वरूप को सही तरीके से समझ सके | आग्रह यही है कि हम उस सर्वशक्तिमान की सत्ता को स्वीकार करें | वेद उपनिषदों में ईश्वर का स्वरूप बताते हुए उसे एक अनुभवजन्य सत्ता के रूप में प्रकाशित किया गया है | उसे ब्रह्म स्वरूप कहा गया है | अनुभव पाने वाले व्यक्ति को भी ब्रह्म स्वरूप ही कहा गया | इसका यह भी अर्थ निकाला जा सकता है कि ब्रह्म स्वरूप का दर्शन हम किसी भी जीवात्मा में कर सकते हैं | अगर ऐसा ही है तो सभी जनों में ऐश्वरिक सत्ता तथा उर्जाओं का दर्शन प्रतिभाषित क्यों नहीं होता है | यह तो स्वयं ही होना चाहिए था | इसमें भी हमारे सामने सुर- असुर, धर्मी-विधर्मी आदि भेद को प्रतिभाषित किया जाता है | इसका विज्ञान किस हद तक तर्क संगत है? क्या सभी जीवात्मा ईश्वर तथा ऐश्वरिक शक्तियों का सान्निध्य पाने की पात्रता रखता है? क्या इसके लिए कोई खास प्रयास करने की आवश्यकता नहीं है? अगर है भी तो उसके नीति निर्देशक तत्व कौन कौन से होंगे? उसे धर्म के साथ जोड़कर देखा जाना कहाँ तक उचित होगा?

एक समय की बात है दीनों में अति दीन एक भिक्षु काफ़ी कुछ पाने की अश लगाए एक ऐसे राजपथ के किनारे खड़ा था जिस पथ से राजाओं का राजा गुज़रता था और इतना देता था जिससे समग्र जीवन का गुज़ारा

हो सके | यथावत कांक्षित समय तथा निर्धारित पथ से राजाओं का राजा आने लगा | भिक्षु का हृदय पुलकित हो उठा, चेहरे पर मुस्कान दिखने लगा, खुद को व्यवस्थित करते हुए उसी मार्ग के किनारे खड़ा हो गया | राजाधिराज आए, सम्मुख खड़े भी हो गये और मुस्कुराते हुए उस उस भिक्षु से ही भीख माँगा | भीक्षु बड़ा ही मायूस हुआ | उसी मायूसी में कुछ गिने चुने अन्न के दाने उस राजाधिराज के हथेली पर रखा | भीख पाकर राजाधिराज बहुत प्रसन्न हुए और अपने रथ पर सवार होकर उसी धूल से भरे शाश्वत मार्ग पर चल पड़े | दिन ढलने के बाद मायूस तथा थका हुआ भिक्षु अपनी कुटिया में आया और दिन भर के संग्रहों को छाँटने लगा | उसमें से कुछ चमकने वाले दाने कुछ ख़ास ही थे | संयोगवश चमकने वाले दाने उतने ही थे जितना की भिक्षु ने राजाधिराज को दिया था |

इस घटना से भिक्षु और ज़्यादा मायूस हो गया | उसे अपनी कंजूसी पर रोना आया, अपने कुंठा को उसने दूर ना कर पाने के लिए भी लज्जित हुआ | अब अगर राजाधिराज सामने आए तो सर्वस्व देने का विचार बनाया | फिर से उस मार्ग पर आश् लगाए बैठा रहा | संकीरनता दूर कर भक्ति मार्ग पर टिके रहने के लिए उसने अपने जीवन मंत्र को अग्रगन्य माना |

कभी कभी हम यह नहीं समझ पाते हैं कि सर्वशक्तिमान अगर हमसे कुछ माँगता है तो क्या कोई भौतिक वस्तु होगा, या कोई रोचक वस्तु होगा ? उसे भला इन वस्तुओं की क्या आवश्यकता आन पड़ी ? उसे तो सभी सुख सुविधाओं की प्राप्ति अनायास ही हो सकती है | हमसे उसे सिर्फ़ समर्पण की उम्मीद रहती है | समर्पित व्यक्ति को ही सर्वशक्तिमान ज़िम्मेदारियों से सफल जीवन जीने हेतु प्रेरित करता है | सच्चा भक्त वही है जो सर्वशक्तिमान के पास खुद को समर्पित करे और उसके द्वारा दिए जाने वाले दायित्व का पालन करे | उसे तो जीवन प्रक्रिया से मुक्त हो पाने का मंत्र भी अपने ईष्ट देवता से निरंतर मिलता ही रहेगा | इसमें शंका, भ्रम, कमज़ोरी आदि का कोई स्थान हो ही नहीं सकता |

अधिकांश वरिष्ठ मित्रों और कार्यकर्ताओं का यही मत है कि संस्थाएँ अपने मूल ध्येय से भटक चुकी है और उनके सामने अपने ही अस्तित्व

को टिकाए रखने का प्रश्न निर्माण हो चुका है | कई संस्थाओं को जनता जनार्दन में पैसों का पहाड़ दिखता है और विचारों व संस्कारों से मीलों दूर किसी चमक दमक वाले गलियारों में वे सबके सब भटक रहे हैं | कभी सर्व भारतीय स्तर की मानी जानेवाली संस्था भी इन दिनों कूप मंडूकता से ग्रस्त होकर उसी हिसाब में लग चुकी है कि पैसों के मार्ग से और अधिक पैसा किस प्रकार से हासिल किया जा सके | कई संस्था प्रमुखों का घमंड इस कोटि का हो गया है कि उन्हें अपने विरोध में एक भी शब्द सुनना पसंद नहीं | अतः यही वास्तविक है कि आनेवाले दिनों में इन संस्थाओं को कार्यकर्ता नहीं मिलेंगे और इन्हें नौकरों की टोली से ही काम निकालना होगा | जाहिर सी बात है , अब संस्था चलाने का खर्च भी बढ़ेगा |

चिकित्सा विज्ञान से जुड़े अपने एक मित्रवत कार्यकर्ता का भी यही मत है कि हम एक ऐसे कठिन समय से गुजर रहे हैं जब संस्थाओं में कार्यकर्ताओं को शरण मिलना और उनके विचारों और संस्कारों का संरक्षण हो पाना ज़्यादा कठिन हो जाएगा | इस परिस्थिति में ज़मीनें, इमारतें और पैसों को छोड़ कर और कुछ भी नहीं बचेगा | संस्था खुद को बचाए रखने के लिए अपने दायरों को दिन प्रतिदिन छोटा कर रही है | उन्हें भी अपने अस्तित्व खोने का डर सता रहा है और उनके पास दूसरा पर्याय है भी नहीं |

इस परिस्थिति में हम चुप रहें या फिर कुछ पहल करें इस विषय पर मित्र मंडली में चर्चा चल पड़ी है | ईस्वर की इच्छा अगर है और अगर यही समय की माँग हो रही है तो हमें ज़रूर कोई समाधान सूत्र मिलेगा | संत ,गुरु और महात्मा गण समय समय पर यही कहा करते हैं कि प्रयत्न करते रहना एक कार्यकर्ता का ही काम है |

<u>विचारोंऔरपैसोंकाद्वंद</u>

विचार के साथ अर्थ (पैसा , सम्पद, ज़मीन आदि) का रिश्ता ही कुछ अजीब सा है | लोग पैसों के बल पर हर एक को झुका देने की तमन्ना रखते हैं | कभी कभी उन्हें इतिहास के पन्नों से सीख लेते हुए अपनी भूमिका तय करना होगा | हम सब यह भली भाँति जानते हैं कि एक लुटेरा जब भारत से लूट का पैसा लेकर जा रहा था तो वह अपने

ही साथियों के हाथों मारा गया | वो पैसा आख़िर किसी के भी काम न आ सका | अगर किसी को यह लगता है कि मंगल विचार के धनी सिर्फ़ पैसों के लिए काम करेंगे तो उन्हें अनतिविलंब अपना विचार बदलते हुए यह समझ लेना होगा कि पैसों की ओर भागने वाला व्यक्ति मंगल और क्रांतिकारी विचार का धनी कदापि नहीं हो सकता | जिन संस्थाओं के पास पैसे, ज़मीनें और इमारतें आ चुकी है उन्हें लगता है कि अब वो दुनिया को किसी भी तरफ मोड़ सकेंगे और जनता जनार्दन को उनके पास आना ही होगा | उन संस्था प्रमुखों को इस बात का ध्यान रखना होगा कि क़ानून का शिकंजा कभी भी कसा जा सकता है और किसी लोकतांत्रिक ढाँचों में इसकी संभावना कुछ ज़्यादा ही रहेगी | अतः कुछ ऐसा संतुलन बनाकर संस्थाओं को चलना होगा जिससे जनता जनार्दन के बीच उन वित्तवान संस्थाओं के चलते किसी प्रकार का रोष उत्पन्न न हो | एक ऐसी भी संस्था के बारे में पता चला जिन्होंने अपने ही कार्यकर्ताओं को काफ़ी अपमानित करके उनकी भावनाओं को कुचलकर काम से निकाल बाहर करने का निर्णय लिया | कभी कभी हमें भावनाओं का भी ध्यान रखना होता है; ताकि कोई व्यक्ति आवेश में आकर कोई ग़लत कदम न उठा ले | जिन कार्यकर्ताओं को निकाला गया उनमें से अधिकांश लोगों का नौकरी पाने का उम्र ही निकल चुका था और वो न तो नई व्यवस्था में ढलने के लिए मानसिक रूप से तैयार थे | इसका यह अर्थ भी नहीं है कि संस्थाओं को कामगार लोगों की संख्या में कटौती करने का कोई हक ही नहीं है | संस्था उन अधिकारों का उपयोग करते समय वयक्ति की भावनाओं का भी यथोचित सम्मान करे | किसी नौकर के अपमानजनक कारनामों का असर संस्था प्रमुख और उनके साथ जुड़े लोगों की प्रतिष्ठा को भी चपेट में ले सकता है | और यह एक प्रकार की मूर्खता ही है जिस बदौलत कोई संस्था बने बनाए कुशल कार्यकर्ताओं को छोड़ दे |

कार्यकर्तानिर्माण

अपने देश में ऐसे और भी संस्थाओं का परिचय हमें मिलता है जिनका मुख्य काम ही है कार्यकर्ता निर्माण | उनके पास कई युवा जीवन की तलाश में आते हैं और उनमें से कई पूर्ण रूप से जुड़ जाते हैं और ध्येय

मार्ग पर अडिग भी रहते हैं | उन संस्थाओं की प्रगति इन दिनों तीव्र गति पर है और धीरे धीरे भारत के प्रत्यन्त भागों तक फैल रही है | इसको किसी दबी पाँव चलनेवाले तूफान से भी तुलना कर सकते जिसमें खर पतवारों के साथ साथ बड़े पेड़ पौधों को भी उड़ा ले जाने की असीम शक्ति है; उनका भान भी कुछ इस प्रकार का ही है | इस बात से समझदार लोगों को एक तो मौका मिल ही जाएगा कि वो अपने बिखरे हुए वस्तुओं को समेटकर उस तीव्र तूफान के वापस जाने का इंतजार करते रहें या फिर खुद को किसी सुरक्षित जगह स्थानांतरित कर लें | नासमझ और घमंडी लोगों के लिए आने वाला काल और अधिक विकराल होने जा रहा है |

संस्था का प्रमुख काम ही है विचार का संकर्षन और उस विचार पर चल पड़ने वाले लोगों का संरक्षण | कभी बंगाल के एक आश्रम से एक युवा सन्यासी यह कहकर निकल गये कि उन्हें उपयाचक और परिव्राजक का जीवन बिताना है | उपायाचक का अर्थ हुआ किसी से कुछ न माँगना और परिव्राजक से उनका अभिप्राय था कहीं भी ज़्यादे दिन का प्रवास न करना | उन्होंने गुरु माँ से अनुमति माँगकर निकलने का फ़ैसला भी कर लिया | सबसे ज़्यादा चिंता उस गुरु माँ को होने लगी; कारण था कि जिस देश में बिना माँगे पानी भी नहीं मिलता उस देश में कहीं इस युवा का हौसला न टूट पाए | उस यूवा का आश्रम से निकल आने का कारण तो कुछ और ही था | कभी कभी हमें कुछ कड़वाहट को गुप्त रखना होता है ताकि लोगों की भावनाओं को अनावश्यक ठेस न पहुँचे | इस बात का भी ध्यान रखना होता है कि हमारे किसी कारनामे से दूसरों की प्रगति बाधित न हो | कभी कभी दूरियाँ बना लेना मंगल कारक भी होता है | उस युवा सन्यासी ने आश्रम से दूरी इसलिए भी बना लिया था ताकि और साथियों को काम करने का अनुभव प्राप्त हो और उन्हें बड़ी ज़िम्मेदारियों से नवाजा जा सके |

<u>समाधानसूत्र</u>

हर समय संकट की बात करें और समाधान का कोई सूत्र न हो ऐसा कभी हो ही नहीं सकता | हम जिस व्यवस्था से निकलकर आते हैं हमारी मानसिकता और दैनिक व्यवहार भी उसी के मुताबिक बनना स्वाभाविक है, और फिर उसमें आधुनिकता का कुछ अंश मिल जाता है

| कोई सूचना और प्रौद्योगिकी का विद्यार्थी एक सरलता और सादगी का जीवन जी रहा है इस बात से लोग परेशान हो उठते हैं और कभी कभी ऐसा उन्हें यकीन भी नहीं होता | जाहिर सी बात, लोग किसी भी स्थिति का जायजा अपने नज़रिए से ही लेते हैं और उन्हें उसी नज़रिए से समाधान सूत्र भी दिखने लगता है | आधुनिक प्रबंधन विज्ञान कहता है कि जिसे जिस प्रकार की भूख लगी उसे उसी प्रकार का भोजन दिया जाय नहीं तो विरोध का बादल मंडराने लगेगा | पर सर्वोदय का विज्ञान इससे बिल्कुल ही अलग है : प्रबंधन को तभी कारगर और यशस्वी माना जाएगा जब परिसर में रहने वाले जानवर तक को भोजन और आसरा मिले | महात्मा का भी इसी से मिलता जुलता एक विचार था कि किसी परिसर में अहिंसा की प्रतिष्ठा है कि नहीं इसका पता लगाने के लिए हमें वहाँ रहनेवाले जानवरों और उनके साथ किए जाने वाले व्यवहारों को देखना होगा |

आत्म प्रत्यय का विज्ञान यह कहता है कि प्रयास करते रहना है | निरंतर प्रयास करते रहने से शत्रु का भी दिल जीता जा सकेगा | उसी आत्म प्रत्यय से अर्जुन को सारथि के रूप में श्री कृष्ण का साथ मिला और उतनी बड़ी सेना को परास्त करने में कामयाब हुए | दूसरी ओर श्री कृष्ण को भी पता था कि वो हर एक परिस्थिति से अर्जुन को नहीं बचा पाएँगे , पर अगर बजरंग बलि का साथ रहा तो हर संकट से उभरा जा सकेगा | अतः कपिध्वज का अवतरित होना और जंग समाप्त हो जाने के बाद जल जाना स्वाभाविक था | मौके मिलते रहें और निरंतर समय जाता रहे यह भी संतोष पाने लायक नहीं हो सकता | लंका नरेश रावण के सामने उसी के उपास्य देवता का रूद्र अवतार जीवन बचाने के उद्देश्य से समझाने आया और घमंड के बादलों से घिरे रावण को नियती के कराल ग्रास से बचा नहीं पाया | उस समय कई ऐसे भी दिन बीत रहे थे जब रावण नर्तकियों और किन्नरों से घिरा रहता था और मर्यादा पुरुषोत्तम घास के मखमली विस्तर पर चंद्रमा को निहारते हुए निद्रा विहीन रातें बिताया करते थे | बजरंगी के पराक्रम और उनके शौर्य - धैर्य के पहिए वाले धर्म रथ ने उन्हें विजय श्री दिलवाया |

कभी कभी हम यह भी समझ नहीं पाते कि अगर संहार वृत्ति का प्रयोग करना भी रहा तो यह कैसे समझ लें कि वो समय अब आ चुका ! जब अपने देश में आश्रम परंपरा का विद्यालय चलता था उन दिनों एक आश्रम के कुछ विद्यार्थियों को नज़दीक के गाँव में एक कुटिया में आग की चिंगारी की ओर नज़रें गई | उन्होंने अपने गुरु को बताया और उन्हें लगा कि गुरुदेव तुरंत ही आग बुझाने के काम में जुट जाने का आदेश देंगे | पर गुरुदेव ग्रामीणों के संकुचित वृत्ति से भली भाँति परिचित थे | उन्होंने इंतजार करने और स्थिति का जायज़ा लेते रहने के लिए कहा और खुद भी जगे रहे , और दूर से ही सही उस घटना को निहारते रहे | आग और बढ़ी, तब भी गुरुदेव चुप रहे और अन्य शिक्षुओं से भी चुप्पी बनाए रखने के लिए कहा | जब ग्रामीणों के बीच से "बचाओ, बचाओ " ऐसी पुकार आने लगी तब गुरुजी खुद कमर कसकर दौड़ पड़े, जाहिर सी बात थी कि उनके सभी विद्यार्थी साथ हो लिए | पूरी प्रक्रिया और आग बुझाने का काम पूरा होने के बाद जब विद्यार्थियों ने गुरुजी के ऐसे काम करने का कारण पूछा तो शिक्षक बोले , "लोगों की सामान्य वृत्ति का ही फल है कि उनके मन में किसी के भी प्रति सहज रूप से संदेह पैदा हो जाया करता है | अगर उन्हें नींद से उठाकर हम कहें कि हम उनके इमारत में लगे आग को बुझाने आए हैं तो उनके मन में हमारे ऐसा करने को लेकर संदेह भी पैदा होगा | उन्हें ऐसा भी लग सकता है कि हम कुछ चोरी करने आए हैं और आग लगने का बहाना बना रहे हैं | बुलावा आने से हमारा वहाँ जाना यह हमारा एक सहज मानव धर्म है | "

<u>सहजीवन</u>

सहज़ीवन की कला से भी हम यही सीखते कि मदद माँगे जाने पर मुँह नहीं मोड़ना चाहिए | हमें हमारी हैसियत के मुताबिक लोगों तक मदद का हाथ बढ़ा देना चाहिए | संस्था को अगर समाज के लिए बनाया गया होगा तो उस संस्था को समाज से हटकर कोई निर्णय नहीं लेना चाहिए | कभी कभी संस्था चालकों में भी वैचारिक मतभेद पनपने लगता है और उन्हें लगता है कि संस्था की हर गतिविधि से आमदनी हो | अगर आम के पेड़ से फल पाते पाते हमें यह लगने लगे कि उसकी जड़ों को भी निकाल लें और किसी न किसी काम में लगा डालें तो यह हमारी वैचारिक

दीनता समझी जाएगी न कि सैद्धांतिक परिपक्वता | हम कभी कभी शराफ़त का चोला पहनकर कड़वाहट से दूर भागना चाहते हैं, पर कभी परछाईं व्यक्ति का साथ नहीं छोड़ता ; अतः हमें दोनों को साथ लेकर ही एक निर्णायक की भूमिका में खरा उतरना होगा | अगर हम उस नेतृत्व शक्ति के आदि नहीं बन पाते हों तो तुरंत उस व्यवस्था और परिसर से हट जाना होगा | यही वक्त की नज़ाकत होने के साथ साथ सार्विक समाधान का सूत्र भी है |

सुनने में आता है कभी एक अंग्रेज अधिकारी हाथी पर सवार होकर कुछ पदातिक साथ में लेकर जंगल क़ानून का अनुपालन कराने के लिए जंगल महल में दाखिल हुए | वहाँ उनका सामना एक ऐसे योद्धा से हुआ जो जहरीले तीर लेकर खड़े थे और दो पहाड़ी के बीच से उस अधिकारी को गुज़रना था | योद्धा ने उन्हें आगे बढ़ने से मना किया | पर अंग्रेज अधिकारी सबको आयेज बढ़ने का आदेश देते रहे | जैसे ही काफिला दो पफ़ादी के बीच में आया वैसे ही उन पदातिक सैनिकों पर एकसाथ पाँच तीर दाग डेए गये | नतीजा बिल्कुल साफ था | पाँच पदातिक कीजगह पर ही मौत हो गई | परिस्थिति की गंभीरता को देखते हुए अंग्रेज अधिकारी जगह छोड़कर पीछे हटे और जगह छोड़कर वापस चले गये |

प्रतिपक्ष को चेतावनी देकर मारने की कला में भुमिज योद्धा बहुत ही मशहूर थे | छिपकर या फिर घात लगाकर किसिको मारने के लिए उनमें कोई प्रयास की तत्परता न थी | प्रत्यक्ष समर युद्ध में कूद पड़ने के लिए वे जाने जाते थे | प्रकृति के साथ उनका लगाव, राकृति से युद्ध के औजार तैयार करना, युध कला का अनूखापन, शत्रु को भागने के लिए समय देना , आदि कई अनोखापन भूमि पुत्रों की ख़ासियत रही | सिर्फ़ इतना ही नहीं कभी भी भूमिपुत्र अपने नागरिकों को किसी युद्ध में नहीं उलझाते थे, न ही उन उलझनों से किसी अन्य पक्ष के लिए कोई परेशानी पैदा करते थे | प्रत्यक्ष रूप से उनके रन कौशल का एक ही तरीका रहा: अपने बल पर प्रतिपक्ष से लोहा लेना और मूल भूमि में घुसने से पहले उन्हें रोकना |

<u>योगकीभूमिका</u>

किसी महाप्राण की मुक्ति में योग की भूमिका से हम इनकार नहीं कर सकते | कई प्रकार से योग आधारित जीवन से हम सीख भी ले सकते हैं | कभी कभी कुछ ऐसी चर्चा चल पड़ती है जिसके लिए जगह जगह पर शास्त्रीय अखाड़े जम जाते हैं और फिर अपने अपने ज्ञान के मुताबिक़ लोग कुछ न कुछ कह दिया करेंगे; यही सहजता से देखी जा सकेगी; विरले ही होंगे जो समझ बूझ के साथ कुछ बोलते हों और बोलने के पहले शायद उनका विवेक शायद ही बता दिया करता होगा कि वाक्य और शब्द के जरिये किसी को ठेस न पहुंचे इतना तो जरूर ध्यान रख लेना चाहिए। और सुनाने वालों के पास भी इतना संयम शायद ही रहता होगा जिसके बल पर वो कही सुनी बातों से खुद को दूर रख पाएं !

इस क्रम में मुझे बचाएं की एक बात याद आ रही है। अपने परिवार में पूजा पाठ के लिए बाहर से पुरोहित बुलाने का नियम था। एक ऐसे पुरोहित को बुलाया जाता था जिनकी दैन्य दशा कुछ ज्यादे रही होगी, और फिर उनके मन्त्र आदि उच्चारण में कालतियाँ भी रहती थी। अपने अनुजों में से एक ने इस बात के लिए वरिष्ठ जनों के पास शिकायत दर्ज कराने लगे। उसका समाधान तुरंत ही आ गया। हम सबको यह निर्देश दिया गया कि उस महंतजी के मन्त्र आदि उच्चारण को हमें सही करके बोलना होगा। इस बात से एक और मुनाफा यह हुआ कि हम सब अपने ही वरिष्ठ जनों और गृह शिक्षकों के पास जाकर मन्त्र आदि सीखने के लिए जमा होने लगे। शास्त्र अध्यन का एक और मुनाफा , ख़ास तौर पर अगर मेरे बारे में भी कहा जाय, गीता, महाभारत , पुराण आदि के प्रति आकर्षण के रूप में होने लगा। उसी परिवार परंपरा के अधीन फिर यह आदत सी ही बानी रही कि किसी के बारे में अगर विचार भी करना हुआ तो हम सिर्फ गुणों के बारे में ही चर्चा करें, न कि दोष और गलतियों को खंगालते रहें। "पूर्णमदः पूरनमिदं।।।। " इस तत्व के आलोक में भी कहें तो हमें ईश्वर जैसी पूर्णता पाने के लिए भी अभ्यास करते ही रहना होगा ताकि सम्यक ज्ञान के धनि हो सकें। बचाएं में अपने एक शिक्षक कहा करते थे कि उनके पास एक ऐसी सम्पदा है जो कोई चुरा नहीं सकेगा, चीन भी नहीं सकेगा; यहाँ तक कि बांटने से बढ़ता ही रहेगा। अब इतने दिन बाद उस बात को समझी जा रही है कि शिक्षक महाशय ज्ञान के बारे

में ही कहा करते थे। उन सभी संस्कारों के लिए शिक्षक - वरिष्ठ समन्वय कि भूमिका किसी भी हालत में नकारी नहीं जा सकती।

एकबार अपने दो-तीन वरिष्ठ जनों के साथ शहर जाना तय हुआ; वहां सरोद- तबला युगल बंदी का एक कार्यक्रम था। कार्यक्रम बस शुरू ही होनेवाला था और तबला वादक अपने साथी कलाकारों के साथ ताल मिलाने का अभ्यास कर रहे थे। एक महाशय बोल उठे, "तबलची सावदान, गलत हो रहा है।। " बात कुछ ज्यादा बढ़ गई, आपत्ति जताने वाले महाशय एक मोटी रकम के दाता भी थे। आखिर वातावरण को शांत करते हुए शरद वादक आखिर सामने आये और इस बात पर गहन चर्चा करने के लिए राजी हुए, पर कार्यक्रम के बाद का समय तय हुआ। दाता महाशय काफी देर तक मुंह लटकाये बैठे रहे। बीच बीच में मेरी नजर सहज रूप से उनपर ही चली जा रही थी। कार्यक्रम भी धीरे धीरे अपने पंचम ताल पर पहुँच गई और युगल बंदी का आनंद सबके चेहरों पर भी झलकने लगी। कार्यक्रम जब ख़तम हुआ तो यह देखा गया कि सामने रखे कमल के अंकुर सब खिल चुके थे; वैसे सुनाने में तो यह भी आता है कि बिना सूर्य प्रकाश के कमल खिलता ही नहीं! यह देखने वाले और इसकी और सबकी नजर घुमाने भी वही दाता महाशय ही थे, और उन्होंने ही सबसे पहली ताली बजानेवाले भी थे। कुछ ऐसा भी कहा जा सकेगा कि वो महाशय गुणग्राही के साथ साथ दोषग्राही भी थे और अपनी बात कह देने में कुछ ज्यादा ही जल्दबाजी भी कर रहे थे।

कहते हैं चैतन्य महाप्रभु श्रुतिधर थे। जिस पीठस्थान में उन्हें पढ़ने भेजा गया वहां से कुछ भी लिखकर लाने का नियम नहीं था। महारभु सुनकर ही याद कर लिया करते थे; आखिर उन्हें शिक्षा के रथ पर ही महारथी बनकर सवार होना था, फिर शिक्षा को वाहन ही बनाना था न कि ढोना था। शिक्षा होते होते मन ही पिघल गया और जहाँ मन कीतरंगें ही प्रशमित हो जाय फिर वहाः से श्रेयार्थी का ही मार्ग खुलता होगा। जाहिर सी बात रही कि महाप्रभु क्रमशः ईष्ट चिंतन में मग्न रहने लगे। श्रीक्षेत्र के महाराज भी परम ज्ञानी होने के साथ साथ प्रभु भक्त भी थे। उन दोनों के बीच लम्बी चर्चा चल पड़ी। पर महाराज खुद को कुछ ज्यादा ही ज्ञानी मानने लग गए थे, जाहिर सी बात थी कि महाप्रभु पहले पहल

कुछ कहने के बदले महाराज की बातों को पूरी तरह और धैर्य पूर्वक सुनना मुनासिब समझा। " और कहो राजा, और कहो............. " , यह उनकी ज्ञान पिपासा का ही नतीजा था। आखिर वह पड़ाव भी आया जब महाराज के पास कहने लायक कुछ ख़ास बचा ही नहीं, ऐसा समझ लेने के बाद महाप्रभु ईष्ट का गुणगान करने लगे और महाराज के सामने शास्त्र, पुराण आदि का पूरा निचोड़ ही पेश कर दिया। वह एक ख़ास ज्ञान की दीप्ति ही थी जिसके आलोक में महाप्रभु को देखे जा रहे थे और उनके पास से सबको ईश्वर प्रेम का ही सन्देश मिल रहा था।

इस क्रम का एक और प्रसंग है जिसे अपने चर्चा का विषय बनाया जा सकेगा। एकबार किसी मुख्यमंत्री के मुख्यालय में किसी जिला मुख्यालय से पत्र आया। मुख्य को अंग्रेजी में "चीफ" कहते हैं; उस पत्र में गलती बोलने से सिर्फ इतना था कि "चीफ" के स्थान पर "थीफ" हो गया था। जाहिर सी बात थी इस गलती को कोई समाय गलती कैसे कह देता! अब नौकरशाहों के मेज पर से धुल साफ़ करने का समय आ गया; इसका कारण पुछा गया, फिर कारण पूछने का सिलसिला उसी मार्ग से नीचे वाले कार्याकय तक आ गया जहां से उस पत्र को टंकित करके भेजी जा चुकी थी। अंततः उस निचले कार्यकर्ता से ही ऐसी गलती करने का कारण पुछा गया , वो भी लिखित में। उसने भी फ़ौरन हल निकाल दिया और एक नया पत्र बनाते हुए पुराने पत्र में "टाइपिंग (टंकण) विषयक गलती करार दिया। गलती करनेवालों को बहाने निकालने कि कला आ ही जाती है इसमें कोई संदेह नहीं।

एक अभिमानी ऐसे भी थे जो कहते थे कि काशी में बड़े बड़े विद्वान् रहते होंगे पर कोई उन्हें हरा नहीं पाया। उनसे पुछा काया वो ख़ास कारण क्या रहा होगा जिसके कारण उनकी विजय गाथा चलती रही। उनका कहना था कि उन्होंने किसी कीमानी ही नहीं तो हारने का प्रश्न ही कहाँ बनता!

एकबार किसी संत के पास एक राष्ट्र अध्यक्ष के सिपाही गण आये और उनसे श्री राष्ट्राध्यक्ष महाशय के चलने के लिए कहने लगे,"बाबा चलिए, आपको हमारे प्रभु ने याद किया है ", कहने के तरीकों में कुछ बात रही हॉग, "वहां मेरा क्या काम! जाकर कह दो मैं नहीं आ रहा हूँ। "

सिपाही वर्ग समझ पाते हों या नहीं, वो अध्यक्ष महाशय समझ गए, कि सेवकों ने बाबा से ठीक से बात नहीं किया होगा। बाबा आयुर्वेद के टेप हुए विद्वान् थे। समस्या कुछ ऐसी थी कि अध्यक्ष महाशय को कई दिन से नींद ही नहीं आ रही थी। सिपाहियों को फिर भेजा गया और बाबा से निवेदन किया गया कि वो अपने घर पर ही रहें ताकि मुलाकात हो सके; वो कहाँ रहते! मरीज देखने चल दिए। इधर अध्यक्ष महाशय काफी देर तक उनके आने का इंतज़ार करने लगे। आखिर मुलाकात हो ही गई। उनसे नींद न आने का कारण भी पुछा गया। "किसी राष्ट्र के अध्यक्ष को भला नंद क्यों आने लगी! नींद तो आदमियों को आती होगी किसी पदनाम को नहीं!" थोड़ा रुककर फिर बोले, "भूलना सीखो, तुम यह याद रख लेते हो कि कि तुम एक देश के मुखिया हो , फिर नींद कैसे आएगी! समस्याएं तुम्हें घेर लेगी और परेशान भी करेगी। आदमी से अध्यक्ष को अलग कर दिया करो तो सो सकोगे। जाकर बिस्तर पर लेटते समय इस अध्यक्ष को दर किनार कर देना ; यही तुम पढ़े लिखों के लिए सबसे अच्छी दवा बनेगी। " अध्यक्ष महोदय को संतोष और समाधान तो मिला ; साथ ही साथ उन्हने इस बारे में सोचकर आश्चर्य लगा कि जिसका निदान और चिकित्सा इतना आसान था उस विषय को लेकर महीने भर की परेशानी बनी रही !

श्री भगवदगीता में भक्ति योग से मुक्ति का मार्ग प्रशस्त होने की बात कही गई, एक भक्त के गुणों का भी विवरण दिया गया और एक क्रियाशील व्यक्ति को उसका परिचय भी बताया गया | एक भक्त को विश्वास का आधार मिलता है और विश्वास को हृदय का संरक्षण प्राप्त होता रहता है | एक भक्त अपने गुरु और मित्र के सभी बातों और नियामकों को मान्य करते हुए जीवन पथ पर अग्रसर होता रहता है |

भक्ति मार्ग में एक सर्वशक्तिमान को अस्तित्व में सक्रिय मानकर मन में समर्पण की भावना रखते हुए भक्त कर्तव्य किए जाता है और उस सर्व शक्तिमान पर भरोसा रखते हुए आगे की गतिविधियों के लिए खुद को तैयार भी कर लेता है | चर्चा काफी देर तक चल सकती है और इसमें जुड़ने वाले पर्याय भी कई हज़ार हैं, अतः हमें अपने समझदारी के क्षेत्र का निर्माण होने की अवधि तक ठहरना तो होगा ही | आख़िर शब्दों के द्वारा

निकलकर आने वाले विचार से अगर किसी आत्मा को खुद के स्तर का पता चल पाने लायक समझ का निर्माण होता हो तो उसे प्रत्यक्ष - प्रमाण और अनुमान प्रमाण का सफल सम्मेलन माना जाएगा | भक्ति का मार्ग किसी समूह या संप्रदाय को कदापि कमजोर नहीं कर सकता. यह तो समूह के सभी शक्तियों तथा उस समूह में व्याप्त विविधताओं को समेटकर समग्र समूह तथा उसके अंतर्गत चलनेवाली प्रक्रियाओं को बल देने वाला ही होगा. इस आशय की पुष्टि अनेकोनेक बार कोई घटनाक्रम से हो चुकी है तथा आने वाले समय में भी होती रहेगी | ब्रह्म विद्या एक ऊच्च विद्या है | यह इंद्रिय ग्राह्य नहीं है, पर इसके कारण ही जीवों की व्याप्ति संभवपर है | क्षुद्रतम कणों में भी ब्रह्म विद्यमान है | विद्व जनों को चेतना की हर परिस्थिति में ही इसका बोध होता रहता है | सभी बंधनों से मुक्त अभ्यासी ही ब्रह्मविद्या प्रीत्यर्थ शाश्वत मार्ग पर चल पड़ता है | उस अविनाशी आत्मा को परमात्मा का दर्शन अनिवार्य ही है | ब्रह्म का स्वरूप उद्घाटन एक यक्ष प्रश्न है | यह एक निरंतर चलनेवाला प्रयास है | आत्मज्ञानी के लिए जठराग्नि ब्रह्म का ही स्वरूप है तथा उस अग्नि में डाला जानेवाला भोजन एक यज्ञ ही है | सर्वतयागी महात्मा सर्वोत्तम यज्ञ करने के धनी होंगे, क्यूंकी उन्होने लोकहितार्थ ज्ञान यज्ञ में आत्माहूती देने का निश्चय कर लिया है | सन्यास लेने वाले सभी महात्मा इसी मार्ग पर चलनेवाले तपस्वी होते हैं जिन्हे ब्रह्म का ज्ञान प्राप्त करते हुए लोकहितार्थ अवश्य पालनीय का विधान देना है | ब्रह्म ज्ञान प्राप्ति हेतु अभ्यासी अगर निष्ठापूर्वक तथा निरंतर अपने ईष्ट देवता पर ध्यान केंद्रित करता हो वही सरल तथा आत्मज्ञानी तपस्वी ईश्वर तथा ऐश्वरिक शक्ति का सान्निध्य महसूस कर सकता है | जीवात्मा और परमात्मा का सान्निध्य सदैव ही संभव होता हो, पर इसे अनुभव करनेवाला मन तो शुद्ध चेतन स्वरूप ही होगा | ब्रह्म का स्वरूप देव और दानव दोनों में समान रूप से व्याप्त है | इसका सम्यक ज्ञान करते हुए युद्ध भूमि में घायल लंकापति रावण के पास अपने भाई लक्ष्मण को भेजकर मर्यादा पुरुषोतम राम ने रावण से ज्ञान प्राप्त करने के लिए कहते रहे | मृत्यु को प्राप्त करने से पहले कहा गया हर वाक्य उस व्यक्ति का ब्रह्म वाक्य होगा | रावण भी परम ज्ञानी होने के साथ

साथ निष्ठापूर्वक महादेव का उपासक था | वह भी ईश्वर प्रेम का धनी परमात्मा का अनुभव करनेवाला तपस्वी था | इसका यथावत सम्मान करने हेतु मर्यादा पुरुषोत्तम राम ने अपने भाई को साथ में लेकर सत्य प्रीत्यर्थ एक ऐसे स्थान पर जाकर खड़े हो गये जहाँ लंकाधिपती अनुज सहित श्री राम को आसानी से देख सकें | यह घटना ब्रह्म ज्ञान से पुष्ट दो आत्माओं को मिलन को दर्शाता है | इससे यह भी सवाल पैदा हो जाता है कि ब्रह्म ज्ञान प्राप्त करनेवाला सुर होने के साथ साथ असुर भी हो सकता है | इस सत्य को ध्यान में रखते हुए गुरुजन ब्रह्मज्ञान कराने के पहले प्रित्यार्थी का पात्रता हेतु परीक्षा लेते रहेंगे, तथा पात्रता पुष्ट होने के उपरांत ही उसे ब्रह्मज्ञान प्राप्त कर पाने हेतु सुगमता के मार्ग बताएँगे |

<u>शत्रुमित्रकापरिमंडल</u>

हम शत्रु से मुक्त एक विश्व व्यवस्था की कल्पान भले ही कर लें, पर वास्तव में शायद ही ऐसा कुछ संदर्भित हो सकेगा| अतः सुर असुर संघर्ध हमेशा चलते ही रहनेवाला है| इसके स्वरुप तथा ढांचे भले ही समय समय पर बदलते रहें| इसका अर्थ है की शत्रु और मित्र के संख्या और समूह में परिवर्तन आ भी सकता है| आज जो लोग मित्रवत रह रहे हैं, उनके बीच किसी कारणवश शत्रुभाव पनप भी सकता है| ऐसी परिस्थिति में हमारे अहिंसक वृत्ति में भी क्या परिवर्तन कांक्षित होगा? क्या हमें भी अपनी भूमिका को दुबारा परखना होगा? सुविधाएँ प्राप्त करने, जिम्मेदारियां निभाने और समयोचित निर्णय ले पाने में हम अगर अपनी कमजोरी दिखा दें तो जाहिर है की शत्रु पक्ष को बल मिलेगा| गहन सन्निविष्ट मित्रगण आपस में सामंजस्यता बनाये रखने के क्रम में अहिंसा का क्या स्वरुप हो सकता है? क्या अहिंसा शत्रुभाव को पूर्णतः सम्माप्त करने में सहायक तत्व है? अनुभव यही कहता है कि विनाशक वृत्ति रखनेवाले शत्रु के सामने हमें भी अपने विचारवंत होने का प्रमाण देना होगा| इतिहास साक्षी है कि सदैव संघर्षरत कोई समूह निरंतर तरक्की नहीं कर पाया है| अतः उस मार्ग पर चल पड़ने में कोई समाधान का दर्शन हो पाना शायद ही संभव हो|

विचार एक ऐसा भी पनपता है कि हम विश्व मानचित्र में खुद को कहाँ तक मर्यादित रखें! क्या हम शत्रु मित्र का भेद बनाकर चलें, या

फिर सबका हृदय जीतने के लिए प्रयासरत हों! क्या हमें धर्म और विचार के किसे एक ध्रुव से ज़्यादा सफलता मिलेगी, या फिर सम्मिलित विचारधारा का संकर्षन करते हुए खुद को अग्रज की भूमिका में अवतरित करना होगा ! भूमिका की धूरी तय करते हुए कार्यरत रहने का अब समय आ चुका है | अतः अनतिविलम्ब से हमें उस मंगल कार्य में लगना होगा |

<u>सत्यकाआधार</u>

आचार्य कहते हैं, "सत्यम जगत तत्वतः । " जगत में दार्शनिक लोग जिसे कभी कभी असत्य मान लेते हैं वह भी असल में सत्य ही है। भ्रम स्थल में जो ज्यां का अधिस्थान होता है उसे भी आने भारतीय दर्शन में सत्य मन गया। कोई अगर एक रज्जु को देखकर भ्रम वश सर्प कह दे उसे भी तत्वतः सत्य माना जाएगा, भले ही क्षणिक काल के लिए ही क्यों न हो। संसार में होने वाला सब ज्ञान ही यथार्थ ज्ञान है। भले ही किसी किसी स्थान काल और पात्रता के आधार पर इस विषय को तर्क का विषय माना जाए , परन्तु धर्मार्थ मार्ग में तर्क की कोई प्रतिष्ठा है ही नहीं। यही कारण है किहम सत्य को ही सभी सृष्टि और कर्म का आधार मान लें।

"वयं अमृतस्य पुत्राः। " तत्वतः यह सत्य हो सकता है; ज्ञान के अधिस्थान के आधार पर व्यक्ति से व्यक्ति का अंतर तो प्रकृति के गुणों के अधीन है और अभ्यास का भी विषय है। व्यवहार और क्षमता कि दृष्टि से भिन्नता रहने ही वाली है। श्री भागवत में वैष्णव धर्म को ही परम गति का मार्ग बताया गया। परमात्मा को पाने का यह भी एक अन्यतम मार्ग है जिसके पथगामी होकर माया मोह से मुक्त होकर हम अपने ही दिव्य स्वरुप को देख पाते हैं।

कर्तव्य बुद्धि और तत्व चिंतन

समाज में हम अपनी भूमिका तय करते समय ज्ञान और कौशल को ही आधार स्वरुप व्यवहार में लाते हैं और समाज में रिश्ते नाते बनाते रहते हैं। एक धर्मार्थी को ऐसी कृति करते समय सिर्फ इतना धयान रखना होता है कि व्यक्ति सभी बंधनों से निर्लिप्त रहे और समय आने पर श्री हरी धाम कि यात्रा कर आये और माया रहित होकर संसार बंधन

से मुक्त हो सके। रघुनाथ जी का चरित्र भी एक तपस्वी राजा का चरित है। श्री भारत भी मिसाल कायम करते हुए निर्लित भाव से ही अयोध्या के नागरिकों को अपनी सेवा देते रहे। इस निर्लिप्तता का एक फल यह मिलता है कि व्यक्ति बड़ी ही सरलता से संसार बंधन को छोड़ पाते यहीं और श्री हरी के चरण का आश्रय ले पाते हैं।

एक गुरु ही हैं जो अपने भक्त को सरलता पूर्वक बैकुंठ का सुख दे सकते हैं और व्यक्ति को देवत्व का दर्शन करने के क्रम में सहायक होते हैं। "प्रयक्षति गुरु प्रीतो वैकुंठम योगी दुर्लभम। " ऐसा कहते हुए श्री सौनक जी गुरु महिमा का प्रतिपादन करते हैं। तन कि शुद्दि के लिए बहुत से साधन हैं , धन को शुद्ध करते के लिए दान आदि कर्म किये जाते हैं; चित्त शुद्दि के लिए ईष्ट चिंतन और उनके आराधना में लगे रहने को ही एकमेव मार्ग है। मन के जरिये ही हमारा कर्मेन्द्रिय और ज्ञानेन्द्रिय नियंत्रित होते रहता है। अतः मन को विषयों से अलग कर पाने से ही मन निर्मल और ईश्वर अनुरागी हो उठता है और हमें एक ऐसे दिव्य लोक कि अनुभूति होने लगती है जिसके आधार पर हम दिव्य स्वरुप वाले श्री हरी कि उपस्थिति और कर्तृत्व महसूस करने लगते हैं।

मन को एक प्रेत से तुलना किया गया है और इसी लिए मन को कर्म में लिप्त किये रहने कि बात कही गई। ईष्ट चिंताएक बार कर लिए और निरश्त हो गए यह वृत्ति कभी फड़ाई नहीं हो सकता। चिंतन और मनन का सातत्य उतना ही जरूरी है जितना कि इस चिंतन शुद्धता का।

" एतस्मान परम किंचित मनः शुद्दिं न विद्यते। " ऐसा कहते हुए ऋषि बताते हैं सिर्फ ईश्वर चरित का गुणगान करने से मन कीशुद्दि पाई जा सकेगी।

संतों के जीवन में भी चिंता होती है पर उनकी चिंता का मूल कारण व्यक्तिगत सुख की कामना या फिर किसी लाभ -हानि का कोई विषय नहीं होता ; महात्मा सदा लोक कल्याण को लेकर चिंतित हो जाते हैं और धर्म की रक्षा का मार्ग सुझाते रहते हैं। यह स्वभाव ही एक संत का सहजात वृत्ति है। पाखण्ड धर्माचरण का स्वरुप बताते हुए संत जन कहा करते हैं कि जब किसी धर्माचरण को सिर्फ दिखावे के लिए किया जाता हो तो उसे लोक प्रीत्यर्थ किया जाने वाला धर्माचरण नहीं मान सकते।

आधुनिक समाज में ऐसे पाखण्ड से ग्रसित धर्माचरण का वर्चस्व चारों और दिख रहा है।

भगवत विरोधी और भागवत विरोधी कृत कर्मों से हमें दूर ही रहना चाहिए। अगर हम भगवत भक्तों कि आलोचना करने लगें तो भी धर्माचरण को कलंक लग जाता है। आधुनिक स्तिथि में ज्ञान और वैराग्य कि स्थिति जर्जर हो चुकी और लोगों का मन भी इन विधाओं से हैट चूका है। भक्ति ये दो पुत्र, ज्ञान और वैराग्य, मानो आज कि स्थिति में अचेत पड़े हैं और कोई भी समाधान दे पाने के लिए असमर्थ पाए जा रहे हैं। उनकी अचेत अवस्था के कारण ही हमें उनके धर्मार्थ सेवा का फल मिल नहीं आता।

क्षणिक अवधि के लिए व्यक्ति के मन में श्मशान वैराग्य भी आता है। श्मशान से बाहर आते ही उनका वो वैराग्य समाप्त हो जाता है।

"सत्कर्म सूचकों नूनं ज्ञान यज्ञो स्मृतो बुधैः।"

इस ज्ञान यजन के आधार पर ही सत्कर्म कि गति प्रबल होती है और लोग समाधान पाने के लिए प्रयत्नशील हो जाते हैं। उस कर्म को ज्ञानाग्नि दग्ध होना चाहिए। तत्व चिंतन से ही देवत्व प्राप्ति कि लालसा उत्पन्न होती है और उसे के प्रीत्यर्थ लोग सत्कर्म में पुनः पुनः लिप्त होने का प्रयास करते हैं। वेदांत के आलोक में परिमित रूपक के निमित्त से उपनिषद् को लिपिबद्ध किया गया। उस उपनिषद् से चुने हुए सीख को संकलित करते हुए महर्षि विद व्यास ने श्री मद्भगवद्गीता का प्रतिपादन किया। इस गीता में सांख्य, योग और वेद का समुचित समन्वय हो सका।

आत्म स्वरुप , सच्चिदानंद और विशुद्ध चैतन्य स्वरुप कि अनुभूति आने कि स्थिति को ही शास्त्र में ज्ञान योग कहा गया। ज्ञान योग के अभ्यासी क्रमशः सृष्टि के रहस्य का उदघाटन करते हुए क्रमशः अपने लिए और अपने समुदाय के लिए मुक्ति का मार्ग प्रशस्त कर लेते हैं। ज्ञान योग के अभ्यासी जनों को इस बात का ज्ञान हो जाता है कि संसार में सभी वास्तु, सभी रिश्ते नाते और सभी सम्पदा अनित्य हैं ; उन अनित्य वस्तुओं से योगियों का ध्यान हैट जाता है और उन्हें सृष्टि के रहस्य को समझने में सहायता मिलती है। इसी क्रम में आत्मा

के अविनश्वरत्व का भी ज्ञान हो जाता है। उसी अविनश्वर आत्मा और उसका आधार स्वरुप परमात्मा पर मन टिकने लगता है। इस पर्याय में व्यक्ति जीवात्मा और परमात्मा के सही स्वरुप को भी समझ पाता है। ऊर्जा संकर्षण के क्रम में जीवात्मा को परमात्मा के अंश रूप में भी प्रतिभासित होता हुआ दिखेगा। हम उस जीवात्मा और परमात्मा के एकीकृत स्वरुप के बबरे में भी अपनी समझ बना सकेंगे। यह एक सहजात वृत्ति है जिसके बा पर ज्ञान योगी के मन से हिंसा, द्वेष, क्रोध आदि अवगुण अपने आप ही हैट जाता है और उनका मन संतोषी होने के साथ साथ ईश्वर अनुरक्त भी होने लगता है।

हम सिर्फ अपने चारों और एक पगडण्डी बनाकर खुद के शान में व्याख्यान देते हुए आत्म तुष्टि के विज्ञान पर अवलम्बित नहीं रह सकते, ऐसा भी नहीं कर सकते कि हमारे जीवन को समृद्ध करने के लिए विश्व के किसी और कोने से अहल होता हो और हमें उसकी जानकारी ही न मिले, या फिर इंतज़ार ही करते रहें कि कोई पहल हो। अगर हमारे सामने विश्व चराचर को पोषकीय विकास कि धरा में पनपता हुआ हुआ और विक्सित होता हुआ देखना हो तो प्रत्न करते रहने के बारे में पहल करना होगा, अग्रज भी बनाना ही होगा।

तीन गज भूमि

कहा जाता है विश्व विजय के अभियान पर निकलनेवाले सिकंदर के सामने सबसे बड़ी बाधा और सबसे तीव्र प्रतिबंध खड़ा करनेवाले योद्धा भारतीय ही थे | जब सिकंदर की सेना भारत भूमि से वापस जाने का मन बना लिया उस समय की एक घटना सम्राट को काफ़ी विचलित कर रहा था | उन्होंने देखा कुछ गिने चुने साधु महात्मा एक अजीब अंदाज में बगल की ओर उछल उछल कर ज़मीन का परिमाप लेते हुए जा रहे हैं | उनसे उनके ऐसा करने का कारण पूछा गया | उनका कहना था कि वे अपने लिए ज़रूरत की ज़मीन तलाश रहे हैं; मरने के बाद इंसान का सबकुछ खो जाता है, सिर्फ़ शरीर का अंतिम सत्कार करने के लिए एक टुकड़ी ज़मीन ही चाहिए; उतनी ही ज़मीन पर व्यक्ति अपना हक मान सकेगा | परिस्थितियाँ अगर विपरीत हो तो शायद वो ज़मीन भी नसीब न हो !

इस घटना से सिकंदर के अपने विश्व विजयी होने और सभी ज़मीनों पर हक जताने जैसे अभिमान को भारी धक्का लगा | उन्हें भी लगने लगा कि उनके मृत्यु के बाद शायद उनके साथि गण ज़रूरत की ज़मीन जुटा पाएँ या नहीं! इस बात से भी इनकार नहीं किया ज सकता कि जा सकता कि जंग के कुछ भी अंजाम हो सकते हैं : हार या फिर जीत | जंग में हार और जीत दोनों परिस्थितियों का विचार करते हुए व्यक्ति को भविष्य योजनाएँ बना लेने चाहिए | इस घटना के बाद सिकंदर के मन में काफ़ी उथल पुथल चलता रहा |

<u>जड़ों की मजबूती</u>

भारत से वापसा जाने की स्थिति में सिकंदर के मन में इस बात को लेकर धारणाएँ बन चुकी थी कि भारत भूमि को जीत पाना सबके लिए संभव नहीं है | अपने साथियों से विमर्श करते हुए उन्होंने कहा था , "भारत भूमि में तीन प्रकार के लोग रहते हैं; कुछ लोग ऐसे हैं जिन्हें प्रतिष्ठा की भूख है, कुछ और लोग ऐसे हैं जिन्हें रुपया - पैसा, धन संपदा पाने की इच्छा है | कुछ और लोग ऐसे भी हैं जिन्हें न तो प्रतिष्ठा चाहिए

और न ही धन संपदा ,उन्हें सिर्फ़ अपने भक्तों का कल्याण करना है और सबको सुखी देखना है | यही तीसरी शक्ति भारत भूमि को समृद्ध और बलशाली बनाए रखा है | अगर हमें भारत भूमि पर राज करना है तो इस तीसरी शक्ति को विश्वास में लेना होगा और योजनाओं को कार्यान्वित करना होगा |"

इस तीसरी शक्ति के समझ बूझ, रचानधर्मिता और क्रिया कौशल से उस समय के राज नेता भली भाँति परिचित भी थे | इस शक्ति की अनदेखी करने के परिणाम स्वरूप ही धन नंद को अपना राज पाठ समेटना पड़ा और पंडितों के प्रकोप का शिकार होना पड़ा | वही संघ शक्ति और विचार शक्ति के बल पर आचार्य चाणक्या एक स्वर्णिम भारत और एक कुशल राजा का निर्माण कर पाए | उनके अथक परिश्रम का ही नतीजा था कि अखंड भारत के मानचित्र को कुछ हद तक आकलित कर पाना संभव हो पाया | जिन उपद्रवी तत्वों ने तक्षशिला विश्वविद्यालय में सुरक्षित पोतियों को जलाया उन्हें लगा कि अब भारात में पनपनेवाली तीसरी शक्ति का अंत हो ही जाएगा | पर ईयसा समझ लेना उनकी एक ऐतिहासिक भूल थी |

राज घरानों की नाकामी और आपसी रंजिश के लिए भारत को समय समय पर विदेशी आक्रमण का शिकार होना पड़ा ; हमारे आखरी पांडव पृथ्वीराज चौहान के साथ भी कुछ ऐसा ही हुआ | उनके ही पड़ोसी राज्य के लोग उनके खिलाफ साजिस में सम्मिलित हो गये | पर बहुत जल्द ही उन्हें (जयचंद और विजयचंद) अपनी ग़लती का भान हो गया ; पर तबतक काफ़ी देर हो चुकी थी | एकता न रख पाने के कारण भारत को अपनी अखंडता से फिर हाथ धोना पड़ा | अँग्रेज़ी और इस्लामी दोनों संस्कृति के आगमन से भारत के स्वरूप में भी एक समानांतर परिवर्तन आया और एकता के नये मंत्र से भारत के लोग ओतप्रोत होते चले | यहाँ भी उसी तीसरी शक्ति की भूमिका के बारे में हम सिकंदर की बातों को याद कर सकते हैं | इतने कुचले जाने के बाद भी जहाँ के लोग अपनी संस्कृति को नहीं छोड़ते हैं वहाँ के लोगों का आत्मबल कैसा है इसके बारे में हम अपनी समझदारी भी रख ही सकेंगे | उस वलिष्ठ मानस पर हमें गर्व भी होगा | सबसे सटीक तत्व देनेवालों में हम आचार्य विनोबा की

बात करें, जिन्होंने सभी संस्कृति के सम्मेलन से पनपनेवाले राष्ट्रीयता और जागतिक मैत्री के संपर्क को संवर्धित होते हुए देखना चाहा | ब्रहम विद्या के संकर्षन के साथ साथ उन्होंने भारत भूमि को स्नात करनेवाले सभी संस्कृति और धर्म मतों का स्वागत करते हुए मानव मात्र के लिए जागतिक मैत्री के मंत्र को कल्याणकारी और युग परख तत्व माना |

स्वार्थ त्याग की संस्कृति से ही परमार्थ सधेगा; यह कई बार कई रूप में साबित होता आया, आगे भी ऐसा होता आएगा | विश्व के किसी कोने में अगर आतंकवाद और अलगाव की राजनीति पनपते हों तो हमें यह सोचना होगा कि उस परिस्थिति में हमसे क्या भूल हो गई | बंदूक ताने खड़ा रहना व्यक्ति का पहला काम नहीं हो सकता, या तो उसे बाहर से कोई सहयोग और साधन दे, या फिर बाहरी किसी तत्व के बहकावे में आकर किसी समूह का एक छोटा हिस्सा अपने ही लोगों पर गोलियाँ दागे | इस परिस्थिति से समुदाय के लिए कमज़ोरी और नाकामी छोड़कर और कुछ हासिल होने का अनुमान नहीं लगाया जा सकता | विश्व समुदाय क्रमशः एक ऐसी संघीय व्यवस्था के लिए काम कर रही है जहाँ कर्म प्रधानता को ही सर्वाग्र मान्य किया जाएगा, न कि मज़हबी या जनजातीय पहचान को | जनजाति विषयक पहचान आनेवाले दिनों में शायद ही कोई पूछे !

कर्म प्रधान संस्कृति की ओर हम काफ़ी तेज़ी से जा रहे हैं | ऐसी परिस्थिति में हर व्यक्ति कुछ कर गुजरने की तमन्ना लिए एक स्थान से दूसरे स्थान की ओर जाने के लिए प्रयासरत रहेगा | कोई भी समूह व्यवस्था से वागवत तभी करने लगेगा जब उसे ऐसा भान होगा कि उसका स्वार्थ और परमार्थ साधित नहीं हो रहा है | ऐसी ही परिस्थतियाँ अन्य ठिकानों पर आतंकवाद और अलगाववाद पनपने के रूप में भी देखी जा सकेगी | किसी एक समूह के लिए जो आतंकवाद लगता हो किसी दूसरे समूह के लिए वो मुक्ति संग्राम भी लग सकता है | सरदार भगत सिंह हमारे लिए क्रांतिकारी हैं पर अँग्रेज़ी मूल के लोगों के लिए उन्हें आतंकवादी माना गया | मुक्ति संग्राम के नेता सुभाष बोस को अपने ही देश से छिपकर अन्य लोगों का सहयोग प्राप्त करने के उद्देश्य से जाना पड़ा | मित्र सेना की नज़र में उनका कारनामा गैर क़ानूनी था

; और भारत में अंग्रेज जो भी कर रहे थे उसके बारे में काफ़ी दिनों तक दुनिया चुप्पी साधे रही |

<u>न्याय का चक्र</u>

किसी राष्ट्र की सीमा में एक न्याय का चक्र चलता है : भले ही ये समाजतंत्र से चले या लोकतंत्र से, या फिर तानाशाही से | वैश्विक धरातल पर न्याय के चक्र के साथ साथ हथियार का चक्र भी चल पड़ा है | सवाल यह पैदा हो रहा है कि जानबूझकर भी लोग आग में कूदने के लिए इतना उतावलापन क्यों जाता रहे हैं ? भियतनाम, इराक़ के बाद अफ़ग़ानिस्तान में मात खाने के बाद भी जंगी सनक को उसके मूल स्वरूप में रखते हुए अमेरिका और अधिक घातक हथियार का प्रदर्शन करने लग गया | हमें यह भी सोचना होगा कि अमेरिका के लोग सचमुच ही करुणा के पात्र हैं; किसी राष्ट्र या समूह को देने के लिए हथियार छोड़कर उनके पास और कुछ है भी नहीं | कभी भारत को सस्ते में खाद्यान उपलब्ध करानेवाले इसी अमेरिका ने पाकिस्तान से युद्ध बंद न करने की सूरत में सहायता बंद कर देने की धमकी दे डाला था | अगर आतंकवाद को मिटाकर किसी देश को समृद्ध बनाने ही वो निकले थे तो उस देश में भारी मात्रा में हथियार क्यों जमा किया गया ? लोगों को उनके उद्योग धंधों से क्यों न जोड़ा गया ? क्यों उन्हें आपस में छोटे छोटे गुटों में लड़ने दिया गया ?

<u>वृहत स्वार्थ</u>

कहते हैं व्यक्ति जीवन में स्वार्थ को पूरी तरह छोड़ा नहीं जा सकता, पर इसके दायरे को ज़रूर बढ़ाया जा सकेगा | आज गंधार में बसने वाले लोगों को देखकर हमें पीड़ा हो रही है | क्यों न उन सभी समूहों को एक सूत्र में पिरोकार लोकतंत्र के रूप में उभरने के लिए प्रेरित किया जाय! क्यों न उन्हें करीब बिठाकर सभी प्रकार से लोक सत्ता कायम करने लायक व्यवस्था निर्माण करने के लिए तैयार किया जाय ! प्रश्न यह भी निर्माण हो सकता है कि इन सब विचारों को कह देना तो आसान है पर भली भाँति इसका पालन कर पाना काफ़ी कठिन है | यहाँ स्वार्थ त्याग की बात आ सकती है | कुछ लोग यह भी कहेंगे कि कई मुल्कों ने वहाँ बहुत पैसा खर्च किया; नतीजा ज्यों के त्यों! पैसा शायद बहा भी होगा तो पानी

की तरह, आया और गया ; रास्ते में अगर खेतिहर ज़मीन आते होंगे तो थोड़ी हरियाली आ गई होगी | योजनाएँ बनें और उसमें स्थानीय लोगों का विचार बुद्धि न समा सके तो उसकी सफलता भी मुश्किल से ही देखी जा सकेगी | अमेरिका के बारे में भी कुछ ऐसा ही कह सकेंगे; खुद ही डब्बा भरकर खाना ले गये और खुद ही खा गये , उसमें से बचनेवाला एक आधा टुकड़ा वहाँ के लोगों को दे दिए होंगे | समाधान सूत्र तलाश करने के रास्ते में कई सरकार का आना और कई सरकार का विदा होना भी किसी विडंबना से कम न था |

भारत भूमि के बारे में यही सर्वमान्य हक़ीकत है कि भारत के पास दुनिया को देने लायक बहुत कुछ है | सबसे बलिष्ठ और दूरगामी परिणाम देनेवाला है "तत्व और विचार", जिसके बल पर दुनिया को समृद्ध किया जा सकेगा | विचारवंत लोगों के ज़रिए ही ज्ञान की गंगा बहेगी, ऐसे ज्ञान के प्रकाश में ही लोग उद्यमी हो सकेंगे और उसी उद्यम के रास्ते धन और राष्ट्रीय पूर्णता को मूर्त होता हुआ देखा जा सकेगा |

संत विनोबा को हम एक आधुनिक विचारधारा का संत मान सकेंगे | उनके प्रयासों में सर्व समावेशक समाधान सूत्र रहता था | इस समाधान सूत्र के आधार पर ही उन्होंने संस्थाओं का स्वरूप उद्घाटन किया और व्यक्तिगत सत्याग्रह के अधिकारी बने | आज़ादी के समय जैसी परिस्थितियाँ बनी उसके मुताबिक ही उनके कारनामों को मूर्त होता हुआ देखा गया | उनका स्वरूप ही कुछ अंतर्मुखी विज्ञान के आधार पर चलता था |

एक और तपस्वी कुछ इस प्रकार ही थे जिन्होंने एक वृहत्तर अखंड भारत को और उसके स्वरूप को मूर्त होता हुआ देखना चाहते थे | हमें यह भी नहीं भूलना चाहिए कि ऋषि अरविंद के मन में अखंड भारत का सपना अचानक से नहीं आया था; बल्कि उन्होंने सांस्कृतिक, राजनैतिक और भौगोलिक जोगसूत्र को आधार मानकर भारतीय उप महाद्वीप को एकीकृत होता हुआ देखना चाहते थे | उसी सर्व समावेशक एकसूत्र का हिस्सा गंधार भी था | उनकी कल्पना में सार्विक अध्यात्मिक और वैचारिक उत्कर्ष पाने का प्रयास करते हुए ही मानव को एक दूसरे से दूरियाँ कम करते हुए विश्वव मानव के रूप में उन्नत होना होगा | हम

कभी भी अपनी आकांक्षाओं और मान्यताओं को अन्य समुदाय पर न थोपते हुए समन्वय की दृष्टि रखें और सहजीवन के मंत्र से ओतप्रोत होते हुए सार्विक प्रगती का मार्ग निकालें |

विकसित समुदाय कभी ऐसा सोचने की भूल न करे कि अन्य विकासमुखी समुदायों की अनदेखी करते हुए उनका समाधान सूत्र निकल जाएगा | हथियार बनाने वाले देशों को सदैव एक ही चिंता सताती है: अगर चारों तरफ अमन और चैन का माहौल रहेगा तब उनके हथियारों का क्या होगा | अमेरिका का यही प्रयास रहेगा कि अन्य सभी देशों को डरा धमकाकर अपना वर्चस्व कायम रखा जा सकेगा | सबको साथ लेकर चल पाने की मानसिकता से अगर उनका उत्थान नहीं हो पाया तो उन्हें अदूर भविष्य में और बड़ी कीमत अदा करने के लिए तैयार रहना होगा | यह विषय अन्य विकसित मुल्कों के बारे में भी समान रूप से प्रासंगिक होंगे | सवाल यह पैदा होता है कि क्या भारत इस स्पर्धा में कभी आ पाएगा, या फिर दो मुल्कों के बीच शाब्दिक जंग तक ही सिमटा रहेगा ? भारत , चीन और पाकिस्तान जैसे देशों को आपस में उलझाए रखनेवालों की एक ही मंशा है : एशिया के इस प्रांत में हथियार ही होड़ शुरू हो जाए और सभी देश उस स्पर्धा में बने रहने के लिए खर्च करें | उस सामरिक खर्च में से अन्य संप्रदाय और अलगाव पैदा करनेवालों को भी अपना गुज़ारा करने का मौका मिलेगा | इसे जड़ से समाप्त करने के लिए सामुदायिक स्तर पर महा सम्मेलन बनाते हुए समग्रता की दृष्टि रखते हुए समुदाय के सभी वर्गों को क्रियाशील रखना होगा ताकि अलगाव का पौधा जड़ें पसारने का प्रयास ही न कर पाए | हर एक विषय के लिए हमें विकसित देशों की ओर देखने की भी ज़रूरत नहीं हैं | तिजोरी भरनेवालों को सदैव ही तिजोरी खाली हो जाने का डर सताता है | उस डर से वे कुछ ऐसा कर बैठते हैं जिसका हमारे पास कोई व्याख्या नहीं है |

जैन मुनि आचार्य तुलसी कहा करते थे : सुधरे आदमी देश और समाज अपने आप ही सुधर जाएगा | जाहिर सी बात है , अगर आदमी अपने आदमीयत के मंत्र से कुशलतापूर्वक कार्य करे तो समाज का सुधारना तय है | हमें इसी लिए प्रयास उस समुदाय स्तर से ही करने की ज़रूरत है, ताकि समुदाय के सभी घटक खुद को इतना वलिष्ठ कर लें

जिसके बल पर बाहरी शत्रु का डटकर मुकाबला किया जा सके | हिंसा का सहारा लेकर पनपनेवाले समुदाय भी अब यह समझने लग जाएँगे कि बंदूक के बल पर ज़्यादा दूर नहीं चला जा सकेगा | सूचना तंत्र का जाल और समुदाय स्तर की समझ कहीं ज़्यादा बलशाली है और किसी भी देश या समुदाय की व्यवस्था को प्रभावित करने के लिए काफ़ी है | आर्थिक और वैचारिक गुलामी को ताक़त की गुलामी से कहीं ज़्यादा घातक समझना होगा |

आतंक का बुलबुला अगर किसी भी देश में ज़्यादे दिन तक पैर पसारता रहे तो उसके दुष्परिणाम भुखमरी, ग़रीबी, बेरोज़गारी और विपरीत मुखी प्रतिका रात्मक आतंकवाद के रूप में देखा जा सकेगा | आज हम एक ऐसी पतली लकीर के आधार पर बात कर रहे हैं जहाँ खाड़ी युद्ध और अफ़ग़ान युद्ध के औचित्य पर ही सवाल खड़े हो रहे हैं | कई देश आज भी विश्व मानचित्र पर मिलेंगे जहाँ तानाशाह का बादल मंडराता है | भारी रकम खर्च करके उन तानाशाहों को कुचलने के लिए अभियान चलाने के निर्णयों पर हमें पुनर्विचार करना होगा | अगर वैसी तानाशाही दुनिया को मंज़ूर नहीं है तो क्यों न उन्हें विश्व विरादरी से अलग कर दिया जाय | आज की स्थिति में कोई भी समूह ऐसा अलग थलग नहीं रहना चाहेगा, या नहीं रह सकेगा | जाहिर सी बात है कि उन तानाशाहों को अपने निर्णयों और आचारणों को दोबारा परखते हुए राष्ट्र को विश्व समुदाय का हिस्सा बनने लायक तैयार करना होगा |

मौके का फ़ायदा उठाना, किसी भी समुदाय की कमजोरी का लाभ उठाते हुए उनके अधिकारों का दोहन करना और परिस्थितियों को न समझते हुए किसी एकतरफ़ा निर्णय को अमल में लाना आदि विश्व शांति के मार्ग में सबसे बड़ी और प्रबल बाधाएँ हैं | इनको बढ़ावा देनेवाले तत्वों को निरस्त करना होगा, अपितु इन बाधाओं को दूर करते हुए विश्व नागरिकता के मंत्र से जनमानस को ओतप्रोत करना होगा | इस दीर्घसूत्री कार्य के लिए हमें वही तीसरी शक्ति पर भरोसा रखते हुए रणनीति बनाना होगा | तीसरी शक्ति, जिस ओर सम्राट सिकंदर इशारा कर चुके थे, भारत की तहज़ीब है; इसी तहज़ीब से विश्व बिरादरी को परिचित कराना होगा और हमें भी उस विधि को समझते हुए अपनी भूमिका तय

करते हुए अग्रज के रूप में अवतरित होना होगा |

एक पंडित शास्त्रार्थ करने काशी आए | कबीर दास जी से उनका शास्त्रार्थ कराया गया | कबीर दासजी उस पंडित से पूछने लगे, "आप पढ़कर समझे हैं या समझकर फिर पढ़े हैं?"

इस प्रश्न का उत्तर तलाशने के क्रम में ही बहुत बड़ा शास्त्रार्थ हो गया | जिसने दो अक्षर वाले शब्द "प्रेम" का सही अर्थ जान लिया हो उसका पढ़ना ही सार्थक मानें |

भगवान का पता अगर किसी से पूछें तो उसपर व्याख्यान करने के लिए सभी जन तुरंत प्रस्तुत हो जाते हैं | भगवान सर्वत्र भले ही रहें पर उन्हें प्राप्त करने का मार्ग तो प्रेम की सांकरी गली से ही निकलेगा | लोग तो यह भी कहेंगे तो ईश्वर खोजने वाले के भीतर ही मिलेंगे |

एक पढ़ा लिखा व्यक्ति बनारस की गंगा में नौका विहार पर निकला | माझी से विनोद में पूछ बैठा, "अँग्रेज़ी जानते हो?"

"नहीं हुजूर, मैं भला अँग्रेज़ी आदि का क्या जानूँ ! मुझे तो लिखना पढ़ना भी भी नहीं आता }"

"तब तो तुम्हारा बारह आने जीवन ही बेकार है |"

माझी मन ही मन मुस्कुरा रहा था और चुप रहना ही मुनासिब समझा | संयोग वश बीच नदी में नाव डगमगाया | अब वो अजनबी पढ़ा लिखा व्यक्ति घबराया |

"हुजूर आपको तो तैरना आता ही होगा !" माझी पूछ बैठा |

"नहीं मेरे भाई मुझे तैरना बिल्कुल ही नहीं आता | कोई उपाय निकालो और नाव को किनारे ले चलो |"

उस व्यक्ति की घबराहट देखकर अब माझी को भी विनोद करने का मौका मिल गया , "तब तो आपकी सोलह आने जीवन ही बेकार हो गई !"

ऐसा जीवन ही किस काम का जिसे मुसीबतें झेलना न आता हो ! अब उस आगंतुक को अपने घमंडी होने के कारण लज्जा हो रही थी | अपने न तैर पाने के कारण और ज़्यादा लज्जित हो रहा था | बीच नदी में से उसे बचाकर निकाल लाने के लिए उसका ज्ञान किसी काम न आएगा |

ऐसे कई प्रसंग मिलेंगे जिसके बारे में हम पाएँगे कि ग्रंथों से मिली शिक्षा की अपनी सीमाएँ हैं और प्रत्यक्ष अनुभव से मिलने वाले ज्ञान की व्यवहार कुशलता कहीं अधिक होती है | उस कौशल की प्राप्ति के लिए हम और अधिक सघन रूप से ज्ञान मंथन और कर्म चंचलता पा सकेंगे | परिस्थितियों का मुकाबला करने के लिए भी हमें व्यवहार कुशल होना होगा |

कौन ब्रह्म ज्ञानी है और कौन मूर्ख इसका आकलन तो परिस्थिति के मुताबिक ही किया जा सकेगा | आकाश मार्ग से हवाई जहाज़ से जाते समय उस नौका के माझी का अनुभव कोई काम में नहीं आएगा | जहाँ जिसकी भूमिका बनती है उसी सीमा में उसके कौशल्य की प्रतिष्ठा मानी जाएगी | हम किसी ब्रह्मा ज्ञानी से अन्य किसी ब्रह्म ज्ञानी की तुलना भी हर परिस्थिति में नहीं कर सकेंगे | अनेकांति विचार की दृष्टि से हर व्यक्ति उतना ही अहम है जितना अहम हम खुद को मानेंगे | आचार्य विनोबा भी अपने दार्शनिक विचार के माध्यम से उस मैत्री के महामंत्र की ही प्रतिष्ठा माने जिसे वेद में भी स्वीकृति मिली हुई है | कृष्ण भगवान अर्जुन को युद्ध भूमि में भली भाँति तत्व दर्शन और कर्तव्य बुद्धि का पाठ दे सके और इसमें उनको काफ़ी सफलता मिली इसका एक ही कारण है कि उन्होंने अर्जुन से अपना मित्रवत व्यवहार रखा | सर्वशक्तिमान के उस मैत्री का स्वरूप ही था जिसके कारण उन्हें अर्जुन की शंकाएँ दूर करने में सहजता मिली |

<u>व्यवहार कुशलता</u>

दंडकारण्य में दो राक्षस रहते थे एक का नाम था आसाती दूसरे का नाम था वासाती | दोनों मिलकर कई संतों को मिटा चुके थे | आसाती संतों को बुलाकर लाता और वासाती खुद को भोजन के रूप में परोस देता | भोजन के बाद जब भी संत उन दोनों को भी भोजन कर लेने का आग्रह करते तो आसाती अपने भाई वासाती को पुकारने लगता | नतीजा यह होता कि वासाती संतों का उदर चीरते हुए बाहर निकल आता | काफ़ी दिन तक यह सिलसिला निरंतर चलता रहा |

संतों ने अगस्त मुनि से इस समस्या का हल निकालने के लिए कहा | अगस्त मुनि भी उसी तरह आसाती के निमंत्रण पर आए और भोजन

करने के बाद आसाती से आग्रह करने लगे कि वो अपने भाई को खाने पर बुला ले; पर इस बार श्री मुनि उसके भाई को पूरी तरह पचा चुके थे | जाहिर सी बात है कि वासाती मुनि का पेट चीरकर बाहर निकलने में असमर्थ रहा | इसी विरह में आसाती भी समाप्त हो गया |

पढ़ने लिखने का फल यह भी नहीं होना चाहिए कि व्यक्ति समाज और व्यवस्था से ही दूर हो जाए | अपने दैनिक जीवन में आनेवाले कुछ काम तो उसे कर लेने के लिए तत्पर भी रहनी चाहिए |

बंबई में रास्ते से गुजरने वाले एक बड़े व्यापारी के सफ़र करते समय की एक घटना हम याद कर सकते हैं | उनकी गाड़ी बीच रास्ते में अचानक खराब हो गई और एक पहिया बदलने की नौबत आ गई | गाड़ी का चालक कीमती वस्त्र पहने हुए था इसलिए उसने करीब के किसी कारीगर को बुलाने का प्रयत्न करने लगा | इतने में उस बड़े व्यापारी ने अपना कोर्ट जूते आदि उतारकर काम पर लगना ही मुनासिब समझा ताकि थोड़ा समय बचाया जा सके | इस घटना को देखते हुए गाड़ी का चालक भी अपने वस्त्र की परवाह न करते हुए काम में लगा और जल्द से जल्द उस काम को पूरा करने का प्रयास करते रहा |

सभा में पहुँचने में विलंब तो हुई पर ज़्यादा परेशानी से वो बच गये | अगर अपना अभिमान लिए व्यापारी और गाड़ी चालक कारीगर का इंतजार करते रहते तो शायद सभा में पहुँच ही नहीं पाते , पर उन्होंने समझदारी दिखाते हुए समय बचा लिया |

नीति परायणता का उदाहरण रामायण में भी जगह जगह पर मिलता है |

रण में मेघनाद मारे जाने के बाद उसकी पत्नी सुलोचना रावण से आग्रह करने लगी कि उसे सती होने का मौका दिया जाय | ऐसा कहकर सुलोचना श्री रामजी के शिविर में जाने के लिए निकल पड़ी | सबने रोकने का प्रयास किया और रावण से कहा कि सुलोचना को शत्रु के शिविर में जाने से रोकें | रावण को उसे रोकने का कोई उचित कारण नहीं लग रहा था | सुलोचना को रोककर भी राम बदले की भावना से ग्रसित होकर काम कर सकता है, ऐसी शंका व्यक्त करने के बाद रावण ने कहा , "यह काम रावण का हो सकता है पर राम का नहीं | जिस शिविर में बालक

ब्रह्मचारी होते हों उस शिविर में ऐसा काम हो ही नहीं सकता |"

कहने का तात्पर्य है कि रावण को भी यह ज्ञान हो गया था कि श्री राम और उनके साथी नीति परायण होकर युद्ध करते रहेंगे | उनके शिविर में किसी का भी नीति भ्रष्ट होने की कोई संभावना ही नहीं है |

नीति परायण होने का सीधा संबंध अगर ज्ञान आहरण से होता तो रावण को भी नीति परायण होना था, पर हक़ीकत में ऐसा हमें देखने के लिए नहीं मिलता | हर तरफ पढ़ने लिखने की ही ज़्यादा चर्चा होती है | पढ़ने लिखने की ओर लोगों का रुझान भी काफ़ी बढ़ा | इसी क्रम लोगों में कर्म प्रधानता की कमी देखी जा रही है |

शिक्षा सर्वेक्षण के काम से दलमा घाटी के आस पास बासे ग्रामीणों के बीच घूमते समय शिक्षा के प्रति ग्रामीणों का आग्रह कम होने का कारण पता लगाना था | घाटी में बसे एक गाँव के एक वरिष्ठ का कहना था कि विद्यालय जाने वाले बच्चे हल जोतना भूल जाते हैं, कुछ दिनों के बाद अन्य कोई काम करना भी नहीं चाहते | बेहतर होता यदि सबके सब विद्यालय बंद कर दिए जाते | इस विरोधाभाषी विचार से ओत प्रोत होने के बाद शोधकर्ता यह तलाश करने में जुट गये कि कुछ ऐसा सुधार करें जिससे उन ग्रामीणों का शिक्षण संस्थानों पर विश्वास बन सके | आज तक ऐसा कोई पहल हो ही नहीं पाया |

महात्मा और बाबा विनोबा के पास इसका काफ़ी व्यवस्थित हल था, जिसको आधार मानकर बच्चे कम से कम हल जोतना नहीं भूलते और लोहे के बैल से होनेवाली समस्या का भी निराकरण कर पाते | पर अपनी व्यवस्था आधुनिकता के चक्रवात में फँस चुकी है | आए दिन कठिनाइयों का नया समीकरण सन्दर्भित हो रहा है |

<u>संस्कृति की जड़ें</u>

भारत में अँग्रेज़ी हुकूमत का एक लंबा दौड़ चला | नीति परायणता के चलते पृथ्वीराज चौहान पहले ही हार चुके थे | चारों ओर से भारत में दस्तक देने का द्वार खुल चुका था और एक के बाद एक लुटेरों की घुसपैठ चलती रही | उपद्रवियों के बीच आपसी लड़ाइयाँ भी चली | उन सबमें ज़्यादा कौशल्य रखने वाले अँग्रेज़ों को लगा क्यों न भारतवर्ष को अँग्रेज़ी हुकूमत का अभिन्न अंग बना लिया जाय | इस काम में एक ही

बाधा आ रही थी और वो था भारतीय मूल के लोगों में व्याप्त संस्कृति की मजबूत जड़ | उस मजबूत जड़ के कारण उन्हें पूर्णतः गुलाम नहीं बनाया जा सकता | उन दिनों बंबई प्रांत में एल्फ़ींसटोन नामक एक अंग्रेज अधिकारी राज करता था | उसने अपने राजा को वफ़ादारी दिखाते हुए यह वादा किया कि अगर भारतीय मूल के लोगों को अँग्रेज़ी सिखा दिए जाएँ और अँग्रेज़ी अदब क़ायदे का अभ्यास करा दिया जाय तो वो अपनी संस्कृति से अलग होकर अँग्रेज़ी संस्कृति के आदि हो जाएँगे और उस परिस्थिति में सुदूर लंदन से भी भारत पर लगाम कसा जा सकेगा | हक़ीकत तो यह ही है कि अपना देश आज भी गुलामी और वैचारिक दीनता जैसी परिस्थिति का सामना कर रहा है | विविध विचारों में एकरूपता का सूत्र पिरोना सचमुच ही काफ़ी कठिन, और कभी कभी असंभव सा ही प्रतीत हो रहा है |

अँग्रेज़ों को यह भी लगने लग गया था कि जिस प्रकार से राष्ट्रीयता का ऊफान सन ४७ में व्याप्त हो रहा था उससे यह लगने लग गया था कि स्वतंत्र भारत बड़ी तेज़ी से प्रगति करेगा | इस प्रगति की गति को कम करने का एक ही उपाय है: मानव संसाधन और नैसर्गिक संसाधनों के बीच बटवारा करा दिया जाय | इसी क्रम में हिन्दुस्तान, पाकिस्तान का जन्म हो गया | बँटवारे की लकीर को जान बूझकर डाली गई ताकि आस पास रहनेवाले समुदाय कभी कमर कसकर सीधा खड़ा भी न हो सकें; मज़हबी अलगाव पहले से तो थे ही | विडंबना ऐसी बढ़ी कि मज़हबी खींच तान लंबी अवधि से चलते चले आ रहे हैं | अँग्रेज़ों को अपनी सफलता पर गर्व भी होता होगा | छोटी छोटी बातों के लिए लड़ जाने और मार मिटने की प्रस्तुति के बारे में सुनकर दुनिया के लोग इन दोनों मुल्कों की निंदा भी करते ही होंगे |

अपना नुकसान होता हो और हमें समझ में न आता हो यह काफ़ी चिंता का विषय है | इस परिस्थिति में नई पीढ़ी के लोग समग्र विषयों पर पुनरावलोकन करना ज़रूर पसंद करेंगे |

<u>साझी संस्कृति का रथ</u>

आधुनिक सभ्यता के साथ ताल मिलाकर चलने के लिए हम सबको एक ऐसी संस्कृति का आदि होना होगा जिसमें सभी मनुष्यों के अरमानों

और हितों की रक्षा हो सके | कर्म प्रधानता के साथ साथ मूल तत्वों का भी संरक्षण हो सके | विज्ञान को आधार मानकर चलने वाले इस संस्कृति के रथ दो ही पहिए हो सकते हैं: शौर्य और धैर्य का पहिया | कहते हैं ऐसा ही रथ श्री रामजी को जंग भूमि में विजय दिलाया था | इंद्र का सम्मान करते हुए उन्होंने इंद्र के द्वारा भेजे गये रथ को भले ही रख लिए हों पर उनका यह हनुमान रूपी दिव्य रथ ही मुश्किल की घड़ी में काम आया | आधुनिकता का नशा इतना भी न हो कि हम मानव मुल्यबोध पर आधारित संस्कृति से उखड़ जाएँ और शैवाल दल की भाँति जलाशय में तैरते रहें | वह तो नीरभिमानी रुद्र अवतार श्री बजरंग बली का ही प्रताप था जिसके कारण रावण को धराशायी होना पड़ा | उसका ज्ञान दस मस्तकों के समान था (रूपक में उन्हें दसानन कहते थे) | इतने पर भी अहंकार और दंभ का बादल उस ज्ञान को ढक दिया था| बजरंगी तो अपनी कुछ करामात मानते भी नहीं थे |

समाज का स्वरूप बड़ी तेज़ी से बदल रहा है | सूचना तंत्र का ही प्रतिफल है कि अपने पास काफ़ी जानकारियाँ आ चुकी, पर किस जानकारी का कहाँ उपयोग करना है इसे बताने वालों की कमी आज भी ख़टकती है | कभी रामायण के युग में जब अगस्त मुनि के आश्रम से आगे का मार्ग श्री राम पता लगाने लगे तो मार्ग बताने वाले पचासों आ गये | उनमें से गिने चुने चार संतों को श्री अगस्त मुनि ने श्री राम के साथ भेजा और पंचबटी का मार्ग बताया गया | चार संत से अभिप्राय चार वेद का था और पंचबटी से पाँच इंद्रिय का अभिप्राय था | शरीर के साथ ज्ञान का उचित समन्वय होने के बाद ही व्यक्ति पूर्णता प्राप्ति के मार्ग पर कुशलता पूर्वक आगे बढ़ सकेगा | किसी भी कार्य में उतरने के पहले साधु मत लेने की अपनी प्राचीन परंपरा है ; और भी विधान में ऐसी परंपरा सन्दर्भित होती है |

एकबार अपने ही देश में राष्ट्रपति को नींद न आने की पीड़ा सता रही थी | प्रचलित इलाज से कोई काम नहीं हो रहा था | उन्होंने एक फकीर बाबा से परामर्श लेना उचित समझा | उनके चुने हुए सिपाही श्री राष्ट्रपति महोदय का संदेश लेकर फकीर बाबा के पास पहुँचे और कहे, "हमारे राष्ट्रपति जी ने आपको याद किया है, आप हमारे साथ उनसे

मिलने के लिए चलिए |"

फकीर बाबा कुछ गिने चुने मरीजों से मिलने के लिए बाहर निकलने की तैयारी कर रहे थे, "तुम्हारे सुलतान के दरबार में भला मुझ जैसे फकीर का क्या काम ! उन्हें जाकर कह दो मैं नहीं आ सकता | "

सिपाहीगण अपने ही साथ खड़े अपने मुखिया को कहने लगे, "अगर आपका आदेश हो तो .... |"

मुखिया वापस जाकर अपने राष्ट्रापापति को बताना मुनासिब समझा और उनके दिए आदेश के मुताबिक काम करने का निश्चय करते हुए वहाँ से वापस आ गये |

"फकीर बाबा को जाकर कह दो मैं ही उनसे मिलने आना चाहूँगा |", राष्ट्रपति महोदय इतना तो समझ ही गये कि सिपाहियों ने उस फकीर से ठीक से बात नहीं किया होगा |

"फकीर बाबा आज आप घर पर ही रहें, आपसे सुलतान मिलने के लिए आ रहे हैं | ", सिपाही गण कुछ नम्र होकर उस फकीर से निवेदन करने लगे |

फकीर भला कहाँ रुकने वाला था, वो यथावत अपने नित्य काम से निकल गया | उसके पास और भी मरीजों से मिलने की योजना पहले से तय थी ; उस दिन भी मुलाकात नहीं हो पाई | तीसरे दिन राष्ट्रपति काफ़ी देर से आए और फकीर बाबा के डेरे पर इंतजार करने लगे | आख़िर बड़ी इंतजार के बाद मुलाकात हुई, " ऐसी क्या तकलीफ़ है आपको?"

"तकलीफ़ तो है , रात को नींद नहीं आती |"

"एक सुलतान को भला नींद कैसे आ सकती!" , फकीर बाबा स्पष्ट ही बोल गये |

"माने!"

"नींद इंसान को आती है , सुलतान को नहीं | बिस्तर पर जाने के पहले भूल जाया करो कि तुम किसी मुल्क का मुखिया हो तो सहज ही नींद आ जाएगी |"

"इतना भी सरल है!"

"इतना ही सरल है, करके देखो |"

हक़ीकत में ऐसा करने से सुलतान को नींद आने लगी | उस फकीर के चमत्कार से काफ़ी प्रभावित हुए |

आख़िर मन ही है जो व्यक्ति को कई तरह प्रभावित करते रहता है | मन अगर स्वाभिमान से ज़्यादा ग्रसित होने लगे तो समझना चाहिए परेशानी बढ़ी |

अपने शंकर भगवान से जुड़ी एक कथा से हम उनके महायोगी होने का और पार्वती के तत्वज्ञानी होने का प्रमाण प्रत्यक्ष कर पाते हैं | सती के गुजर जाने के बाद आदि देव अक्सर ध्यान मग्न ही रहने लगे | महादेव को ध्यान से उठाने का जटिल काम श्री कामदेव को दिया गया ताकि अन्य देवताओं का कल्याण हो सके |

योगी, जटिल , आकाम मन, अमंगल वेश धारी, मातृहीन, गृहहीन , जटाधारी , क्षीण और दीन ऐसे ही अवगुणों के धनी हैं अपने महादेव | श्री नारद मुनि से परिचय पाकर पार्वती के माता पिता तो काफ़ी चिंतित हो उठे पर कुमारी का मन हर्षित हो उठा ! जिसे मुनि अवगुण गिना रहे थे वे सबके सब असल में उनके ईश्वर अभिमुखी होने का ही प्रमाण दे रहा था | शिव और पार्वती को मिलाने में श्री नारद मुनि ही अहम भूमिका निभा रहे थे | उन्होंने शंकर भगवान के मन में भी काम उत्पन्न करने का प्रयास किया ; और महादेव ही थे जिन्होंने काम को जलाने का निश्चय कर लिया | काफ़ी अनुनय करने के बाद वो मान तो गये पर उनको देखते ही पार्वती की माँ मैना के हाथ से आरती की थाल गिर गई | एक पार्वती ही थी जिसे महादेव से व्याह करने की ज़िद पड़ी थी | नियति को जो मंजूर था वो तो होना ही था ; अंततः दोनों एकरूप हुए | आदि शक्ति और जगन्माता जगदंबा की ही एकरूपता थी जिसकी कल्पना देवगण किया करते थे | हम उस मिलनेवाले और मिलानेवाले दोनों के समझदारी और सूझबूझ की सराहना करते हैं जिन्होंने लोक हितार्थ कुछ निर्णय ले पाए थे | पार्वती की भी समझदारी इस बात से आकलित की जाएगी जिसके बल पर उन्होंने अवागुणों में गुणों को तलाश लिया |

संवेदनशील होना दिव्य पुरुषों और देवत्व के गुणों से पुष्ट महाजनों की पहचान है | हज़रत मोहम्मद को एक माता ने कुछ फल भेंट में देने आई | मोहम्मद तुरंत खाने लगे और सबके सब फल अन्य किसी को न

दिए खा गये | उस माता को बहुत अच्छा लगा, संतोष मिला और वापस आ गई | आम तौर पर मोहम्मद बाँट कर ही खाया करते थे , पर इसबार किसी को एक भी फल न देने का कारण उनसे पूछा गया | उनका कहना था कि फल मीठे नहीं थे, और इसका पता चलने पर उस माता को अच्छा नहीं लगता यही कारण है कि मोहम्मद ने फल के खट्टे होने की बात को छिपा लिया ताकि उस माता को बुरा न लगे | उनकी इस संवेदनशीलता और तत्परता के लिए सभी भक्त उनसे इस बात की सीख लेने लगे | यह तो सहज रूप से माना जाने वाला सत्य है कि हिंदू को अपने होने के विषय पर गर्व होता होगा; यही परिस्थिति अन्य मज़हब के लोगों के बारे में भी समरूप सत्य है | छोटे छोटे विषय पर बहस छेड़ने का मानस नितांत दीनता समझी जा सकेगी |

कभी कभी हक़ीकत जानकार भी बताना उचित नहीं होता |

जो साधक बिना किसी फ़ल की इच्छा को मन में पोषण किये अपना कर्तव्य समझ कर कार्य करता रहेगा , वही संन्यासी और योगी है, न तो अग्नि को त्यागने वाला ही सन्यासी माना जाएगा, और न ही कार्यों को त्यागने वाला ; इन्द्रिय-सुख (शरीर के सुख) की इच्छा का त्याग किये बिना कभी भी कोई मनुष्य दिव्य शक्ति के (परमात्मा) सान्निध्य क अनुभव ही नहीं कर पायेगा। पानी तब तक सतत बहता ही रहेगा जबतक अंतिम क्षण न आ जाए; वह महेंद्र क्षण जब उसकी धाराको सागर की विशालता के साथ एकरू होना होगा और अपनी स्वतंत्र धरा को खोना होगा; वह पवित्र मुहूर्त जब नदी के जल कण और सागर के जलकण में कोई भेद ही नहीं रहेगा।

धर्म का सामान्य अर्थ जातीय सम्प्रदाय से अथवा वर्ण व्यवस्था से लिया जाता है परन्तु यदि हम गीता का विशद अध्ययन करें तो हम देखते हैं कि गीता में किसी धर्म विशेष की व्याख्या नहीं की गई न कोई धार्मिक विश्लेषण किया गया है | गीता का पहला शब्द धर्म और अंतिम शब्द मम है [1]। योगी जीवात्मा के चरित्र चित्रण के साथ साथ समग्र गीता में स्वधर्म, मानव धर्म और श्रेयार्थी का धर्म विषयक विमर्श ही किया गया; मम धर्म की व्याख्या की गई है अर्थात मेरा धर्म क्या है ? इस प्रकार सम्पूर्ण गीता का प्रतिपाद्य विषय मेरा धर्म क्या है ?

हिन्दू धर्म में धर्म को एक व्यापक स्वरूप में लिया गया है जिसका तुल्य शब्द अन्य भाषा में नहीं । धर्म शब्द की उत्पत्ति संस्कृत के धृ धातु से हुई है जिसका अर्थ है धारण करना । अतः धर्म शब्द का अर्थ है - धारणाद् धर्म मित्याहु । धर्मेण विधृता प्रजाः । अर्थात जिसके द्वारा कोई वस्तु पूर्ण रूप में धारण की हुई रहती है ।

इस प्रकार धर्म का तात्पर्य यह है कि वह जो किसी वस्तु का अस्तित्व प्रकट करता है । जैसे सूर्य का धर्म प्रकाश है अग्नि का धर्म उष्णता है । धर्म का अर्थ केवल साधुता या नैतिकता नहीं है वरन अप्पने सच्चे स्वरूप को पहचान उसी के अनुरूप कार्य करना है । इस प्रकार मनुष्य का धर्म मानवता है; चिकित्सक का धर्म सही प्रकार से चिकित्सा करना; शिक्षक का कर्म अधाना; वकील का कर्म है जरूरतमंदों की मदद करना; संतों का कर्म है भक्तों में ही भगवान क देखना और उन्हें संतोषी बनाना; सबको अंततः दिव्य ज्ञान से पुष्ट होकर ही नियत कर्म में लगाना होगा। अधिक भोजन करने से और निद्रा-प्रमाद में समय व्यतीत करने भी नहीं और भोजन का त्याग करके क्षीण काया पाने से भी योगी महात्मा नहीं बना जा सकेगा; न ही उस शाश्वत मार्ग पर ज्यादे दिन के लिए चला जा सकेगा। हमें सूर्य के ज्यादा निकट जाने की भी अनुमति नहीं मिल सकेगी और न ही सूर्य के व्यतिरेक अपने जीवन को टिकाये रखने की अनुमति मिलेगी। ।

गीता का सारांश है – (स्वधर्म) मेरा धर्म क्या है ? गीता का ज्ञान सर्वथा विपरीत परिस्थितियों में युद्ध के मैदान में युद्ध से होने वाले दुश्परिणामों के विषय में सोचकर मोहग्रस्त अर्जुन को अपने राष्ट्र को बचाने के लिए निराशा से मुक्ति दिलाने के लिए श्रीकृष्ण द्वारा दिया गया ज्ञान है ।

अर्जुन का तर्क है कि कुल के नष्ट हो जाने से सनातन धर्म नष्ट हो जाते हैं । [2] धर्म नष्ट होने पर सम्पूर्ण कुल में पाप भी बहुत फैल जाते हैं । इस सन्दर्भ में गीता का प्रतिपाद्य विषय यही है कि राष्ट्र की संस्कृति ,उसकी रक्षा ,उसकी सेवा अच्छे नागरिक का कर्तव्य पूरा करके की जा सकती है, पलायन करके नहीं । प्रत्यक्ष रूप से हम यही महसूस कर सकेंगे कि व्यक्ति से समाज और समाज से राष्ट्र बनता है। व्यक्ति

के उत्थान से समाज का और समाज के उत्थान से राष्ट्र का उत्थान होता है। व्यक्ति के उत्थान के लिए यह आवश्यक है कि वह नैतिक और भौतिक दोनों पक्षों को समान रूप से विकसित करने का प्रयास करे। येन केन प्रकारेण से अर्जित किए धन से भौतिक साधन तो प्राप्त किए जा सकते हैं परन्तु नैतिकता के गुणों का विकास न होने से सुख शान्ति का सर्वथा अभाव रह जाय करेगा । इन्हीं नैतिक गुणों का विकास कैसे हो , सही जीवन जीने की कला का ज्ञान वेद, उपनिषद् , गीता आदि में दिया गया है ।

गीता में प्रमुख रूप से राष्ट्रधर्म की ही शिक्षा दी गई है । इसका अर्थ यह है कि व्यक्ति का राष्ट्र के प्रति क्या धर्म होना चाहिए कौन से गुण होने चाहिए जिससे वह राष्ट्र का सुयोग्य नागरिक बन सके । राष्ट्रधर्म के लिए आवश्यक है कि व्यक्ति में राष्ट्रवादिता , पराक्रमशीलता, पारदर्शिता , दूरदर्शिता , मानवतावाद , अध्यात्मवाद , विनयशीलता जैसे गुण हों । गीता में इन्हीं तत्वों को विकसित करने का ज्ञान दिया गया है । राष्ट्रवादिता - राष्ट्र की संस्कृति की इकाई कुल की अर्थात परिवार की संस्कृति होती है युद्ध से सभ्यता और संस्कृति नष्ट हो जाएगी । इस प्रकार अर्जुन के माध्यम से यह बताया गया है कि व्यक्ति के हृदय में धर्म और तत्वज्ञान की मांग तभी होगी जब उसमें राष्ट्र के प्रति अनुराग होगा और अपने वह उसके प्रति कर्तव्य का अनुभव करेगा । इस प्रकार प्रथम अध्याय से ही राष्ट्र के प्रति समपर्ण गीता में दर्शाया गया है ।

कर्तव्यपराणयता- गीता वास्तव में कर्म योग का ग्रंथ है। कर्मयोग का अर्थ है कर्म करते हुए लक्ष्य की ओर अग्रसर होना। हर व्यक्ति के जीवन में कोई न कोई संघर्ष चलता रहता है; इनसे विचलित हुए बिना निरन्तर प्रयत्नशील रहना चाहिए । एक योद्धा के जीवन में दो ही पर्याय रहेंगे: या तो युद्ध में मारा जाकर स्वर्ग को प्राप्त होगा अथवा संग्राम में जीतकर पृथ्वी का राज्य भोगेगा । [3] कर्म करने में अधिकार है उसके फल में नहीं; इसलिए कर्मनिष्ठ बनकर ही राष्ट्र की सेवा की जा सकती है ।[4] कोई कार्य छोटा-बड़ा या अच्छा बुरा नहीं होता; बिना प्रयास के कार्य सिद्ध नहीं हो सकता कोई कार्य छोटा-बड़ा अच्छा बुरा नहीं होता।

हर काम में कुछ न कुछ अच्छाई है तो कुछ न कुछ बुराई भी होगी। दोषयुक्त होने पर भी सहज कर्म को नहीं त्यागना चाहिए क्योंकि धुंए से अग्नि की भांति सभी कर्म किसी न किसी दोष से युक्त हैं।[5] कार्य छोटा है बड़ा , अच्छा है या बुरा जब यह भाव मन में नहीं आता तो कार्य की गुणवत्ता स्वतः बढ़ जाती है । यदि हर व्यक्ति अपने नियत कार्य को सम्पूर्ण लगन से करे तो राष्ट्र की उन्नति अवश्य होगी । ज्ञान मीमांसा का शास्त्र होने के कारण गीता में वर्णित कर्म का आश्रय उपनिषद् में वर्णित कर्म जिज्ञासा से जोड़ी गई; उस कर्म से सिर्फ नियन कर्म को ही समझना चाहिए, न कि जीविकोपार्जन के लिए कयेजानेवाले कर्म और रोजगार से; किसी भी व्यवसाय या वर्णानुकूल कर्म व्यक्ति क्यों न जुड़ा हुआ हो उसे नियत कर्म और ईश्वर आराधना से जुड़कर ही कर्तव्य पथ पर अविचा धारा से बहाना होगा, जबतक कि ज्ञान सागर से सम्मलेन न हो सके। कोई धर्म ऐसा नहीं जिसमें सारी अच्छाई हो तथा कोई धर्म ऐसा नहीं जिसमें केवल बुराइयाँ हों। [6]

अच्छी प्रकार आचरण में लाये हुए दूसरे के धर्म से गुणरहित भी अपना धर्म अति उत्तम है। अपने धर्म में तो मरना भी कल्याण कारक है और परधर्म का अनुसरण करते रहना एक भयावह स्थिति को जन्म देनेवाला भी माना जाएगा। अच्छी प्रकार आचरण किए हुए दूसरे के धर्म से गुणरहित भी अपना धर्म श्रेष्ठ है क्योंकि स्वभाव से नियत किए हुए स्वधर्मरूप कर्म को करता हुआ मनुष्य पाप के कराल ग्रास में जकड़ा नहीं जाता। यहाँ धर्म से तात्पर्य हिन्दू , मुस्लिम , सिख , ईसाई से नहीं है जैसा कि दूसरे श्लोक में स्पष्ट किया गया है । यहाँ धर्म से तात्पर्य है - मनुष्य का धर्म मानवता से है उसके अपने कार्यों से है; जैसे रेल चलाने वाला एक व्यक्ति हवाई जहाज चलाने का प्रयास करे तो दुर्घटना होना निश्चित है ; परिणाम भयावह ही होगा । अतः अच्छी तरह से आत्मसात होनेवाली और उसी सक्षमता में बुद्धि की स्थिरता हो सकनेवाली कौशल्य सहित अपनी कार्यक्षमता के अनुरूप ही कार्य करके राष्ट्रधर्म का पालन किया जा सकता है । संसार की मोह माया से ग्रसित साधक का मन वैसा ही है जैसे बादलों से ढकाआसमान; उस आसमान में किसी भी प्रकार के दिव्य प्रकाश पुंज का संचरण ठीक से नहीं ह

पाता और न ही हमने निर्मल पवन के साथ साथ ज्ञान के अरुणोदय का अनुभव हो पाता; विषयों का चिन्तन करने वाले पुरुष की उन विषयों में आसक्ति हो जाती है, आसक्ति से उन विषयों की कामना उत्पन्न होती है और कामना में विघ्न पड़ने से क्रोध उत्पन्न होता है।[7]

योगी जीवात्मा पूर्णता पाने का प्रयास भले ही करता रहे, कुछ न कुछ विषयों का आश्रय करते हुए इस पूर्णता पाने कि प्रक्रिया को एक सतत चलनेवाली विधा मानी जा सकेगी; उस क्रम में क्रोध, विषाद, आराम प्रियता, निद्रा, प्रमाद आदि शत्रु ही माने जाएंगे। क्रोध से अत्यन्त मूढ़भाव उत्पन्न हो जाता है, मूढ़भाव से स्मृति में भ्रम हो जाता है, स्मृति में भ्रम हो जाने से बुद्धि अर्थात ज्ञानशक्ति का नाश हो जाता है और बुद्धि का नाश हो जाने से यह पुरुष अपनी स्थिति; नैतिकता, मानवता और कर्तव्य परायणता की स्थिति; से गिर जाता है । [8]

चोरी ,डकैती ,लूट ,रिश्वतखोरी और हर प्रकार के भ्रष्टाचार का कारण विषयों का चिन्तन अर्थात भौतिक चीजों को प्राप्त करने की अन्धानुकरण प्रवृति को ही मानें जिसके पीछे दौड़कर व्यक्ति का मन अशांत हो उठता है; वही उसके दुखों का कारण है । आज राष्ट्र की सम्पूर्ण समस्यायों की जड़ यही विषयों का चिन्तन है ।

रही बात योगक्षेम की और नित्य अनुक्रिया को सम्पोषित करने की तो उसके लिए ईश्वर स्वतःस्फूर्त होकर ही इंतजाम कर दिया करेंगे। भक्त के अनन्य भक्ति और समर्पण की ही जरुरत महसूस की जा सकेगी: "जो अनन्य प्रेमी भक्त जन मुझ परमेश्वर को निरन्तर चिन्तन करते हुए निष्काम भाव से भजते है, उन नित्य निरन्तर मेरा चिन्तन करने वाले पुरुषों का योगक्षेम मैं स्वयं प्राप्त कर देता हूँ।" [9]

मुझमें मतवाला हो, मेरा भक्त बन, मेरा पूजन करने वाला हो और मुझको प्रणाम कर। ऐसा करने से तू मुझे ही प्राप्त होगा । यह मैं तुझसे सत्यप्रतिज्ञा करता हूँ, क्योंकि तू मेरा अत्यन्त प्रिय है।[10]

[1] धर्म क्षेत्रे कुरुक्षेत्रे समवेता युयुत्सवः ।
मामकाः पाण्डवाश्चैव किम कुर्वत संजय ।। अध्याय 1 श्लोक 1
तथा
यत्र योगेश्वरः कृष्णो तत्र पार्थो धनुर्धरः ।

तत्र श्री विजयो भूर्तिर्ध्रुवा नीतिर्ममतिर मम । । अध्याय 18 श्लोक 78

[2] अर्जुन कहता है -

कुलक्षये प्रणश्यन्ति कुलधर्माः सनातनाः।

धर्मे नष्टे कुलं कृतस्नमधर्मोऽभिभवत्युत ।। अध्याय 1 श्लोक 40

[3] हतो वा प्राप्यसि स्वर्गम् जित्वा वा मोक्ष्यसे महीम् ।

तस्मात् उत्तिष्ठ कौन्तेय युद्धाय कृतनिश्चयः।। अध्याय 2, श्लोक 37

[4] कर्मण्येवाधिकारस्ते मा फलेषु कदाचनः।

मा कर्मफल हेतुःमा भूःते अकर्मणि संग मा अस्तु।। अध्याय 2, श्लोक 47

[5] सहजं कर्म कौन्तेय सदोषम् अपि न त्यजेत् ।

सर्वारम्भा हि दोषेण धूमेन अग्निःइव आवृताः ।। अ० 18, श्लोक 48

[6] श्रेयान्स्वधर्मो विगुणः परधर्मात्स्वनुष्ठितात् ।

स्वधर्मे निधनं श्रेयः परधर्मो भयावहः ।। अ०3, श्लोक 35

श्रेयान्स्वधर्मो विगुणः परधर्मात्स्वनुष्ठितात् ।

स्वभावनियतं कर्म कुर्वन्नाप्नोति किल्बिषम् ।। अ०18, श्लोक 47

[7] ध्यायतः, विषयान् पुसः, सग्ड, तेषु, उपजायते, ।

सग्डात्, सञ्जायते, कामः, कामात्, क्रोधः, अभिजायते ।। अ० 2 श्लोक 62

[8] क्रोधात् भवति सम्मोहः सम्मोहात्स्मृतिविभ्रमः।

स्मृतिभ्रंशाद बुद्धिनाशो बुद्धिधनाशात्प्रणश्यति ।। अ० 2 श्लोक

[9] सच्चे राष्ट्रभक्त में ईश्वर के प्रति आस्था होती है वह राष्ट्रसेवा को ईश सेवा की तरह ही लेता है –

अनन्याश्चिन्तयन्तो मां ये जनाः पर्युपासते ।

तेषां नित्याभियुक्तानां योगक्षेमं वहाम्यहम् ।। अ० 9, श्लोक 22

[10] मन्मनाः भव मदभक्तः मद्या जी माम् नमस्कुरू ।

मामेवैष्यसि सत्यम् ते प्रतिजाने प्रियोऽसि मे ।। अध्याय 18 श्लोक 65

जन्म-जन्मांतर

भवेश की दूकान पर एक चर्चा चल रही थी। बात थी ही कुछ निराली। एक बार एक सपेरा कुछ नए नाग देवता को झोले में बांधकर एक बस पर सवार हो गया। उसने कई नाग देवता को रानीबांध के जंगल से पकड़ कर ला रहा था। थैलों का मुंह बाँधा तो गया था और फिर उसे गमछी में लपेटकर बस के सीट के नीचे रख दिया गया।

हर प्रकार का बंधन सदा के लिए रह जाता होगा ऐसी भी बात नहीं; या फिर हम प्रत्येक बार प्रकृति के नियम से चलनेवाले तत्वों को बाँध लें और खेल दिखाने लग जाएँ यह भी हर बार सफल नहीं भी हो सकता। न ही हम यह दावे के साथ कह सकेंगे कि प्रकृति के नियम से चलनेवालों को हम प्रत्येक बार बाँध सकें और अपने स्वार्थ के लिए इस्तेमाल करने में सफल होते रहे! फिर भी मनुष्य कुछ हद तक नैसर्गिक तत्वों पर हाथ फेरते रहता आया और आगे भी ऐसा ही करते रहेगा। धीरे धीरे सवारी से बस भरने लगा और फिर रास्ता खराब होने के कारण बस हिल दुलकर चलने लगा। कुछ भी हो नाग देवता जहाँ रखे गए थे उसमें से एक झोले का बंधन खुल जाने के कारण उन्हें दिशा मिली; पर सीट के नीचे का नजारा देखते ही उनकी घबराहट भी बढ़ी ; पेड़ , पौधे, खेत, रेत, पत्थर आदि के स्थान पर जूते, चप्पल, झोले, पेटियां और लोगों के पैर ! काट खाने के लिए खजाने ही समझें ! पर नाग देवता का जन्म किसी को काट खाने के लिए कहाँ हुआ होगा! लखिंदर को भी काट खाने का फरमान कहीं से उनके पास भेजा ही गया होगा; भोले भंडारी के साथ तो उनका रिश्ता ही कुछ और समझें ! कुल मिलाकर जैसा माहौल बना उसके कारण नाग देवता घबराकर सीट के किनारे किनारे घूमने लगे और कुछ ऐसी जगह की तलाश भी करने लगे जहां से लोहे के हाथी से बाहर आने का रास्ता मिले। आखिर एक पड़ाव पर नाग देवता ने सवारियों को दरवाजे से चढ़ते - उतरते देखा। फिर और क्या कहना, वहीं से उतरा जाय!

"अरे बाप....!!! " , कहकर चार गज पीछे हटकर खलासी और दरोगा जी हटे; बाकी लोगों में खबर फैली, फिर और क्या कहना; चारों तरफ भगदड़ मची। मालकियत की बात चली ; आखिर कालिंदी बूढ़ा को नीचे उतारा गया। नाग देवता तो मस्ती की चाल में थे।

"और भी है! सबको निकालो ! जल्दी खाली करो..... " , खलासी महोदय कालिंदी का झोला हाथ देने से भी डर रहे थे। रोने - धोने का तो सिलसिला ही चल पड़ा। कई ओर से पारायण की धुन भी आने लगी। अपने अपने देवता को याद करने में सब जुट गए। एक नन्हें श्रीमान कहने लगे, "कहाँ! किधर! मुझे दिखाओ ! ....."

अब कौन किसको दिखाए! बस में सवार पढ़े लिखों के बीच कानून की किताब ही खुल गई। सबको इसी बात की चिंता होने लगी कि कालिंदी के चलते, और इन जैसे लोगों के चलते , पूरा अरण्य ही संकट में आया! अब इतने बड़े सम्पद का क्या होगा ? कौन इन पशु पक्षियों कि रक्षा करेगा ! ऐसे अबला जीव के लिए भी हमें प्रार्थना करनी चाहिए।

पूरे बस में सिर्फ इसी बात की चर्चा चलने लगी कि अब तो सरकार ही दांव पर है। किसी को किसी कि परवाह ही नहीं ! जिधर देखो कानून की धज्जियाँ ही उड़ाई जा रही है। हमें तो इन नेता मंत्री लोगों को भी देश निकाला देना चाहिए। अब अगर ठगों की तलाशी शुरू करें तो फिर पूरा गाँव ही खाली हो जाएगा।

नाग देवता निकले इसी लिए बवाल मची समझें। जिन महाशय के झोले में कछुआ था उन्हें भी पकड़े जाने की पीड़ा सताने लगी। उनका झोला भी बीच बीच में पलटी खा रहा था। उस शांतिकामी महाशय के उधम पट्टी से अन्य सभी महानुभव बेखबर ही रहे।

सवारी वर्ग में कुछ आदिम जनजाति के लोग भी थे जिन्हें स्थानीय किसी पड़ाव तक आना था। काठ का व्यापार करनेवाले नंदी महाशय को शहर तक आना था। उनकी सज्जनता भी देखने लायक थी। आजकल पढ़े लिखों में उनकी गिनती की जाने लगी, अपने पास अंग्रेजी में लिखा एक पैगाम को घुमा फिराकर देखने लगे; कहाँ से भाषांतर किया जा सके उसकी तलाशी भी करने लगे ; आखिर उन्हें विदेशी भाषा की समझ थी ही नहीं। इस कमी के लिए भी वो सरकार बहादुर को ही दोषी मानते

हैं: जब उनके लिए विद्यालय का दिन था तब सरकार ने विद्यालय के प्राथमिक वर्ग से अंग्रेजी हटा दिया था; उनकी अंग्रेजी पढ़ाई हुई ही नहीं! भला अंग्रेजी हटाए जाने से अन्य सभी मित्रों की पढ़ाई तो नहीं रुकी! सिर्फ उनकी पढ़ाई और उन जैसे शायद कुछ और प्रपंचकों की पढ़ाई रुकी होगी! बात है भी बड़ी निराली; पैर; बिना अंग्रेजी पढ़े ही इतने लम्बे हाथ पैर फिर तो अंग्रेजियत की छत्रछाया में हाथ पैर फिरंगियों तक चले जाय करते होंगे ! अब किसी एक अनुमान के आधार पर अन्य किसी बात का अनुमान लगा लेने से सिर्फ संघर्ष का ही बीजक पनपेगा ! उनकी भी गुस्सैल नजर कालिंदी पर थी। अब वो खुद करोड़ों का काठ भले ही तस्करी कर देते हों , वो एक अलग बात रही; उनके हाथ और पैर आला कमान तक तो जरूर चले जाया करते होंगे, पेटियां भी बड़ी होती होगी !

कालिंदी को बीच में ही उतरने के लिए मजबूर कर दिया गया ; उसके पैसे भी खलाशी महोदय ने वापस दे दिए और उसे किसी दूसरी गाड़ी से आने के लिए कह दिया गया। वहां से दूसरी गाड़ी तुरंत में मिली होगी या नहीं इस बारे में अब भला कौन चर्चा करे! चर्चा करने वाले सबके सब महानुभव अपनी चाल चल दिए, नाग देवता जगह का सर्वेक्षण करने लगे और बिल आदि की तलाशी में जुटे; कालिंदी सर पर हाथ रखकर थोड़ी देर के लिए रस्ते के किनारे ही बैठा रहा। सूरज भी कुछ देर में ढलने ही वाला था, पश्चिम का आसमान था ही रंगीला।

अपना प्रकृति में प्रत्येक जीव अहंकार के रूप में भासित होता है, परा प्रकृति में प्रत्येक जीव व्यष्टिरूप पुरुष है, अर्थात् बहुत्व उस एक का ही आध्यात्मिक स्वभाव है। यह व्यष्टि-पुरुष, भगवान् कहते हैं कि, स्वयं में हूं, इस सृष्टि में मेरा ही आंशिक प्राट्य है, यह मेरा ही अंश है, और इसमें मेरी सब शक्तियां मौजूद हैं; यह साक्षी है, अनुमंता है, कर्ता है, ज्ञाता है, ईश्वर है। यह अपरा प्रकृति में उतर आता है और यह समझता है कि मैं कर्म से बंधा हूं, इसलिये कि निम्न सत्ता को भोग सके; यह इससे निवृत्त होकर यह जान सकता है कि मैं कर्म के बंधन से सर्वथा विनिर्मुक्त अकर्ता पुरुष हूँ। यह त्रिगुण से ऊपर उठकर और कर्म-बंधन से मुक्त होकर भी कर्म कर सकता है, जैसे भगवान् कहते हैं कि मैं करता हूं, और पुरुषोत्तम की भक्ति पाकर और उनसे मुक्त होकर उनकी दिव्य प्रकृति

का पूर्ण आनंद ले सकता है।

गीता का विश्लेषण ऐसा है जो बाह्म सृष्टि-क्रम से ही बद्ध न होकर परा प्रकृति के 'उत्तम रहस्य' तक में प्रविष्ट हैं उसी उत्तम रहस्य के आधार पर गीता वेदांत, सांख्य और योग का समन्वय, ज्ञान, कर्म और भक्ति का समन्वय स्थापित करती है। केवल सांख्य-शास्त्र के द्वारा कर्म और भक्ति का समन्वय परस्पर-विरोधी होने से असंभावित है। केवल अद्वैत सिद्धांत के आधार पर योग के अंगरूप से कर्मो का सदा आचरण और पूर्ण ज्ञान, मुक्ति और सायुज्य के बाद भी भक्ति में रमण असंभव है या कम-से-कम युक्ति-विरुद्ध और निष्प्रयोजन है। गीता का सांख्य-ज्ञान इन सब बाधाओं को दूर करता है और गीता का योगशास्त्र इस सब पर विजय लाभ करता है।

समाज में हम अपनी भूमिका तय करते समय ज्ञान और कौशल को ही आधार स्वरूप व्यवहार में लाते हैं और समाज में रिश्ते नाते बनाते रहते हैं। एक धर्मार्थी को ऐसी कृति करते समय सिर्फ इतना धयान रखना होता है कि व्यक्ति सभी बंधनों से निर्लिप्त रहे और समय आने पर श्री हरि धाम कि यात्रा कर आये और माया रहित होकर संसार बंधन से मुक्त हो सके।

रघुनाथ जी का चरित्र भी एक तपस्वी राजा का चरित है। श्री भरत भी मिसाल कायम करते हुए निर्लिप्त भाव से ही अयोध्या के नागरिकों को अपनी सेवा देते रहे। इस निर्लिप्तता का एक फल यह मिलता है कि व्यक्ति बड़ी ही सरलता से संसार बंधन को छोड़ पाते और श्री हरि के चरण का आश्रय ले पाते हैं।

एक गुरु ही हैं जो अपने भक्त को सरलता पूर्वक बैकुंठ का सुख दे सकते हैं और व्यक्ति को देवत्व का दर्शन करने के क्रम में सहायक होते हैं। "प्रयक्षति गुरु प्रीतो वैकुंठम योगी दुर्लभम। " ऐसा कहते हुए श्री सौनक जी गुरु महिमा का प्रतिपादन करते हैं। तन कि शुदि्ध के लिए बहुत से साधन हैं , धन को शुद्ध करते के लिए दान आदि कर्म किये जाते हैं; चित शुदि्ध के लिए ईष्ट चिंतन और उनके आराधना में लगे रहने को ही एकमेव मार्ग माना गया । मन के जरिये ही हमारा कर्मेन्द्रिय और ज्ञानेन्द्रिय नियंत्रित होते रहता है। अतः मन को विषयों से अलग

कर पाने से ही मन निर्मल और ईश्वर अनुरागी हो उठता है और हमें एक ऐसे दिव्य लोक कि अनुभूति होने लगती है जिसके आधार पर हम दिव्य स्वरुप वाले श्री हरि कि उपस्थिति और कर्तृत्व महसूस करने लगते हैं।

मन को एक प्रेत से तुलना किया गया है और इसी कारण से मन को कर्म में लिप्त किये रहने कि बात कही गई। ईष्ट चिंता, सर्वशक्तिमान की आराधना और भजन पूजन एक बार कर लिए और निश्चिंत हो गए यह वृत्ति कभी फल देने लायक या यश कीर्ति के लिए विधायक नहीं हो सकता। चिंतन और मनन का सातत्य उतना ही जरूरी है जितना कि इस चिंतन शुद्धता की अहमियत ।

" एतस्मान परम किंचित मनः शुद्धिं न विद्यते। " ऐसा कहते हुए ऋषि बताते हैं सिर्फ ईश्वर चरित का गुणगान करने से मन की शुद्धि पाई जा सकेगी।

संतों के जीवन में भी चिंता होती है, पर उनकी चिंता का मूल कारण व्यक्तिगत सुख की कामना या फिर किसी लाभ -हानि का कोई विषय नहीं होता ; महात्मा सदा लोक कल्याण को लेकर चिंतित हो जाते हैं और धर्म की रक्षा का मार्ग सुझाते रहते हैं। यह स्वभाव ही एक संत का सहजात वृत्ति है। पाखण्ड धर्माचरण का स्वरुप बताते हुए संत जन कहा करते हैं कि जब किसी धर्माचरण को सिर्फ दिखावे के लिए किया जाता हो तो उसे लोक प्रीत्यर्थ किया जाने वाला धर्माचरण नहीं मान सकते। आधुनिक समाज में ऐसे पाखण्ड से ग्रसित धर्माचरण का वर्चस्व चारों और दिख रहा है।

भगवत विरोधी और भागवत विरोधी कृत कर्मों से हमें दूर ही रहना चाहिए। अगर हम भगवत भक्तों कि आलोचना करने लगें तो भी धर्माचरण को कलंक लग जाता है। आधुनिक परिमंडल में, जैसा कि सन्दर्भ में व्याप्त विधायक कर्म और उन कर्मकांडों में लगे विद्वजनों की अनुक्रिया से प्रतीत होता हो, ज्ञान और वैराग्य कि स्थिति जर्जर हो चुकी और लोगों का मन भी इन विधाओं से हट चूका है। भक्ति के दो पुत्र, "ज्ञान" और "वैराग्य", मानो आज कि स्थिति में अचेत पड़े हैं और कोई भी समाधान दे पाने के लिए असमर्थ पाए जा रहे हैं। उनकी अचेत अवस्था के कारण ही हमें उनके धर्मार्थ सेवा का फल मिल नहीं पाता।

क्षणिक अवधि के लिए व्यक्ति के मन में श्मशान वैराग्य भी आता है। श्मशान से बाहर आते ही उनका वो वैराग्य समाप्त हो जाता है।

"सत्कर्म सूचकों नूनं ज्ञान यज्ञो स्मृतो बुधैः |"

इस ज्ञान यज्ञ के आधार पर ही सत्कर्म कि गति प्रबल होती है और लोग समाधान पाने के लिए प्रयत्नशील हो जाते हैं। उस कर्म को ज्ञानाग्नि दग्ध होना चाहिए। तत्व चिंतन से ही देवत्व प्राप्ति कि लालसा उत्पन्न होती है और उसके प्रीत्यर्थ लोग सत्कर्म में पुनः पुनः लिप्त होने का प्रयास करते हैं।

वेदांत के आलोक में परिमित रूपक के निमित्त से उपनिषद् को लिपिबद्ध किया गया। उस उपनिषद् से चुने हुए सीख को संकलित करते हुए महर्षि वेदव्यास ने "श्रीमद्भगवद्गीता" का प्रतिपादन किया। इस गीता में सांख्य, योग और वेद - वेदांत के विचार, मत और पंथों का सफलतापूर्वक और समुचित समन्वय हो सका। हर शाश्त्र में सत्कर्म कि महता का विवरण दर्ज है।

आत्म स्वरुप , सच्चिदानंद और विशुद्ध चैतन्य स्वरुप कि अनुभूति आने कि स्थिति को ही शास्त्र में "ज्ञान योग" कहा गया। ज्ञान योग के अभ्यासी क्रमशः सृष्टि के रहस्य का उदघाटन करते हुए क्रमशः अपने लिए और अपने समुदाय के लिए मुक्ति का मार्ग प्रशस्त कर लेते हैं। ज्ञान योग के अभ्यासी जनों को इस बात का ज्ञान हो जाता है कि संसार में सभी वस्तु, सभी रिश्ते नाते और सभी सम्पदा अनित्य हैं ; उन अनित्य वस्तुओं से योगियों का ध्यान हट जाता है और उन्हें सृष्टि के रहस्य को समझने में सहायता मिलती है। इसी क्रम में आत्मा के अविनश्वरत्व का भी ज्ञान हो जाता है। उसी अविनश्वर आत्मा और उसका आधार स्वरुप परमात्मा पर मन टिकने लगता है। इस पर्याय में व्यक्ति जीवात्मा और परमात्मा के सही स्वरुप को भी समझ पाता है। ऊर्जा संकर्षण के क्रम में जीवात्मा को परमात्मा के अंश रूप में भी प्रतिभासित होता हुआ दिखेगा। हम उस जीवात्मा और परमात्मा के एकीकृत स्वरुप के बारे में भी अपनी समझ बना सकेंगे।

यह एक सहजात वृति है जिसके बल पर ज्ञान योगी के मन से हिंसा, द्वेष, क्रोध आदि अवगुण अपने आप ही हट जाता है और उनका मन

संतोषी होने के साथ साथ ईश्वर अनुरक्त भी होने लगता है। सिर्फ़ ज्ञान अन्वेषण से ज्ञान योग का विषय प्रतिपादित नहीं किया जाता | ज्ञान के साथ जब निष्ठा जुड़ जाती है तब उसे ज्ञानयोग मान सकेंगे |